POURQUOI

NOUS SOMMES A VICHY.

PROLOGUE.

I.

Au mois d'avril dernier, j'entrai un matin, boulevard Montmartre, chez le docteur P....., inspecteur des Eaux de Vichy. Le docteur P..... n'est pas seulement un médecin plein de talent et de science, c'est encore un observateur attentif, pénétrant, sympathique, et persuadé, comme l'élite de ses confrères, que presque toutes les maladies ont pour causes premières des peines morales. Nul ne devine mieux que lui tout ce qu'une idée fixe, une affliction profonde, une série de contrariétés secondaires, mais incessantes, peuvent apporter de lents et secrets ravages dans les organisations les plus robustes. L'aimable auteur d'*Adèle de Sénanges* prétend que, dans la vieillesse, les inquiétudes de l'esprit ne sont qu'une suite des maux du corps, et que, dans la jeunesse, les douleurs physiques sont le résultat des angoisses de l'âme ; si bien qu'au vieillard qui s'afflige il faut dire : « Quel mal ressentez-vous ? » et au jeune homme qui souffre : « Contez-moi vos peines ! » Il serait moins ingénieux, mais plus exact d'ajouter qu'à tous les âges l'âme et le corps pèsent successivement l'un sur l'autre, et que l'ensemble de leurs souffrances se résume en deux grandes phases : la première, où le chagrin rend malade ; et la seconde, où la maladie rend chagrin.

Cette vérité trop vraie que j'énonce ici dans toute sa sécheresse didactique, *s'illustre*, chez le docteur P..., de mille observations, de mille exemples, que

lui fournit la longue et savante pratique de son art. Les médecins, lorsqu'ils se résignent à être simples, lorsqu'ils se dégagent de la draperie classique dont la tradition les affuble d'après Molière et Lesage, sont les premiers causeurs du monde. Confesseurs profanes, ils en savent autant que le vrai confesseur, et n'ont pas, comme lui, la langue liée par cette pensée terrible, ce scrupule permanent, qui traduit la plus légère indiscrétion en faute irréparable, en profanation d'un saint ministère. Ce sont, en un mot, des confesseurs qui osent parler. Aussi, dans plusieurs créations du Roman moderne, les voyons-nous apparaître comme le *Deus ex machina*. Quel lecteur n'a présent à la mémoire cet Horace Bianchon dont le plus grand de nos conteurs a fait un de ses types de prédilection et autour de qui s'agitent tant de drames domestiques, tant de tragédies inconnues, sans qu'un seul de leurs épisodes ou de leurs héros échappe au double scapel de son expérience et de son génie ?

Mes visites chez le docteur P... sont donc fort intéressées : l'amitié d'abord, la santé ensuite, et puis l'espoir de surprendre dans sa conversation un de ces faits dont le monde ne voit que le côté extérieur, mais qui, rattachés à des causes latentes, à de mystérieux ressorts, ouvrent sur la société des perspectives soudaines, et livrent à nud les plus secrètes fibres du cœur.

Ce jour-là, le temps était magnifique : avril touchait à sa fin, et le printemps préludait à ses splendeurs par une journée qui eût fait honneur au plus

1.

charmant mois de mai. J'avais traversé, pour venir chez le docteur, une partie des Champs-Elysées, du jardin des Tuileries et des boulevards; et, partout, j'avais trouvé sur mon chemin le mouvement, la vie, l'air de fête, la verdure naissante, le gai rayon de soleil. De joyeux groupes d'enfants couraient à travers les allées; de beaux ramiers au cou miroitant, à l'aile frémissante, voletaient de branche en branche; de douces senteurs descendaient, avec la fraîcheur et l'ombre, du haut des tilleuls et des maronniers. Des couples élégants, coquets, heureux de vivre, foulaient l'asphalte d'un pas rapide et de cette fière allure qui veut dire que l'on ne va à pied que par complaisance pour le beau temps. Des milliers de voitures se croisaient de tous côtés, laissant entrevoir, comme par éclairs, ici des boucles de cheveux blonds ruisselant sur des joues roses, là deux rangées de perles fines enchâssées dans un sourire, plus loin l'étincelle de deux yeux noirs jaillissant sous un front de marbre : une de ces journées, parisiennes avec un ciel d'Italie, animées, riantes, sémillantes, fringantes, irrésistibles, qui réjouissent la vue, enivrent l'imagination, font dire au provincial, débarqué de la veille : « Il n'y a au monde qu'un Paris ! » — et que le rêveur de vingt ans, pauvre et seul, jeté en face de ces spectacles de luxe et d'élégance, grave dans sa mémoire comme l'ardent commentaire de ses ambitions et de ses chimères.

Lorsque j'entrai chez le docteur, le regard et l'esprit encore pleins de cet éclat et de cette fête, deux hommes, jeunes encore, introduits avant moi dans le petit salon qui précède son cabinet, attendaient leur tour d'audience. A voir leur air ennuyé et leur physionomie taciturne, il était clair qu'ils ne se connaissaient pas et qu'ils étaient venus séparément. Je les regardai, et, à l'instant, je sentis se dissiper les impressions joyeuses que j'apportais du dehors.

Ils semblaient à peu près du même âge : trente à trente-cinq ans; leur visage, d'une pâleur maladive, était fin et distingué. L'un des deux, appuyé en ce moment contre la fenêtre qui donnait sur le boulevard, avait les cheveux bruns, mais rares déjà et grisonnants sur les tempes. Par un bizarre contraste, sa taille haute et svelte, s'affaissant à demi sur elle-même, trahissait l'abattement, tandis qu'une ardeur fiévreuse brillait dans ses yeux, cernés de noir et cerclés d'un réseau de rides. Sa bouche, ombragée d'une moustache brune, exprimait tantôt une ironie dédaigneuse, tantôt le brusque élancement d'une plaie mal fermée. En somme il était beau, mais d'une beauté fatiguée, tourmentée, flétrie; sa mise, d'une élégance instinctive, mêlée de quelques traces d'abandon et de négligence, s'accordait avec cet ensemble d'indices inquiétants qui révélait ou des fautes graves chèrement expiées, ou de folles illusions suivies de désenchantements amers.

L'autre était assis, et tenait à la main un des journaux que le docteur avait soin de laisser sur sa table pour faire prendre patience à ses clients. De temps en temps il interrompait sa lecture, et son front s'inclinait sur ses mains. Ce front haut et large annonçait une noble intelligence, mais il avait çà et là les teintes mates et bilieuses du parchemin.

L'opposition de ses cheveux presque blonds avec ses yeux presque noirs, donnait à sa physionomie une expression mélancolique que rendait plus frappante l'amaigrissement de ses traits. Cependant, cette tristesse était empreinte de dignité et de calme, et la contraction nerveuse qui plissait parfois ce pâle visage, paraissait tenir à une souffrance accidentelle, à une pensée importune, plutôt qu'à un état habituel. Tel qu'il était, on éprouvait en le voyant une émotion vague, douloureuse, que tempérait un sentiment de respect.

Ces deux figures s'étaient si puissamment emparées de mon attention, que je ne laissai rien échapper de ce qui se passa pendant ces courts moments. A peine eus-je fini mes rapides remarques, que je vis l'homme qui était debout près de la fenêtre, montrer tout à coup une vive agitation : un sourire méprisant et railleur crispa ses lèvres, et ses mains froissèrent la vitre au risque de la briser. Je jetai les yeux dans la direction de son regard, et j'aperçus, sur le boulevard, dans un délicieux phaéton traîné par deux magnifiques alezans, une de ces beautés célèbres à qui la civilisation moderne a fait une si grande place, et à qui il ne manque que des Périclès pour être des Aspasies.

Un instant après, celui qui lisait le journal, et qui, malgré des distractions fréquentes, avait fini par prendre au feuilleton une sorte d'intérêt, tourna la page, vit la signature, et, dans un mouvement de colère dont il ne fut pas le maître, chiffonna violemment l'inerte papier comme s'il y eût rencontré un ennemi, le jeta par terre, mit son pied dessus, et y pesa de toute sa force : puis, honteux de sa violence et redevenu calme par un invisible effort, il se baissa, reprit le journal, et le posa froidement sur la table. Je me rapprochai sans affectation, le pris d'un air distrait, et mes yeux coururent jusqu'au nom imprimé au bas du feuilleton. C'était celui d'un de nos romanciers les plus à la mode.

Ce fut ce singulier lecteur qui fut appelé le premier dans le cabinet du docteur P...; il ne faisait qu'user de son droit, étant arrivé avant son compagnon d'attente; et pourtant, celui-ci, au bout de cinq minutes, commença à s'impatienter visiblement. Il grommelait entre ses dents, fronçait le sourcil, tirait sa montre, arpentait le salon à grands pas, se rapprochait de la fenêtre, regardait l'aiguille de la pendule, dont la lenteur protestait contre son impatience. A la fin, sa mauvaise humeur s'épancha dans un monologue murmuré à voix basse, où je démêlai les mots suivants, entrecoupés d'éloquentes onomatopées : — « Ce Monsieur n'en finira plus !... Ces choses-là n'arrivent qu'à moi !... Midi et demi, et il faut qu'à une heure je sois à l'autre bout de Paris! Quel ennui!.. Mais aussi ce Monsieur est insupportable ! Il raconte donc au docteur ses Mémoires en douze volumes !.... C'est manquer aux plus simples lois du savoir-vivre, quand on a laissé derrière soi des gens qui attendent ! Mais bah! que lui importe? il est dans son droit ! il prend son temps! Il demande au docteur combien il doit mettre de grains de sel dans son œuf! Oh ! l'irritant personnage! Nous sommes ici pour jusqu'à ce soir ! »

Celui à qui s'adressait cet orageux monologue reparut enfin, après une audience qui, en réalité, n'avait pas duré dix minutes. L'autre s'interrompit aussitôt pour lui lancer, au passage, un regard farouche dont je fus, fort heureusement, seul à m'apercevoir. Puis il entra à son tour chez le docteur, et je remarquai, avec une résignation philosophique, qu'il y resta deux fois plus que son prédécesseur.

Lorsqu'il fut sorti et que je demeurai seul, le docteur vint à moi, et, me prenant par la main, me conduisit dans son cabinet. Il était triste et agité; on eût dit qu'il venait de recevoir de douloureuses confidences. — « Mon ami, lui dis-je, si mes prétentions au rôle d'observateur ne sont pas tout à fait illusoires, deux romans en action, deux drames en chair et en os, se sont assis là, tout à l'heure, à la place que j'occupe, et ont posé devant vous; je ne vous demande rien de plus : dites-moi seulement si je me suis trompé?

— Non, mon ami; vous avez deviné juste, et, cette fois, votre manie d'analyse ne vous a pas égaré; mais, vous comprenez, n'est-ce pas? que je ne puis, ni ne dois vous en dire davantage? Il y a d'intimes douleurs qu'il faut se garder de trahir, soit qu'on en reçoive l'aveu, soit qu'on en surprenne le secret.

— Vous avez raison, cher docteur; c'est à moi maintenant d'implorer cette indiscrète divinité qu'on appelle le hasard, afin qu'elle me remette sur la trace de ces deux hommes que je viens de rencontrer ici, et qui ne peuvent plus être pour moi des indifférents; ou bien, si le hasard refuse de venir à mon aide, c'est à moi de faire mon métier, de me raconter à moi-même les deux sombres histoires qui vous ont consulté ce matin, sous la forme de deux malades, et d'imiter ces antiquaires à qui un morceau de marbre, un débris de colonne suffisent pour reconstruire en idée tout un monument....

— Oui, un débris, c'est bien cela !... le débris d'un bonheur, d'une illusion, de deux destinées ! dit le docteur d'un air pensif, et comme entraîné, malgré lui, sur la pente de ses souvenirs. Mais adieu! reprit-il brusquement; je suis pressé; je me sauve; je finirais par en trop dire, et mon devoir est de taire également ce que j'ignore et ce que je sais !...

II.

Six semaines après, vers le 15 juin, je venais de monter dans la diligence, qui, si l'on en croyait ses affiches, devait me transporter en douze heures de Paris à Vichy. Quelle ne fut pas ma surprise en voyant arriver successivement et se placer vis-à-vis de moi les deux jeunes gens que j'avais rencontrés chez le docteur P..., et dont les figures n'étaient pas sorties de ma mémoire. Le hasard, une fois décidé à me favoriser, n'avait pas voulu faire les choses à demi; car nous étions seuls dans l'intérieur, et je me préparai à profiter de cette espèce de tête à tête à trois pour grossir le trésor de mes observations.

Mon attente ne fut longue; à peine étions-nous installés et partis depuis une demi-heure, que l'homme aux cheveux blonds et aux yeux bruns, celui qui avait si rudement maltraité le pauvre journal, tira de sa poche un élégant étui à cigares;

en prit un entre ses doigts, et, au moment de l'allumer, nous demanda pour la forme :

— Messieurs, la fumée vous incommode-t-elle?

— Beaucoup, répliqua l'autre avec toute l'aménité d'un boule-dogue, et sans me laisser le temps de répondre

Le fumeur remit son cigare dans son étui, son étui dans son paletot et garda le silence.

Je crus devoir intervenir, et, comme il arrive trop souvent aux conciliateurs, j'aggravai les choses en voulant les arranger.

— Je crois, dis-je timidement, qu'il est défendu de fumer sur les chemins de fer. (La diligence où nous étions suivait le chemin de fer jusqu'à Moulins.)

L'antagoniste du cigare ne voulut pas que sa répugnance eût l'air de s'abriter derrière une mesure de police; il haussa légèrement les épaules, et murmura :

— Bah! les ordonnances ne sont que pour les sots!

— Est-ce pour cela que vous craignez tant de les voir enfreindre? reprit son compagnon.

Celui qui s'était attiré cette réplique devint horriblement pâle, mais il se contint. Le dialogue en resta là pour le moment; seulement, il était facile de deviner que le feu couvait sous la cendre. Les deux interlocuteurs s'observaient, attendant une nouvelle occasion de recommencer les hostilités.

Le premier baissa les glaces, prétendant qu'on étouffait. Le second les releva aussitôt, assurant qu'il allait s'enrhumer, et que les courants d'air lui étaient rigoureusement défendus. Ce manège dura près d'une heure, pendant laquelle ces malheureuses glaces furent relevées et baissées plus de dix fois. A la fin le moins patient des deux dit à l'autre :

— Monsieur, savez-vous que je suis horriblement nerveux?...

— Monsieur, savez-vous qu'il suffit d'un rien pour m'échauffer la bile?...

— Et que, depuis le départ de cette atroce diligence, vous m'agacez d'une singulière façon?...

— Et que, depuis le moment où vous vous êtes assis sur cet affreux coussin, vous m'impatientez au delà de toute idée?...

— Parbleu ! Monsieur, quand on se déplaît à ce point, il n'y a qu'un moyen de s'entendre...

— Assez! Monsieur, j'allais vous le proposer...

On comprend sans peine où dut aboutir une conversation commencée sur ce ton. Avant que j'eusse pu renouveler mon malencontreux essai de conciliation, des paroles plus vives encore avaient été échangées; un cartel en bonne forme était décoché de gauche à droite, et relancé de droite à gauche. Bref, il fut convenu qu'on se battrait en arrivant à Vichy, que je serais le témoin d'un de ces deux Messieurs, et que l'autre prendrait le premier voyageur qui nous tomberait sous la main. Je n'eus garde de souffler mot, persuadé que, dans l'exaltation soudaine de ces esprits inquiets, aigris et malades, mes objections achèveraient de tout gâter. Nous restâmes donc, muets jusqu'à Moulins, et j'eus tout le temps de réfléchir à cette étrange influence des gastrites sur l'humeur, et à cette façon non moins bizarre de se préparer au calme et bienfaisant régime des eaux. Arrivés à Moulins, où, d'après les termes de l'affiche, une *correspondance* devait nous emmener sans retard jusqu'à Vichy, nous trouvâmes au bureau, au lieu de la voiture promise, un voyageur livré à un tel accès de colère, que je crus qu'il avait été mordu par mes compagnons; il nous tournait le dos, et s'adressait au buraliste, heureusement protégé par son grillage contre ce torrent d'invectives.

— C'est une horreur! une abomination! un assassinat! vous en êtes responsable, Monsieur! Je porterai plainte au procureur impérial! J'intenterai un procès à votre administration! Nous devions partir à onze heures, à l'arrivée du dernier convoi! il en est quatre, et pas plus de voiture que sur ma main! Vous me faites manquer mon premier bain, ma saison peut-être! un temps superbe! et demain il pleuvra. Et Mme Durin, à qui j'ai écrit que j'arriverais aujourd'hui et qu'elle me gardât une chambre! elle l'aura donnée! je serai forcé de coucher dans la rue! Et M. Prin qui m'avait inscrit pour une baignoire! il aura perdu patience! mon nom sera effacé de l'ardoise, et je n'aurai plus de bain jusqu'en septembre! Et tout cela, parce qu'il plaît à une impudente guimbarde d'annoncer qu'elle partira à onze heures, et de n'être pas partie à cinq! Six heures de retard! Relisez votre affiche, Monsieur! Mais cela ne se passera pas ainsi! Il ne peut pas être permis de duper à ce point les honnêtes gens! J'écrirai au *Mémorial de l'Allier*! Je ferai reproduire ma réclamation par tous les journaux de Paris! Les voyageurs sont des imbéciles! Il est notoire qu'on peut les vexer, les tromper, les piller, les rançonner, les bafouer impunément! Eh bien! je ferai un exemple! je soulèverai, j'ameuterai, je liguerai contre vous toutes vos victimes, et pour commencer, si ces Messieurs ont quelque peu de sang dans les veines!....

En prononçant ces derniers mots, il sortit à demi du bureau, et se tourna de notre côté. Son regard, flamboyant de colère, se croisa avec celui de mes irascibles compagnons:

— Les malheureux! dis-je à part moi: ils vont se dévorer!

III.

Un même cri, traduit en trois noms différents, sortit au même instant de ces trois poitrines:

— Tristan de Mersen! Ulric de Braines! cria le voyageur en colère.

— George de Prasly! exclamèrent à la fois mes deux compagnons de voyage.

Sans leur laisser le temps d'ajouter une parole, George de Prasly fit un pas vers nous, et saisissant la main de celui qui se trouvait le plus rapproché: Ulric, lui dit-il avec une familiarité cordiale, voilà bien longtemps que tu voulais faire connaissance avec Tristan de Mersen, le fils d'un des meilleurs amis de ton père: savais-tu que c'était avec lui que tu voyageais?

Pour toute réponse, Ulric de Braines rougit, baissa la tête, et murmura un *non* inarticulé.

— En ce cas, Messieurs, reprit George, permettez-moi de faire les choses en règle. Tristan, je vous présente le vicomte Ulric de Braines, mon

cousin, dont vous m'avez si souvent entendu parler. Ulric, je te présente le comte Tristan de Mersen, mon ami, avec lequel une incroyable série de hasards m'avait empêché jusqu'ici de te faire rencontrer. Dieu merci! je ne pouvais choisir d'occasion plus favorable; on se lie vite en voyage, et je suis sûr qu'avant de vous connaître par vos noms et prénoms, vous vous conveniez déjà!

Les deux jeunes gens auxquels il s'adressait, eurent un moment d'hésitation, et il était facile de lire sur leur visage la lutte qu'un reste d'amour-propre y livrait à des sentiments plus doux. A la fin, Ulric de Braines, par un mouvement plein de franchise et de noblesse, tendit la main à son antagoniste de tout à l'heure, et lui dit avec une affectueuse effusion:

— Quoi! Monsieur! vous êtes Tristan de Mersen, le fils du colonel Mersen, de l'homme qui, à Leipsick, sauva la vie à mon père! Que de fois, dans nos causeries de famille, nous avons parlé de vous! Et que de fois j'ai tourmenté mon cousin George, ici présent, pour qu'il nous mît en relations! Mais j'habitais la campagne, au fond d'un pays perdu qu'on appelle la Provence; vous étiez à Paris, ou vous couriez le monde, entraîné par votre humeur voyageuse, et les années s'écoulaient sans que mon vœu pût se réaliser. Qui m'eût dit, poursuivit-il avec un mélange d'embarras et de douce raillerie, qui m'eût dit qu'il commençait à s'accomplir aujourd'hui même, dans ce vagon, et sous de si singuliers auspices!

Tristan avait accepté la main qu'il lui tendait, et la serrait dans les siennes:

— Et moi qui voulais vous égorger! s'écria-t-il avec une consternation comique.

— Et moi qui voulais vous pourfendre! reprit Ulric du même ton.

— Et moi qui voulais massacrer ce buraliste! dit un moment après George de Prasly, à qui l'on raconta tout et qui en rit de bon cœur.

— Ah çà! fit Ulric d'un air mélancolique, nous avons donc décidément un caractère affreux! Et que doit penser de nous, Monsieur qui nous voit pour la première fois? ajouta-il en me désignant.

Je regardai M. de Braines avec une expression de vive sympathie, et, encouragé par cet air noble et bon qui dominait les altérations de son visage, je lui dis en souriant:

— Etes-vous bien sûr, Monsieur, que ce soit la première fois que nous nous voyions? et êtes-vous bien sûr aussi de n'avoir jamais vu, avant ce moment, M. de Mersen?

— Attendez! répliqua-t-il, en homme qui rassemble ses souvenirs, et, pendant que son regard allait de Tristan à moi: Attendez! oui, c'est bien cela, et je comprends maintenant pourquoi vos deux figures ne me semblaient pas inconnues: il y a deux mois, boulevard Montmartre, chez le docteur P.!

— Nous attendions, après vous, notre tour d'audience, et, ajoutai-je gaîment, je vous dénonce M. de Mersen comme s'étant horriblement impatienté de ce que votre séance avec le docteur durait trop longtemps!

— C'est vrai! dit Tristan de fort bonne grâce; ce jour-là, déjà, je vous eusse volontiers cherché querelle, poursuivit-il en se tournant vers Brade Mi-. nes : quel homme aimable je suis, et quel charmant petit naturel !

— C'est-à-dire , reprit George de Prasly, que nous sommes trois êtres quinteux, bilieux, nerveux, hargneux, maussades, irascibles, incapables de supporter la moindre contrariété, complètement dépourvus de la vertu du saint homme Job, et dignes, si nous n'y prenons garde, d'être mis au ban de toutes les sociétés polies.

— Non, Messieurs, dis-je en interrompant cette confession moitié sérieuse, moitié plaisante; non, vous n'êtes rien de tout cela : vous êtes malades, et voilà pourquoi vous allez à Vichy !

IV.

Pendant ces reconnaissances et ce dialogue, la voiture retardataire était enfin arrivée. L'employé, heureux et surpris d'avoir vu la tempête se changer si vite en *bonáce*, nous distribua nos quatre places, en réservant les deux premières pour un Monsieur et une dame, qui devaient, nous dit-il, prendre la diligence à Varennes.

La glace était rompue, et, une fois installé, je vis s'établir entre mes trois compagnons la familiarité la plus charmante, à laquelle ils voulurent bien m'associer, grâce aux circonstances bizarres qui nous avaient rapprochés. Ils se montrèrent alors tels qu'ils étaient réellement avant que leurs qualités d'esprit et de cœur fussent altérées par des peines, morales et des souffrances physiques réagissant tour à tour les unes sur les autres : bons, spirituels, distingués, bienveillants, apportant dans leurs jugements sur les hommes et sur les choses ce mélange de résignation gracieuse et d'ironie légèrement voilée que donne la science de la vie ; joignant à l'exquise distinction de gens du meilleur monde cette saillie et ce tour original, particuliers aux natures artistes ; tels, en un mot, que leur conversation, comparée aux banalités que l'on entend ordinairement en voyage, était pour moi une vraie bonne fortune.

— Messieurs , s'écria joyeusement George de Prasly, en interrompant une discussion d'art sur les mérites respectifs de Rossini et de Meyerbeer : cet honnête buraliste nous a annoncé, pour notre bienvenue à Varennes, la présence d'une personne appartenant à la plus belle partie du genre humain ; c'est agréable, mais gênant ; si nous profitons du sursis pour allumer le calumet de l'amitié, ou, en langue vulgaire, le cigare de la régie !

— Adopté ! dit étourdiment Tristan de Mersen, en exhibant un panatella magnifique.

— Ah ! Monsieur le sournois ! fit Ulric de Braines en riant et en le menaçant du doigt : voilà comme vous craignez l'odeur du tabac !

— Effet de mon joli caractère ! reprit humblement M. de Mersen.

Au bout d'une minute, nous nous lancions, tous quatre, de grosses bouffées qui achevèrent de resserrer notre intimité et d'activer notre causerie ; car cette malsaine, mais omnipotente habitude est si bien entrée dans nos mœurs, que des hommes qui, s'ils ne fumaient pas, épuiseraient en un quart d'heure tout ce qu'ils ont à se dire, deviennent intarissables, du moment qu'ils peuvent donner cette blanche spirale de fumée pour parenthèse à chacune de leurs phrases.

Nous nous éteignîmes d'un commun accord avant d'arriver à Varennes, et toute trace de nos méfaits avait disparu, lorsque la portière se rouvrit pour donner passage aux deux voyageurs que l'on nous avait annoncés.

C'était un tout jeune ménage, provincial aux trois quarts, mais ayant toutes les graces de l'amour et de la jeunesse : le mari, vingt-cinq ans à peine ; la femme, à peine dix-huit. Evidemment leur lune de miel était à son premier quartier. Tout en eux révélait ce bonheur intime, éloquent, expansif, qui, sûr de ne pouvoir réussir à se cacher aux indifférents, finit par y renoncer et par se trahir même un peu plus que ne le voudrait l'exacte convenance et la pudeur des félicités légitimes. C'était bien là l'amour conjugal dans sa floraison printanière, avec son cortège d'illusions charmantes que rien encore n'a dissipées ni ternies, donnant beaucoup, promettant davantage, et ajournant indéfiniment le triste droit de retirer un peu plus que ce qu'il a donné et de tenir beaucoup moins que ce qu'il a promis.

J'étais assis au fond, à côté de cet heureux couple : craignant de gêner cet échange d'œillades passionnées et de muettes étreintes que notre présence n'avait pu suspendre, je me détournai de mon mieux et me penchai à la portière. George de Prasly, placé en face de moi, en avait fait autant, et je l'entendis murmurer à voix basse : — « Oh ! l'imbécile ! le niais ! » — Puis il regardait à la dérobée le jeune époux enamouré, et reprenait sa litanie : — « Va toujours, nigaud, serre la main à ta femme ! pose-toi en Saint-Preux orthodoxe, en Sténio légalisé ! mets du roman dans le mariage ! Plus tard, tu m'en diras des nouvelles ! Ah ! que je rirais si je n'avais pitié de toi ! que je te plaindrais si tu n'étais si ridicule ! — « Oh ! pauvres aveugles ! jouissez en paix de ces rapides journées ! assez tôt vous viendront les déceptions et les mécomptes ! etc., etc... »

J'ai déjà avoué mes prétentions au talent d'observateur : ce monologue de M. de Prasly me parut un *sujet* digne d'exercer toute ma sagacité. Je me rejetai dans le fond de la voiture, et contemplai tour à tour ces trois têtes souffrantes et amaigries, que le hasard réunissait devant moi.

— Celui-ci, dis-je en regardant M. de Mersen et en récapitulant mes souvenirs, a tressailli d'une douloureuse et railleuse colère à la vue d'une de ces belles pécheresses à qui le camélia sert de fleur d'oranger. Celui-là, ajoutai-je les yeux fixés sur M. de Braines, a chiffonné avec une irritation nerveuse un journal où il rencontrait un nom célèbre dans la littérature de drame et de roman. Enfin, ce dernier, pensai-je en revenant à M. de Prasly, est agacé et exaspéré par le spectacle d'un bonheur conjugal se produisant d'une façon un peu trop expansive et sous une forme un peu trop romanesque.

Très-bien ! Si l'analyse n'est pas une chimère, ces trois indices, quelque légers qu'ils soient, doivent me suffire à deviner, par voie d'induction, quel genre de chagrin a éprouvé chacun de mes trois compagnons de voyage, ou, en d'autres termes, pourquoi ils viennent à Vichy.

Une fois sur cette pente, mon imagination avait du chemin à faire, et je n'étais pas au bout de mes méditations silencieuses, lorsque notre diligence s'arrêta entre une double haie de curieux, et au milieu d'une émeute de servantes qui se disputaient les voyageurs. Nous étions arrivés.

V.

Un des traits distinctifs de la vie des Eaux est d'attrister profondément tous ceux qu'elle n'égaye pas outre-mesure. Ce parti pris d'amusement *quand même* qu'y apportent les heureux et les oisifs, ce perpétuel contraste de souffrances réelles avec des joies souvent factices et quelquefois niaises, amènent une réaction inévitable chez les gens vraiment malades ou simplement sérieux, et on les voit bientôt, au risque de passer pour des sauvages, fuir les lieux de réunion, se détourner des rendez-vous de fête et chercher la solitude et le silence. Mes compagnons ne pouvaient guère échapper à cette impression mélancolique. Quelques jours après notre arrivée, nous décidâmes que l'orchestre de Strauss, malgré tous ses mérites, n'avait plus rien de neuf à nous apprendre; que la danse, malgré tous ses charmes, ne convenait ni à notre santé, ni à notre âge; que ce n'était pas pour nous que les élégantes Parisiennes se donnaient le plaisir ou la peine de changer de robe huit fois par jour, et que les fraîches provinciales se faisaient voiturer, le jeudi et le dimanche, pour prendre part aux délices du bal; qu'en conséquence, ce que nous avions de mieux à faire, était de vivre entre nous, d'épargner à cette société joyeuse la vue de nos figures sombres et blêmes, et de nous aider mutuellement à supporter nos inquiétudes, nos maussaderies et nos tristesses.

Nous devinmes donc inséparables : Tristan, Ulric et George m'acceptèrent comme s'ils m'avaient toujours connu, et me traitèrent comme un vieil ami. La bizarrerie de notre première rencontre, ce premier choc de caractères qui n'avaient plus besoin de s'imposer devant moi ni dissimulation ni contrainte, les marques de sympathie attentive et discrète que je leur prodiguais chaque fois que leurs plaies semblaient se rouvrir et le ressentiment de leurs chagrins amener un pli sur leur front, tout cela joint à un peu d'inclination naturelle, changea en une véritable amitié cette familiarité superficielle et *sans conséquence*, privilège immémorial des liaisons de voyage et d'Eaux thermales. Chaque soir nous nous réunissions dans une de nos quatre chambres, et là, entre une tasse de thé et une boîte de cigares, nos causeries recommençaient, interminables et charmantes, avec ce *crescendo* de confiance et d'expansion qui devait tôt ou tard provoquer des confidences.

Et cependant il m'était facile de comprendre que chacun de mes trois compagnons avait, non-seulement un secret pour moi, mais un secret pour les deux autres. Souvent un mot jeté au hasard dans la conversation faisait monter une rougeur subite au front d'un des causeurs, et il détournait l'entretien avec un empressement sur lequel je ne pouvais

me méprendre. — Voilà, me disais-je alors, la blessure cachée! Voilà la corde saignante qui fait tressaillir, dès qu'on y touche, toute cette pauvre âme souffrante! Et, sans paraître vouloir rien deviner ni surprendre, je redoublais de témoignages affectueux.

Un mois se passa; nous étions à la veille de nous quitter, et l'idée de cette séparation prochaine ajoutait à la fois à notre amitié et à notre tristesse. Le dernier soir, notre réunion eut lieu dans ma chambre; une pluie d'été battait contre nos vitres, et, çà et là, quelques vagues accords de l'orchestre de Strauss nous arrivait entre deux rafales. Nos cœurs se serraient, et, malgré nos efforts pour rester stoïques, les mots tremblaient sur nos lèvres, et de temps à autre, nous sentions se glisser au bord de nos paupières une larme que nous avions peine à retenir. La conversation souvent interrompue par cette émotion croissante, languissait, essayait de se relever, puis retombait tout à fait; à la fin, Ulric de Braines se tourna vers moi avec une brusquerie qui déguisait mal cet attendrissement invincible. Un peu plus âgé que nous, d'un caractère plus grave, Ulric sans le savoir et sans le vouloir, exerçait un ascendant réel sur notre petite coterie.

— Calixte, me dit-il, nous allons nous séparer demain, et peut-être ne nous reverrons-nous jamais. Que pensez-vous de nous?

Je restai un moment sans répondre; puis, lui prenant la main, je dis d'une voix émue :

— Ulric, George, Tristan! Chers cœurs malades! Vous que je n'oublierai jamais, et qui me permettez de vous appeler mes amis! M'en voudrez-vous beaucoup, si je vous dis que je crois vous avoir devinés

Ils pâlirent et se récrièrent. Alors je leur avouai à tous trois les remarques que j'avais faites depuis que le hasard m'avait placé sur leur chemin; les conjectures que j'avais bâties sur ces remarques, et, d'un air un peu confus, je leur racontai à eux-mêmes trois histoires que je m'étais contées jour par jour, indice par indice, à mes..... que je les avais mieux connus : trois histoires dont ils étaient les héros, et dont les aventures, toutes fictives, se rattachaient aux symptômes que j'avais recueillis, aux chagrins que j'avais pénétrés. Ensuite je leur demandai timidement, et avec un accent de tendresse qui excluait toute idée d'offense : Me suis-je trompé?

— Oui, pour les incidents extérieurs; non, pour les sentiments intimes et les souffrances de l'âme, reprit Ulric après avoir consulté ses amis du regard. Vos histoires, comme toutes les histoires de ce monde, sont donc à moitié fausses et à moitié vraies.

— Ne m'apprendrez-vous pas ce que j'ignore? Ne confirmerez-vous pas ce que j'ai deviné? Ce n'est pas une vaine curiosité qui vous le demande; c'est la plus sincère, la plus compatissante amitié.

— Tristan et George, qu'en dites-vous? murmura Ulric encore irrésolu.

— Ce que vous jugerez sera bien jugé; ce que vous ferez sera bien fait, lui répondirent-ils sans hésiter.

— Au fait, poursuivit M. de Braines, puisque notre ami Calixte est décidément un observateur puisqu'il a trouvé en nous matière à analyse, et qu'il nous a fait les honneurs de trois romans de son crû, il vaut mieux qu'il sache toute la vérité que s'il laissait plus longtemps son imagination élever sur un fond vrai de comprommettantes chimères. Nous finirions par prendre dans son souvenir les proportions de ces lamentables héros dont abuse le roman moderne, et le mois que nous venons de passer ensemble mérite mieux que cela. Mon ami, continua-t-il en s'adressant à moi avec une gravité triste, oubliez tout ce que vous venez de raconter. Nous nous séparons demain : avant de vous dire adieu, M. de Mersen, M. de Prasly et moi, nous vous remettrons quelques pages où, sous le voile de l'idéal que l'honnête homme ne doit jamais déchirer, vous trouverez la confidence sincère, l'impression fidèle de ce que nous avons souffert. Ces impressions et ces confidences ont un côté trop instructif pour que nous vous interdisions de les publier, si vous le jugez convenable. Ne réussiraient-elles qu'à sauver une seule âme des illusions dangereuses, des douloureux mécomptes qui nous ont fait tant de mal, cette idée suffirait à vaincre notre répugnance et nos scrupules. Seulement, ces papiers vous seront remis cachetés ; vous ne les ouvrirez que quand nous serons loin de vous ; et, si nous vous rencontrons de nouveau en ce monde, vous ne nous en parlerez jamais.

Je m'inclinai, et nous nous quittâmes : le lendemain, au moment de monter en voiture, les trois amis me remirent leurs manuscrits dont je les remerciai dans une dernière étreinte. Je n'ai pas cru devoir y rien changer, et il m'a semblé que tout travail ultérieur, toute combinaison factice gâteraient l'accent sincère et ému de ces feuilles écrites sans art, mélancoliques effusions de trois cœurs meurtris, laissant échapper, avec le sang de leurs blessures, le secret de leurs souffrances.

FIN DU PROLOGUE.

PREMIER ÉPISODE.

LE CŒUR ET L'AFFICHE.

I.

La ville d'Aix, en Provence, a toutes les poétiques tristesses des capitales déchues. L'herbe croît librement dans les rues, et festonne de sa pâle verdure des pierres qui datent peut-être de Marius ou de César. Quelques-unes de ces rues sont si solitaires qu'on y entend, à midi, le bruit de ses pas, et que le rare promeneur qu'on y rencontre, a l'air aussi étonné de vous y voir que de s'y trouver. La ville est pleine de beaux hôtels, ayant appartenu à de grandes familles, glorieusement inscrites sur le nobiliaire du roi René. Mais soit que ces familles les aient quittées, ou qu'elles se soient éteintes, ces demeures jadis splendides semblent maintenant abandonnées. Les murs extérieurs, rongés de salpêtre, couverts de mousse, font l'effet de ces manteaux de riche étoffe, mais troués ou rapiécés, sous lesquels se cache à demi le fier délabrement d'un homme ruiné. L'intérieur, lorsque le regard s'y aventure, vous glace par sa physionomie taciturne ou ses douloureux contrastes. Sur la façade, où des sculptures souvent curieuses dénoncent la main de quelque artiste inconnu, le temps et l'abandon ont mutilé les figures, éraillé les corniches, rouillé les gonds et les ferrures, brisé les chassis des fenêtres, attristé de tons sombres et humides ces belles teintes méridionales, qu'on dirait le rayon de soleil fixé sur la pierre. Si parfois l'on y surprend quelque trace de mouvement et de vie, c'est pour accroître plutôt que pour démentir cet ensemble mélancolique. Ainsi, dans cette cour dont les proportions grandioses font rêver de fêtes et de carrousels, un cordier tisse son chanvre, mêlant au bruit monotone de son rouet le monotone refrain de sa chanson. Dans ce jardin dont les buis alignés au cordeau et les quinconces symétriques rappellent les traditions de Le Notre, un pauvre paysan voûté sur sa bêche cultive humblement des choux et des salades Sur cet escalier, dont la coupe superbe éveille des souvenirs de magnificence, mais dont les marches inégales tressaillent et chancellent sous le pied, un marchand de bric-à-brac a installé son arrière-magasin : on s'y heurte contre un fouillis de dressoirs vermoulus, de cadres ciselés, de lambeaux dépareillés de lampas et de brocatelle, de Dieux et de Déesses coupés dans des tapisseries de haute lice, de vieilles armures gisant pêle-mêle avec des porcelaines ébréchées, de portraits de famille vendus à l'encan, ancêtres orphelins de leurs héritiers; et le cœur se serre à la vue de tous ces débris de luxe, servant de commentaire à d'autres débris, à ce double témoignage des vanités de ce monde offert à l'indifférent qui passe et ne profitera pas de la leçon.

Au moment où commence ce court récit, à la fin d'octobre 1847, quelques symptômes de réveil se manifestaient dans un de ces hôtels, longtemps délaissé et silencieux comme les autres. Trois ou quatre vieux domestiques, qui semblaient contemporains des cariatides de la porte d'entrée et des rocailles du jet-d'eau, montaient de la cave au grenier, et se démenaient, avec plus de bruit que de besogne, à travers les salles encore désertes. Ils ouvraient les fenêtres qui grinçaient sous leurs mains ridées, époussetaient les meubles, secouaient les tapis, accrochaient les tentures, et çà et là essayaient de déguiser avec plus ou moins d'adresse les injures du temps, empreintes, hélas! en traits ineffaçables sur chaque objet soumis à leur révision empressée.

— Ursule! mon enfant, disait à une fille au moins quinquagénaire celui qui paraissait le plus vieux de la bande et exerçait visiblement les fonctions de majordome, allumez du feu dans la chambre de M. le vicomte; quoique nous ayons un soleil magnifique et comme M. le vicomte n'en a pas vu, j'en suis sûr, dans son diable de Paris, il faut toujours faire du feu dans les chambres inhabitées; cela sèche et égaye. — Benoît, ouvrez les tiroirs de cette commode; vous devez y trouver les candelabres : très bien! Posez-les sur la cheminée du salon : il ne faut pas que M. le vicomte croie que, pendant son absence, nous avons laissé tomber sa maison en ruines. — Joseph! Joseph! que faites-vous là? Ces rideaux sont pour la salle à manger. Ne vous ai-je pas dit cent fois que ce sont ceux qui ont servi, en 1816, le jour où S. A. R. Mgr le comte d'Artois...

— Mais, Monsieur Hubert, interrompit Joseph, peu curieux, à ce qu'il paraît, d'entendre la centunième édition de l'histoire du majordome, au lieu de tous ces préparatifs que M. le vicomte eût peut-être voulu diriger lui-même, ne ferions-nous pas mieux d'ouvrir les caisses qu'il nous a envoyées?...

— Hum! grommela Hubert entre ses dents, je ne vois pas ce qu'elles peuvent renfermer de bien nécessaire. M. le vicomte, j'en suis sûr, comme tous ses beaux Messieurs de Paris, se figure que nous le logerons ici dans un galetas, et que nous n'avons, pour le recevoir, ni lits, ni fauteuils, ni chaises!... Voyons pourtant! — Benoît, apportez un marteau!

Le fidèle Benoît obéit à son ancien; les caisses furent déclouées. Cette opération, et l'inventaire qui suivit, amenèrent sur les lèvres de M. Hubert des exclamations de surprise et de dédain auxquelles s'associa son entourage.

On vit peu à peu sortir de ces caisses un ameublement complet, très élégant, mais de proportions parisiennes, et qui, étalé dans cette immense salle, avait l'air de jolis Lilliputiens égarés dans une tribu de Patagons. Les tapis turcs, admirables de dessin et de couleur, ne semblaient plus que des descentes de lit en face de ces gigantesques pièces des Gobelins où étaient représentées, d'après Levieux et Jouvenet, des scènes historiques de grandeur naturelle. Une ravissante garniture de cheminée, sculptée par Antonin Moine, ne pouvait plus être appréciée qu'au microscope, une fois qu'on l'eut hissée sur le large manteau de marbre sous lequel eussent pu se chauffer trois générations. Cinq ou six petits chefs-d'œuvre, signés de Meissonnier ou de Diaz, devinrent d'imperceptibles miniatures lorsqu'on les eut accrochés entre une *Bataille* de Lebrun et un tableau de chasse de Desportes. Tout le reste était à l'avenant, et, malgré mille recherches exquises, il était clair que le propriétaire de toutes ces choses charmantes n'avait pas réfléchi que l'appartement qu'elles venaient de remplir, rue Taitbout ou rue de Provence, tiendrait tout entier dans la moindre salle de l'hôtel qu'il allait habiter. A voir ces œuvres coquettes de l'art et de l'industrie modernes, dédaigneusement toisées par ces serviteurs aux cheveux blancs, et à demi perdues dans ce vaste espace, on eût dit le spectre du passé se soulevant un moment de sa tombe, et, pour se consoler de n'être plus, mesurant de l'œil la taille chétive de ce qui prétend le remplacer.

Au moment où Hubert achevait, avec des parenthèses peu flatteuses et des sarcasmes mal dissimulés, de déployer le contenu de la dernière caisse, on entendit le bruit d'une voiture entremêlé de grelots et de claquements de fouet, et bientôt une chaise de poste, entrée dans la cour, vint, après une courbe savante, s'arrêter devant le perron.

Il en sortit un jeune homme d'environ vingt-sept ans, accompagné d'un valet de chambre, dont la mine éveillée contrastait avec les vénérables figures des domestiques provençaux. Le jeune homme sauta lestement sur le perron, franchit le grand escalier et se trouva au premier étage avant qu'Hubert, ému de cet instant solennel, eût eu le temps de réparer le désordre des préparatifs, d'endosser sa livrée de cérémonie et de venir, à la tête de ses lieutenants, à la rencontre de son jeune maître, pour lui faire les honneurs de l'hôtel de Braines.

Bien des années s'étaient écoulées depuis qu'Ulric de Braines, encore enfant, avait quitté ce seuil désert, et les honnêtes figures, alignées sur son passage pour lui souhaiter la bienvenue, ne lui rappelaient que de lointains souvenirs. Cet hôtel même où il rentrait était pour lui un inconnu; son cœur y cherchait en vain ce doux parfum du sol natal, de la maison paternelle, que nous gardons à travers l'absence, comme nos vêtements et nos mains conservent longtemps l'odeur vague de la fleur que nous avons effeuillée. Cependant Ulric tendit cordialement la main à ces reliques vivantes des anciennes splendeurs de sa maison. Il félicita M. Hubert du bon ordre qu'il avait su maintenir et des dispositions qu'il avait faites pour le recevoir; puis lui faisant signe de le suivre, et remerciant une dernière fois son modeste cortège, il entra dans la chambre qui avait été celle de son père, et qui était préparée pour lui.

Son regard erra, avec une sorte de mélancolie respectueuse, sur tous les détails de cet appartement, et s'arrêta sur le portrait d'un homme de haute taille, au front chauve, à l'œil énergique et fier, revêtu d'un uniforme d'officier général. La ressemblance d'Ulric avec ce portrait était si frappante, qu'on ne pouvait douter du degré et du genre de parenté qui l'unissait à l'original. Seulement, l'expression d'énergie et de vigueur qui se révélait dans cette peinture, s'était adoucie, chez Ulric, de nuances plus incertaines et plus douces; on sentait que le père avait été un soldat, et que le fils était un rêveur.

M. de Braines s'approcha ensuite de la cheminée, écarta un rideau de soie qui recouvrait un cadre d'or, et contempla, avec encore plus d'amour et de tristesse, un pastel représentant une femme jeune encore, d'une beauté délicate et charmante, qui semblait lui sourire, ainsi comme on sourit à ceux que l'on aime, que l'on quitte, et qu'on ne reverra plus en ce monde :

— Mon père ! ma mère ! murmura Ulric à demi-voix.

— Oui, Monsieur le vicomte ! reprit respectueusement Hubert, quoiqu'on ne l'interrogeât pas. Mon noble maître ! ma sainte et bonne maîtresse ! Et moi, qui ne devais pas leur survivre, je les ai vus ramener ici, tous les deux, à trois ans de distance, dans le tombeau de la famille !

De grosses larmes coulaient sur les joues parcheminées du vieux serviteur. Ulric lui pressa de nouveau la main; il pleurait aussi. Puis, maîtrisant son émotion, il ajouta, comme se parlant à lui-même :

— Morts tous deux depuis des années ! et je n'étais pas revenu ! et je laissais se briser et se détendre ces liens de la famille, ces souvenirs du foyer, patrimoine de nos vieilles races, aujourd'hui gaspillé comme les autres ! Je suis presque un étranger ici, et ces anciens serviteurs ont peine à reconnaître l'enfant qui les a quittés ! Ces murailles, ces tableaux, ces meubles, ces restes sacrés et bénis de dix générations éteintes n'ont plus rien à me dire, et je me sens, auprès d'eux, dépaysé comme un nouvel acquéreur dans l'antique maison qu'il achète ! Ah ! c'est un malheur et une faute, la faute et le malheur du temps ! Mais devrions-nous nous faire ses complices ? Est-ce donc à nous de seconder, par notre oubli et notre indifférence, cet esprit de destruction qui souffle sur les choses du passé et nous emporte avec elles ?

En prononçant ces paroles, Ulric de Braines s'était laissé tomber sur un fauteuil. Il resta quelque temps silencieux, le front appuyé sur ses mains. Hubert, à demi incliné devant lui, respectait son émotion et attendait ses ordres. La nuit était venue, et de grandes ombres couraient déjà, à travers ce vaste appartement, sur ces bahuts et ces toiles, dont elles rembrunissaient encore les teintes sombres. A la fin, Ulric relevant la tête, dit à Hubert d'un ton dont l'insouciance ne semblait pas de très bon aloi :

— Mademoiselle Natalie d'Epseuil est sans doute mariée ?

— Pas encore, répondit le majordome, dont la physionomie s'éclaircit à moitié. Puis il ajouta : M.

le vicomte n'a pas d'ordre à me donner ?

— Non, mon ami, veuillez seulement me faire apporter de la lumière, une tasse de thé, et ce qu'il faut pour écrire.

II.

L'histoire d'Ulric de Braines était celle de bien des jeunes gens de son époque, et un coup-d'œil jeté par dessus son épaule, pendant qu'il écrit à un de ses amis, nous en apprendra là-dessus autant que nous en devons savoir :

« . . . . . Me voici à Aix, mon cher Gontran, dans la vieille maison de mon père, après une absence dont je n'ose pas compter les années. Ma première impression a été triste, et cependant je crois que j'ai bien fait ; oui, Monsieur le sceptique, vous avez beau sourire, hausser les épaules, vous récrier sur les variations de mon humeur et les incertitudes de mon caractère ; quelque chose, au fond de l'âme, me dit que ma détermination est honorable.

» Que faisons-nous à Paris, mon cher Gontran ? Vous êtes assez spirituel pour ne pas vous fâcher si je vous répète tout haut ce que vous pensez tout bas : que notre vie y est mauvaise, dissipée, coupable, inutile aux autres et à nous-mêmes, et que son extrême futilité, pardonnable pendant les premiers jours de la jeunesse, devient sans excuse lorsque, comme moi, l'on approche de la trentaine. Tous ou presque tous, nous appartenons à des familles de province qui ont été et qui pourraient être encore considérables dans leur pays. Ces familles tenaient au sol par mille racines, comme ces grands chênes qui, même battus par les vents et mutilés par l'orage, semblent ne pas pouvoir se détacher de la terre qui les a nourris et qu'ils ont longtemps couverte de leur ombre. Ce n'était pas précisément la richesse qui faisait leur force et leur influence, car à côté d'elles s'élevaient de grandes fortunes industrielles qui les éclipsaient; ce n'était pas la noblesse, mélancolique épave, singulièrement avariée dans la traversée d'un siècle à l'autre, et que j'appellerais un mot et un souvenir, si les envieux ne s'obstinaient à donner une vie à ce souvenir et un sens à ce mot; ce n'était pas la supériorité intellectuelle, car il faut bien l'avouer, les parvenus spirituels ont plus d'esprit que nous. Non, c'était quelque chose d'indéfinissable, comme tout ce qui s'attache à la tradition locale, à la conscience et à l'âme d'un pays; une affinité mystérieuse entre le sol et la race, entre le champ et le foyer, entre ces bois, ces futaies, ces pans de mur, que les générations passées ont animé de leur souffle, et ce souffle même qui revit en nous, leurs derniers et fragiles héritiers. Ces affinités, nous les brisons; cette force secrète, nous la laissons dépérir; cette influence qui continuerait, sous une forme meilleure et plus juste, nos privilèges d'autrefois, nous l'éparpillons à tous les vents. Et tout cela, pourquoi ? je vous le demande ! Pour vivre à Paris, où nous ne sommes plus que des individus isolés, échelonnés d'après la fortune qu'on nous sait ou celle qu'on nous suppose, cotés à la Bourse de cette élégance néo-britannique qui estime un beau cheval un peu plus qu'un honnête homme, n'ayant d'autre valeur que celle d'un chiffre ou d'un numéro, d'autre plaisir que d'être trom-

2.

pés par des femmes qui font rougir nos sœurs et pleurer nos mères, d'autre gloire que de traduire le revenu borné de nos terres en un luxe étriqué, mesquin, qu'écrase, en se jouant, le plus pauvre banquier de Francfort, le moindre planteur américain, le plus chétif prince russe!—Enviés, si nous réussissons, bafoués si nous échouons, oubliés si l'on passe huit jours sans nous voir, morts et enterrés si nous passons un mois sans faire parler de nous!

» Tout cela est le tort de notre oisiveté, mais cette oisiveté même est le tort de notre temps. Ma jeunesse, la vôtre, celle de nos amis, a été placée en face d'obstacles que la paresse naturelle à l'homme, s'est chargée de changer en impossibilités. Sauf quelques légères variantes, vous vous reconnaîtrez, Gontran, et Ernest aussi, et aussi Alfred, et Raymond, et Maurice, et Paul, et Maxime, dans ces quelques lignes qui vont suivre, et qui renferment toute mon histoire. Pendant les cinq ou six années que nous venons de passer ensemble, compagnons de fêtes, de bruit et de plaisirs, jamais je n'ai eu l'idée de vous dire un mot qui dépassât la superficielle confiance d'une frivole camaraderie; vous saviez que j'étais riche, bien né, que je possédais dans le midi de la France des propriétés bien et dûment inscrites au cadastre, que mon tailleur était passable, et que mes fournisseurs n'attendaient jamais plus de six mois le règlement de leurs factures. De ma vie intime, de mon passé, de mes souvenirs, de ma famille, vous ne connaissiez rien de plus. L'existence que nous menions ensemble et dont la familiarité factice couvre un tel fond d'égoïsme, est de celles où le cœur refuse de s'ouvrir, d'où la confidence s'exile, et où on se croirait compromis si on laissait voir à de secs et indifférents regards autre chose que sécheresse et indifférence. Mais aujourd'hui, je sens cette glace se fondre au contact de ce qui m'entoure; mon adolescence m'est apparue sur le seuil de cette maison, dans les rides de ces serviteurs qui m'ont bercé sur leurs genoux, dans cet ensemble de vieilleries qui me rajeunissent le cœur. Ce que je ne vous disais pas quand nous courions, côte à côte, à La Marche ou à Chantilly, ou bien lorsque, dans notre loge, à l'Opéra, nous faisions passer le corps du ballet sous le feu de nos lorgnettes, j'aime à vous le dire aujourd'hui, seul, dans cette grande chambre dont ma lampe ne peut atteindre le fond, sans autre musique que celle de ma bouilloire qui gémit près de mon feu, et de notre bise provençale qui souffle dans mon corridor.

» Le vicomte de Braines, mon père, était d'origine bretonne; ses biens de Provence, quoique dans la famille depuis quatre générations, lui étaient venus par un mariage. En 1811, mon père, alors âgé de vingt-un ou vingt-deux ans, avait pris du service, moitié par vocation militaire, moitié pour satisfaire aux exigences croissantes du régime impérial, qui appelait sous les drapeaux tous les jeunes gens de bonne maison et de bonne mine. Il servit ce gouvernement, mais il ne l'aima pas, et il fallait que son aversion fût vive, pour qu'il n'eût pas, bien avant sa majorité, couru sur les champs de bataille et commencé cette vie de soldat pour laquelle il était né. Une blessure grave, reçue à Leipsick, condamna, pendant quelque temps, à l'inaction ce Vendéen recruté par l'Empire, et ce ne fut qu'en 1816 qu'il put reprendre du service. Il se dévoua à la Restauration avec l'ardeur martiale qu'il mettait à toutes choses, et elle ne fut pas ingrate: à trente ans, mon père était colonel, à trente-cinq, maréchal de camp, et cet avancement rapide ne provoqua dans l'armée ni jalousie, ni murmure; car on l'avait vu au feu, et les plus intrépides vétérans de la grande armée rendaient hautement justice à l'héroïque bravoure du jeune officier royaliste. Quelques années après la rentrée des Bourbons, M. de Braines avait épousé Mlle de Sénaulx, d'une des plus anciennes familles de Provence : ma mère, mon cher Gontran !

» Ma mère était d'une santé délicate, d'un caractère doux et timide, et l'affection passionnée que lui inspira son mari se traduisit chez elle en une obéissance passive dont s'arrangea fort bien la rude et inflexible énergie de M. de Braines. Aussi leur union fut-elle heureuse. Un seul nuage la troubla. Ma mère avait une amie d'enfance, Clémentine de Brady, qui avait épousé un gentilhomme provençal, le marquis d'Epseuil. Les deux amies, lorsqu'elles étaient encore au couvent, s'étaient promis, avec toute la solennité de ces serments juvéniles, que, si elles se mariaient, et si elles avaient, l'une un fils, l'autre une fille, elles marieraient un jour l'un à l'autre ces deux enfants. Comme si la Providence avait voulu se mettre de moitié dans cette innocente promesse, je naquis au bout d'un an de mariage, et, cinq années après, la marquise d'Epseuil eut une fille qu'elle appela Nathalie. Par malheur, ce fut aussi vers cette époque qu'achevèrent de s'aigrir les dissidences politiques qui marquèrent les dernières phases de la Restauration. Mon père avait transporté dans ses opinions royalistes, exaltées d'ailleurs par la reconnaissance, la discipline militaire et le despotisme d'un autre temps. Le marquis d'Epseuil, homme d'esprit, fort lettré, tenant à de vieilles traditions parlementaires, se laissa gagner par ce qu'on appelait alors le royalisme constitutionnel, et finit, un beau matin, par se trouver dans l'opposition. Comment cela arriva-t-il? Peut-être M. d'Epseuil ne le sut-il pas très-bien lui-même. Nos deux hôtels étaient porte à porte, et il y avait de temps à autre, entre mon père et lui, des discussions où l'esprit fin et cultivé du marquis eut un peu trop à souffrir des coups de boutoir du général. Cependant on ne pouvait pas encore prévoir de rupture; la même intimité subsistait entre les deux mères. Nathalie était au berceau; moi, tout enfant, et je me souviens comme d'un songe de ses jolis bras roses qui s'agitaient vers moi, et de ses petits cris de joie où sa mère prétendait reconnaître mon nom. Tout alla donc passablement jusqu'à 1830; mais, en juillet, mon père se trouvait à Paris avec un commandement; il prit part à la guerre des trois jours, fut blessé, traqué de maison en maison, forcé de se cacher, puis de revenir à Aix après avoir brisé son épée. Il rapporta de cette catastrophe une irritation qui alla croissant jusqu'à son dernier soupir : ses opinions qui étaient ardentes, devinrent extrêmes, et il s'y mêla une acrimonie qui excluait toute idée d'accommodement et de tolérance. Pendant ce temps, le marquis d'Epseuil, entraîné par les circonstances à accepter une victoire qu'il n'avait ni désirée ni prévue, préoccupé surtout de l'ordre à rétablir et de l'anarchie à éviter, se rallia au nouveau gouvernement. Il fut nommé député et, bientôt après, pair de France.

» Vous comprenez, mon cher Gontran, qu'entre ces deux hommes également honorables, je ne prétends pas me faire juge; tout ce que je sais, c'est que M. de Braines signifia à ma mère, consternée, mais toujours soumise, qu'à dater de ce moment, le marquis cessait d'exister pour lui, et qu'il lui défendait même de revoir Mme d'Epseuil. Ma mère pleura et obéit. Ce ne fut pas encore assez: comme il s'agissait d'étouffer dans son germe le projet de mariage, et qu'on ne pouvait pas faire changer de place nos deux hôtels qui se touchaient, M. de Braines se décida à aller s'établir à Paris, sous prétexte de mon éducation. Ma mère l'y suivit. Elle n'avait jamais été bien forte: ce changement d'habitudes, cet adieu indéfini à un pays qu'elle aimait, cette rupture forcée avec sa meilleure amie, cette immolation de sa plus chère espérance, tout contribua à lui serrer le cœur et à altérer sa santé. Elle se traîna ainsi pendant quelques années. Son mari qui la chérissait, ne pouvait se faire illusion ni sur la cause de sa tristesse, ni sur la gravité de son état; mais ainsi qu'il arrive d'ordinaire aux caractères violents, le chagrin qu'il en ressentait, au lieu de le porter à des idées plus conciliantes et plus douces, ne faisait que l'irriter davantage.

» En 1837, —je sortais alors du collége, — les médecins conseillèrent à ma mère les eaux du Mont-Dore. Je l'y accompagnai. Soit hasard, soit rendez-vous donné secrètement dans une correspondance soustraite aux yeux de mon père, Mme d'Epseuil s'y trouvait avec sa fille. Nathalie avait douze ans: c'était une délicieuse enfant, tantôt espiègle et rieuse, tantôt rêveuse et naïve; jamais plus suave regard n'interrogea les vagues horizons de l'adolescence; jamais front plus candide ne s'inclina sous le baiser maternel. Mes premières impressions se ravivèrent pendant les quelques semaines que nous passâmes ensemble, et où nos mères, s'abandonnant peu à peu au charme de l'amitié et du rêve d'autrefois, nous laissèrent plus de liberté que ne l'eût voulu une rigoureuse prudence. Mon père en fut informé, je ne sais par qui. Je vous ai déjà dit que son humeur, naturellement rude et austère, avait été aigrie par ses déceptions politiques; il vit dans la rencontre, peut-être fortuite, de sa femme avec Mme d'Epseuil, un complot de famille organisé pour braver sa volonté, renouer d'anciens projets et me faire épouser Nathalie. Non, je n'oublierai jamais l'effet terrible que produisit sur notre petite réunion sa brusque arrivée au Mont-Dore. Son honneur eût-il été outragé, fût-il venu pour punir la plus indélébile des fautes, la pâleur de son visage n'eût pas été plus effrayante; son œil d'aigle n'eût pas lancé de plus sinistres éclairs. Il fit à ma mère une scène presque publique:—« Madame, lui dit-il devant dix personnes en lui montrant la marquise d'Epseuil anéantie, vous savez bien que je vous avais défendu de parler à cette femme! » Et il l'entraîna violemment hors du salon.—« Monsieur, murmura doucement ma mère en retenant ses

larmes, elle est malade et je suis mourante! » Ce fut son seul reproche.

» Ce triste épisode avait eu trop de témoins pour pouvoir rester secret. M. d'Epseuil l'apprit; une rencontre eut lieu; le marquis eut le bras traversé par une balle, et dès lors un nouvel abîme me sépara de Nathalie.

» Cette dernière secousse fut fatale à ma mère: elle alla s'affaiblissant chaque jour, et succomba l'année suivante, sans faire entendre une seule plainte, sans que mon père, penché sur son chevet, pût surprendre dans son regard autre chose qu'amour et respect. Mais si elle lui avait pardonné, il ne se pardonna pas. Malgré sa violence, il était bon; il aimait sincèrement sa femme, et cette lente agonie, ce silencieux martyre, cette sainte mort, lui causèrent une impression profonde. Ses anciennes blessures se rouvrirent; cette organisation robuste, mais sourdement minée par les fatigues et les chagrins, chancela tout à coup sous le choc d'une douleur qu'il s'efforçait de comprimer. La lutte dura deux ans, pendant lesquels un noble front se couvrit de rides; ses cheveux blanchirent, sa haute taille se courba, sa fière démarche devint chancelante: puis il tomba, comme un athlète vaincu qui a réussi à cacher sa plaie, et qui meurt avant qu'on sache s'il est blessé. Je ne le quittai pas d'un instant pendant ces journées suprêmes. Sa mort fut intrépide comme la vie: il ne semblait occupé qu'à faire passer dans mon âme, avec l'autorité de sa voix mourante, les principes inflexibles auxquels il avait tout sacrifié. Pourtant, à son heure dernière, on eût dit que cette âme indomptable fléchissait, qu'une pensée de regret se mêlait à ses volontés stoïques et attendrissait ses adieux; il me prit la main, me montra du regard le portrait de ma mère qu'il avait fait placer en face de son lit. Peut-être à ce nom sacré que je l'entendis murmurer, allait-il ajouter un autre nom; il n'en eut pas le temps; son souffle seul arriva à mon oreille, et ce souffle fut le dernier.

» Ce court procès-verbal, mon cher Gontran, était nécessaire, non pas pour me justifier, mais pour m'expliquer à vos yeux. Fils dégénéré d'un de ces hommes taillés dans le chêne et le granit, tels qu'en avait produits par milliers la génération précédente; témoin de ce que l'abus de la force peut amener de déchirements et de souffrances même dans une union heureuse et entre nobles cœurs, détourné par la volonté de mon père d'une première inclination trop jeune et trop vague d'ailleurs pour ressembler à de l'amour, je me suis trouvé, à vingt ans, libre de mes actions, maître de ma fortune, sans autre appui que des parents éloignés, sans autre guide que mes caprices. Mon penchant naturel, joint au souvenir du mal qu'avait fait si près de moi, un caractère énergique, me porta vers l'excès contraire, me fit prendre en haine les partis extrêmes, les résolutions vigoureuses et jusqu'aux rudesses de la vie pratique. En même temps, la mémoire de M. de Braines, ses dernières recommandations, un sentiment d'honneur qui survit en nous aux convictions fortes, m'eussent retenu dans l'inaction et empêché d'accepter une place, quand même je n'eusse pas été déjà protégé contre toute tentation de ce genre, par mon indécision et ma paresse. Ç'a été, mon ami, le malheur de notre époque ou plutôt de notre moment, que le goût de l'oisiveté ait pu s'y déguiser sous de rassurants pseudonymes, et s'appeler fidélité chevaleresque, dévouement sans tache, fermeté de principes. Le cœur humain se complait en de pareils subterfuges, et celui-là conciliait en nous deux penchants également chers à l'homme : la paresse et l'orgueil ; et à toutes les ambitions d'autrefois, actives, ardentes, viriles, passionnées, il en substituait une, plus dangereuse et plus superbe : l'ambition de n'être rien. L'amour de Nathalie d'Epseuil, l'espoir de l'épouser un jour, auraient pu donner un but à ma vie et remplir le vide de ces inquiètes années. Cet amour et cet espoir m'avaient été interdits par une volonté impérieuse et sacrée. Enfin, mon cher Gontran, je le dis tout bas et à vous seul, le plus spirituel et le plus lettré de la bande, j'aurais eu, si j'avais vécu dans un autre milieu, une vraie passion pour la littérature. J'avais fait, presque en me jouant, des études brillantes, et cela dans un temps où l'Université — dont je ne veux pas médire ! — réussissait à persuader à ses lauréats qu'il n'y avait rien de plus important dans le monde qu'un discours français, si ce n'est un discours latin. De ce premier orgueil de la *copie couronnée* à celui de l'*in-octavo* imprimé, lu et applaudi, la pente est facile, et, cette pente, je la voyais suivre par quelques-uns de mes anciens émules autour desquels un groupe complaisant murmurait déjà les mots de célébrité et de gloire. Le succès, le bruit, la préoccupation littéraires étaient alors à la mode, et prenaient une large place dans les mœurs publiques. Cette génération, amollie par la prospérité et la paix, enivrée d'esprit, d'idées, de fantaisies, de chimères, prodiguait à un drame émouvant, à un roman pathétique, l'attention qu'elle accordait à peine à des héros dignes de leurs pères, à nos jeunes et braves soldats, mourant silencieusement en Afrique : hélas ! Dieu lui maintienne ce doux *farniente*, et la garde des angoisses du réveil !

» Peu s'en fallut que je ne cédasse à l'entraînement général, et peut être, si l'on fouillait bien mes tiroirs, y trouverait-on quelque essai poétique, quelque roman échevelé ou quelque grosse histoire dans le goût de ce moment-là. Vos moqueries m'arrêtèrent au bord de cette vaste écritoire où j'avais envie de me plonger. Vous me dîtes tous, — aviez-vous tort ? aviez-vous raison ? je ne sais — que la vie littéraire n'était pas faite pour les gens de notre monde, et que l'on y rencontrait trop de *parfaits gentilshommes* pour qu'un homme qui, par hasard, possédait de vrais parchemins et un vrai château, n'y fût pas déplacé et compromis. Vous me dîtes qu'essayer de réconcilier la bonne compagnie avec la Bohême était une tentative au-dessus de mes forces ; que l'une n'en garderait pas moins ses méfiances vis-à-vis de la tribu des artistes, et que l'autre n'en continuerait pas moins à peindre des comtesses invraisemblables, des marquises fabuleuses et des barons impossibles. Je me laissai persuader : mais alors, encore une fois, quel but donner à ma vie ? Tout me manquait, l'activité, le choix d'un état, l'amour chaste, l'avenir de famille, le libre emploi de mes facultés intellectuelles dans une sphère sympathique à mes goûts. Paris était là, Paris avec ses séductions et ses fièvres, l'étourdissement magnétique de cette vie rapide, haletante, emportée, qui ne contente pas, mais qui grise, et qui serait horrible si elle permettait d'approfondir ce qu'on effleure et de réfléchir à ce qu'on fait. Je m'y abandonnai ; je fis comme les autres. Seulement, en prenant cet uniforme de l'élégance moderne qui nous donne à tous, au premier coup-d'œil, une même physionomie, je conservai intérieurement mes instincts de dilettante et de rêveur. Que de fois, Gontran, lorsque je semblais absorbé par une grave question de Turf et d'écurie, je vous étonnai de mes distractions ou de mes bévues en ces importantes matières ! C'est que j'écoutais au-dedans de moi,

. Les chants mystérieux et les voix éternelles
De ces filles de Dieu qui s'appellent entr'elles !

Que de fois, à l'Opéra, lorsque nous discutions avec la chaleur digne d'un pareil sujet, la supériorité des *pointes* de Carlotta sur les *bouffantes* de Fanny Elssler, je me sentis enlevé bien loin de vous, vers les régions idéales que remplissent de leurs accents la muse de *Guillaume Tell* et la muse des *Huguenots* ! Lorsque l'adorable plainte d'Arnold ou l'amoureuse cantilène de Raoul montait vers notre loge bruyante, peut-être, en y regardant de près, auriez-vous vu quelqu'un qui se détournait à la hâte pour cacher une larme roulant sous ses paupières. Les autres se seraient moqués de moi ; vous, vous m'auriez dit en me poussant le coude : Prenez garde ! ces choses-là ne sont pas de notre uniforme !

» A présent, mon ami, vous comprenez, n'est-ce pas, pourquoi je suis revenu ici ? Six ans de cette existence à la fois brûlante comme un jour d'été et glaciale comme une nuit d'hiver, m'ont laissé un vide qui m'effraie ; du moment que j'ai cessé de m'étourdir, j'ai commencé à me dégoûter. Je veux essayer d'un nouvel ordre de sensations et d'idées ; je veux voir si je suis devenu incapable de me reprendre aux doux recueillements du pays natal, du foyer domestique, de cette légende familière que nous retrouvons tous près du tombeau de nos parents et sous le toit qui abrita notre enfance ; je veux voir si je ne pourrai pas, comme Antée, recouvrer mes forces en touchant la terre. Et puis, pourquoi ne pas le dire ? j'ai assez, j'ai trop des amours fardées et plâtrées de ces créatures dont les caresses laissent à la joue un masque de poudre de riz, et au cœur un arrière-goût de fange. Touchant à cette seconde phase de la jeunesse, condamnée à aggraver les fautes de la première si elle ne les répare pas, j'aspire à une chaste et pure tendresse comme le convalescent échappé d'un foyer pestilentiel aspire à l'air salubre des montagnes. Nathalie d'Epseuil n'est pas encore mariée ; je l'espérais, mais je n'en étais pas sûr ; je le sais aujourd'hui. Pour le moment, un abîme nous sépare encore ; et pourtant il me semble parfois qu'il y a entre nos deux destinées une attraction mystérieuse qui finira par triompher. Sa mère est morte quelque temps après la mienne ; de ces quatre personnes, séparées par des haines politiques que l'avenir peut apaiser ou déplacer, le marquis d'Epseuil reste seul. Il adore sa fille, et pour que Nathalie, à vingt-deux ans, soit encore libre, il faut qu'elle ait déjà refusé bien des partis. Que sait-on ? Les impressions d'enfance ne sont pas toujours passagères, et il y a des âmes pour lesquelles rien ne remplace l'enchantement de ces visions matinales. Peut-être Nathalie est-elle de celles-là; peut-être un incident imprévu me permettra-t-il de rompre, vis-à-vis du marquis, cette réserve et ce silence que m'imposent de douloureux souvenirs et la volonté de mon père, puissante encore à travers la tombe. Quoi qu'il en soit, ce but qui me manquait jusqu'ici et dont l'absence explique mes rêveries, mes dissipations et mes inquiétudes, je crois que je pourrais maintenant le rencontrer et le résumer en ces quelques mots : Faire le bonheur d'une honnête femme; non pas ce bonheur vulgaire qui consiste à ne pas donner de grands chagrins, mais un bonheur complet, savant, à la fois spontané et réfléchi, s'élevant, à force d'étude attentive et délicate, aux conditions d'un art; art caché, comme tout art véritable, et dont j'aurais seul le secret. Adieu! de tout ce que j'ai laissé à Paris, je ne regrette que votre esprit et ce pauvre *Mercutio*. Ne le surmenez pas trop, et, chaque fois que vous le montez, donnez un souvenir à l'ami absent !

» *P. S.* Je viens de voir à l'église Mlle Nathalie d'Epseuil; elle est plus belle que jamais, et il m'a semblé qu'elle rougissait en me reconnaissant. »

III.

Quatre mois après l'arrivée d'Ulric de Braines à Aix, le 26 février 1848, une agitation inaccoutumée se révélait dans cette ville ordinairement si paisible. La stupeur, l'anxiété, la frayeur, étaient peintes sur tous les visages. On s'abordait, ici avec empressement, là avec angoisse. Devant les principaux cafés du Cours, rendez-vous habituel des oisifs comme des gens affairés, plusieurs groupes s'étaient formés, parmi lesquels les mots étranges de Révolution et de République circulaient de bouche en bouche. On s'arrachait des fragments de journaux, des lambeaux de dépêches télégraphiques; on suivait à la piste l'afficheur de la mairie, qui courait les rues en collant çà et là des proclamations et des décrets. Parmi les ennemis du gouvernement dont on annonçait la chute, les plus exaltés s'efforçaient de paraître joyeux et de plaisanter sur cette catastrophe; mais leur gaîté n'était pas communicative, leurs plaisanteries se figeaient sur leurs lèvres, et leurs bons mots ressemblaient à ces airs que chantent les poltrons pour se persuader qu'ils n'ont pas peur, et qu'on ne retrouverait notés dans aucun cahier de musique. Les prévoyants et les sages, en écoutant le tocsin qui sonnait à l'Hôtel-de-Ville et à la cathédrale, se disaient, avec une tristesse profonde, que ce glas sinistre retentissait au même moment dans toute la France, tintant l'agonie de son repos et présageant une incalculable série de périls et de malheurs.

Or, ce jour-là, si l'on n'avait pas été absorbé par ces foudroyantes nouvelles, on aurait vu Ulric de Braines sortir de son hôtel et se diriger d'un pas rapide vers la maison voisine, qui était celle du marquis d'Epseuil.

Depuis qu'il était revenu à Aix, Ulric avait été bien souvent tenté de frapper à cette porte. Mais à mesure qu'il avait renoué ses relations de famille, retrouvé d'anciens amis de son père, et qu'il s'était fait présenter dans les derniers salons qui essayaient de maintenir les vieilles traditions de cette société aristocratique, son caractère naturellement un peu indécis avait ressenti des impressions nouvelles et subi de nouvelles influences. Il s'était aperçu que le nom qu'il portait avait, dans sa ville natale, non-seulement une valeur nobiliaire, mais un sens politique; qu'il constituait pour lui une sorte d'héritage moral, un ensemble d'obligations auxquelles il ne pouvait faillir sans être presque traité de transfuge, et que ces accommodements qui lui semblaient faciles à Paris, dans son Cercle, en face de viveurs de toutes les opinions et de sceptiques de tous les régimes, devenaient impossibles dans ces salons de haute lice où l'on arrivait en chaise à porteur, et où le dépôt du passé était religieusement conservé. Ulric n'était pas homme à lutter contre ce nouveau courant qui s'emparait de sa vie. Nature vive, *sensible*, comme on eût dit autrefois, *artiste*, comme on dirait aujourd'hui, capable de faire par émotion et sentiment ce que d'autres font par principes, il se laissa facilement gagner et pénétrer par cette atmosphère, si différente de celle dont il avait respiré jusqu'alors les émanations dissolvantes. Il n'en remarqua d'abord que la limpidité balsamique, la tranquille sérénité. Il ne vit que le côté chevaleresque de ce monde dont les idées étroites et les horizons bornés deviennent parfois pour les hommes d'imagination ce que les barreaux d'une cage sont pour les oiseaux du ciel. Ayant percé à jour les vices et les misères de la vie de Paris, révolté de ce perpétuel sacrifice du sentiment à l'intérêt, des souvenirs aux calculs, et des convictions au plaisir, il se passionna pour cet idéal de fidélité antique, de conscience inflexible, d'honneur invulnérable, d'immobilité dans un certain nombre d'opinions et de vérités sûres comme le dogme, mais intolérantes comme lui. Un beau matin, il se réveilla Chevalier, Croisé, Vendéen, des pieds à la tête; et cette barrière qui le séparait de Nathalie d'Epseuil, et qu'il dépendait de lui de faire tomber, lui apparut de nouveau comme infranchissable.

Quiconque a un peu pratiqué les villes de province sous le gouvernement de 1830, peut aisément s'imaginer quelle était, vers 1847, la position du marquis d'Epseuil. Bon, spirituel, aimable, incapable, pour me servir d'une locution populaire, *de faire du mal à une mouche*, il s'était plusieurs fois heurté contre les difficultés de sa tâche. Ses efforts pour prévenir les réactions violentes et empêcher les destitutions en masse après la révolution de Juillet, avaient été couronnés de succès. Mais à mesure que l'ordre se rétablit, que les anxiétés se dissipèrent et que le souvenir des mauvais jours se perdit dans l'éloignement, la reconnaissance s'affaiblit. On cessa de savoir gré à M. d'Epseuil des services qu'il avait rendus, et on lui en voulut de s'associer à un régime que l'on n'aimait pas. En outre, il eut bientôt contre lui tous les solliciteurs désappointés; et, comme il y avait dès lors vingt pétitions pour une place, la rancune des dix-neuf candidats éconduits était irrévocablement acquise au marquis sans que la gratitude du vingtième fit compensation. Obligeant et serviable, il faisait le difficile, mais non l'impossible, et ceux qui lui avaient demandé l'impossible et qui ne l'obtenaient pas, l'accusaient d'égoïsme et de négligence. Mal défendu par ses amis et ses *clients* politiques, M. d'Epseuil rencontrait dans le monde auquel le rattachaient ses antécédents et sa naissance, beaucoup plus d'hostilité et de malveillance que s'il se fût appelé Dubois ou Durand. Les gentilshommes de la vieille roche, les douairières, les anciens officiers de l'armée de Condé, tous ceux qui avaient connu M. d'Epseuil le père, premier président au parlement d'Aix et persécuté pendant la grande révolution, gémissaient de la conduite du fils comme d'une injure faite à leur propre écusson. Lorsqu'ils avaient besoin de lui pour un chemin vicinal, une réparation à leur église, un dégrèvement d'impôts ou une affaire en instance dans les cartons de la préfecture, ils daignaient se souvenir, pour un quart d'heure, qu'ils étaient ses cousins au quatrième ou cinquième degré; ils prenaient, d'un air superbe, le chemin de son hôtel, lui déroulaient leur requête du ton de gens supérieurs aux petitesses humaines, mais forcés de s'accommoder aux circonstances, le saluaient de haut; puis s'en retournaient gravement, reconduits jusqu'à la porte par le spirituel pair de France, qui, après les avoir reçus de son mieux, s'occupait activement de leur affaire, sans autre vengeance que son fin sourire, sans autre indemnité que l'espoir, toujours déçu, de rapprocher les partis et de désarmer les haines. Et remarquez bien que, malgré ces petites inconséquences, inévitable tribut payé à la faiblesse humaine ou plutôt aux contradictions d'une époque, ces hommes dont je parle ont été, en définitive, l'honneur et l'exemple de leur temps !

Cette société hostile au marquis d'Epseuil, avait eu naturellement pour chef, pendant les premières années, le général de Braines et, après qu'elle eût renoué connaissance avec Ulric, il sembla qu'elle lui déléguait une partie du rôle que son père avait si énergiquement rempli. Ulric en fut flatté, mais il comprit qu'en acceptant cette succession, il devait renoncer, pour le moment du moins, à une réconciliation officielle avec l'hôtel d'Epseuil.

Les anciens projets des deux familles étaient connus de tout le monde; on n'ignorait rien de ce qui s'était passé depuis, et les personnes qui, par leur âge ou leurs liens de parenté, avaient leur franc-parler auprès d'Ulric, trouvaient moyen de lui faire entendre, par des insinuations adroites et des allusions transparentes, qu'il serait généralement blâmé s'il inaugurait son retour dans son pays par une sorte de démenti donné aux traditions et aux volontés paternelles. Les mères, pourvues de filles à marier,— et il y en a partout, — ne pouvaient voir avec indifférence un jeune homme de vingt-sept ans, riche, élégant, distingué, passant pour spirituel, ayant vécu à Paris sans s'y ruiner, et elles n'eussent pas été fâchées que la politique leur servît à intercepter au passage ce phénix des célibataires, avant qu'il eût le temps d'aller retomber aux pieds de Nathalie d'Epseuil. De là, un de ces jolis complots féminins et maternels, tels qu'on en rencontrera toujours dans les salons civilisés; complot qui procédait par demande et par réponse : « M. Ulric de Braines épousera-t-il Nathalie? — Il ne faut pas qu'il l'épouse. »

Nathalie d'Epseuil était au courant de tous ces petits détails pour lesquels les échos des villes de province possèdent de prodigieux effets d'acoustique; mais elle défiait par sa beauté, sa grâce, sa résignation spirituelle, ses exquises qualités d'âme et de cœur, les vertueuses trames qui s'ourdissaient contre elle. Ayant perdu sa mère de bonne heure, fille d'un homme de beaucoup d'esprit, très occupé et très dénigré, elle s'était attachée à son père en raison même des injustes attaques dont elle le voyait poursuivi, et elle avait profité des longues heures de solitude que lui laissait M. d'Epseuil, pour lire beaucoup et réfléchir encore plus. Elle s'était donné à elle-même cette forte éducation des femmes du XVIIe siècle, qui n'excluait ni la piété, ni la candeur, ni le charme. Pure comme les anges, elle eût étonné un professeur de la Sorbonne par la variété de ses connaissances, la finesse de ses idées et la profondeur de ses aperçus. Mais elle avait le bon esprit de garder pour elle ces mystérieux trésors, et sa modestie, sa douceur, sa charité sans bornes, l'eussent sauvée de la défaveur que l'on attache aux femmes savantes, quand même elle ne se fût pas efforcée de cacher ce qu'elle savait. Le seul usage qu'elle fît de ses dons naturels et du fruit de ses études, était de *donner la réplique* à son père, et de le distraire de ses ennuis dans les rares moments où il pouvait passer auprès d'elle. Rien n'était comparable à la tendresse passionnée qui unissait ces deux êtres d'élite, ayant tous deux un peu à se plaindre de l'injustice du monde. On a remarqué que les affections de famille sont plus vives dans ces intérieurs sur lesquels pèse une répulsion, un blâme ou un malheur, et qui n'ont à attendre du dehors que peu de bienveillance et peu de joie. Il semble que le cœur, froissé par ces invisibles atteintes, *se ramène en soi*, comme dit Corneille, et trouve, à ses profondeurs inconnues, d'intarissables sources de dévouement et d'amour, où se lavent et se cicatrisent les plaies. Qui ne se souvient de la sublime figure du juif Isaac, dans *Ivanhoé*? M. d'Epseuil n'était ni juif, ni Paria, et ces mots sont, Dieu merci ! beaucoup trop tragiques pour peindre sa position. Mais enfin, lorsqu'il éprouvait quelque rebuffade polie, lorsqu'il surprenait quelque nouvel indice de la rancune et des rigueurs de ce monde dont l'assentiment et le suffrage lui eussent été plus précieux que tout le reste; lorsque attristé plutôt qu'irrité il rentrait dans sa bibliothèque, il y trouvait sa fille, et le nuage qui couvrait son front se dissipait à demi. Elle venait à lui douce et souriante, allait lui chercher les livres qu'il aimait, amenait la conversation sur les objets les plus propres à le faire briller, lui répondait avec à-propos, le provoquait avec grâce, et, au bout d'un quart d'heure, le pauvre marquis, facile à distraire comme tous les hommes très spirituels et un peu faibles, content de lui, enchanté d'elle, le doigt sur une page de Virgile, de Labruyère ou de Vauvenargues, se disait qu'après tout il n'était pas si à plaindre, puisque Dieu lui avait donné une pareille fille.

A cette affection que Nathalie d'Epseuil éprouvait pour son père, un autre sentiment était venu se joindre : celui-là, elle ne le montrait à personne; elle eût voulu se le cacher à elle-même; mais M. d'Epseuil l'avait deviné. Elle aimait Ulric. Cette amitié d'enfant avait grandi avec elle, et l'image de leur rencontre au Mont-Dore s'était fixée dans son cœur, ravivée encore par le souvenir des larmes qu'elle avait versées et qu'elle avait vu répandre à sa mère, après la funeste incartade du général de Braines. La juvénile douleur d'Ulric, le désespoir de Mme de Braines lors de cette séparation forcée, avaient bien souvent rempli les entretiens de Nathalie avec Mme d'Epseuil, et, quelques années après, lorsque la marquise était morte, cette entente magnétique qui s'établit au lit de mort entre les filles et les mères, avait révélé à Nathalie que le projet d'alliance si cruellement brisé, était encore secrètement caressé par cette âme fidèle à une inaltérable amitié. Ses souvenirs, son penchant, la mémoire de sa mère, tout la ramenait à Ulric; elle se dit qu'il serait son mari ou qu'elle ne se marierait jamais : ce noble cœur, une fois donné, savait bien que s'il avait un jour à se reprendre, Dieu seul serait son refuge.

Lorsqu'on annonça le retour d'Ulric à Aix, l'émotion de Nathalie fut profonde, mais contenue; elle redoubla de prières et d'assiduités à l'église, demandant au ciel la force de dominer son trouble, et, si des mécomptes lui étaient réservés, le courage de s'y résigner. Pendant les premiers jours qui suivirent l'arrivée d'Ulric, il lui semblait sans cesse qu'il allait venir, et chaque coup de marteau frappé à la porte d'entrée lui retentissait dans le cœur. Puis, lorsqu'elle apprit les difficultés de position et la conspiration mondaine qui la séparaient encore de M. de Braines, mais sa tristesse n'ôta rien à son amour : elle pardonna, de toute son âme, à ceux et à celles qui lui faisaient subir l'injuste solidarité de dissidences politiques qu'elle avait toujours déplorées. Calme et sereine, un peu de pâleur sur le front, mais le sourire sur les lèvres, elle retourna à ses livres, serra plus tendrement la main de son père, se résigna et attendit. M. d'Epseuil, qui faisait bon marché des susceptibilités mondaines lorsqu'il s'agissait du bonheur de sa fille, lui offrit de faire les premières démarches auprès d'Ulric. Elle s'y opposa de toutes ses forces : humble et fière à la fois comme une vraie chrétienne, elle aimait mieux se sacrifier que s'abaisser.

Et pourtant, il y a quelque chose de si vivace dans les sentiments véritables et de si fragile dans les sentiments factices, que M. de Braines, chaque fois qu'il rencontrait Nathalie, avait peine à réprimer les mouvements de son cœur, et était obligé de se faire violence pour rester fidèle à ce rôle de froideur et de réserve qu'il s'était laissé imposer. Parfois même ses regards parlaient pour lui, et Nathalie, dans ces courts moments, ne savait comment accorder cette rapide expression d'amour et de regret avec sa persistance à ne pas se présenter chez M. d'Epseuil. Doutes ! étonnements ! perplexités! luttes intérieures! précieux tourments des jeunes âmes ! Ces journées pénibles et froides, silencieuses et troublées, n'étaient pas perdues pour l'amour ; il s'accroissait de toutes ces secrètes tortu-

res, de ces désirs combattus, de ces émotions refoulées, comme les avares s'enrichissent de leurs privations. A tout ce qui le consacrait déjà, il ajoutait cette consécration suprême : la souffrance.

Telles étaient les situations respectives, lorsque, le 26 février, dans la matinée, le vieil Hubert, blême et effaré comme s'il venait d'apercevoir Satan en personne, entra précipitamment chez Ulric, qui achevait sa toilette, et lui annonça que la République était proclamée. M. de Braines fit d'abord ce que firent ce jour-là, et en recevant la même nouvelle, trente-trois ou trente-quatre millions de Français : il rit au nez du nouvelliste en lui disant que la chose n'était pas vraie, par la bonne raison qu'elle était impossible. Mais Hubert lui donna des preuves, lui remit la copie d'une dépêche, lui répéta *qu'il avait vu, de ses propres yeux vu*, la proclamation affichée; et Ulric, après une honorable résistance, fut forcé de reconnaître que l'impossible était vrai.

A l'instant, une pensée lui traversa l'esprit, rapide comme une flèche. Avec cette promptitude d'intuition particulière aux imaginations vives, il comprit que toutes les dissidences de la veille, toutes les nuances de détail entre gens comme il faut, allaient disparaître dans cet événement gigantesque, comme des grains de sable dans une trombe, comme une légère dissonance dans la mugissante tempête d'un final de Verdi.

Pendant ce temps, Hubert continuait ses doléances :

— Ah! Monsieur le vicomte! qui m'eût dit, à moi qui ai vu la première République, que j'en verrais une seconde? Voilà le tocsin qui sonne! C'est fait de nous !

— Excellent! allez me chercher mon paletot!...

— Avant trois jours, nous entendrons chanter la carmagnole, et nous verrons le bonnet rouge dans les rues !

— Parfait! donnez-moi mes bottes vernies!...

— Et je suis sûr que d'ici à deux ans, M. le vicomte ne touchera pas un centime de ses fermiers !

— Délicieux! changez-moi cette cravate; celle-là ne me va pas !

— Dieu veuille encore que nous ne soyons que pillés et ruinés : la République, Monsieur le vicomte, c'est l'effroi de tous les honnêtes gens!....

— J'y compte bien ! Hubert, ma canne, mon chapeau !

Et laissant son majordome persuadé que la République avait déjà produit son effet et détraqué le cerveau de son maître, Ulric de Braines, d'un bond, se précipita dans la rue, et, d'un autre bond, courut frapper à la porte de l'hôtel d'Epseuil.

Il trouva le marquis et sa fille dans le salon : ils étaient pâles, mais calmes. A sa vue, un sourire céleste effleura les lèvres de Nathalie.

— Monsieur, dit Ulric en fléchissant un genou, au nom de ma chère et sainte mère, j'ai l'honneur de vous demander la main de votre fille, Mlle Nathalie d'Epseuil.

— Mon enfant, je vous attendais ! répondit le marquis en l'attirant dans ses bras.

IV.

Deux ans s'étaient écoulés : Ulric et Nathalie, mariés quelques semaines après la scène qui termine notre dernier chapitre, avaient commencé par goûter un de ces bonheurs sans nuage et sans bornes qu'il est plus facile d'imaginer que de peindre. De même que les prédicateurs les plus éloquents n'ont jamais complètement réussi dans la peinture des joies du paradis, de même les romanciers les plus convaincus ont peine à donner une idée suffisante des félicités du mariage.

Pour échapper au monde, et surtout aux soucis de cette triste époque où les angoisses de la vie publique pesaient sur la vie privée et en gâtaient les douceurs, M. et Mme de Braines s'étaient retirés à la campagne. A quelques lieues d'Aix et après avoir dépassé le beau château du Tolonet, on entre dans une gorge étroite, solitaire, que surplombent, à droite et à gauche, de grandes roches volcaniques : au fond, un ruisseau dont les nappes limpides miroitent sous un frais tapis d'iris bleus et de nymphœas, et que suit, dans ses capricieux méandres, un sentier rempli d'ombre, de chants d'oiseaux et de frémissements de feuillée. Grâce à ces eaux vives qui s'amassent au creux du ravin et dont les sources reluisent au soleil, de chaque côté du talus, la végétation des terrains humides se mêle, dans ce fourré, à celle des montagnes : une mousse veloutée, un gazon épais, serpentent le long de ces masses granitiques, à quelques pas des grêles bouquets de buis et de genévriers ; des saules, des peupliers, des trembles, confondent leur délicate verdure avec les teintes grises des mélèzes. Les bras éplorés des sapins s'allongent au-dessus des groupes riants de myrtes et de chèvrefeuille. De longues traînées de vigne sauvage se suspendent à toutes ces cimes tremblantes qu'elles festonnent de leurs entrelacements pittoresques. Pour que rien ne manque à l'effet de cette harmonie ou de ce contraste, le promeneur qui prête une oreille charmée au rossignol ou au merle jaseur cachés dans ces massifs impénétrables, n'a qu'à lever la tête pour apercevoir des oiseaux de proie planant dans l'espace, et couronnant de leur vol circulaire ces rochers arides et tourmentés.

Après une demi-heure de marche, le ravin s'élargit, s'ouvre et aboutit à une petite vallée, encaissée dans des collines charmantes qui servent de contrefort aux dernières chaînes des Alpines. Cette vallée, que les gens du pays appellent *Bout-du-Monde*, a un caractère de recueillement fait pour plaire aux anachorètes d'autrefois et aux amoureux de tous les temps. Un hameau, garni de basse-cours et de jardinets, se blottit autour d'une jolie maison, d'allure plus grandiose, mais qu'on ne saurait pourtant honorer du nom de château. Rien de plus simple et de plus aimable que cette modeste demeure, dont la façade principale est tournée vers les collines et y communique par une allée de tilleuls, découpée dans une vaste prairie. Sur les deux ailes, des bosquets de lilas, de faux ébéniers, de buissons ardents, de lauriers-thyms, vont se joindre au verger et au potager. Au bout de l'allée, le chemin devient plus rude, et bientôt se perd dans les pre-

miers plis de terrain où l'œil découvre, à chaque instant, quelque nouveau site. Plus loin encore, lorsqu'on s'aventure au-delà du rideau d'arbres qui sert de barrière naturelle entre la montagne et la plaine, le paysage prend cet aspect de grandeur âpre et sauvage que recherchent presque également les désespérés et les heureux, et où l'âme respire avec ivresse la solitude et l'oubli. Au printemps, quand les tilleuls sont en fleurs, quand les vergers du hameau et de la maison blanche secouent aux brises du soir la neige de leurs cerisiers et de leurs pommiers, quand les vagues arômes des plantes de la montagne descendent avec la brume et viennent se mêler à l'odeur des ébéniers et des lilas, une indicible atmosphère de sérénité et de fraîcheur passe sur cette heureuse vallée. Il semble que le fracas et l'agitation du monde expirent dans ce calme et ce silence, et que, si derrière ces côtes bleuâtres qui s'échelonnent à l'horizon, il y a des passions qui s'agitent et des hommes qui se haïssent, il n'y ait d'autre bruit que celui de la clochette des chèvres ramenées de l'abreuvoir à l'étable, ou le son de l'*Angélus* élevant à Dieu les cœurs simples, reposés du travail par la prière.

Cette maison de *Bout-du-Monde* appartenait à Ulric de Braines, et c'est là qu'après son mariage il vint se fixer avec Nathalie et son père.

Qui n'a éprouvé, pendant ces journées brûlantes et sinistres qui marquèrent la première année de la République, le besoin de s'arracher à ces réalités violentes, à ces clameurs de carrefour, à ces humiliantes velléités du terrible dans le grotesque, pour aller chercher bien loin quelque retraite ignorée, quelque châlet dans les Alpes, quelque hutte de pêcheur au bord d'un lac inconnu, et s'y plonger, s'y abîmer, s'y perdre dans une quiétude sans fin, entre les spectacles de la nature et les épanchements d'un cœur ami ? Ulric réalisa cet idéal, et l'agrandit de tout ce qu'un amour profond et partagé peut y ajouter de magnificences et d'enchantements. Les premiers mois qu'il passa, ainsi, entre Nathalie et M. d'Epseuil, allant des causeries de l'un aux caresses de l'autre, ne furent qu'un long moment, rempli d'extases et de délices, qui excluait toute réflexion, et dont il n'avait conscience que par les battements de son cœur toujours avide et toujours assouvi. De temps à autre, M. d'Epseuil se dévouait ; il partait pour la ville, allait s'informer où l'on en était des crises et des vicissitudes politiques, à quel risible tribun, à quel sophiste effronté, à quel forcené de club ou d'atelier le succès et le pouvoir appartenaient pour ce jour-là ; puis il revenait à tire-d'ailes, raconter aux deux époux ce qu'il avait vu et appris ; et les habitants de *Bout-du-Monde*, dans l'égoïsme de leur bonheur, se laissaient à peine émouvoir par ces lointains échos de nos anxiétés et de nos souffrances.

Nathalie avait un esprit supérieur, mais elle était femme et elle aimait. Pendant ces premiers temps, son amour ne calcula et ne prévit rien. Pourvu que M. de Braines fût auprès d'elle et qu'il lui décrivît sa tendresse avec cette poésie de langage particulière aux natures rêveuses et expansives, pourvu que M. d'Epseuil vînt mêler parfois à ces amoureux entretiens le charme de son amitié spirituelle et le gracieux souvenir de ses lectures, pourvu qu'entre son mari et son père elle fît de longues promenades à travers cet agreste paysage, Nathalie était contente. Ulric paraissait si heureux ! Ils se sentaient si bien emportés tous deux dans leur amour, comme dans un courant rapide, réflétant un ciel sans nuage, que ni l'un ni l'autre ne songeait à s'arrêter pour en regarder le fonds, pour se demander si un peu de gravier et de sable ne s'y mêlerait jamais aux étoiles et aux fleurs ! Mais s'il existe, pour les âmes médiocres, des satiétés vulgaires, des abattements misérables, succédant aux ivresses et aux transports, il y a pour les esprits d'élite des raffinements et des inquiétudes qui ont aussi leurs dangers. En trouvant chaque jour chez Nathalie de nouveaux trésors d'intelligence et de cœur, en pénétrant les secrets de cette organisation si riche, si exquise, élevée d'avance au niveau des positions les plus hautes, Ulric, par cela même qu'il était plus digne de la comprendre, commença à se juger moins digne de la posséder. Le sentiment de son inaction, endormi quelque temps par son bonheur, fut réveillé par ce bonheur même. Il n'était pas ambitieux, mais il eût aimé la gloire, et, sans trop savoir ce qu'il mettait sous ce mot, il se disait parfois que, pour mériter tout à fait une compagne telle que Nathalie, il eût fallu être un grand homme, ou au moins un homme utile. Alors il appelait à son aide ses théories d'autrefois; il se répétait que rendre une femme heureuse, c'était après tout donner un noble but à sa vie. Vain effort ! Ingénieux à se tourmenter, il se répondait que le mari d'une femme supérieure n'avait le droit de regarder sa tâche comme accomplie, qu'après avoir entouré d'un peu de gloire le nom qu'elle tenait de lui.

Ce n'est pas tout; quelque soin qu'eussent pris M. et Mme de Braines pour écarter de leur existence tout ce qui se passait au dehors, il leur était impossible d'échapper complétement aux inquiétudes de ces années bruyantes et troublées. Ils avaient tous deux l'âme trop haute et l'intelligence trop vive pour ne pas comprendre au bord de quels abîmes le pays était suspendu, et pour rester longtemps indifférents à cette lutte que soutenaient les honnêtes gens contre des passions brutales déguisées en chimériques utopies. Il vint un moment où Ulric eut honte de n'être rien dans cette lutte, et en ressentit plus vivement cette inutilité qu'il se reprochait comme un tort envers Nathalie. Lorsque M. d'Epseuil revenait d'une de ses courses à Aix, et que, rentré dans leur tranquille solitude, il leur racontait comment un orateur courageux avait bravé, du haut de la tribune, les cris de rage de la démagogie, ou comment un général intrépide avait fait justice d'une bande de factieux, aussi lâches en action que violents en paroles, une bizarre tristesse s'emparait de M. de Braines. Son imagination mobile s'élançait vers ces scènes tumultueuses, ces orageuses parties dont la France était l'enjeu. Il se voyait, mêlé à ces combats, menacé de ces périls, tenant tête à ces fureurs, et, après des heures brûlantes bravement traversées, rentrant chez lui, trouvant à son foyer Nathalie frémissante d'admiration et d'angoisse, et récompensé au centuple par ses étreintes enflammées. Dès lors une pensée implacable

s'empara de lui : c'est que Nathalie ne l'aimait pas comme elle aurait pu aimer; qu'il y avait en elle des richesses de dévouement et d'enthousiasme dont elle ne se doutait pas, et qu'elle ne découvrirait jamais dans les froides sécurités d'une situation vulgaire. Une fois dominé par cette idée fixe, Ulric sentit que son bonheur lui échappait, et que les charmes de cette vie si douce tombaient feuille à feuille comme une fleur fanée. Souvent il sortait seul, sans dire à Nathalie de quel côté se dirigeait sa promenade; il parcourait d'un pas rapide cette vallée, ces collines, ces gorges silencieuses et profondes, peuplées pour lui d'enivrants souvenirs et d'images adorées. Cette calme et belle nature n'avait rien perdu de sa fraîcheur sereine, de ses rustiques harmonies : c'étaient toujours, à l'horizon, les mêmes brumes lumineuses, se suspendant comme un voile d'or, aux ravins et aux rochers : c'étaient toujours les mêmes parfums circulant dans l'air comme le souffle invisible des arbres et des plantes; les mêmes perles de rosée, scintillant à la pointe des herbes, ou satinant la mate verdure des feuilles; les mêmes silences, berçant la rêverie et l'amour dans le sentiment de l'infini. Ulric seul était changé. Ces spectacles d'une nature agreste et paisible, que, pendant deux ans, il avait associés aux joies de son âme, l'irritaient maintenant comme des complices de cette inaction qu'il maudissait : il leur reprochait de l'avoir endormi et énervé de leurs molles influences; et lorsqu'il rentrait, après ces promenades, son front pâli, son œil morne ou fébrile, ne révélaient que trop ses préoccupations et ses tristesses.

Nathalie s'en aperçut vite. Elle crut qu'Ulric s'ennuyait; qu'il cédait tout simplement à cette loi triste et banale des affections humaines, qui les condamne hélas ! à passer, par gradations insensibles, de l'ardeur à l'indifférence, et de l'extase à l'ennui. Ce moment-là fut affreux pour elle. Le plus cruel supplice des femmes telles que Nathalie, n'est pas d'être trompées, trahies, brisées, déchirées, mais de se trouver en face de cette heure fatale où elles sont forcées de reconnaître l'homme qu'elles aiment, qu'elles ont cru supérieur à la condition commune, y rentre et les y fait rentrer avec lui. Mme de Braines s'interrogea avec la sévérité d'un juge; elle repassa, jour par jour, les derniers temps qui venaient de s'écouler; elle se demanda si quelque chose, dans ses manières, dans l'expression de sa tendresse, dans l'ensemble de sa conduite, avait pu attrister son mari et justifier cet air d'inquiétude qu'elle voyait peint sur son visage. Ne trouvant rien, il lui fallut revenir à sa première idée : que ce qui avait charmé Ulric, ne le charmait plus; que son amour ne suffisait plus à sa vie. Les femmes spirituelles sont souvent les plus sujettes à se méfier d'elles-mêmes. Nathalie, d'ailleurs, avait trop lu, trop réfléchi pour s'étonner de cette déception qu'elle lui torturait le cœur; elle se souvint que M. de Braines avait passé à Paris les plus belles années de sa jeunesse, et elle pensa que cette existence brillante, animée, remplie de piquant et d'imprévu, l'avait d'avance blasé sur les monotones douceurs du ménage et de la campagne. Elle s'accusa d'aveuglement et d'imprévoyance, et, faisant un retour

3.

mélancolique sur ces deux radieuses années, elle s'humilia et se condamna devant Dieu, pour s'être laissée absorber par un sentiment terrestre, y avoir mis trop de confiance et n'avoir pas pressenti qu'un jour arriverait où elle aurait à expier, par des déchirements et des mécomptes, sa présomption et sa folie. Généreuse et forte, portant dans son amour ce besoin d'immolation qui est la fierté des âmes aimantes, elle en vint bientôt à excuser, chez Ulric, ces tristesses et ces lassitudes, à s'en attribuer la faute, à s'en adresser le reproche. — Comment avait-elle pu croire que cette vie uniforme pourrait durer toujours ? N'y avait-il pas un égoïsme coupable à vouloir y retenir M. de Braines, l'y garder pour elle seule, le détourner de tout le bien qu'il pouvait faire, de tout l'honneur qu'il pouvait recueillir dans le légitime emploi de ses facultés inactives ? N'y avait-il pas des époques de trouble et de danger public, où la femme assez heureuse pour partager la destinée d'un homme tel qu'Ulric, en devait compte à son pays, et ne pouvait mériter son bonheur que par des sacrifices ?—C'est ainsi que Nathalie, à son insu, répondait à la secrète pensée de M. de Braines ; mais elle ne la devinait pas, et l'idée que son mari s'ennuyait auprès d'elle, dominait tout le reste. Parfois aussi ses perplexités et ses craintes changeaient d'objet, et se laissaient entraîner sur une pente plus dangereuse. Que savait-elle de la vie d'Ulric pendant ces dix années passées à Paris ? N'y avait-il pas laissé quelqu'affection trop tendre pour être oubliée, quelque souvenir trop vif pour être effacé ? Pouvait-elle, pauvre et humble provinciale, balancer cette romanesque image ? Dans ces moments, la jalousie venait joindre ses âpres tortures aux souffrances de Mme de Braines. Malgré ses efforts héroïques pour les renfermer dans les plus intimes replis de son cœur, il était impossible qu'en perdant la confiance, elle ne perdît pas aussi vis-à-vis d'Ulric cet abandon caressant, ces effusions soudaines, qui sont la parure et la grâce des jeunes amours. La campagne, merveilleusement favorable à la libre expansion de ces tendresses, quand rien ne les altère encore, devient très redoutable dès qu'arrivent ou approchent les nuages. On n'y a pas, pour se déguiser ou se distraire, ces mille détails de la vie mondaine, toujours prêts à dérober de longues heures au tête à tête qui commence à s'alourdir. Sans cesse en présence, se surprenant à tout instant dans le déshabillé de leur ennui, n'ayant point d'intermédiaire pour détourner les regards qui s'interrogent, tarir les larmes qui se trahissent, interrompre les voix qui s'accusent, ceux qui sont venus chercher dans la solitude de tout ce qui n'est pas eux, finissent souvent par la fuir pour aller chercher l'oubli d'eux-mêmes ; car, du moment que tout n'y est pas délice, tout y devient contrainte.

Ulric ne tarda pas à s'apercevoir que Nathalie n'était plus la même auprès de lui ; à son tour, il se crut moins aimé ; il se figura que Mme de Braines en était déjà à regretter d'avoir lié son sort à celui d'un homme désœuvré et inutile ; que, dans ses rêves de jeune fille, son imagination l'avait doué de qualités qu'il n'avait pas, d'aptitudes qu'il n'aurait jamais, et qu'après les sacramentelles ivresses

de la lune de miel, reconnaissant qu'elle s'était trompée, elle commençait à se désabuser de lui. Comme tous les rêveurs tourmentés d'un idéal qu'ils désespèrent de réaliser, Ulric avait une espèce d'orgueil en dedans qui rendait sa susceptibilité plus vive, sa sensibilité plus délicate ; il était de ceux qui regardent comme probable ce qui les attriste et comme certain ce qui les froisse. Il crut son bonheur perdu alors qu'il était à peine effleuré ; il ne douta plus qu'un changement profond, rigoureux, inflexible, ne se fût accompli dans l'âme de Nathalie. Ses tristesses et ses agitations s'en accrurent. Ainsi ces deux êtres dont chacun eût donné sa vie pour épargner à l'autre un moment de chagrin, étaient entraînés par une sorte de fatalité mystérieuse à faire de leur amour l'instrument de leur supplice.

M. d'Epseuil remarqua bien qu'il se passait quelque chose d'étrange entre son gendre et sa fille : son intervention affectueuse et spirituelle aurait pu leur être utile et aider à dissiper ces malentendus ; mais son genre d'esprit, un peu frivole et rattaché, par tradition et par goût, à un temps où l'amour se traitait d'une façon plus légère, n'était pas ce qu'il fallait pour cette situation critique. Le marquis eût été excellent s'il se fût agi de raccommoder quelque brouille vulgaire, de prémunir sa fille contre les prétentions galantes de quelque homme à bonnes fortunes, ou d'arrêter M. de Braines sur le penchant d'une de ces intrigues faciles que certains maris croient compatibles avec l'orthodoxie conjugale. Mais il était incapable d'atteindre les profondeurs où il eût fallu descendre pour trouver la plaie secrète qui rongeait à la fois Ulric et Nathalie. Quelques tentatives qu'il fit à tout hasard et qui n'aboutirent à rien, l'engagèrent à se taire et à attendre. Assez délicat et assez fin pour comprendre tout ce qu'il y aurait d'imprudent à vouloir toucher à des blessures dont il ne connaissait ni la cause, ni l'étendue, il se dit, non sans raison, que le premier incident qui viendrait rompre l'uniformité de cette vie amènerait peut-être une explication, et qu'il saurait alors si ces inquiétants symptômes présageaient un malheur véritable, ou n'étaient qu'un tribut passager payé à l'imperfection et à la fragilité des joies humaines.

V.

Au mois de mai, par une de ces journées si fréquentes dans le Midi, où le printemps prélude à l'été en lui ressemblant, Mme de Braines s'était mise à son piano. Elle avait un talent de premier ordre, qui s'était développé presque par instinct, et dont, faute de points de comparaison, elle ne soupçonnait pas elle-même la perfection et le charme. Tout ce qu'elle savait, c'est que son mari aimait à l'entendre, et que, dans leurs jours de soleil, il lui suffisait de jouer un quart-d'heure pour qu'Ulric vînt se jeter à ses pieds, avec un redoublement de passion et de poésie. Ce jour-là Nathalie, se sentant plus triste que d'habitude, voulut essayer de la balsamique influence que la musique exerce parfois sur les cœurs malades. Elle choisit dans ses cahiers l'Adieu de Schubert, et se mit à improviser

sur ce thème d'une mélancolie si douce et si pénétrante. Elle en était à peine à la vingtième mesure,
lorsque levant par hasard les yeux sur une glace,
elle vit que M. de Braines était là et qu'il l'écoutait.

En d'autres temps, sa présence l'eût animée, et
la joie de son âme passant dans ses doigts agiles,
aurait fait ruisseler sur les touches d'ivoire un
hymne de bonheur et de remerciment. Au souvenir
de ces moments qui lui semblaient perdus à jamais,
Nathalie sentit des larmes se glisser au bord de ses
paupières, et ses mains tremblèrent sur le clavier.
Mais elle surmonta ce trouble, reprit courage, et,
comme le cygne blessé qui se jette dans une eau vive
pour étancher sa blessure, elle se plongea dans le mélodieux océan qui l'appelait de ses voix magiques. Ce
trésor de douleur amassé depuis quelque temps, et
condamné à se cacher, s'épancha tout-à-coup dans
cette langue divine qui le traduisait et ne le trahissait pas. On eût dit que le génie de Schubert s'était
emparé d'elle tout entier, et lui révélait, une à une,
les gradations plaintives de ce chant d'amour qui
commence par les délicates demi-teintes de l'aveu,
arrive à l'explosion du bonheur, et se perd à l'horizon avec les soupirs lointains de l'adieu. En retrouvant dans ces trois phases musicales, si simples et
si vraies, l'histoire fugitive de ses espérances, de
ses félicités et de ses angoisses, Mme de Braines
éprouva une de ces émotions profondes, souveraines, qui décuplent les forces de l'artiste sauf à l'a
battre plus tard, et que les poëtes ont comparées
au luthier brisant son instrument en mille pièces
pour en rendre le son plus large et plus beau.
Nathalie fut sublime! Emportée elle même par ce
flot d'harmonie, déchirée et consolée à la fois par
ces mystérieux sanglots, elle crut que cette puissance magnétique allait lui ramener et lui rendre
son mari, frémissant et subjugué comme elle. Il
n'en fut rien; un nouveau regard jeté dans la glace
lui montra Ulric morne et sombre : bientôt il se
leva, et elle le vit, par une fenêtre, sortir à grands
pas, se dirigeant vers la montagne.

C'en était trop pour Nathalie : exaltée par la musique, se débattant avec une sorte de douloureuse
ivresse contre cette déception nouvelle, elle touchait
à un de ces instants où les natures les plus droites
et les plus pures perdent la faculté de réfléchir et
de se dominer. Elle se souvint que, le matin même,
passant devant la porte entr'ouverte de M. de Braines, elle l'avait vu à son bureau, rassemblant à la
hâte des papiers, les jetant dans un tiroir, et,
qu'Ulric s'étant retourné ce moment-là et leurs
yeux s'étant rencontrés, il n'avait pu dissimuler
son embarras et son trouble. La veille encore,
Mme de Braines se fût regardée comme impardon-
nable de chercher à pénétrer le secret de son mari,
si toutefois il en avait un. Le soupçonner était un
malheur, l'espionner une honte, et Nathalie était
de celles qui aiment mieux souffrir que rougir.
Mais il y a, dans la vie d'une femme, des heures où
elle sent confusément que sa destinée est en jeu, et
où une force invincible jette dans ses mains fiévreuses la clef de ses désespoirs ou de ses joies. Un
instant après, Mme de Braines était devant le bureau d'Ulric. Qui l'y avait conduite? Comment y
était-elle arrivée? Son hésitation avait-elle duré un
siècle ou une seconde? Quelle était son espérance ou

sa crainte, sa faute ou son excuse? Elle ne le savait
pas. Pâle et tremblante, les bras étendus vers le
bureau, elle se demandait encore si tout cela était
un rêve ou un réveil, que déjà le tiroir était ouvert,
et que son regard dévorait les papiers épars devant elle.

Il lui suffit d'en parcourir une page pour reconnaître combien ses soupçons étaient injustes. Alors
une réaction s'opéra dans ce noble cœur. Maîtresse
de ce vertige qui l'avait égarée, reprenant possession d'elle même, Nathalie se reprocha sa jalousie
comme indigne d'Ulric, et son indiscrétion comme
indigne d'elle; elle s'arrêta dans cette lecture
qu'elle ne se croyait plus le droit de poursuivre.
Mais bientôt un sentiment délicieux, succédant à
ses angoisses, ramena ses yeux vers ces pauvres feuilles qu'elle avait maudites, et qui lui
expliquaient tout. C'était le journal d'Ulric. A chacune de ces lignes écrites pour lui seul, il avait
confié les douloureuses pensées qui passaient sur
son bonheur comme des nuages; le sentiment de
son inaction, le vague désir de devenir illustre pour
que Nathalie l'aimât davantage, la crainte que son
inutilité en ce monde ne le rendît trop inférieur à
la femme que Dieu lui avait donnée pour compagne, et finît par détacher de lui ce cœur qui
était son orgueil et son bien. Puis, à mesure qu'il
avançait dans cette phase d'agitation et de
doute, le journal s'assombrissait. La tristesse de
Nathalie, ses alternatives de vivacité factice et
de morne abattement, ses yeux voilés de
larmes et se détournant pour les cacher, son
air de contrainte et d'inquiétude dès qu'elle se
trouvait seule avec Ulric, tout cela était retracé,
commenté, analysé avec une délicatesse presque
féminine; chaque trait de ce procès-verbal, dressé
avec la minutie douloureuse d'un esprit ingénieux à se torturer, venait à l'appui des craintes de
M. de Braines, et il y trouvait une preuve que sa
femme, déchue de ses premières illusions, l'aimait
moins ou ne l'aimait plus. Pas un incident, pas un
détail de ces journées, qui, en apparence, se ressemblaient toutes, n'avait été négligé ni oublié, et
Mme de Braines reconnut, en frémissant de joie et
de remords, qu'au moment où elle croyait Ulric ennuyé de sa vie monotone et distrait par de dangereux souvenirs ou d'inquiètes rêveries, il la suivait
du regard, pas à pas, heure par heure, ne laissant
échapper aucun des indices qui devaient le rassurer
ou le désoler.

Rien ne pourrait peindre l'ivresse d'un pareil
moment. Nathalie portait à ses lèvres la page
qu'elle venait de lire, la couvrait de baisers et de
caresses, essayait de s'en détacher, puis saisissait
la page suivante, la lisait d'un trait, revenait à celle
qu'elle avait quittée, et les pressait toutes sur son
cœur avec un transport indicible. A la fin elle songea à Ulric, qui était sorti si triste et si découragé;
elle se précipita hors de la chambre et descendit
l'escalier avec l'agilité d'une gazelle. Au bas, elle
rencontra M. d'Epseuil, qui la regarda d'un air effrayé, la croyant à demi folle :

— Mon père! mon père! dit-elle en l'embrassant,
je m'étais trompée! Ce n'était pas vrai!

— Quoi donc? dit le marquis en ouvrant de
grands yeux.

— Qu'Ulric ne m'aimait plus! qu'il s'ennuyait! que nous ne suffisions plus à sa vie! C'est moi qui suis la plus coupable, la plus insensée, la plus injuste, la plus heureuse des femmes!

M. d'Epseuil sourit, de ce sourire mélancolique que le langage de la passion arrache d'ordinaire aux hommes âgés et un peu sceptiques. Il se dit tout bas que les joies et les tourments de l'amour n'avaient pas tout à fait les mêmes allures dans le salon de Mme Suard. Pendant ce temps, Nathalie courait déjà dans la plaine.

Ulric avait dépassé le rideau d'arbres qui sépare a vallée de Bout-du-Monde de son amphithéâtre de collines. Le soleil commençait à pencher à l'horizon, et l'ombre des tilleuls et des peupliers s'allongeait sur l'herbe lisse des prés. La chaleur du jour s'amollissait peu à peu dans les premières brumes de cette heure qui n'est pas encore le crépuscule. Toutes les floraisons de mai, s'ouvrant à ces fraîcheurs printanières, préparaient à la nuit ses souffles embaumés. Tout était fête, rayon, paix, enchantement, dans cette nature aussi douce à la joie qu'à la douleur. Ulric cependant ne s'était pas arrêté à cette zone riante et fleurie qui ne s'accordait plus avec l'état de son âme. Il avait continué sa route jusqu'à un de ces grands ravins qui s'ouvraient comme des plaies béantes sur le flanc nu de la montagne. Là, tout changeait d'aspect: devant soi, une montée âpre et raide qui s'enfonçait dans les Alpines; tout autour, des rochers gris, tachetés de brun, formant une espèce de large entonnoir au fond duquel la nuit s'amoncelait, bien avant le coucher du soleil. Pas un arbre, pas une plante; à peine quelques brins de lavande et de thym, perçant çà et là les pierres. Ce site sauvage et désolé plaisait à M. de Braines, qui y revenait presque tous les soirs. Il s'était adossé aux parois d'un de ces rochers, le front appuyé sur ses mains, dans une attitude de douloureuse rêverie. Tout à coup il entendit le frôlement d'une robe, et, avant qu'il eût le temps de lever les yeux, Nathalie était dans ses bras. Son regard brillait d'un feu surnaturel; la rapidité de sa course avait précipité les battements de son sein; ses beaux cheveux étaient à demi dénoués.

—Punis-moi! lui dit-elle d'une voix entrecoupée; Ulric, punis-moi! je suis une folle, une méchante femme! Je t'ai soupçonné, je t'ai accusé, je t'ai calomnié!... Tu me pardonnes, n'est-ce pas?.... Moi, je t'aime!

Ulric ne comprenait pas.

— Oui, poursuivit-elle, parce que je te voyais triste, j'ai cru que tu ne m'aimais plus.... Oh! ce n'était pas vrai, je le sais maintenant; mais si tu savais, toi, combien j'ai souffert! Avoir mis sur toi toute mon espérance, t'avoir élevé dans mon cœur au-dessus des autres hommes, et songer que tu pouvais, comme eux, cesser d'aimer après avoir aimé! que tes belles tendresses avaient pu aboutir à la lassitude et à l'ennui! Ah! l'on souffre bien, dis!.... l'on souffre tant, que l'on doit tout se pardonner!...

—Mais qu'ai-je donc à te pardonner?

—De t'avoir épié comme la plus vulgaire des femmes jalouses; de n'avoir pas respecté tes secrets; de m'être glissée dans ta chambre comme

eût fait un voleur; d'avoir ouvert, fouillé tes tiroirs, et d'y avoir pris.... Tiens! reconnais-tu cette écriture? dit-elle en lui montrant une de ces pages qu'elle avait gardée sur son cœur.

Une vive rougeur monta au front de M. de Braines.

—Quelle folie! murmura-t-il en pressant la main que lui abandonnait Nathalie.

—Une folie! Oui, tu dis vrai, nous étions fous! Moi, de douter de ton cœur, et vous, Monsieur, de penser qu'il fallait être un grand homme pour mériter mon amour! Pauvre ami! quelle bizarre idée tu avais là? Vouloir être illustre pour plaire à ta femme! Ah! je t'aime bien mieux comme tu es! Ta gloire, c'est de me rendre heureuse! Ton esprit, ton imagination, ta rêverie sont à moi, à moi seule; crois-tu donc que ma part n'est pas la plus belle?

Ulric se sentait si heureux qu'il ne trouvait rien à répondre; chaque mot de Nathalie le délivrait de ce fardeau qui pesait si cruellement sur sa vie: il renaissait au bonheur, à l'amour, en écoutant cette voix adorée, interprète de ces deux âmes qu'un même malentendu avait déchirées, qu'un même aveu consolait. Il buvait à longs traits à ces sources vives qu'il avait cru taries pour toujours; il passait la main sur son cœur comme pour y chercher une blessure qui venait de se guérir.

—Parle! parle encore! disait-il à madame de Braines; car moi aussi j'ai bien souffert, et ce n'est pas trop de tes douces paroles pour me faire tout oublier!

Lorsqu'ils furent un peu calmés, M. de Braines acheva d'expliquer à sa femme ce qui l'avait tourmenté dans ces derniers temps.

— Accuse-moi d'être romanesque! lui dit-il en souriant, c'est possible; c'est probable même.

« La faute en est aux dieux qui te firent si belle!»

En ce moment où mes angoisses sont dissipées, où je suis sûr de ta tendresse comme de la mienne, où notre bonheur nous est rendu dans toute sa plénitude, eh bien! je te l'avoue encore: je donne mes rêveries pour cortège à notre amour; je crée, dans ma pensée, des situations, un cadre, un roman dont tu es l'héroïne. Tantôt c'est une mansarde au cinquième étage, nous sommes là tous deux, aussi pauvres qu'amoureux, et aussi amoureux que pauvres: je travaille pour te faire vivre; à la clarté d'une petite lampe, tu suis sur le papier l'œuvre que j'écris, que tu inspires, et qui doit amener un peu d'aisance dans notre modeste ménage. Puis, minuit sonne, ma tâche est finie; nos mains se rapprochent; nos regards se confondent: au dehors, la pluie bat contre nos vitres; au-dedans, l'amour sourit dans nos âmes, couronné de pauvreté et de travail. D'autres fois, c'est un salon, rempli de tout ce que Paris compte d'hommes distingués. Ce salon est le nôtre, et toutes ces célébrités diverses, art, science, politique, littérature, viennent s'incliner devant toi comme devant leur souveraine. Moi-même j'ai obtenu, la veille, un de ces grands succès qui font de moi l'étoile d'un siècle. On m'entoure, on me félicite; tu entends ce nom qui est le tien, passer de bouche en bouche: tu me vois rayonner comme un diamant sous ces fines et délicates louanges. Les heures s'écoulent; on nous dit adieu; notre salon est désert; alors je m'approche de toi, et, agenouillé à tes pieds, comme en ce moment, je te dis bien bas : Nathalie ! es-tu contente ?

— Poëte ! murmura Mme de Braines.

— Oui, poëte, dont tu es la Muse ! répondit-il du même ton.

Pendant qu'il parlait, le visage de Nathalie, illuminé d'abord d'une douce ivresse, avait peu à peu repris une expression plus sérieuse. La crise violente par où elle venait de passer lui avait ôté cette puissance de réflexion, qui était un des traits de son caractère. A mesure que son émotion s'apaisait, et qu'elle s'accoutumait de nouveau à son bonheur, ses idées s'éclairaient, et elle devina Ulric mieux qu'il ne se devinait lui-même. Elle comprit qu'il était de bonne foi, que c'était bien pour elle seule que tous ces rêves de gloire romanesque l'avaient agité et tourmenté, mais que dans cette âme de poëte la rêverie n'abdiquerait jamais ; qu'il ne renoncerait pas à ces horizons vagues, flottants, secrètement caressés, qui l'attiraient d'autant plus qu'il n'y avait pas touché et qu'il y retrouvait Nathalie ; que leur vie de campagne, si charmante, mais si inoccupée, favoriserait de plus en plus ce penchant qui avait failli leur coûter si cher, et que peut-être il serait plus sûr de chercher un moyen d'assouvir ces mystérieuses chimères, ne fût-ce que pour en reconnaître le vide, et revenir ensuite avec plus d'amour au bonheur paisible et raisonnable.

Mme de Braines regarda son mari avec une expression de tendresse presque maternelle, et lui dit en accompagnant ses paroles d'un sourire qui n'était pas sans tristesse :

— Allons ! je vois que notre pauvre *Bout-du-Monde* a fait son temps !

— Que dis-tu ? reprit Ulric tout troublé.

— Je dis que tu as raison, et que ce que je pensais, ces jours-ci, avec amertume, je dois le penser encore dans toute la confiance de ce bonheur que tu m'as rendu. Ce serait mal, vois-tu ? qu'un homme tel que toi restât éternellement enseveli dans cette solitude, sans autre société que celle d'un vieillard et d'une femme, sans faire usage de ces richesses d'imagination et d'intelligence que le ciel t'a prodiguées ! Tu m'as trop bien observée, Ulric, pour t'étonner que j'aie voulu aussi t'étudier et te connaître. Eh bien ! tu es de ton temps, d'un temps où les supériorités sociales ne doivent pas rester inactives si elles ne veulent pas être effacées et écrasées par d'autres supériorités, plus jeunes, plus ardentes, plus avides. Cette vérité, tu l'as entrevue, tu l'as ressentie, et la distinction même de ton esprit te la rendait plus frappante. Tu t'es dit que le désœuvrement avait été la plaie et la déchéance de ces anciennes races qui s'en vont, de ces anciens noms qui s'éteignent, et qu'il y avait honte et faute à rester oisif quand la société, pour ne pas périr, a besoin de tous les cœurs et de tous les bras. Voilà ce que tu t'es dit, mon Ulric ; mais comme tu avais vécu à Paris, dans un milieu d'inutilité brillante, d'élégance factice et frivole, n'y trouvant pas l'emploi de tes vraies facultés, la satisfaction de tes goûts véritables, tu t'es dégoûté, et tu as bien fait ; tu es revenu, et tu as bien fait ; tu m'as aimée, et tu es le meilleur et

le plus adoré des hommes !

— Nathalie ! Nathalie ! s'écria M. de Braines ; tu m'as dit tout à l'heure que j'étais un poëte : Qu'es-tu donc, toi qui devines ce qui se cache au fond des âmes, toi qui lis au dedans de moi, comme dans un livre ouvert ?

— Rien ; je suis une femme qui aime. Maintenant, écoute-moi : ce que tu caressais en rêveur, il faut le réaliser en homme. Il faut que ta volonté achève ce que ton imagination a commencé. Puisque cette heureuse crise a remis ta main dans ma main, mon cœur dans ton cœur, rentrons ensemble dans le vrai de ta destinée, non pas avec la sombre ardeur d'un bonheur qui s'écroule, mais avec la sérénité radieuse d'un bonheur qui se renouvelle. Nous n'abandonnerons pas tout à fait notre cher *Bout-du-Monde*. Nous y reviendrons de temps à autre, à ce nid charmant, à cette retraite bénie. Dans l'intervalle, tu travailleras à accomplir cet idéal contre lequel tu luttes comme Jacob contre l'Ange, et qui est la vocation et le tourment, le péril et l'attrait des hommes tels que toi ! Moi, je serai là, à tes côtés, t'encourageant de mon regard, te soutenant dans le combat, t'applaudissant dans le succès, perdue dans l'éclat de ton nom ; ta compagne, ta servante, ta femme !...

Ulric la contemplait avec ravissement : mais bientôt un peu d'inquiétude se mêla à son extase, et il dit à Mme de Braines :

— Nathalie, tu vaux mieux que moi; tu m'es supérieure en tout, et tu fais, hélas ! trop d'honneur à mes chimères ! Travail, succès, services rendus au pays, célébrité, gloire, tout cela est fort beau, surtout dans ta bouche, chère bien-aimée ! Mais comment ? Mais que faire ? Je vais avoir trente ans : puis-je m'engager dans les spahis ?

— Oh ! j'aurais trop peur ! s'écria madame de Braines en se serrant contre lui.

— Puis-je faire de la politique ?

Un suprême dédain se peignit à la fois sur son visage et sur celui de Nathalie.

— Mais alors, encore une fois, que faire ? demanda-t-il d'un ton de douce raillerie.

— Viens, nous chercherons ensemble, dit Nathalie en se levant et en reprenant avec lui le chemin de la maison.

La nuit approchait, une nuit de mai, en Provence, pure et sereine, parsemée de clartés et d'étoiles. Mme de Braines s'appuyait sur le bras d'Ulric. Ils respiraient avec délices cet air tiède et parfumé ; de temps à autre ils s'arrêtaient, succombant sous le poids d'émotions profondes.

— N'est-ce pas là tout le bonheur, toute la vie ? tout mon but en ce monde ? mieux et plus que toutes les gloires ? murmurait Ulric enivré.

— Ah ! si je pouvais le croire ! répondait Nathalie à demi-voix.

Ils n'étaient plus qu'à une petite distance de la maison, lorsqu'ils virent arriver à eux le vieil Hubert, qu'ils avaient laissé à Aix, doucement assoupi dans ses fonctions de majordome sinécuriste. Il accourait à eux de toute la vitesse de ses jambes septuagénaires, aussi blême et aussi effaré que le jour où l'on avait proclamé la République.

— Monsieur le vicomte ! Madame la vicomtesse ! s'écria-t-il d'une voix entrecoupée par l'essoufflement, l'indignation et la douleur : qui m'eût dit

que je vivrais assez pour voir une pareille chose?
L'hôtel, notre bel hôtel, envahi, pillé, saccagé!

— Les socialistes! Grand Dieu, qu'est-il donc
arrivé? dit Ulric, qui, resté depuis quelques jours
sans nouvelles, crut à une victoire du *parti rouge*.

— Non, Monsieur le vicomte! Non, pire que
cela!

— Mais quoi donc, alors? demanda M. de Braines
avec anxiété. De grâce, mon bon Hubert, calme-
toi, et explique-toi: des voleurs? un incendie?

— Non, des Bohémiens! bégaya Hubert en regardant autour de lui d'un air d'épouvante.

— Des Bohémiens! des Bohémiens en plein
dix-neuvième siècle? la seconde année de la première Présidence! Me diras-tu ce que cela signifie?

— Oui, monsieur le vicomte, des Bohémiens!
deux hommes barbus et chevelus, que c'est à peine
si on leur voit les yeux et le bout du nez! Noirs
et basanés, comme si le feu de l'enfer les avait rô-
tis! et habillés! deux grands bérets rouges, comme
des républicains qu'ils sont! deux vestes de velours
dont je ne voudrais pas pour faire des housses à nos
fauteuils! et de grosses pipes à la boutonnière! et
une odeur de tabac, que le salon vert en est déjà
tout infecté!

— Mais, enfin, que font-ils chez moi, ces mé-
créants? demanda Ulric qui commençait à se rassurer.

— Tout, Monsieur le vicomte, tout! ils boivent,
ils mangent, ils fument, ils crient, ils chantent, ils
dorment, ils allongent leurs gros souliers à clous
sur nos canapés! il y en a un qui est mu... mu...
musicien, et qui a osé jouer sur le piano de Madame la vicomtesse! même qu'on s'est attroupé
sous les fenêtres: quelle honte pour la maison!
l'autre est po... po... poëte, du moins c'est ainsi qu'il
s'appelle. Il parle seul toute la journée en faisant
des gestes de possédé. Il a fallu que Benoît leur mon-
tât le vin de Bordeaux de la cave! Il a fallu qu'Ursule leur fît la cuisine. Les scélérats! ils n'ont rien
respecté, pas même l'écurie; ils y sont entrés, Monsieur le vicomte, et alors, ça été des éclats de rire de
sauvages! Vous savez, ce pauvre *Soliman*! Le plus
grand est monté dessus, et lui a fait faire le tour
de la cour, en disant qu'il l'emmènerait à Paris,
pour concourir pour le bœuf gras! un cheval qui
n'était pas sorti depuis un an!

— Mais, mon brave Hubert, on ne s'établit pas
ainsi chez les gens sans un droit quelconque.

— Ah! voilà! reprit le majordome avec un sourd
gémissement; quand j'ai voulu m'interposer et fermer la porte au nez de ces impertinents, le plus
petit, celui qui parle seul avec des gestes, m'a dit
en ricanant: « Esclave, va dire à ton maître..... »
J'ai oublié le reste de la phrase...

— Je le sais, moi, reprit M. de Braines en riant.

— Et il m'a remis cette lettre pour M. le vicomte.

— Ah! voilà par où il eût fallu commencer! dit
gaîment Ulric en prenant la lettre qu'Hubert lui
présentait d'une main tremblante, comme si elle
lui eût brûlé les doigts.

VI.

Ulric lut rapidement la lettre que lui présentait
le vieil Hubert, et courut à la signature:

— Tiens! dit-il, j'aurais dû m'en douter; c'est
de mon vieux camarade, mon *Copin*, comme nous
disions à Sainte-Barbe, Max Elmer!

— L'auteur de ce roman que nous lisions l'an
dernier, et qui nous a tant fait pleurer? demanda
Nathalie.

— Lui-même! Voici ce qu'il m'écrit: — « Pardonne-
moi, mon cher Ulric, d'avoir envahi ton hôtel, avec
Fabrice Ormont, l'immense pianiste dont le nom est
sans doute arrivé jusqu'à toi. Pardonne-moi surtout les charges que nous nous sommes permises
vis-à-vis de ton Caleb et de ses dignes lieutenants.
Je te l'avoue, leurs *boules* vénérables nous ont mis
en verve; celle de ton majordome serait digne de
figurer dans le *Cabinet des antiques* de notre illustre
Balzac! Mais crois bien que nous ne sommes ni
aussi noirs, ni aussi diables qu'il te le dira sans
doute, et que jusqu'à nouvel ordre, nos razzias res-
sembleront à ces orgies de théâtre qui se déchaî-
nent entre une bouteille d'eau de seltz et un pâté
de carton. Ton vin ne sera pas bu, ta cuisine sera
respectée. Il n'est pas jusqu'à ton brave Soliman
que nous avons pieusement reconduit à son râtelier
où rien n'altérera plus son repos ni son embonpoint.

» Maintenant, mon cher ami, voici la chose: Fabrice et moi, nous revenons d'un grand voyage en
Orient. Hier, en flânant sur le port de Marseille,
je me suis souvenu que tu habitais dans les environs; et, quoique nous ayons suivi deux routes bien
différentes depuis notre sortie de rhétorique, quoique vous soyez devenu, Monsieur le vicomte, un
personnage bien imposant pour un pauvre fabri-
cant de drames et de romans, il m'a semblé qu'il y
avait toujours dans le cœur un petit coin pour les
amitiés de collège, et je n'ai pu me faire à l'idée
que je passerais si près de toi sans te serrer
la main. De Marseille à Aix, il n'y a qu'une en-
jambée; mais arrivés là, nous apprenons que tu es
à la campagne, et nous n'osons pas aller plus loin;
car, si comme me l'assure le gros Richard, un de
nos anciens camarades, que je viens de rencontrer
sur le Cours, tu as quitté la ville pour mieux cacher
à tous les regards une longue et charmante lune
de miel, Mme la vicomtesse aurait le droit de nous
regarder comme des trouble-fêtes. Donc, mon cher
Ulric, c'est à toi de décider. Si tu ne te soucies pas
de nous voir, c'est tout ce que nous dire: à bon enten-
deur, bonsoir! — Ou plutôt à ne nous rien dire:
nous décamperons, demain matin, à la grande joie
de tes esclaves, que je soupçonne être d'anciens
pères nobles du Théâtre-Français, réduits, par le
malheur du temps, à se faire domestiques. Si tu
nous veux là-bas, un mot, et nous accourons. Enfin,
si tu aimes mieux nous recevoir ici, viens consacrer de ta présence l'hospitalité écossaise que ton
majordome refuse à notre bonne mine, et lui prouver, par ton accueil, que nous ne sommes pas même
des brigands d'opéra-comique.

» A toi de cœur,
» MAX ELMER. »

— Que faisons-nous? dit M. de Braines à Nathalie après avoir lu cette lettre.

— Mon ami, je te dirai comme M. Max: c'est à
toi de décider.

— Eh bien! les laisser partir serait très-peu poli
et très-peu spirituel; car Max, après tout, est un

bon garçon, et un garçon plein de talent. Les recevoir ici... oh ! non ! *Bout-du-Monde* est à nous, à nous seuls, c'est le nid de nos amours, le sanctuaire de notre bonheur : ne le laissons pas profaner par des figures étrangères. Aller à Aix, et faire de notre mieux les honneurs de notre vieille cité à la littérature et à la musique, voilà, ce me semble, le meilleur parti : qu'en penses-tu ?

— Oh ! merci, Ulric ! Tout est sauvé, puisque nous recommençons à si bien nous comprendre ! murmura Nathalie avec une expression de tendresse et de joie.

Le temps était si beau, la soirée si sereine, qu'ils résolurent de partir à l'instant même, et firent la route au clair de lune, moitié à pied, moitié sur ces petits chevaux de Camargue qui rivalisent de douceur et de sûreté avec les mulets de l'Oberland et de Chamouny. Cette promenade nocturne fut charmante. Ulric riait de l'air de consternation et de stupeur du vieil Hubert, qui les suivait la tête basse, se demandant si son maître avait bien réellement l'intention d'accueillir avec honneur ces deux étranges hôtes qui l'avaient si fort scandalisé. Tout animait d'ailleurs et exaltait M. de Braines : les vagues frissons de la nuit, la beauté de ce ciel, la présence de Nathalie, le sentiment de son bonheur reconquis, les souvenirs d'enfance, les poétiques images de l'Orient, évoquées par la lettre de Max Elmer. On eût dit qu'il cherchait d'avance à se mettre à l'unisson de ces deux natures artistes que le hasard jetait sur ses pas. Et, en effet, qui eût entendu Ulric, dans ce sentier pittoresque, à la clarté de ces étoiles, laissant déborder le trop-plein de son imagination et de son cœur, puis se rapprochant de Mme de Braines et murmurant à son oreille des paroles de remerciement et d'amour, l'eût pris pour un poète courant les champs avec sa Béatrix, bien plutôt que pour un gentilhomme de province, retournant à la ville avec sa femme.

Ils arrivèrent à Aix vers minuit. Max et Fabrice étaient encore debout ; ils avaient mis à profit ces heures d'attente pour opérer dans leur tenue et dans leur costume les modifications que leur paraissaient réclamer les habitudes aristocratiques de ceux dont ils étaient les hôtes. Sans se dépouiller tout à fait de leur physionomie originale, ils avaient réduit de moitié les crocs menaçants de leurs moustaches, la longueur fluviale de leurs barbes et le luxe de leurs chevelures. Le béret écarlate, le justaucorps de velours avaient été relégués dans les bagages pour faire place à une redingotte et à une casquette d'allures plus rassurantes. On voyait que les deux artistes, sur le point de passer sous l'inspection de gens du monde, avaient compris la nécessité de faire des concessions. Ce n'étaient pas encore des propriétaires, ce n'étaient plus des Bohémiens ni des bandits. Hubert lui-même ne les reconnaissait plus, et attribuait ce changement à quelque sorcellerie.

Si Ulric et Nathalie éprouvèrent une surprise agréable en les trouvant si différents de l'effrayante peinture de leur majordome, l'étonnement de Max et de Fabrice ne fut pas moins vif lorsqu'ils eurent passé quelques heures avec les maîtres de ce vieil hôtel, où tout leur avait semblé d'abord en arrière d'un grand siècle. L'accueil de M. et de Mme de Braines ne fut pas seulement cordial et empressé, mais intelligent, et nuancé de manière à laisser croire aux deux artistes qu'ils étaient reçus et appréciés par leurs pairs. Les personnes du monde ne savent pas assez tout ce que ces organisations nerveuses, fébriles, surexcitées, souffrent quand elles s'aperçoivent qu'on maintient à leur égard l'invisible ligne de démarcation qui les sépare de la société des oisifs et des heureux. Peut-être est-ce là la cause lointaine et secrète de ces sourdes colères, de ces rancunes passionnées, de ces récriminations amères dont on retrouve plus tard la violente empreinte dans des œuvres où les mœurs et les caractères de la société polie sont si étrangement défigurés ! Au reste, Ulric et Nathalie, en recevant leurs hôtes sur le pied d'une égalité parfaite, n'avaient pas eu besoin de raisonner leur accueil : ils tenaient eux-mêmes, à leur insu, et par une sorte de parenté intellectuelle, à ces natures dont je parle, que l'on classe, un peu au hasard, sous la dénomination générale d'artistes, et qui, odieuses ou risibles lorsqu'elles se pavanent, s'exagèrent ou s'imposent, sont pleines d'attrait et de grâce lorsqu'elles semblent s'ignorer.

Nathalie avait en outre un motif pour déployer vis-à-vis de Max et de Fabrice ses innocentes coquetteries. Pour elle leur présence à Aix était plus qu'une distraction ou un incident ; c'était une épreuve. Elle ne pouvait oublier ni ses émotions de la veille, ni sa conversation avec Ulric, ni ces vagues aspirations vers une destinée de travail et de gloire que M. de Braines avait mêlées aux délicieux réveils de sa confiance et de son amour. En songeant que son mari allait se trouver, pendant quelques jours, en contact avec un écrivain et un compositeur célèbres, qu'il respirerait près d'eux cette chaude atmosphère d'art et de succès dans laquelle ils vivaient depuis des années, et qui ressemblait si peu aux fraîches brises de *Bout-du-Monde*, Nathalie pensa qu'elle aurait là une occasion décisive pour achever de s'éclairer sur ce qui se passait dans l'âme d'Ulric. S'il se bornait à être aimable et poli avec ses hôtes, à applaudir à leurs saillies, à se faire dire de la musique par Fabrice ou des vers par Max, sans dépasser, dans tout cela, l'empressement d'un dilettante et le savoir-vivre d'un maître de maison, Nathalie saurait que l'état moral de M. de Braines n'avait encore rien d'inquiétant, et qu'elle pouvait le ramener sans crainte à la campagne. S'il paraissait, au contraire, trop vivement attiré vers ces perspectives nouvelles que ces deux pèlerins de l'art allaient ouvrir devant lui, si, en les entendant parler de leurs projets, de leurs travaux, de leurs joies, de leurs rêves, elle le voyait gagné par la contagion et trahissant auprès d'eux un mouvement involontaire d'émulation, de regret ou d'envie, alors tout malentendu nouveau serait impossible. Elle saurait ce qu'elle avait à craindre, à éviter et à faire.

Maintenant, on peut aisément se figurer l'agrément des deux ou trois premières journées que Fabrice et Max passèrent à l'hôtel de Braines. Le marquis d'Epseuil, qui s'ennuyait seul à *Bout-du-Monde* et qui ne pouvait plus vivre sans son gendre et sa fille, était venu les rejoindre le lendemain. Il apportait à la communauté les grâces de son esprit toujours jeune, ses anecdotes piquantes, son humeur facile, et cette urbanité parfaite qui adoucit et émousse les inégalités du monde et les aspérités de la vie. Max et Fabrice, qui venaient de passer une année en Orient, exposés à toutes les fatigues, à toutes les misères de ces excursions lointaines à travers le sable, les ruines et le désert ne mettaient pas de borne à leur ravissement en se voyant, sous ce toit hospitalier, comblés de toutes les douceurs de ce comfort de province, si solide dans sa modestie apparente, et choyés à l'envi par cet homme si distingué, par ce vieillard si spirituel, par cette femme si intelligente et si belle. Généreux et prodigues comme tous les artistes, ils finirent même par se faire des amis intimes de ces vieux domestiques qu'ils avaient d'abord si cruellement ébouriffés, et dont la bonhomie narquoise s'accoutuma très-vite à leurs *charges* inoffensives, assaisonnées de pièces de cent sols. Tout se réunissait donc pour qu'ils fussent à la fois charmés et charmants. On leur fit raconter leur voyage, et Max déploya dans ce récit cette verve pittoresque de Bohême et d'atelier, si amusante et si neuve pour ceux qui vivent dans d'autres milieux. Tout ce bagage intellectuel de l'artiste contemporain, ces pétillements d'idées et de mots, si bien rendus par Henry Mürger, étaient presque nouveaux pour Ulric, tout à fait inconnus pour Nathalie, et aussi étrangers au marquis d'Epseuil qu'une variété du Chinois ou de l'Indoustani. Il en résultait les quiproquos les plus gais, les malentendus les plus drôles, les étonnements les plus plaisants, comme entre gens d'esprit qui s'enseignent une langue. On s'abandonnait, des deux parts, à ces impressions franches et sympathiques, sans arrière-pensée, sans embarras, sans méfiance, Max enchanté de l'effet qu'il produisait, Nathalie heureuse de la gaîté de son mari, Ulric joyeux de voir Nathalie contente.

Après ces causeries, que l'invisible ascendant de Mme de Braines maintenait toujours dans les plus strictes limites du bon goût, Fabrice se mettait au piano, et leur jouait la partition inédite d'un opéra qu'il rapportait d'Orient. Puis Nathalie le remplaçait, et, sans se faire prier, loyalement, simplement, improvisait des choses exquises qui jetaient l'artiste dans une véritable extase, et lui faisaient dire la phrase consacrée : « Quel dommage, Madame, que vous ayez cent mille livres de rente et que vous soyez vicomtesse ! » D'autres fois, Max leur déroulait le plan d'une pièce qu'il comptait achever en arrivant à Paris, leur demandait des conseils, retouchait son manuscrit sous leurs yeux; ou bien il leur lisait des vers. Comme plusieurs poètes de ce temps-ci, qui ont cédé à l'entraînement de nos nouvelles mœurs littéraires et se sont mis à travailler en vue du succès de vogue et d'argent, Max Elmer gardait pour lui et pour des amis dignes de le comprendre, quelques pages intimes où il revenait pieusement au culte de la Muse et de l'Idéal. C'est là ce qu'il leur lisait de préférence, et pas une de ces beautés délicates n'était perdue pour cet auditoire d'élite. Pendant ces lectures, Mme de Braines en suivait l'effet sur le visage d'Ulric; elle le voyait ému, agité, parfois même mélancolique et rêveur, comme s'il avait eu, lui

aussi, envie de s'écrier : *Anch' io son pittore !* et de faire sa partie dans ce poétique concert. Chacune de ces impressions fugitives était saisie au passage par Nathalie, et se reflétant à son tour dans ses regards, leur donnait un tel éclat, que Max, en relevant la tête, en était ébloui et troublé.

Si Mme de Braines avait été moins absorbée par cet examen attentif et passionné qui concentrait sur son mari toutes les forces de son intelligence, elle eût facilement remarqué les notables différences qui existaient entre Max Elmer et Fabrice Ormont. Dans toute association, de talent ou de voyage, d'intérêt ou de sentiment, il faut que l'un des deux exerce la domination, et que l'autre la subisse. Ici, le dominateur, c'était Max. A part la musique où il excellait et ses petites vanités de compositeur et de pianiste, qui faisaient presque partie de son costume, Fabrice était ce qu'on appelle indifféremment un bon diable ou un petit génie. De nos jours, Rossini, Meyerbeer, Auber, Ad. Adam, Berlioz, Halévy, ont vaincu, Dieu merci ! le préjugé défavorable qui s'attachait autrefois à l'*esprit* des musiciens, et qui faisait dire de Philidor : — « Il est très bête; c'est tout génie ! » Fabrice était de l'espèce des Philidor : sa bonne nature pouvait lui permettre des travers, mais point de vices. Max, au contraire, spirituel, ambitieux et souple, appartenait à cette race dangereuse d'artistes en qui germent vite l'égoïsme et l'orgueil, et qui, une fois maîtres de leur célébrité, ne laissent à la société d'autre alternative que de les traiter en idoles ou d'être traitée par eux en ennemie. Ils n'ont pas les misanthropiques amertumes d'un Jean-Jacques; ils ne s'enfuient pas dans la solitude pour dénigrer à leur aise le monde et les hommes ; ils ne s'enferment pas dans une mansarde, un morceau de pain noir à la main, pour maudire les heureux et des riches; ils ne déclarent pas la guerre aux distinctions sociales; non, mais ils voudraient les conquérir toutes; ils sont, au besoin, obséquieux et câlins pour se faire accepter après s'être fait applaudir, pour s'introduire après s'être illustrés, pour que le monde, après les avoir salués de loin, les adopte de près. Les *patriciens* et *patriciennes*, comme ils les appellent, les salons aristocratiques, les sommités officielles, leur inspirent pas ces haines sauvages qui ont au moins le mérite de ne savoir pas feindre. Ils s'en approchent, ils les guettent du coin de l'œil, ils les flattent du geste et du regard, et, la place fait mine de s'ouvrir, ils y sont établis avant qu'on sache comment ils y sont entrés. Puis, une fois dans cette place convoitée, malheur à ceux ou à celles qui, par bonté ou étourderie, curiosité ou imprudence, leur auront donné droit ou prétexte de se croire leurs familiers ou de se dire leurs amis ! Malheur à cette société, si elle s'aperçoit un peu tard de tout ce que comportent d'inconvénients et de périls ces compromettantes privautés! Chaque pas qu'ils y auront fait, chaque seuil qu'ils y auront franchi, deviendra matière à une indiscrétion, à une confidence, à une légende, qui dédommagera par un succès de leur vanité littéraire l'échec de leur vanité mondaine ! Max Elmer était trop jeune pour que ce caractère eût pu se développer et se préciser en lui : mais peut-être n'attendait-il qu'une occasion pour arriver à ses conséquences naturelles. Pour le moment, il n'en était encore qu'à ressentir vivement l'esprit et la beauté de Nathalie.

Le retour de M. et de Mme de Braines à Aix, après deux ans de solitude sentimentale et champêtre, n'avait pas tardé à être la nouvelle de toute la ville. On le sait, le monde, justement sévère contre les affections coupables qui le bravent, n'est pas toujours très-indulgent pour les bonheurs très-légitimes qui ont l'air de vouloir se passer de lui. Ulric d'ailleurs, nous l'avons dit, avait été, pendant les quelques mois passés à Aix avant son mariage, ouvertement recherché et secrètement désiré par plusieurs mères de famille, qui, plus tard, eurent peine à lui pardonner leur désappointement maternel et le triomphe de Nathalie. Celle-ci, enviée pour sa fortune, sa distinction, sa beauté, un peu enveloppée dans la disgrâce mondaine qui avait longtemps pesé sur son père et qu'elle subissait sans la comprendre, avait fini, à son insu, par se faire à Aix une de ces positions qu'on appelle en langage de province, *position à part*, et qui impliquent, sinon un blâme déclaré et une malveillance formelle, au moins un grain de curiosité jalouse, aisément portée au dénigrement et à l'épigramme. Ses goûts de retraite et d'étude, ses longues séances dans la bibliothèque de M. d'Epseuil, avaient été souvent commentés : on l'accusait de savoir le latin, de lire dans les gros livres, de faire les discours de son père ; malices très-légères au fond, mais qui accoutumaient de plus en plus à la traiter comme une exception. Son mariage, la forme romanesque que M. de Braines avait donnée à sa demande, leur empressement à se dérober à tous les regards pour s'ensevelir dans une maison de campagne qui n'avait pas même la dignité d'un château, tout cela servit de texte à des paraphrases où *des gens qui ne font rien comme les autres* étaient discrètement immolés, au nom des convenances et du bon sens. Aussi, lorsqu'on apprit que les deux *tourtereaux* étaient revenus, chacun fut empressé de savoir ce que signifiait ce retour, s'ils rapportaient de leur solitude leur bonheur intact, ou si c'était une façon de déclarer au monde que la lune de miel était finie. Les visites se succédèrent donc à l'hôtel de Braines, dès qu'Ulric et Nathalie eurent entr'ouvert leur porte, et cette affluence dérangea fort le petit groupe artistique qui venait d'y passer de si douces heures. D'autre part, jugez quelle fut la surprise de ces nombreux visiteurs lorsqu'ils trouvèrent M. et Mme de Braines en compagnie d'un musicien et d'un poëte, qui semblaient aussi familiers dans la maison que de si amis intimes ! Quel texte inattendu, quelle source inespérée d'exclamations, de questions, d'observations et de commérages ! On fit parler les domestiques ; on se communiqua, en les grossissant, les détails de l'arrivée de Max et de Fabrice ; on prit la mesure de leurs barbes et de leurs moustaches ; on se demanda, d'un air d'affectueux intérêt, *à quoi pensaient* le vicomte et la vicomtesse de Braines de recruter leurs amis parmi les artistes. *Artistes* était le mot poli : les plus indignés disaient *saltimbanques.* — « Avez-vous vu ces deux *Messieurs* ? disait ironiquement la baronne de Vardeil, une de ces mères qui avaient un moment espéré faire d'Ulric leur gendre ; Nathalie fait de la musique avec

l'un et des vers avec l'autre. » — La phrase eut un succès fou, et fut répétée, en un quart-d'heure, dans toute la ville.

M. et Mme de Braines ne pouvaient longtemps ignorer ce qui se disait, soit à leur sujet, soit à propos de leurs hôtes. Ils étaient fiers. Leur amour reconquis, leur bonheur retrouvé avaient ranimé leur confiance en eux-mêmes. Doués de ces facultés brillantes et délicates qui rendent particulièrement sensible aux jouissances de l'art, artistes aussi, non pas de profession et d'habitude, mais d'organisation et d'instinct, ne connaissant encore que par leur côté poétique et attrayant les horizons que leur révélaient Max et Fabrice, dépourvus de cette expérience qui leur eût appris qu'il y avait, en définitive, quelque chose de raisonnable et de sensé sous l'étroit rigorisme et les allures dénigrantes de ce monde de province, ils résolurent de ne pas céder à ce courant d'opinion sur lequel ils ne pouvaient se méprendre. Ils retinrent leurs hôtes qui voulaient partir ; et, pour mieux protester contre un blâme qui leur paraissait injuste, pour qu'on sût bien qu'ils n'avaient rien à cacher, et ne se repentaient de rien, ils se décidèrent à donner une fête, sous prétexte de faire apprécier en public le beau talent de Fabrice Ormont.

VII.

Pour la première fois peut-être, l'art parisien et l'aristocratie de province allaient se trouver en présence.

Nathalie, voyant que l'amour-propre de son mari était en jeu, voulut que sa fête fût belle. Elle comprit qu'une nuit de mai, en Provence, lui offrait des ressources que n'avaient pas les nuits d'hiver à Paris, et elle eut assez de goût pour en profiter. Nous avons dit que l'hôtel de Braines et l'hôtel d'Epseuil étaient mitoyens. Elle fit démolir le mur qui séparait les deux jardins, et construire une galerie qui les traversa dans toute leur largeur en communiquant d'un hôtel à l'autre. De distance en distance, cette longue galerie s'ouvrait sur les massifs, dont les arbustes en fleurs lui envoyaient leurs parfums ; les invités n'avaient que quelques marches à franchir pour échapper à la chaleur et à la foule, et respirer le grand air, avec un tapis de gazon sous leurs pieds, une pièce d'eau devant leurs yeux, et un ciel étoilé sur leurs têtes. Aux troncs séculaires des marronniers et des sycomores, on avait suspendu des milliers de verres de couleurs dont les lumières teignaient de reflets bleus, jaunes et roses les vagues silhouettes d'arbres et de plantes, estompées dans le lointain et dans l'ombre. Un excellent orchestre, venu de Marseille, et grossi de la musique du régiment, avait été dédoublé comme dans le célèbre finale de *Don Juan*. Les cuivres et les instruments à vent, cachés au fond du jardin, derrière une épaisse charmille, faisaient entendre, de temps à autre, des symphonies guerrières dont les notes sonores ou voilées ressemblaient à la voix nocturne de cette nature embaumée. Les instruments à corde, groupés autour du piano dans le grand salon de l'hôtel de Braines, préludaient par de gais quadrilles au concert dont Fabrice Ormont devait être le héros. C'est dans ce salon que Nathalie avait réuni les femmes, les jeunes filles, les jeunes gens, toute la partie active et militante de la soirée. Dans les appartements de l'hôtel d'Epseuil, plus tranquilles et plus discrètement éclairés, le marquis avait convoqué les causeurs, les hommes âgés, les douairières, les joueurs de whisth : la galerie du jardin servait de trait-d'union à ces deux mondes séparés par leurs goûts et par leurs âges, de façon à ce que chacun, en prenant dans la fête la part qui lui convenait le mieux, pût profiter de tout le reste. Nathalie n'avait pas voulu qu'on touchât à une seule fleur des deux jardins; mais cette heureuse saison en est si prodigue dans ce climat aimé du soleil, qu'il lui avait été facile d'en faire venir du dehors de quoi en festonner tous les rideaux, en garnir toutes les consoles, en joncher tous les escaliers, et transformer chaque appartement en parterre ou en corbeille.

Tout alla bien d'abord; il y a dans l'influence qu'exerce autour d'elle une femme supérieure, quelque chose de si irrésistible, que les invités les plus revêches, les moins bienveillants, la ressentirent et la subirent à leur insu. De leur côté, Max et Fabrice, sans que Nathalie eût eu besoin de le leur dire, avaient compris qu'ils avaient à s'observer beaucoup devant cette société où ils rencontreraient probablement bien des regards dédaigneux et quelques regards hostiles. Aussi, ce soir-là, les dernières traces des façons et des costumes excentriques du premier jour avaient complètement disparu; de classiques habits noirs, d'irréprochables cravates blanches, d'immaculés gants jaunes auraient pu, au premier coup-d'œil, faire prendre nos artistes pour des sous-préfets en grande tenue ou de jeunes substituts en quête d'une dot. L'ascendant de Max sur le bon Fabrice avait décidé ces réformes qui devaient avoir, il en était sûr, l'approbation de Mme de Braines. Le premier effet fut donc excellent : et puis la fête était si ravissante! l'orchestre si parfait! les rafraîchissements si exquis! les buffets si appétissants! Le ciel même, par sa pureté, semblait si bien d'accord avec toutes ces harmonies mondaines ! Il eût fallu être bien en garde contre ses plaisirs pour ne pas se sentir content! La baronne de Vandeil, cette mère dont l'humeur était aigrie par quatre filles majeures en un débit difficile, essaya bien de s'écrier : « C'est charmant! on voit qu'une femme artiste a passé par là! » — Cet éloge épigrammatique se perdit dans la satisfaction générale.

A onze heures, au moment où la réunion était au complet, il se fit un grand silence, et Fabrice Ormont se plaça au piano. Nathalie se tint debout, à quelques pas de lui, se disposant à conjurer, d'un geste ou d'un regard suppliants, ces derniers chuchotements qui troublent les virtuoses et font le supplice des maîtresses de maison. Madame de Braines jouissait d'avance du succès qu'allait obtenir Fabrice. Malgré toutes ses perfections, elle ressentait un certain orgueil de la beauté et du succès de sa fête, pensant qu'Ulric lui en saurait gré. Dans cette attitude simple et fière, son front haut et pâle se détachant sous les bandeaux de ses cheveux noirs, son corsage à demi soulevé par la douce émotion qui animait ses yeux et son teint, son bras sculptural étendu vers le piano comme

pour donner le signal à ses touches mélodieuses, Nathalie était si belle, qu'un premier murmure d'admiration s'éleva de toutes parts : — « C'est Corinne au cap Misène! » grommela la baronne de Vandeil. Pendant ce temps, Nathalie ne s'apercevait pas que Max Elmer, immobile dans l'embrasure d'une porte, fixait sur elle d'ardents regards, et que peut-être quelques-uns de ces regards étaient interceptés au passage.

Fabrice joua d'abord un morceau de sa composition, et fut chaleureusement applaudi. Après le morceau, quelques voix s'élevèrent, — Dieu sait à quelle intention! — pour prier Mme de Braines de se faire entendre, et Fabrice joignit ses instances à celles du salon. Elle regarda Ulric, et lut dans ses yeux son consentement. Elle pensa d'ailleurs que, jouant après un artiste aussi habile, nul ne pourrait l'accuser de viser pour son compte aux applaudissements, et qu'on ne verrait là que l'intention gracieuse et obligeante de maintenir dans cette soirée ces conditions d'égalité parfaite auxquelles ses deux hôtes paraissaient attacher tant de prix. Elle remplaça donc Fabrice au piano, et si quelqu'un des assistants s'était secrètement flatté que l'exécution éblouissante et l'écrasant voisinage d'un musicien célèbre préparaient à Nathalie un fiasco de bonne compagnie, nous devons dire que leur attente fut complètement trompée. Mme de Braines avait trop de tact et de goût pour vouloir lutter, même de loin, avec les prodigieuses fusées musicales qu'avait lancées au clavier sous les doigts agiles de Fabrice. Elle choisit un thème très-simple, d'un sentiment doux et tendre, et le rendit avec de telles nuances, de telles délicatesses d'expression que son succès fut égal à celui de l'artiste sans pouvoir lui porter ombrage. Celui-ci se piqua d'honneur, et, électrisé par cette rivalité charmante, mit à son tour, dans son jeu, une âme, un accent large et pathétique qu'il ne rencontrait pas toujours, et qui, cette fois, débordant à travers les merveilles du doigté, en rendit l'effet irrésistible. Cette harmonieuse joûte, qui fit taire un moment les petites passions blotties çà et là aux angles de ce salon, se termina par le duo de Guillaume Tell, joué à quatre mains. Fabrice et Nathalie s'y surpassèrent, et il y eut quelques minutes d'un véritable enthousiasme.

Ulric sentait la musique avec d'autant plus de vivacité et de profondeur qu'il ne la savait pas, et que, grâce à cette ignorance qu'il avait souvent maudite, elle possédait pour lui les lointains de l'idéal et de l'infini. Nul n'avait savouré plus délicieusement que lui cette lutte de deux talents dont l'un touchait de si près. Jamais il n'avait écouté Nathalie avec plus d'ivresse; jamais elle ne lui avait paru si belle; jamais il ne l'avait tant aimée. Pour retrouver un peu de calme, ou peut-être pour prolonger cette sensation enchanteresse, il sortit du salon au milieu de la dernière explosion de bravos, descendit l'escalier, traversa la galerie, et gagna le jardin. Il respira à pleins poumons cet air frais et pur qui lui arrivait avec tous les arômes de la nuit, puis se dirigea vers un banc à demi-caché dans un des massifs, pour s'y reposer et s'y recueillir un instant. En s'approchant, il vit, à la clarté des étoiles, que le banc était occupé : deux hommes âges y étaient assis. Ulric les reconnut à leur voix grave et pénétrante : c'étaient le chevalier de Trémon et le comte d'Erceville, deux anciens amis de son père. M. de Braines les entendit prononcer son nom ; involontairement, il écouta :

— Eh bien ! d'Erceville, disait. le chevalier, que penses-tu de cette fête ?

— Ma foi ! je serais bien difficile si je ne m'en déclarais ravi. La fête est superbe, et la vicomtesse adorable !

— Oui, d'accord : on n'a pas plus de grâce et de distinction que Mme de Braines, plus d'amabilité que son mari et son père ; tout ici est arrangé à merveille, et je la comparerais à une fée, si cette comparaison n'était encore plus vieille que moi. Mais, d'Erceville, si notre cher et vénéré général de Braines revenait au monde, crois-tu qu'il approuverait ce qui se passe chez lui ce soir ? Son fils faisant sa société intime de deux hommes venus on ne sait d'où, qui ont, pour toute position sociale, l'un de taper sur un clavecin, l'autre d'extravaguer en prose et en vers ! sa belle-fille partageant avec ces Messieurs les applaudissements du public, et ayant l'air de les traiter comme ses égaux ! Ulric est un excellent garçon, plein de cœur et d'esprit ; mais en ceci il n'a pas le sens commun, et je souhaite qu'il n'ait pas à s'en repentir ! La vie de Paris lui a rempli la tête de billevesées, et ce n'est pas la belle et savante Nathalie qui l'en corrigera. Que diable ! lorsqu'on est riche et qu'on aime la musique, s'il prend envie de donner un concert, rien de mieux : on fait venir des artistes pour deux ou trois heures, ils jouent de leurs instruments ou chantent leurs airs ; après quoi, on les paie et tout est dit. Chacun est resté à sa place, et les choses n'en vont pas plus mal. Ah ! d'Erceville ! d'Erceville ! nous vivons dans un singulier temps ! Tous les esprits sont à l'envers, et l'on s'étonne, après cela qu'il y ait des révolutions !

— Bah ! répondit le comte, tu vois tout en noir parce que tu viens de perdre trentes fiches ; mais je ne suis pas si pessimiste. Nous avons une soirée délicieuse, et comme il n'y en a pas eu, à Aix, depuis le passage de Mgr le comte d'Artois. Nous venons d'entendre de l'excellente musique ; le souper fait mine d'être à l'avenant ; les glaces sont divines ; ce diable de d'Epseuil a plus d'esprit que jamais : qu'y a-t-il donc là de si tragique ? Ulric a été au collége avec un de ces olibrius : il le traite familièrement et sans conséquence, ce qui, après tout, vaut mieux que d'être rogue et hautain. Sa femme a un talent admirable ; on la prie de jouer, elle cède : voudrais-tu donc qu'elle s'enfermât sous clef, pour faire de la musique à huis-clos ? Demain ou après-demain, ces Messieurs partiront; Ulric n'en entendra plus parler, et il ne restera de tout ceci que le souvenir de quelques heures charmantes, qui, en dépit de mes septante-six ans, m'ont réchauffé et regaillardi.

— Moi aussi ! reprit le chevalier d'un ton d'affectueuse tristesse; mais ce que j'en dis, c'est par intérêt pour Ulric que j'ai vu naître et que j'aime comme mon enfant. Je crains pour lui les mauvaises langues ; les pies-grièches, comme cette baronne de Vandeil par exemple, qui enrage de ne pouvoir marier ses filles, et qui ne pardonnera jamais à Mme de Braines sa beauté, ses succès et son mariage. Celles-là, je le parierais, ne tarissent pas sur l'originalité de cette fête, sur ces airs de féerie, sur la présence de ces artistes, leur intimité avec les maîtres de la maison, la joûte musicale de Nathalie avec ce Fabrice... Que sais-je? de l'humeur dont je les connais, il n'en faut pas tant pour défrayer trois mois de commérages, et pour cacher sous chacune de leurs exclamations admiratives une bonne petite méchanceté ! — Vois-tu, d'Erceville, je suis vieux, je connais à fond notre bonne et honnête vie de province : pour y être heureux et tranquille, il ne faut pas sortir des sentiers battus, dépasser le cadre ordinaire, heurter les idées reçues ! Quand on se sent ces dispositions-là, ce qu'on a de mieux à faire, c'est de déplier ses ailes, et d'aller à Paris. Là, j'en suis sûr, Ulric trouverait des ducs qui fréquentent des poètes, et Nathalie des marquises qui fraternisent avec des pianistes... Mais rentrons : voici l'heure du souper qui approche, et toutes mes doléances ne m'empêcheront pas d'y faire honneur.

Les deux vieillards se levèrent, et reprirent le chemin de l'hôtel. Un instant après, Ulric était assis sur le banc qu'ils venaient de quitter, et à son ivresse de tout-à-l'heure succédaient des réflexions plus sérieuses.

Etre blâmé par le chevalier de Trémon lui donnait beaucoup à penser, car le chevalier, entouré à Aix d'une considération méritée, y était accepté comme un oracle : Ulric savait en outre que nul n'avait été plus avant dans l'amitié du général de Braines. C'était donc, pour ainsi dire, un écho de la voix de son père qu'il venait d'entendre. Et pourtant, qu'y avait-il de répréhensible dans sa conduite, dans celle de sa femme? qu'y avait-il de mal à s'abandonner aux jouissances de l'imagination et de l'art? Les ressentir vivement, accueillir en amis ceux qui les donnent ou les partagent, était-ce donc ternir son écusson? Quoi ! ce livre nous fait pleurer, cette mélodie nous fait battre le cœur, et l'auteur de cette mélodie ou de ce livre, il faudrait le repousser comme un paria ou l'humilier comme un baladin ! Etait-ce donc là décidément l'opinion de la société de province? Et que valait-il mieux, s'y soumettre, la braver ou la fuir? « Paris ! » avait dit le chevalier de Trémon. Oui, Paris peut-être concilierait tout ! A Paris, les horizons s'agrandissent, les idées s'élèvent ; des organisations comme la sienne, comme celle de Nathalie, peuvent y satisfaire leurs goûts, y trouver leur emploi, y recueillir le succès et l'hommage sans avoir à craindre des épigrammes comme celles de la baronne, ou des sermons comme ceux du chevalier ! Une fois sur cette pente, les pensées d'Ulric firent beaucoup de chemin en quelques minutes : n'ayant plus affaire à des commérages de vieille femme, qu'il s'était promis de dédaigner, mais à l'avis raisonné et raisonnable d'un ami de son père, Ulric était, pour la première fois, frappé de ce côté étroit et rigoureux de la vie de province, qui jusqu'alors lui avait échappé ; et, par une réaction naturelle, Paris qu'il ne connaissait et ne jugeait d'abord que par la vie brillante et futile qu'il y avait menée, lui apparût comme un asile offert aux imaginations brillantes, désireuses d'accorder les supériorités intellectuelles avec les supériorités sociales.

M. de Braines, craignant qu'une plus longue absence ne fût remarquée, interrompit sa rêverie pour retourner à la fête. Quand il rentra dans le grand salon, il venait d'être décidé, à la demande générale des jeunes femmes et des jeunes filles, qu'on danserait une heure, avant le souper. On était en train d'organiser les quadrilles, et déjà les danseuses commençaient à inscrire sur leurs élégants calepins de nacre, des colonnes de noms inquiétantes pour les derniers venus. Notre conscience d'historien nous force à ajouter qu'au milieu de cet empressement traditionnel, les quatre grandes filles de la baronne de Vandeil, alignées sur une banquette, étaient un peu négligées.

Pendant ces préparatifs, Max Elmer s'était approché de Nathalie, et, après quelques mots échangés, il lui avait dit avec un sourire qui semblait cacher de sourds orages et une blessure toujours prête à se rouvrir.

— Je vais savoir, madame la vicomtesse, si décidément vos invités me regardent comme un homme ou comme une bête curieuse.

— Que voulez-vous dire, Monsieur? murmura Nathalie qui d'abord ne s'expliqua pas le sens de ces paroles.

Sans lui répondre, Max fit quelques pas du côté du groupe où se trouvaient la baronne et ses filles Soit hasard, soit que, l'imagination occupée de Mme de Braines, il crut sentimental et de bon goût de n'inviter, en sa présence, que des danseuses laides, il s'avança vers Mélanie, l'aînée des quatre sœurs, et, s'inclinant devant elle, murmura fort convenablement la formule obligée.

Mélanie allait accepter, lorsque sa mère intervint :

— Monsieur, dit-elle d'un ton sec, ma fille est un peu souffrante ce soir, elle ne dansera pas.

La pauvre Mélanie, dont les couleurs écarlates protestaient contre cette prohibition médicale, rajusta tristement son écharpe, pinça ses lèvres, baissa les yeux et ne souffla mot.

Mme de Braines n'avait rien perdu de cette petite scène. Prompte comme l'éclair, avant que Max eût pu calculer la portée de ce refus, avant que personne, dans le salon, eût le temps de le remarquer, elle courut à lui, et lui dit en riant :

— On n'a donc pas tort, Monsieur Elmer, d'accuser les poëtes de distraction? Vous avez oublié que vous m'avez engagée pour cette première contredanse?

Et elle lui tendit la main.

Max Elmer la regarda avec une expression où elle ne vit que le remerciement d'un homme placé dans une situation fausse et tiré de ce mauvais pas par un secours inespéré. Le quadrille commença.

Naturellement, Nathalie, pour faire oublier au poëte ce léger affront, redoubla envers lui d'empressements et de prévenances. Max avait trop d'esprit pour exhaler son ressentiment en plaintes déclamatoires. Il se contenta de montrer d'un geste à Mme de Braines, Mélanie de Vandeil qui avait enfin accroché un de ces danseurs adolescents prédestinés aux corvées, et qui figurait à l'autre bout du salon.

— Il paraît, dit-il froidement, que les indisposi-

tions de cette *demoiselle* ont le mérite de ne pas durer longtemps.

— Monsieur, lui répondit tout bas Nathalie avec une gaîté affectueuse, ce n'est pas vous que Mme de Vandeil a voulu offenser, c'est moi seule. J'ai le malheur de la compter parmi mes ennemies intimes. Il paraît qu'elle avait un moment espéré que M. de Braines épouserait sa fille, et vous savez tout ce que, dans nos petites villes, ces rivalités comportent de ressentiments et d'antipathies !...

— Vous, Madame, rivale de cette espèce de pivoine montée sur tige ! La beauté, la bonté, la grâce, la supériorité de l'esprit et du talent, rivales de cette taille épaisse, de ces coudes anguleux, de ces yeux de carlin et de ces joues enluminées ! La Sainte-Cécile de Raphaël rivale d'une caricature de Daumier ! Qu'avait donc fait Ulric à cette aimable baronne pour qu'elle lui réservât un pareil cadeau ?

Puis Max reprit d'un ton plus sérieux, mais en tempérant par une nuance de respect ce que ses paroles auraient eu de trop expressif :

— Je voudrais pouvoir vous croire, Madame, ou plutôt je vous crois. Il y aurait quelque chose de si doux à être de moitié avec vous dans une offense reçue, que l'idée seule de ce partage me ferait tressaillir de joie et d'orgueil ! Oui, je voudrais que ce salon tout entier m'écrasât de ses dédains ; je voudrais que tous ceux qui nous entourent me traitassent en aventurier, en ilote, en bohême, en histrion, indigne d'être pour les gens comme il faut autre chose que la curiosité d'un moment, l'amusement d'une heure ; je voudrais cela, Madame et une parole de vous pour me consoler!... Ah ! je vous bénirais ; mais il me resterait encore un sujet d'étonnement et de regret...

— Et lequel? murmura Nathalie, un peu embarrassée du tour que prenait l'entretien.

— C'est que vous et Ulric restiez ici, ici où personne ne peut vous comprendre, où vous aurez sans cesse à vous défendre contre la méchanceté, la routine et l'envie ! Que vous ne veniez pas là où vous seriez reine, là où sa supériorité et la vôtre se déploieraient dans tout leur éclat, là où, au lieu de Béotiens qui vous jalousent, vous contrôlent et vous dénigrent, vous auriez des Athéniens pour vous fêter et vous aimer !

Le quadrille finissait, et la conversation en resta là ; la fête s'acheva sans autre incident ; le souper fut magnifique, et chacun, en se retirant, adressa à M. et Mme de Braines des félicitations plus ou moins sincères, mais parfaitement méritées.

Lorsqu'il n'y eut plus dans le salon qu'Ulric, Nathalie, et leurs deux hôtes, Max Elmer dit à Ulric, en lui pressant la main :

— Mon ami, ta fête a été splendide, et je t'en remercie. Mais, pour résumer l'impression définitive qu'elle me laisse, permets-moi d'emprunter à Victor Hugo un de ses vers les plus célèbres, et de te dire avec Triboulet :

« Toi seul as de l'esprit parmi ces gentilshommes ! »

VIII.

Ainsi, tout s'accordait pour appeler à Paris M. et Mme de Braines : l'imagination, par la voix de

Max Elmer ; la sagesse, par la voix du chevalier de Trémon ; leurs propres réflexions, à mesure qu'ils étaient plus frappés du contraste de l'opinion, de la vie et de la société de province avec leurs penchants et leurs goûts.

Le départ de Max et de Fabrice avait été fixé au surlendemain de la fête donnée à l'hôtel de Braines. Dans la matinée du jour où ils devaient partir, quiconque aurait vu Max, dans sa chambre, se promenant à grands pas, murmurant à demi voix quelques paroles entrecoupées, entr'ouvrant sa fenêtre comme pour raffraîchir l'ardeur de son front à la brise du matin, jetant un regard furtif sur une autre croisée de la façade, dont les rideaux étaient encore fermés ; puis reprenant sa promenade et son monologue, — celui-là aurait pensé que Max composait un drame ou un roman, ou bien qu'il était amoureux.

Il y avait un peu de tout cela dans le sentiment confus qui l'agitait en ce moment. Nathalie avait fait sur lui une vive impression ; mais lui-même n'aurait peut-être pas su dire si cette impression était de l'amour, ou si ce n'était que la vibration soudaine d'une âme de poëte devant une figure assez grande et assez belle pour prendre place dans l'idéale galerie des Laure et des Béatrix. Max n'était encore ni blasé, ni dépravé, ni corrompu ; seulement il possédait, au plus haut degré, cette faculté de l'artiste de tous les temps, et surtout de l'artiste contemporain, qui à force de mettre en regard, dans son imagination et dans sa vie, les émotions vraies et les émotions factices, celles qu'il éprouve pour lui-même et celles qu'il décrit au public, à force de les attiser, de les commenter, de les compléter les unes par les autres, finit par les confondre si bien, que ni le public, ni lui, ne peuvent plus les distinguer. Cicéron se consolant de la mort de sa fille en songeant aux belles phrases qu'il allait écrire sur ce malheur, Talma passant devant une glace dans un transport de jalousie furieuse et s'arrêtant tout à coup pour fixer dans sa mémoire cette personnification d'Othello qu'il avait vainement cherchée, seront éternellement les types de ces natures étranges en qui le don de sentir et de souffrir semble à la fois s'agrandir et se soulager en s'exprimant. S'il y a un puissant auxiliaire ou peut être même une condition essentielle du talent, si cette perpétuelle alliance du *dedans* et du *dehors* de chaque sentiment fait passer dans les œuvres d'art un souffle de vérité et de vie, elle a aussi ses inconvéniens et ses périls. Elle accoutume l'artiste à jouer avec ses amours et ses joies, ses attachements et ses douleurs comme avec des instruments toujours prêts à vibrer sous sa main. Elle ôte aux affections de son âme, légitimes ou passagères, ce je ne sais quoi de mystérieux et de sacré qui est l'excuse des unes, l'honneur des autres, le charme et la sécurité de toutes. Elle finit par lui faire croire que tout ce qui entre dans le cercle de son existence, dans le rayon de son génie, doit immédiatement participer à ce que ce génie et cette existence ont de retentissant et de sonore. Et, comme toutes ces délicatesses qu'il oublie ou qu'il froisse ressemblent à ces étoffes précieuses et impalpables que la moindre déchirure fait tomber en lambeaux, comme il en est de ce qui se cache dans l'ombre du foyer ou dans les replis de la conscience, comme de ces secrets qu'on divulgue à tous dès qu'on les a laissé surprendre par quelqu'un, il vient un moment où l'artiste dont je parle n'est plus un homme, mais un rôle, où son cœur n'est plus un sanctuaire, mais un théâtre.

Ce n'est pas tout : dans ce sentiment confus que Mme de Braines inspirait à Max Elmer, un observateur pénétrant et sévère eût aisément découvert un autre alliage. Pour lui, Nathalie n'était pas seulement une femme d'un esprit supérieur et d'une poétique beauté : avant tout, elle était une *grande dame*! mot magique pour cette classe d'artistes et de poëtes à laquelle Max se rattachait ; qualification vague, remplie de secrètes amorces, qui, dans ces âmes curieuses et avides, caresse toutes les fibres de la vanité et devient pour elles synonyme d'auréole romanesque, de succès mondains, d'avénement définitif sur ces cimes sociales où ils cherchent la consécration suprême de leur gloire et de leur talent! La société, comme le cœur humain, vit de contrastes non moins que d'analogies. Le poëte, l'auteur dramatique, enfant gâté de ces zones torrides où fleurissent les célébrités féminines du théâtre et du boudoir, rêve la femme du monde, de même que l'homme du monde, retenu par le réseau des convenances sociales, ennuyé d'air pur et d'horizons réguliers, aspire parfois à descendre vers ces amours éclatants et faciles qui rompent violemment la monotonie de ses relations et de ses plaisirs. Cet idéal longtemps caressé par Max au milieu des engagements passagers de sa vie littéraire, cette chimère qu'invoquaient avec une ardeur égale sa curiosité, son ambition et son orgueil, Nathalie la réalisait dans toute sa plénitude, et avec un ensemble de séductions qu'il n'aurait pas cru possible avant de l'avoir rencontré. Plus spirituelle et plus belle que toutes ces femmes qui ne vivent que par la beauté ou l'esprit, portant un grand nom, possédant une immense fortune, mariée à un homme qui serait célèbre quand il le voudrait, ayant vécu jusque là dans ces sphères immaculées au seuil desquelles s'arrêtent les imaginations les plus hardies, que Mme de Braines vînt à Paris ; qu'elle y eût un salon ; que Max fût l'*étoile* de ce salon : à quelle suprématie mondaine, à quelle jouissance d'amour-propre, à quelle souveraineté parisienne n'aurait pas droit de prétendre l'homme qu'elle aurait distingué ?

Max Elmer en était là de ses rêveries, où — chose moins rare qu'on ne croit chez les esprits de cette trempe ! — le positif se mêlait au poétique, lorsque Ulric de Braines entra dans sa chambre. Il y a toujours quelque chose d'un peu embarrassant dans la brusque arrivée d'un ami, au moment même où l'on médite un plan qui lui réserve un rôle quelque peu sacrifié. Aussi Max ne put-il s'empêcher de rougir ; mais Ulric n'eut garde de s'en apercevoir ; il était lui-même assez embarrassé de quelques rouleaux de papier qu'il tenait sous son bras.

— Max, dit-il en riant, tu as cru que mon hospitalité ressemblait à celle de la *Dame Blanche* ; détrompe-toi : je ne la donne pas, je la vends, et voici la carte à payer, ajouta-t-il en déroulant les papiers qu'il apportait.

— Elle est volumineuse, répliqua Max sur le

même ton.

— Effrayante ! et tu seras bien plus épouvanté quand tu sauras de quoi il est question. Max, tu t'imagines peut-être n'avoir devant tes yeux qu'un vicomte : erreur ! tu as devant-toi un confrère, et de la pire espèce : un confrère-*amateur*.

— Vrai ! je l'aurais parié ! s'écria Max d'un air de triomphe. Que diable, mon cher ami ! tu nous faisais voir, au collège, de quoi tu serais capable un jour. Tu as bien pu, par position et par caprice, vivre à Paris, avec des sports-men et des jockeys, comme tu voulais vivre ici, par position et par vertu, avec des douairières et des chevaliers de Malte ! mais ton cœur n'est pas là, comme dit Lamartine ! Il faut que chacun obéisse à sa destinée : la tienne est d'écouter et de suivre ces voix mystérieuses qui font les rêveurs et les poëtes!

— Trève de compliments, mon cher Max, ou tu vas me forcer de battre en retraite avec armes et bagage. Voici le fait dans toute sa simplicité : Il est très-vrai qu'au sortir de Sainte-Barbe, le front encore chaud de mes couronnes universitaires, je me laissai gagner par la contagion du moment. Tu le sais, c'était l'époque où le chemin qui menait de la Sorbonne chez Eugène Renduel était pavé de lauréats de concours, qui se traitaient réciproquement de lord Byron et de Dante. Je n'étais ni Dante, ni Byron, et pourtant je fis comme les autres ; j'écrivis des fragments de poëmes, des ébauches de romans, des esquisses de drames. Il y a de cela dix ans, et je croyais bien sincèrement avoir tout brûlé; mais il en est des flammes vengeresses qui consument les manuscrits, comme de ces feux de Bengale qui terminent les pièces du boulevard : on en réchappe toujours, et le château brûlé la veille, n'en est que plus frais le lendemain. Ç'a été le sort de mes chefs-d'œuvre. Ces jours-ci, remis en humeur de littérature par ta présence et nos causeries, j'ai fouillé dans mes vieux tiroirs; j'ai secoué la poussière décennale qui couvrait ces pages jaunies, et j'ai essayé de me relire comme j'aurais lu un étranger : hélas ! nul n'est bon juge dans sa propre cause ; pouvais-je d'ailleurs me défendre contre le charme mélancolique de mes jeunes années que je retrouvais au fond de ces pauvres cahiers, premiers confidents de mes enthousiasmes et de mes songes d'autrefois ? A travers ces feuilles plus mortes et plus desséchées que la dépouille de nos futaies sous le vent d'automne, pouvais-je méconnaître les fraîches mélodies de mon printemps qui se réveillaient pour m'appeler ? Tu vois, Max, que je manquais des deux qualités essentielles du juge : le sang-froid et l'impartialité. Je viens donc te prier de me suppléer ; je te lirai quelques-unes de ces pages : tu me diras, non pas si c'est bon,—je sais que c'est mauvais, vieilli, informe, — mais s'il *y a quelque chose* là-dedans. Nous voilà en plein premier acte du *Misanthrope* : sois Alceste : je tâcherai de ne pas être Oronte. Je te demande la vérité comme nous nous la disions au collège; toute la vérité, rien que la vérité !

— Je t'écoute, dit Max en se recueillant.

Ulric commença sa lecture, d'une voix d'abord un peu tremblante, mais qui finit par se rassurer. Son choix tomba sur un poëme imité de M. de Musset qui, moins populaire alors auprès du public, n'en était que plus admiré par les esprits finement et délicatement poétiques. Cet essai reflétait les libres allures du maître ; il était dépourvu de plan et de méthode, mais il y avait çà et là, dans les pages juvéniles, de chaudes bouffées d'une verve généreuse et sincère qui rappelaient sans trop de désavantage, la Muse à la fois passionnée et cavalière de *Rolla* et de *Namouna*. M. de Braines n'était pas encore au quarantième vers, que Max, d'un mouvement irrésistible, le souleva sur sa chaise, le saisit par le bras, et l'entraînant bon gré malgré dans le salon, où les attendait Nathalie :

— Mme la vicomtesse ! s'écria-t-il avec un accent de conviction profonde, je vous dénonce un grand poëte !

Il fallut qu'Ulric, confus et charmé, acceptât ce surcroît d'auditoire, et continuât sa lecture devant sa femme. Mme de Braines éprouvait une sensation nouvelle de bonheur en entendant cette voix si chère réciter une poésie qui, aussi être irréprochable, avait au moins le mérite de n'être pas vulgaire, et dont les ardeurs matinales lui semblaient parfois recéler son nom. Elle en était heureuse plutôt que surprise, car, depuis quelques jours, l'idée qu'elle avait de la riche imagination de M. de Braines, s'était encore agrandie. Chaque matin, elle relisait ce journal d'Ulric, qu'elle avait rapporté de *Bout du monde*, en le cachant sur son cœur, comme le garant et le gage de ses joies retrouvées. Elle n'avait été frappée d'abord que du sentiment qui s'exhalait de ces pages et des secrets qu'elles lui révélaient. Mais à force de les relire, et lorsqu'elle n'eurent plus rien à lui apprendre, Nathalie avait fini par les considérer sous un nouvel aspect : dans ces épanchements familiers d'une âme troublée, elle avait remarqué une beauté de forme, une élévation de style, qui, sans exclure le naturel, les faisait ressembler à des chapitres de roman intime, écrits, en dehors de toute préoccupation littéraire, par une plume bien douée. Cette qualité si peu cherchée et qui, pour elle, n'ajoutait rien au mérite de ce précieux journal, lui revenait en mémoire, pendant qu'elle écoutait Ulric déclamant sans emphase, mais avec un sentiment profond, ses strophes harmonieuses et colorées. Lorsqu'il eut fini, ces félicitations de Nathalie furent aussi vives que celles de Max ; M. de Braines comprit que son succès était réel, et il n'y fut pas insensible.

Il y eut un moment de silence ; puis, Max Elmer reprit de ce ton impérieux et brusque qui ne messied pas à la louange :

— Maintenant, Ulric, laisse-moi te parler avec toute la rudesse de l'amitié ; tu m'as demandé la vérité tout-à-l'heure ; je vais te la dire : Lorsque l'on a écrit, à vingt ans, de pareilles choses et que l'on n'en a pas encore trente, on n'a pas le droit d'enfouir les dons que l'on a reçus du ciel : on en doit compte à son pays, à son temps, à soi-même : et je te le dis sans détour, au risque de te déplaire, si tu restes ici, dans ce milieu fort respectable d'ailleurs, mais où rien ne t'inspire ni ne t'encourage, où tout émousse et endort l'imagination, où ton talent, si on le connaissait, serait regardé comme un luxe inutile, un danger, un malheur, — Ulric, c'en est fait, cette corde brillante qui vibre encore en toi, commencera par se taire et finira par se rompre; cette faculté merveilleuse que tu viens de nous révéler, commencera par s'assoupir et finira par s'éteindre. Veux-tu, au contraire, que cette corde résonne, que cette faculté se ravive, que tout ce qui dort ou languit en toi se réveille comme un essaim d'abeilles dans un rayon du matin? Prononçons ensemble les deux syllabes magiques : Paris !..

— Paris ! dit M. de Braines dont le regard s'animait de plus en plus Paris ! voilà le mot que tout murmure, depuis quelques jours, à mon cœur et à mon oreille, en moi et autour de moi !

— Viens-y, Ulric ! c'est là ta patrie et ta place, poursuivit Max Elmer. Viens-y, et avant trois ans, une auréole nouvelle rayonnera autour de ton nom; avant trois ans, tu aura grossi le nombre des vicomtes illustrés par les Lettres; — et il me semble, ajouta-t-il en montrant un volume des *Martyrs* qui se trouvait par hasard sur la table, que ce titre ne porte pas malheur, dans la littérature de notre siècle !

— Mais, mon ami !... voyons, tu ne te fâcheras pas de ce que je vais te dire ? Tu sais que nous nous disons tout, comme au collège... N'y a-t-il pas, dans les mœurs littéraires de ce temps-ci...

— Je te devine et je t'arrête, interrompit vivement Max Elmer: un homme comme il faut, — C'est bien cela, n'est-ce pas ? — peut craindre de se compromettre et de déroger en devenant notre confrère, en embrassant notre métier, en demandant à sa plume une gloire que ses ancêtres demandaient à leur épée, en mettant son nom en tête d'un livre ou au bas d'un journal... Et puis, il y a des écrivains qui avilissent et dégradent en leur personne la dignité des Lettres, qui se font bateleurs et acrobates, qui trafiquent de leur art comme les vendeurs du temple, ou en jouent comme l'escamoteur du carrefour !... Voilà toute ta pensée, Ulric, et si tu es trop poli pour le dire, je suis trop franc pour la déguiser : maintenant, voyons !... il y a eu, il y a encore des avocats sans conscience, des médecins charlatans, des généraux pillards, des ministres prévaricateurs, des banquiers fripons.... En honores tu moins Berryer, Chomel, Changarnier, Falloux, Odier ?...

— Assurément non! s'écria M. de Braines.

— J'en appelle, non pas à ta partialité d'auteur en expectative, mais à ta justice d'honnête homme, à ton discernement d'homme d'esprit : l'exercice de la pensée, l'art de revêtir d'un langage persuasif et sympthique des idées justes, brillantes, utiles, n'est-il pas, après tout, dans notre pacifique époque, un des plus nobles emplois de l'intelligence, un des plus honorables moyens d'occuper sa vie? Crois-tu que le jeune homme d'un grand nom qui s'immobilise dans les Cercles et dans les Cafés, crois-tu que le dandy armorié qui donne sa matinée aux maquignons et sa nuit au lansquenet, crois-tu que le père de famille qui vend ses terres pour jouer à la Bourse ou se lancer dans des spéculations douteuses, soient plus fidèles à leur nobiliaire, plus soigneux de leur écusson que celui qui, s'efforçant de mettre sous son titre autre chose qu'un privilége d'oisiveté, persuadé que le travail consacre tout et que le désœuvrement n'ennoblit rien, prend la plume et se fait auteur, comme l'ont été La Rò-

chefoucauld, Vauvenargues, Châteaubriand, assez bons gentilshommes, ce me semble?

— Ah ! tu as bien raison ! dit Ulric.

— Vois-tu? reprit Max Elmer dont la plaie secrète se trahissait et se soulageait à la fois par cet ardent plaidoyer ; je suis las, à la fin, d'entendre dire qu'il peut y avoir, pour qui que ce soit au monde, une condition d'abaissement dans le métier des Lettres! Ce n'est pas vrai! ce n'est pas vrai! Ce qui grandit un nom, ne peut pas le ternir : ce qui réunit sur le même front une double couronne, ne peut pas l'humilier...La gloire des Lettres! Mais c'est la première de toutes ! Et elle ravirait d'une main ce qu'elle prodigue de l'autre ! Et l'on serait moins honoré parce que l'on devient plus illustre ! Allons donc ! Dis-moi, Ulric, il y a eu, dans l'Italie du quatorzième siècle, des généraux, des politiques, des ambassadeurs, des seigneurs, des dignitaires, de grands personnages qui regardaient de bien haut le pauvre poète passant sur leur chemin : sais-tu leur nom? Et le nom de Dante Alighieri, qui l'ignore ?... Madame la vicomtesse, vous aimez Walter Scott?

— Oh ! passionnément ! répondit Nathalie

— Eh bien ! il y a dans Walter-Scott un passage que nous autres, artistes et poètes, devons prendre éternellement pour formule de nos parchemins, pour titre de notre noblesse. Le sublime conteur nous introduit à la cour d'Elisabeth : les plus fiers courtisans sont là, se cambrant dans leur orgueil et leur velours ; un homme passe et les salue: c'est William Shakspeare !—et Walter-Scott ajoute ceci: «L'immortel s'inclinait devant les mortels.»

— Et il a bien raison, Walter-Scott ! s'écria Mme de Braines, entraînée par les chaleureux accents du poète.

— Ah ! Madame! venez à mon aide! reprit Max; plaidez auprès d'Ulric pour moi, pour lui, pour vous même; car cette gloire qui l'attend, ces fêtes de la pensée où sa place est marquée d'avance, qui est plus digne que vous d'en prendre sa part? On dit du mal de nous, et l'on n'a pas toujours tort; mais l'on n'en dirait plus, on n'aurait plus le droit d'en dire, si entre la littérature et le monde il y avait quelques médiateurs comme Ulric, quelques médiatrices comme la vicomtesse de Braines !

— Qu'en penses-tu, Nathalie? dit Ulric.

C'était le mot qu'elle attendait : à ses yeux, l'épreuve était finie, et ce dernier entretien achevait de la rendre décisive.

— Mon ami, partons pour Paris! répondit-elle sans hésiter.

Une fois d'accord sur le point principal, il n'y eut plus qu'à s'entendre sur les détails : il fut convenu que Max ne changerait rien à ses projets ; qu'il partirait avec Fabrice, le jour même ; et qu'arrivé à Paris, il se chargerait de tous les préparatifs nécessaires pour l'installation de M. et de Mme de Braines : ceux-ci resteraient encore quinze jours ; Max n'en demandait pas davantage pour qu'il trouvassent, au débotté, un appartement convenable, une maison montée, des relations toutes prêtes, et un chemin frayé vers ces régions nouvelles où Ulric allait mettre le pied.

Max et Fabrice partirent, en disant *au revoir !* au

32

POURQUOI NOUS SOMMES A VICHY.

lieu d'adieu. Les quinze jours que M. et Mme de Braines passèrent encore en Provence, furent doux et rapides, mais mêlés de quelque tristesse, pour Nathalie surtout. Ils voulurent retourner à *Bout-du-Monde*, et parcourir ensemble cette riante solitude. On était à la fin de mai : la campagne avait revêtu sa plus opulente parure : les rosiers étaient en fleurs ; les rossignols chantaient dans les haies vives. Les accacias avaient toutes leurs grappes, les maronniers toutes leurs girandoles, la rosée toutes ses perles, le ciel toutes ses étoiles. Cette belle et riche nature semblait retenir et rappeler les deux fugitifs de ses voix mystérieuses, de ses invisibles caresses.

Ces quinze jours s'écoulèrent. Max avait écrit de Paris que tout était prêt. M. et Mme de Braines auraient désiré que le marquis d'Epseuil fût du voyage : —Non, mes enfants, je suis trop vieux ; je vous attendrai ici, leur dit-il avec son sourire mélancolique.

Le jour du départ, Hubert, Benoît, et tous les vieux serviteurs, étaient rangés autour de la voiture : ils pleuraient. Ulric et Nathalie leur serraient les mains.

Il fallut partir : le postillon était en selle. M. et Mme de Braines se jetèrent dans les bras de M. d'Epseuil qui les pressa tendrement sur son cœur : des larmes coulèrent de tous les yeux ; puis, l'attelage s'ébranla, et, au bout d'un moment, le marquis ne vit plus que le mouchoir de Nathalie, qu'elle agitait à la portière.

A la sortie de la ville, la route formait un coude, et, pendant quelques minutes, l'œil apercevait au loin, à l'extrémité de l'horizon, les collines qui dominent le gracieux amphithéâtre l'humble vallée de *Bout-du-Monde*.

— Ne les regretterons-nous pas ? dit Mme de Braines en les montrant à son mari.

— Nous y reviendrons ! dit Ulric.

IX.

Au moment où nous reprenons notre récit, M. et Mme de Braines habitaient Paris depuis sept ou uit mois. On était à la fin de décembre.

Pendant les premiers temps, les choses s'étaient exactement passées comme Max Elmer les avait prédites. Toutes les difficultés s'applanissent pour qui arrive avec cent mille livres de rente. Au bout de quelques semaines, Ulric et Nathalie étaient parfaitement installés, rue Neuve-des-Mathurins, dans un charmant petit hôtel, retenu pour eux par Max, et qu'ils avaient meublé avec un goût exquis. Parmi ses anciennes connaissances, Ulric en retrouva quelques-unes fort disposées à se prêter de bonne grâce à cette alliance entre la littérature et le monde, à laquelle son salon devait servir de terrain. Il y a en permanence, à Paris, quelques hommes de grande naissance, plus ou moins écrivains, et dont le rêve est d'être un jour membres de l'Académie-Française. Ceux-là sont d'excellents auxiliaires pour les maîtres de maison qui veulent faire des avances aux gens de lettres. De son côté, Max amena chez son ami la *fleur du panier* en fait d'auteurs et d'artistes ; et ceux-ci, accueillis avec une grâce spirituelle et empressée, ne se crurent pas obligés de se poser en génies incompris ou en héros mélodramatiques. Bientôt l'on commença à parler des dîners de Mme de Braines, qui étaient excellents, et de ses soirées où l'on avait toujours chance de trouver de la musique parfaite, du thé délicieux, trois ou quatre causeurs de premier ordre, et une maîtresse de maison incomparable. Les divers éléments de société qui se rencontraient chez Nathalie, s'y combinaient avec tant de facilité et de complaisance que chacun semblait s'y trouver dans sa sphère naturelle et n'avoir besoin de nul effort pour y concourir à l'harmonie de l'ensemble. En quelques mois, M. et Mme de Braines avaient réalisé ce que prise si haut la civilisation parisienne, et ce que tant de gens riches, spirituels, influents, passent leur vie à poursuivre sans pouvoir y parvenir : ils avaient un salon.

En comparant à une partie de jeu l'épreuve qu'ils faisaient en ce moment, on pouvait donc dire qu'ils avaient gagné *la première manche*. La seconde devait rencontrer plus d'obstacle et amener plus de mécompte.

Ulric fut d'abord enchanté de se sentir dans un cadre plus approprié à ses goûts, et où disparaissait complètement cet antagonisme qu'il avait remarqué en province entre les tyrannies de l'opinion et les rêves de son imagination brillante. Lorsqu'il voyait chez lui, réunis autour de la même table, ou côte à côte devant la cheminée, un membre de l'Institut et un ancien pair de France, un sculpteur et un duc, une marquise du faubourg Saint-Germain et la femme d'un compositeur célèbre, il songeait avec bonheur qu'il n'avait besoin d'aucun artifice mondain, d'aucune précaution diplomatique pour ménager les susceptibilités et sauvegarder les amours-propres. Il avait, par conséquent, sujet de s'applaudir dans son rôle de dilettante, d'Amphytrion ou de Mécènes littéraire. Mais lorsqu'il voulut dépasser cette limite, prendre pied lui-même dans la littérature, faire, de sa personne, acte de travailleur et d'écrivain, les difficultés commencèrent. Doué, nous l'avons déjà vu, de ce genre de tact qui consiste surtout à deviner à demi-mot ce qui froisse ou contrarie, M. de Braines ne tarda pas à s'apercevoir des inconvénients attachés à sa position d'homme riche, de grand seigneur tenant la plume. Là où un pauvre diable aurait été rudement éconduit, et aurait eu à subir ces luttes ardentes du noviciat où se retrempe et se fortifie le talent véritable, il avait, lui, à souffrir de l'excès contraire. Il trouvait toutes les portes ouvertes ; tout le monde l'accueillait chapeau bas, et, en dépit de l'abolition des titres, il n'y avait pas d'éditeur, de directeur ou d'employé de *Revue* ou de journal qui ne l'appelât *Monsieur le Vicomte*, avec une ferveur aristocratique digne des temps chevaresques. Quoique fort édifié de ce regain d'ancien régime, Ulric n'en était pas dupe, et s'impatientait de cette persistance à ne voir en lui que le gentilhomme, et, sous un air de déférence et d'hommage, à le reléguer au rang d'écrivain-amateur, de citoyen sans conséquence dans la République des Lettres. Il éprouvait une impression analogue à celle que ressentent les fils de famille qui fréquentent l'atelier d'un peintre, qui arrivent avec une élégante boîte à couleurs et un paletot présentable, et qui voient leurs camarades en blouse sordide et huileuse faire de la vraie peinture tandis qu'ils font de la peinture propre. Quand on est doué d'un sincère sentiment d'artiste, — et Ulric était de ceux-là, — cette situation bizarre comporte un genre de supplice qui sera facilement reconnu par tous ceux qui ont subi quelque chose d'analogue. Cette invisible ligne de démarcation dont se plaignait Max Elmer, et qui le séparait des gens du monde et des femmes comme il faut, Ulric s'en serait volontiers plaint en sens contraire. Il y avait des moments où il aurait voulu habiter une mansarde, porter une vareuse avec des trous au coude, dîner à crédit, éviter la rencontre de son tailleur ou de son bottier, passer en un mot par tous les épisodes, gais ou tristes, de cet apprentissage qui est, pour le talent pauvre et jeune, « la préface de l'Institut ou de l'hôpital. » Aucune de ces misères ne l'eût effrayé s'il eût été sûr, à ce prix, de faire tomber cette idéale barrière que maintenaient, entre eux et lui, ceux dont il voulait devenir l'émule, et d'être admis dans cette francmaçonnerie littéraire dont il se sentait exclu.

Dès lors il arriva ce qu'on pouvait aisément prévoir : une première phase de découragement et de doute commença pour M. de Braines : il mesura par la pensée l'immense distance qu'il aurait à parcourir avant d'arriver à compter sérieusement parmi les écrivains de son temps. Quelques essais qu'il publia réussirent, mais comme réussissent, chaque matin, à Paris, des centaines de pages que l'on oublie le soir. Il en était complimenté par les gens qui venaient dîner ou passer la soirée chez lui : ces compliments étaient-ils sincères ? Et, en supposant qu'ils le fussent, qu'il y avait loin de là à un de ces succès décisifs qui creusent un sillon ou creusent une empreinte dans la littérature d'une époque! Les caractères comme Ulric sont aussi susceptibles de lassitude que d'enthousiasme, aussi faciles à abattre qu'à exalter. Si la rêverie est à bon droit considérée comme une dangereuse ennemie de la volonté, c'est que, de loin, elle agrandit et embellit outre mesure le but que le rêveur se propose, et que, de près, elle le laisse aux prises avec les défauts et les petitesses de la réalité. Ce qu'on appelle irrésolution, faiblesse, manque de persévérance et de courage, n'est peut-être que le sentiment de ce douloureux contraste entre ce que ses songes caressaient et ce que touche sa main. N'est-ce que cela? et à quoi bon? deux mots terribles qui expliqueraient bien des défaillances, et que M. de Braines commençait à se répéter tout bas à lui-même. Pour lui la question changeait de face ; ce n'étaient déjà plus ces vagues désirs de célébrité et de gloire qui avaient agité et troublé, à Bout-du-Monde, les douces ivresses de son amour, ni ce hardi mot d'ordre que Max avait murmuré à son oreille, et qui lui avait fait quitter la Provence : Venir à Paris, et y être illustré! C'était tout simplement échanger une grande position de province, une de ces existences solides, incontestées, considérables, entourées de la triple estime qui s'attache à la fortune, à la naissance et à d'immémoriales traditions d'honneur et de vertu, contre une situation mixte, sujette peut-être à tous les caprices de la société parisienne, escomptant en menue monnaie ses espérances de gloire, et touchant à toutes les distinctions sans en réaliser aucune. Encore une fois, était-ce s'élever? Etait-ce descendre?

Plusieurs fois, pendant cette période de désenchantement, M. de Braines fut sur le point de proposer à Nathalie de retourner à Aix. Un sentiment d'amour-propre le retint : il lui sembla que quitter ainsi la partie sans plus de tentative et d'effort, rebrousser chemin dès le premier pas, et s'avouer vaincu avant même d'avoir lutté, c'était s'amoindrir aux yeux de la femme qu'il aimait. Nathalie, d'ailleurs, n'était-elle pas de moitié dans la pensée qui avait déterminé ce voyage? Repartirait-elle sans regret? Retrouverait-elle le même charme dans la paisible vie de province et de campagne? Ulric, comme tous les hommes distingués, a marié des femmes supérieures, s'exagérait encore cette supériorité à force de la reconnaître. Si chaque jour diminuait sa confiance en lui-même et dans ses succès à venir, il était heureux des succès de sa femme, et se fût reproché, comme un tort, de l'arracher à cette nouvelle existence où elle avait si vite conquis la première place. On eût dit qu'il était dans la destinée de ces âmes aimantes et délicates, de trouver dans les délicatesses mêmes de leur amour des sources de malentendus qu'eussent évités des cœurs simples et vulgaires. Ulric, nous l'avons vu, s'était imaginé d'abord que Nathalie l'aimerait davantage s'il sortait de son inaction et de son obscurité; et Nathalie, pendant ce temps, s'était figuré qu'il s'ennuyait auprès d'elle. Plus tard, lorsqu'une heureuse circonstance eût dissipé cette double méprise, elle se renouvela sous une autre forme. Dans ces élans romanesques que lui avait dépeints son mari, et qui tous se rapportaient à elle, madame de Braines avait cru démêler un secret instinct qui le poussait, à son insu, vers une vie plus brillante, plus en rapport avec ses talents et ses goûts. De son côté, Ulric, lorsque la visite de Max et de Fabrice, en donnant une direction et un sens aux idées qui l'agitaient, lui eût fourni l'occasion d'apprécier à la fois sous un nouveau jour l'esprit étroit des sociétés de province, et les perfections enchanteresses de Nathalie, s'était demandé à son tour si une femme comme celle-là était faite pour rester à la campagne ou dans une petite ville, et si, tout en se résignant, elle ne se dirait pas quelquefois tout bas : c'est dommage! Aussi, dans leur dernier entretien avec Max, quand celui-ci, sous l'empire d'une émotion communicative, leur avait montré Paris comme la seule patrie digne d'eux, Ulric avait surtout songé à sa femme, et Nathalie à Ulric : chacun des deux, en disant oui, avait cru répondre à la pensée de l'autre.

M. de Braines était donc persuadé que la vie de Paris plaisait à sa femme, et il n'en fallait pas davantage pour qu'il lui cachât ce commencement de fatigue et de doute qui avait succédé pour lui aux illusions du départ. Nathalie ne le soupçonnait pas, mais, le voyant un peu triste, elle en conclut qu'il ressentait vivement les obstacles placés au seuil de la carrière, et qu'il était contrarié de ne pas avancer assez vite. On a remarqué bien souvent que les femmes, lorsqu'elles prennent en main l'intérêt, l'ambition ou la gloire de l'homme qu'elles aiment, déploient mille fois plus d'activité, de ressources et de persévérance.

5.

Ulric était un de ces hommes qu'une locution triviale caractérise assez bien, en disant qu'*ils ne savent pas se retourner*. N'ayant jamais senti l'aiguillon de la nécessité, il ignorait ces ardeurs d'idée fixe, ces volontés tenaces, ces obstinations invincibles, qui renferment le secret de tant de fortunes éclatantes et d'avancements rapides. Ce qu'il ne faisait pas par besoin il eût pu le faire par amour-propre; mais la distinction même de son esprit, en le plaçant sans cesse en présence d'un idéal qu'il désespérait d'atteindre, condamnait cet amour-propre à n'être qu'un tourment au lieu d'être un mobile. Nathalie, qui avait pénétré toutes ces nuances, comprit à l'instant son rôle; elle se dit que c'était à elle d'encourager son mari, de le suppléer, de le faire valoir, et de mettre au service de ses succès l'habileté et l'énergie qu'il n'y mettait pas lui-même. N'était-ce pas donner à son amour un nouvel aliment, une nouvelle tâche, et n'y a-t-il pas des hommes qui savent plus de gré de ce qu'on fait pour leur orgueil que de ce qu'on fait pour leur bonheur? Nathalie d'ailleurs n'avait pas les mêmes sujets d'hésitation que M. de Braines. Elle l'avait élevé si haut dans les chastes enthousiasmes de son cœur, qu'il lui semblait impossible qu'on ne pensât pas de lui ce qu'elle en pensait, et qu'en le voyant douter de ses forces, elle ne s'en croyait que plus sûre. Enfin, elle était trop pure, sa naissance, son éducation, ses habitudes, son amour pour Ulric, l'avaient maintenue jusque là dans un milieu trop inaccessible aux miasmes des civilisations corrompues, pour que certains côtés de la vie littéraire et de la vie de Paris, qui avaient tout d'abord frappé et dégoûté son mari, pussent lui inspirer les mêmes méfiances. Elle marchait donc résolument dans cette voie, coudoyant à son insu bien des misères sociales qui s'écartaient d'elle avec respect ou se déguisaient sous ses yeux, entourée d'hommages, secrètement aimée peut-être par quelques-uns des hommes distingués qui venaient chez elle, ne songeant à leur plaire que pour faire servir leurs empressements aux succès d'Ulric; pareille, en un mot, à ces organisations robustes et saines qui ont le privilége de respirer longtemps un air vicié sans en être ni incommodées, ni même averties.

Max Elmer, on devait s'y attendre, figurait au premier rang parmi ces courtisans que Nathalie croyait désintéressés et qui, contrairement à l'usage, n'étaient accueillis par la femme que dans l'intérêt du mari. Max occupait même auprès d'elle une position exceptionnelle dont il profitait en attendant qu'il en abusât. Dès le premier jour, il s'était naturellement trouvé en mesure de rendre à M. et à Mme de Braines des services de tout genre, en commençant par meubler leur salon, et en finissant par le peupler. Il avait eu l'art de se rendre utile, agréable et nécessaire. Vivant de plein-pied avec le monde où Ulric se proposait d'entrer, en connaissant tous les détours, en ayant sondé, pour son propre compte, les rescifs et les écueils, il devait être et il fut en effet pour M. de Braines un initiateur et un guide. Il en était résulté une intimité de tous les instants, dont Max resserrait chaque jour la trame avec assez d'adresse pour ne paraître ni indiscret, ni importun, et qui lui servit d'abord à *prendre ses degrés*

d'homme du monde, pendant qu'il aidait son noble ami à prendre ses passeports d'homme de lettres. Lorsque la bonne compagnie, admirablement représentée chez Mme de Braines, se fut habituée pendant quelques mois à y voir Max Elmer traité en ami de la maison, elle finit par le regarder comme un des siens. La vanité du poète aurait dû se contenter de ce premier bénéfice; mais l'esprit de conquête a eu, de tout temps, le défaut de ne pas savoir s'arrêter, et l'ardente imagination de Max était d'ailleurs trop vivement engagée. L'impression d'enthousiasme presque passionné que Nathalie avait faite sur lui dès le premier jour de leur rencontre, n'avait pu que s'accroître dans cette vie nouvelle où ils se rencontraient tous les jours, et où il la voyait devenue, en si peu de temps, une des plus radieuses *étoiles* de Paris. Il se crut donc, un beau matin, sincèrement et profondément amoureux de Mme de Braines. Ce fut aussi vers cette époque qu'Ulric commença à se décourager : au lieu de s'effrayer de ce symptôme, Max eut l'idée d'en tirer parti : il vit Nathalie, il lui parla de ces indices de lassitude qu'elle-même avait remarqués; il lui dit que son mari était de ces hommes qu'il fallait faire réussir malgré eux, et qu'il se chargeait de ce soin. Dès-lors il se forma entre la vicomtesse et lui une espèce de complot fort innocent, mais qui donnait parfois à leurs relations un petit air de mystère, et qui devait rendre plus fréquentes les occasions de tête-à-tête.

Il était impossible que le monde où Max Elmer avait vécu jusque là, ne s'aperçût pas d'un changement dans ses habitudes. Pour qu'on l'ignorât, il eût fallu que Max mît tous ses soins à le cacher, et ce n'était pas là précisément l'idée qui le dominait. Un jour, il déjeûnait chez un confrère, qui venait d'obtenir un brillant succès dramatique et qui le *baptisait* au vin de Champagne, en compagnie de quelques auteurs et de deux ou trois plus jolies actrices de Paris. Max, ce jour-là, se trouvait dans cette situation perplexe de l'homme amoureux d'une femme très-belle, mais très-imposante, et qui ne sait pas s'il doit continuer à se taire ou s'exposer à tout perdre en se déclarant. Soit que cette préoccupation l'absorbât, soit que la société de Nathalie lui eût réellement fait perdre le goût de ces plaisirs bruyants et faciles, sa maussaderie et sa tristesse firent tache dans la gaîté générale : on l'en plaisanta; il s'en défendit mal, et une de ces femmes finit par s'écrier, le verre à la main :

— Ne vous étonnez pas, mes très-chers, que Max ait ce matin une figure de Carême : nous ne sommes plus rien pour lui; il vise au grand, il fait la cour aux femmes du monde!

— Ah! bah! exclamèrent les convives.

— Oui, Messieurs, une marquise, une duchesse, une vicomtesse, je ne sais pas bien, ajouta l'actrice qui frappait un peu au hasard et d'après quelques renseignements assez vagues.

— Et la grande dame a-t-elle couronné sa flamme? demanda un vaudevilliste.

— On l'ignore; mais tout me porte à croire, ou que Max est le plus dissimulé des dramaturges, ou que sa duchesse le fait poser de la façon la plus inhumaine.

— Eh bien! au succès de Max! cria le vaudevilliste en vidant son verre.

— Et à l'extinction des grandes dames ! dit l'actrice en brisant le sien.

On peut aisément s'imaginer tout ce qui s'échangea de quolibets sur ce sujet scabreux, entre femmes de cette espèce, animées par un bon déjeuner, et dont les dents blanches et les ongles roses ne perdent jamais une occasion de déchirer les femmes de bonne compagnie. Max commença par ressentir une vive souffrance en voyant ces créatures se divertir ainsi aux dépens de ses élégantes et poétiques amours. Un moment, il éprouva cette angoisse et ce remords qui s'emparent des âmes délicates lorsque des indifférents ou des railleurs touchent, devant elles, à l'image sacrée, au pur objet de leurs tendresses. Mais ce bon sentiment dura peu, et la vanité du poète ne tarda pas à prendre le dessus. Depuis six mois qu'il s'était attaché au char de Nathalie et dévoué aux succès de M. de Braines, qu'y avait-il gagné ? Quelques remerciements, quelques doux sourires, ses entrées grandes et petites dans une maison aristocratique, et, de là, dans quelques autres salons ; pas autre chose. Max se demanda s'il ne faisait pas un métier de dupe ; en un instant, se réveillèrent en lui ces mauvais instincts dont le germe, déposé dans son cœur par son éducation et sa vie passée, avaient été un moment étouffés par la bienfaisante influence de Nathalie. Ce cerveau surexcité par le travail, par l'orgueil, par les fiévreuses émotions de la vie littéraire, fit affluer à lui toutes les forces vitales ; il ne resta plus rien à la conscience et à l'âme. Les mots méchamment murmurés à son oreille : *La grande dame te fait poser !* dominaient pour lui tout le reste de cette folle causerie : son amour-propre blessé leur donnait un corps, une forme, un visage ; il croyait les voir danser comme des sylphes moqueurs autour de cette table où pétillait l'ivresse. Justement, Max Elmer se souvint que Mme de Braines l'attendait, ce jour-là, à quatre heures, et qu'elle serait seule. Il s'agissait d'organiser un complot dont le but était de faire lire par le directeur d'un de nos principaux théâtres un drame écrit par Ulric, et pour lequel il refusait de faire aucune espèce de démarche. Max but, coup sur coup, pour s'aguerrir, trois ou quatre verres de vin de Champagne, prit son chapeau au milieu d'une nouvelle grêle de sarcasmes, et se dirigea vers la rue Neuve-des-Mathurins.

Mme de Braines était seule, au coin du feu, attendant paisiblement Max Elmer qu'elle n'avait jamais songé à considérer autrement que comme un ancien camarade d'Ulric, dévoué à ses intérêts et heureux de mettre à ses ordres son expérience et son crédit littéraires en échange d'un gracieux accueil et d'une bonne position dans un salon agréable. Sa pensée était à mille lieues des sentiments orageux et coupables qui fermentaient dans le cerveau du poète. Aussi n'y eut-il pas entre eux une de ces scènes filées avec plus ou moins d'adresse, et où la déclaration arrive après des gradations insensibles. Elle tendit la main à Max avec cette expression noble et douce qui ne l'abandonnait jamais. Celui-ci, déconcerté d'abord par cette atmosphère d'ineffable pureté qu'il respirait malgré lui auprès de Mme de Braines, essaya de réagir violemment contre cette première impression dont il connaissait

la mystérieuse puissance. Il fut sombre, brusque, amer ; il ne répondit que par monosyllabes et d'une voix saccadée aux questions que lui adressait Nathalie, et, quand celle-ci, remarquant son irritation et son trouble, lui demanda avec un intérêt presque fraternel, s'il avait des peines ; et s'il ne voulait pas se consoler en les lui confiant, Max, abusé par cette douceur affectueuse, égaré par la beauté de Mme de Braines, emporté par cette exaltation de tête et de vanité que tout surexcitait en lui depuis quelques heures, lui fit la déclaration la plus mal amenée, la plus brutale et la plus bête qu'ait jamais risqué commis-voyageur auprès d'une fille de magasin.

Nathalie resta quelques minutes sans le comprendre : à la fin, elle se leva ; nulle colère ne se lisait dans ses traits, mais un étonnement profond, une tristesse indicible.

— Monsieur ! dit-elle, à Max avec un calme que démentait sa pâleur, vous ne vous étiez donc jamais rencontré avec une honnête femme ?

Rien de plus. Un silence de mort succéda à ces paroles. Max, effrayé déjà de son audace, fut foudroyé de l'arrêt suprême que lui signifiait l'attitude de Mme de Braines. Il a dit depuis, que, dans ce moment, elle lui avait paru grande de dix coudées !

Il devint à son tour d'une pâleur de spectre, salua et sortit.

X.

Cette scène, sur laquelle, par respect pour notre héroïne, nous avons glissé avec un douloureux laconisme, produisit sur elle une impression profonde et décisive. Les femmes très-intelligentes peuvent s'abuser longtemps sur ce qu'il leur importe de savoir ; mais il leur suffit d'un premier indice pour deviner tout le reste. C'est ce qui arriva à Mme de Braines. En démasquant l'arrière-pensée de Max Elmer, elle pénétra tout son caractère, et l'ensemble de ce caractère qui tenait par tant d'affinités au monde où il s'était développé, lui révéla tout ce que ce monde cachait de dangers et de désordres sous ses brillantes surfaces. Alors cette âme pure et chaste, qui n'avait été un moment ambitieuse que par amour pour Ulric, cruellement froissée dans ses saintes pudeurs, se replia sur elle-même et s'y enferma avec les douces images du passé : sa tranquille vie de province, son père, l'amour de M. de Braines et le bonheur silencieusement savouré dans la fraîche solitude de *Bout-du-Monde*. A dater de ce moment, les découragements d'Ulric et ses retours en arrière, au lieu d'avoir à lutter contre Nathalie, l'eurent pour auxiliaire et pour complice.

Tout contribua à raviver en eux ces réflexions et ces souvenirs qui devaient les ramener à leur nid. Les lettres de M. d'Epseuil, sous une apparence de légèreté spirituelle et de résignation philosophique, laissaient parfois percer la tristesse que lui causait son isolement, et Nathalie ne pouvait s'y méprendre. Ulric, après avoir surmonté les premiers obstacles et obtenu quelques succès préliminaires, se sentait arrivé à ce point qui forme, pour ainsi dire, la première étape dans la notoriété littéraire et qu'on ne dépasse que difficilement et lentement. Pour triompher de ces difficultés, pour accélérer ces lenteurs, il lui eût fallu une confiance, une force de volonté qu'il n'avait jamais trouvées en lui-même, et qu'il ne trouvait plus chez Nathalie. Enfin, chose significative! Max Elmer qui jusquelà s'était dit certain de l'avenir d'Ulric, Max Elmer qui, après l'avoir annoncé avec enthousiasme, avait paru le préparer avec dévouement, se montra, vers ce même temps, froid et embarrassé vis-à-vis de M. de Braines. Ses visites chez Nathalie devinrent de plus en plus rares, et Ulric, toujours modeste, attribua ce changement dont il ignorait la cause véritable, au regret que commençait sans doute à éprouver le poëte de l'avoir lancé sur une route où il s'arrêtait dès le premier pas, et de lui avoir prédit une destinée qu'il ne réaliserait jamais.

Ainsi le charme était rompu pour ces deux âmes qui s'étaient un moment abandonnées à des illusions séduisantes, et qui en reconnaissaient le péril et le vide. Il ne fallait plus qu'une occasion pour qu'elles s'avouassent l'une à l'autre ce qui se passait en elles; cette occasion, elle se présenta bientôt, et telle que Nathalie, dans ses plus beaux rêves de fiancée et d'épouse, n'avait pu en imaginer de plus douces. Un jour, elle vint, avec des larmes de bonheur dans les yeux et une rougeur céleste sur le front, annoncer tout bas à M. de Braines que ce qui avait manqué jusque-là aux félicités de leur amour et de leur foyer, ne leur manquerait plus, et Ulric ému, transporté, cueillit sur ses lèvres tremblantes le reste de la confidence.

Ce ne fut pas seulement pour lui une immense joie, mais comme la révélation d'un nouvel avenir et d'une vocation nouvelle. Cette paternité, que la Providence lui avait refusée pendant les deux premières années, et dont il saluait l'espérance dans le doux aveu de Nathalie, allait donner à sa vie ce but dont l'absence l'avait un moment inquiété et tourmenté. C'en était fait, plus de désœuvrement, plus d'ennui possible, plus de cet humiliant et douloureux sentiment de son inutilité en ce monde! Qu'avait-il besoin de poursuivre une carrière décevante, une gloire problématique, une tâche imaginaire? Quelques mois encore, et il allait avoir la tâche la plus noble et la plus sainte que Dieu ait délégué à l'homme ici-bas! L'imagination vive et mobile d'Ulric s'empara de cette pensée avec une ardeur passionnée, et il pressa Nathalie sur son cœur en murmurant à son oreille des paroles de remercîment et de tendresse. Cet ineffable instant de bonheur acheva d'effacer entre eux les derniers restes de réticence et de contrainte; leur confiance se rétablit dans toute sa plénitude, et ils furent heureux d'apprendre, dans un de ces épanchements qui réparent tout et où rien ne se calcule ni ne se déguise, — Ulric, que sa femme n'avait désiré venir à Paris que pour lui, Nathalie, que son mari n'y était venu que par amour pour elle.

On comprend aisément quelle dut être la détermination de M. et de Mme de Braines après cette grande nouvelle. Paris et ses vanités furent condamnés sans appel. Retourner à Aix, annoncer leur bonheur au marquis d'Epseuil qui serait parrain, puis s'envoler à Bout-du-Monde, tel fut le parti auquel ils s'arrêtèrent sans hésitation et sans discussion. Seulement, pour sauver les apparences, pour que ce départ ne ressemblât pas tout à fait à une déroute, il fut décidé qu'ils attendraient les premières feuilles, afin de laisser l'hiver à Paris, et de trouver le printemps en Provence.

Ces derniers mois furent pleins de charme pour tous deux. Sûrs de leur mystérieux trésor, dégagés de toute préoccupation de succès ou d'amour-propre, ne demandant plus à Paris que ces jouissances qu'il tient toujours prêtes pour les esprits distingués, ils les goûtaient d'autant mieux qu'ils n'y mêlaient plus d'arrière-pensée personnelle. La joie d'Ulric ressemblait à ces sources vives où l'on puiserait sans cesse sans les tarir jamais, et dont le limpide miroir laisse voir à la fois l'azur du ciel qu'elles reflètent, et les floraisons charmantes qu'elles cachent sous leurs eaux. Parfois, il contemplait Nathalie avec une expression qu'elle ne lui connaissait pas encore. — « Oh! que je suis heureux et que je t'aime! » lui disait-il avec une brusquerie délicieuse. Et cette émotion enchanteresse qui débordait de son cœur, Nathalie la sentait passer dans le sien.

Au milieu de ce nouveau courant de sensations et de pensées, ils songeaient peu à Max Elmer. Cependant M. de Braines s'étonnait de sa froideur, de la rareté de ses visites :

— Qu'avons-nous donc fait à ce pauvre Max? disait-il à sa femme.

— Que veux-tu? répondait Nathalie en rougissant malgré elle; M. Elmer est plein d'esprit; il aura deviné que nous n'avions plus besoin de lui.

Bientôt cette espèce de disparition leur fut à peu près expliquée. Max, qu'Ulric rencontra et à qui il fit d'affectueux reproches, allégua comme excuse une grande pièce en cinq actes qu'il venait d'écrire, qui allait être jouée dans quelques semaines, et dont il dirigeait les répétitions.

Ces semaines passèrent; avril commençait. Déjà M. et Mme de Braines, lorsqu'ils parcouraient ensemble les allées du bois de Boulogne ou quelque aimable site des environs de Paris, apercevaient çà et là le vere rubenti de Virgile; un rayon de soleil perçait à travers les brumes et jetait languissamment des tons d'opale et d'or sur la verdure naissante des bois et des collines. Un air tiède et balsamique gonflait les bourgeons des tilleuls et des marronniers, et faisait courir le long des sentiers les vagues frissons du printemps. Chaque détail de ce frais renouveau allait au cœur d'Ulric et de Nathalie, et les transportait en idée dans leur chère solitude, où, sans doute, le ciel était bien plus bleu, l'air plus chaud, la végétation plus riche, le printemps plus rapide et plus riant! C'était l'époque qu'ils avaient fixée pour leur départ, et rien ne les retenait plus. Leurs préparatifs furent bientôt faits, leurs arrangements pris, et une lettre de l'heureuse Nathalie annonça au marquis d'Epseuil qu'ils arriveraient à Aix la semaine suivante.

L'avant-veille de ce départ, on devait jouer la nouvelle pièce de Max Elmer; c'était un drame en cinq actes, intitulé Clotilde d'Arcenay. Une vive curiosité s'attachait à cet ouvrage dans ce monde composé de cinq ou six cents personnes, qui s'appelle modestement tout Paris. Max n'avait rien donné au théâtre depuis son voyage en Orient. Les chroniqueurs littéraires racontaient qu'il avait rapporté de son voyage une autre pièce, que cette pièce avait été reçue froidement par le comité de lecture et qu'alors, renonçant à la faire jouer, il avait, en quelques nuits de fièvre et d'insomnie, écrit cette *Clotilde d'Arcenay*, à laquelle on prédisait un succès de cent représentations. Ulric, qui ignorait ces détails, voulut, avant son départ, donner à Nathalie le plaisir de cette soirée, annoncée par tous les journaux, à grand renfort de réclames et de fanfares. Mais son étonnement fut au comble lorsque Max, à qui il avait écrit pour lui demander une loge, lui répondit qu'il était au désespoir; que, ne sachant si M. et Mme de Braines seraient encore, ce soir là, à Paris, il avait disposé de tous ses billets d'auteur. Ulric ne se tint pas pour battu, et songeant gaîment qu'il aurait le temps de faire des économies à *Bout-du-Monde*, il fit ce qu'aurait fait à sa place un lord, un prince russe ou une lorette; il alla trouver un marchand de billets, et lui paya, vingt fois sa valeur, une loge de rez-de-chaussée.

M. et Mme de Braines arrivèrent au théâtre quelques minutes avant le lever du rideau. Les réclames avaient tenu parole: tout Paris y était. En contemplant cette salle ruisselante de lumières, étincelante de parures, où les célébrités de tout genre se comptaient par centaines, Ulric et Nathalie n'éprouvèrent pas un moment de regret: — « Allons! dit Ulric en souriant, Paris s'est piqué d'honneur; il se fait beau pour recevoir nos adieux. » — Et, en même temps, leurs mains enlacées dans une douce étreinte, leur rappelaient à tous deux que cet éclat, ce bruit, ces coquetteries de vanité ou de gloire, n'étaient plus rien auprès de ce bonheur intime, de ce bonheur immense et profond qu'ils allaient emporter avec eux.

Le rideau se leva; les acteurs entrèrent en scène; mais ils n'étaient pas encore à la fin du premier acte, qu'un vague sentiment d'anxiété et d'effroi s'était emparé de M. et de Mme de Braines. Au second acte, il n'y avait plus de doute possible: Clotilde d'Arcenay, l'héroïne de la pièce nouvelle, c'était Nathalie!

Oui, Nathalie, la vicomtesse de Braines, la chaste et noble femme! il leur était impossible de ne pas s'y reconnaître. La première partie de la pièce se passait dans une ville de province. L'auteur en avait peint, avec une verve railleuse, les mœurs austères, les idées étroites, la vie plate et monotone: il avait livré à la risée du parterre ces antiques et vénérables figures qui, sous la livrée du vieux serviteur comme sous l'habit du vieux gentilhomme, commandent la déférence et le respect. Dans ce milieu glacial et sévère, il avait placé une femme belle, spirituelle, romanesque, secrètement entraînée vers des destinées plus brillantes; et, en face de cette femme, il s'était placé, lui, l'artiste, le héros, l'être poétique, passionné, supérieur, chargé de livrer à cette noble fille d'Eve la clef d'or qui ouvre le mystérieux Eden de l'imagination et de l'art. Puis le drame se déroulait entre ces deux personnages. Clotilde d'Arcenay venait à Paris; elle y retrouvait le poète; il s'engageait entre eux une de ces luttes où une femme, même lorsqu'elle en sort intacte, laisse toujours un peu de son honneur et de son repos. Ces alternatives de passion et de résistance, d'entraînement romanesque et de vertu aristocratique, le double tableau de cette femme appartenant aux plus hautes cîmes du grand monde et de cet artiste sorti des vagues régions de la Bohème, fascinés tous deux, l'une par les secrètes amorces de la vie libre, du talent et de la gloire, l'autre par le mystérieux attrait du monde des patriciennes, tout cela était décrit avec une verve ardente et communicative qui remuait profondément les spectateurs et soulevait des tempêtes de bravos. Il faut rendre cette justice à Max Elmer: il avait également évité de faire le mari de Clotilde ridicule, et Clotilde tout à fait coupable. Au dénoûment, la voix du devoir retentissait au cœur de l'héroïne; elle priait son mari de l'emmener. L'artiste, trouvant dans son amour même une force d'immolation et de sacrifice, disait à Clotilde un éternel adieu, et resté seul, invoquait le travail et la gloire, pour remplir le vide de son âme et cicatriser sa plaie.

La pièce eut un grand succès: dans les couloirs, de jolies femmes s'abordaient en essuyant une larme du coin de leur mouchoir brodé, et elles disaient toutes: « Que c'est beau! que c'est touchant! Quelle passion! quel feu! quel cœur que ce brave Max! Qu'une femme serait heureuse d'être aimée ainsi! »

D'autres murmuraient à demi-voix: — Vous ne savez pas? Le fond de la pièce est vrai; c'est une aventure arrivée à Max lui-même, avec une grande dame. — Comment donc s'appelle-t-elle? — Les mieux informés chuchotaient le nom de Nathalie.

— Et, sans doute, ajoutaient les mauvaises langues, Max a gazé le dénoûment?

— Ou bien, reprenait un bel esprit démocrate, la censure a exigé cette gaze au nom de la morale, de la propriété et de la famille!

Les deux actrices que nous avons vu, dans notre précédent chapitre, déjeûnant avec Max et se plaisantant sur ses amours avec les femmes du monde, n'avaient eu garde de manquer cette représentation. Leur fastueuse toilette attirait sur elles tous les regards. « Ma foi! disaient-elles d'une voix éclatante, Max n'a pas été fat: à sa place, cette pimbêche de grande dame, qui l'a fait aller comme un mouton, n'en eût pas été quitte à si bon marché! »

Chercherons-nous à donner une idée de ce que souffrirent M. et Mme de Braines pendant cette fatale soirée? Deux sensitives, foulées aux pieds, pendant cinq heures, par des danseurs avinés, ne souffriraient pas davantage. Ulric n'eut pas un moment la pensée d'accuser Nathalie, non-seulement d'une faute, mais même d'une imprudence: il l'interrogea simplement, comme il eût questionné un ami, et elle lui raconta ce qui s'était passé. Plus tard, lorsqu'en avançant dans le drame qui se jouait devant eux, elle vit une rougeur de colère monter au front pâle de son mari, Nathalie l'attira vers elle, passa son bras sous le sien, et lui montrant sa taille qui commençait à trahir les indices de sa grossesse, elle lui dit avec ce calme plus navrant que toutes les certitudes:

— Ulric, si vous vous battez contre cet homme, vous tuez votre femme et votre enfant.

Ils rentrèrent, le désespoir dans l'âme, dans cet appartement qu'ils avaient quitté, quelques heures auparavant, si paisibles et si heureux. Il était tard.

Ulric annonça à sa femme qu'ils avanceraient leur départ d'un jour, et qu'ils partiraient le lendemain matin. — J'allais vous le demander! dit Nathalie. Il leur semblait à tous deux que passer à Paris cette journée de plus, serait un affreux supplice.

Il ne leur restait plus que cette nuit pour achever leurs préparatifs. Ulric la passa seul dans sa chambre, travaillant lui-même à ses paquets, essayant de conjurer, par cette occupation matérielle, les pensées qui le dévoraient. De temps à autre, il paraissait saisi d'un sentiment plus puissant que sa volonté. Son visage s'animait, un éclat fébrile enflammait son regard : il courait à son bureau, écrivait quelques lignes à la hâte ; puis il s'arrêtait, et déchirait ce qu'il venait d'écrire, en murmurait d'une voix étouffée :

— Non! ce n'est pas possible... ce serait insensé... Le sens moral manque à cet homme, ainsi qu'à tous ses pareils... Peut-être ne croit-il pas m'avoir offensé... peut-être me répondrait-il naïvement que Nathalie et moi devons-être fort honorés du rôle qu'il nous fait jouer dans sa pièce... Et puis, le provoquer, ce serait avouer à tous que nous nous sommes reconnus dans ce drame... Ce serait rendre publics notre ridicule et notre honte... donner au monde le droit de crier tout haut ce qu'il va chuchotter tout bas... Oh! non, jamais!... D'ailleurs Nathalie a dit vrai... Ce serait la tuer, elle et mon enfant!

Et, jetant loin de lui son papier et ses plumes, il revenait à ses paquets épars sur le tapis et s'y absorbait avec une activité nerveuse... « Oui, disait-il de temps à autre, partons, partons vite! Allons-nous-en! loin, bien loin d'ici! au bout du monde! ajoutait-il avec un douloureux sourire. Oui, le mot est bien trouvé; c'est bien là le refuge qui nous convient désormais! Ah! qu'il soit béni, pourvu qu'il nous arrache aux miasmes que l'on respire ici, pourvu qu'on y échappe à tous les yeux, pourvu que vous ne veniez pas nous y poursuivre, art, poésie, talent, éclat, folles chimères qui m'avez un moment séduit, et qui, pour moi, n'avez plus qu'un nom : Clotilde d'Arcenay!

Le lendemain, il trouva Nathalie prête au départ. Ses traits fatigués, sa pâleur, ses yeux rougis par les larmes, ne disaient que trop de quelle façon s'était passée pour elle cette triste nuit. Ils se tendirent la main en silence.

Quelques heures après, leur voiture les conduisait à l'embarcadère du chemin de fer de Châlon : ils avaient à parcourir toute la ligne du boulevard.

Pas un mot ne s'échangeait entre eux ; ils se regardaient à la dérobée avec une égale tristesse. On eût dit que tous deux luttaient contre une puissance invisible qui retenaient les paroles sur leurs lèvres et les pensées au fond de leur âme.

Tout à coup, cédant à un irrésistible mouvement de douleur et de tendresse, Nathalie se serra contre Ulric, et lui dit d'une voix entrecoupée par les larmes :

— Ton cœur me reste, n'est-ce pas, mon Ulric?

M. de Braines allait répondre, mais au même instant la voiture passa devant le péristyle d'un théâtre. L'affiche annonçait, pour le soir, en lettres gigantesques, la seconde représentation de Clotilde d'Arcenay.

— L'affiche! l'affiche! murmura-t-il d'un air sombre, en se détournant; et la pauvre Nathalie retomba dans le coin de la voiture.

XI.

En arrivant à Aix, M. et Mme de Braines, par un accord tacite, se composèrent un visage joyeux, afin que M. d'Epseuil, qui les attendait les bras ouverts, ne se doutât de rien. Ils trouvèrent le marquis bien changé, bien vieilli, et le bonheur qui rayonna sur sa figure lorsqu'il revit Ulric et Nathalie, ne put leur cacher les ravages qu'avait faits dans cette âme tendre et faible cette année d'isolement. Les regrets de sa fille en devinrent plus amers, sa douleur plus profonde.

Quelques jours après, ils partirent tous trois pour Bout-du-Monde. Nathalie espérait beaucoup de la mystérieuse influence des champs et de la solitude, pour rendre à son mari et à elle-même cette paix du cœur qui semblait pour jamais perdue. En effet, pendant les premiers temps, Ulric sembla se plonger avec une sorte d'ivresse dans les fraîches harmonies de cette nature dont avril renouvelait la parure immortelle. Il s'imprégnait avec délices de ces brises attiédies, de ces rayons baignés dans l'azur, de ces vagues parfums d'arbustes et de fleurs, de ces ombres flottantes au sein des massifs et des sentiers, de tout ce qui, par un précieux contraste, emportait sa pensée loin de cette atmosphère chaude et bruyante qui avait fini pour lui par un coup de foudre. Souvent il emmenait Nathalie dans ces promenades, et la jeune femme, qui ne vivait plus que par lui, se sentait raffermie et consolée quand elle voyait la sérénité reparaître sur son front au contact de ces souffles embaumés, lorsque, la pressant sur sa poitrine, il s'écriait : — « Oh! je t'aime toujours! il n'y a que cela de vrai! Le reste est un mauvais rêve! » — Hélas! un instant après, Ulric et Nathalie faisaient des efforts inouïs pour cacher à M. d'Epseuil le souvenir fatal qui les consumait, et cette lutte intérieure ajoutait encore aux souffrances de Mme de Braines, dont la grossesse approchait de son terme. Un jour, en la voyant pâle, amaigrie, essayant un mélancolique sourire qui expirait sur ses lèvres, Ulric mesura avec épouvante ce qui se passait en elle, et sa nature droite reprenant le dessus, il comprit ses devoirs dans toute leur plénitude; il se dit que cette femme était, après tout, pure comme les anges, qu'elle souffrait d'un mal qu'elle n'avait pas mérité, d'une faute qui n'était pas la sienne, et que, s'il ne voulait pas qu'elle succombât à cette lente douleur, c'était à lui de relever ce cœur aimant et brisé, de réussir à lui faire croire que son amour et l'espoir de sa paternité prochaine effaçaient peu à peu de son âme toute trace de ressentiment et d'amertume. Cette tâche était difficile, mais il s'en acquitta avec une perfection qui abusa presque Nathalie. Dieu a permis, on le sait, que l'accomplissement d'un devoir pénible apportât avec lui je ne sais quelle indemnité bienfaisante qui le rend chaque jour plus facile et plus doux. Ulric ne tarda pas à ressentir les effets de cette récompense accordée aux nobles cœurs. Au bout de quelques jours, il s'étonna de ne plus trouver en lui cette irritation, cette sourde colère qui jetait comme un voile sombre sur tous les détails de sa vie ; il se reprit, comme autrefois, au charme de cette existence recueillie dont le silence et le calme reposaient d'un moment de trouble et d'orage. La campagne, qu'il aimait, et qui n'avait pas eu d'abord assez de puissance pour cicatriser sa blessure, ressaisissait son empire. En face de ces paysages, entre Nathalie et M. d'Epseuil, l'image importune, sans s'effacer encore tout à fait, commençait à s'amoindrir, à se perdre dans l'éloignement : on eût dit qu'elle, ne pouvait plus l'atteindre, à travers cette barrière de verdure, ce rempart de bonheur et de paix domestiques, qui le séparaient pour toujours du monde où il avait souffert. Grâce à une illusion familière aux imaginations vives et poétiques, il lui semblait que cet Ulric de Braines qui avait eu à subir à Paris quelques heures d'un supplice si étrange et si imprévu, n'était pas le même que celui qui était revenu s'abriter dans cette calme retraite, donnant d'une main aux pauvres, soutenant de l'autre la chaste compagne de sa vie. Nathalie, qui devinait tout, comprit ce travail intérieur qui s'accomplissait dans le cœur de son mari, et qui allait le lui rendre tout entier, purifié et ennobli par le devoir et le sacrifice. La reconnaissance qu'elle en éprouva fut si vive, que son amour s'en accrut encore, et qu'une joie nouvelle, inconnue, la joie de trouver Ulric encore plus digne d'être aimé, de l'aimer encore davantage, et d'avoir devant soi tout un avenir pour le lui prouver, adoucit peu à peu chez Mme de Braines ce souvenir qui la torturait et qu'elle avait cru irréparable. Maintenant, pour quiconque eût pénétré les lentes gradations de douleur, de tristesse et d'allégement par où venaient de passer ces deux âmes, il était clair que le premier cri de l'enfant de Nathalie, la première émotion de paternité qui feraient battre le cœur d'Ulric, achèveraient d'emporter les derniers vestiges de leurs souffrances, comme la brise de printemps emporte les feuilles desséchées.

Ulric, depuis son retour de Paris, avait mis un soin religieux à se rattacher à tout ce qu'il avait aimé et honoré son père. Il avait revu souvent le chevalier de Trémon ; et le vieux gentilhomme, enchanté de ses prévenances, ravi de le voir renoncer à ses chimères et rentrer franchement dans la bonne et droite vie de province, lui avait rendu toute son amitié. Ulric, vers cette époque, appelé un jour à Aix pour une affaire, alla visiter le chevalier de Trémon ; il le trouva soucieux, et la visite de M. de Braines, au lieu de le rasséréner, parut ajouter à son embarras et à son trouble. M. de Braines s'en aperçut, le pressa de questions, et le chevalier, persuadé sans doute que le véritable intérêt d'Ulric ne lui permettait pas de se taire, finit par lui raconter ce qui le préoccupait.

La baronne de Vandeil avait enfin marié sa fille Mélanie, vers la fin de l'hiver. Par une coïncidence assez commune en province, il se trouvait que son gendre, M. de Mintis, avait, quelques années auparavant, élevé ses vues jusqu'à Nathalie, et que sa réputation de joueur l'avait fait rigoureusement refuser. Plus léger que méchant, la rancune qu'il en gardait se contentait de quelques épigrammes, qui auraient même cessé tout-à-fait, s'il n'eût reconnu que médire de Mme de Braines, c'était prendre la baronne par son faible. Or, M. de Mintis, comme tous les joueurs, était constamment grevé d'un arriéré pour lequel les économies de sa belle-mère lui semblaient un argent prédestiné. Le lendemain de son mariage il avait, suivant l'usage de quelques provinciaux imprudents, conduit sa femme à Paris pour y passer la lune de miel et y compléter la corbeille. M. de Braines s'y trouvait encore ; M. de Mintis était allé le voir ; Ulric l'avait présenté à quelques personnes de sa connaissance ; ces relations avaient duré une quinzaine de jours, après quoi M. et Mme de Braines étaient partis, laissant à Paris M. et Mme de Mintis. Ceux-ci étaient restés encore trois mois, y avaient dépensé huit ou dix mille francs en sus de leur budget officiel, et étaient revenus à Aix depuis quelques jours. Naturellement, la curieuse baronne leur avait demandé des nouvelles. Son gendre soutint assez bien les premiers interrogatoires ; mais par malheur, fidèle à ses anciennes habitudes, il avait fréquenté, à l'insu de Mélanie, quelques tables de lansquenet ; ses fonds secrets s'en étaient ressentis, et il prévoyait la nécessité très-prochaine d'un appel passionné à l'affection et à la cassette de sa belle-mère. Il lui avoua donc, sous le sceau du secret, tout ce qu'il avait appris, dans cette société de viveurs et de tapis vert, sur l'amour de Max Elmer pour une grande dame qui n'était autre que Nathalie, sur le dénoûment plus ou moins contesté de ce roman aristocratique, et sur tous les bruits qui avaient circulé dans le monde artiste, à propos de la pièce de *Clotilde d'Arcenay*.

Le mineur Californien ne se jette pas sur la veine aurifère que sa pioche vient de découvrir, avec plus d'avidité que la baronne de Vandeil sur cette opulente mine de commérages. M. de Mintis fut sommé de vider son sac, et peu s'en fallut que sa charitable belle-mère ne fît venir par la poste la pièce imprimée. Elle n'en parla d'abord qu'à ses amies intimes ; mais que d'amies elle eut ce jour-là ! On réveilla le souvenir du passage de Max Elmer à Aix, de la fête que lui avait donnée Mme de Braines.

— Ç'avait été là, disait-on, le dernier acte ; le dernier avait eu lieu à Paris, dans un monde plus favorable aux passions romanesques et aux héroïnes excentriques. Si la médisance n'allait pas jusqu'à représenter Nathalie comme tout à fait coupable, il fut du moins avéré pour cette coterie hostile, qu'elle avait été bien imprudente, que M. de Braines avait porté la peine de son dédain pour la vie commune, et qu'il s'était vu forcé, pour sauver les restes de son honneur et de son repos, de ramener brusquement Nathalie à la campagne.

Voilà ce qui était arrivé jusqu'aux oreilles du chevalier de Trémon. Ami intime du général de Braines, s'étant pénétré de ses sentiments et de ses idées, M. de Trémon s'était demandé ce que le général eût conseillé à son fils dans un cas aussi grave, et il n'avait pas cru devoir faire à Ulric ce qu'on disait de sa femme et de lui. Ulric, de nouveau frappé au cœur, raconta simplement à son vieil ami ce qui s'était passé, et il le fit avec tant de noblesse, qu'avant la fin de son récit, le chevalier lui pressait la main avec des larmes dans les yeux. M. de Trémon était de la vieille école; on l'acceptait à Aix comme un souverain arbitre dans toutes les questions d'honneur et de loyauté. Il décida qu'Ulric avait très-bien fait de ne pas provoquer Max Elmer, mais qu'il devait se battre avec M. de Mintis. C'était aussi l'avis d'Ulric. M. de Trémon ajouta que, pour donner à ce duel un caractère plus solennel et plus grave, ce seraient lui et le comte d'Erceville qui, malgré leurs soixante-quinze ans, serviraient de témoins à M. de Braines.

Le lendemain matin, les deux vieillards, en grand habit, la tête découverte et leur croix de Saint-Louis à la boutonnière, s'acheminèrent lentement vers l'hôtel qu'habitaient la baronne de Vandeil et son gendre. M. de Mintis était brave ; il n'y avait pas, pour le moment, d'autre réparation possible aux suites de ses bavardages. Il accepta donc la rencontre, tout en exprimant des regrets sincères, et souscrivit à toutes les conditions que posèrent le chevalier de Trémon et le comte d'Erceville. Il fut convenu que l'on se battrait le même soir, à l'épée, dans un petit bois qui avoisinait *Bout-du-Monde*, et qui appartenait à M. de Trémon.

Ulric était retourné auprès de sa femme, après son entrevue avec le chevalier. Son duel ne le préoccupait que par la certitude que ce nouvel épisode porterait un coup cruel à Nathalie. Il réussit pourtant à lui cacher, pendant cette soirée, les angoisses qui le déchiraient : ce sont là de ces heures qui laissent dans l'organisation tout entière des traces rréparables.

La rencontre eut lieu le lendemain, ainsi que l'avaient réglé les témoins: Ulric avait trouvé moyen de s'esquiver dans la matinée, sous prétexte de terminer son affaire de la veille. Il avait embrassé sa femme sans paraître plus ému, plus agité que d'habitude : M. d'Epseuil ne se doutait de rien.

Une fois sur le terrain, le sang-froid d'Ulric fut assez remarquable pour que le chevalier de Trémon, bon juge en fait de bravoure, crût voir revivre en lui toute l'âme du général de Braines. M. de Mintis était triste, mais résolu.

Le duel fut court : au bout de cinq minutes, M. de Mintis, en se fendant sur son adversaire, reçut un coup de pointe dans la poitrine ; mais la botte était trop vive pour pouvoir être complètement parée : Ulric fut atteint à l'épaule droite, et son sang coula en abondance.

Le chirurgien amené par les témoins, déclara que la blessure de M. de Mintis était grave, mais sans danger, et que celle de M. de Braines serait guérie en quinze jours.

Pour le moment, il était couvert de sang et d'une pâleur mortelle. Le chevalier de Trémon et le comte d'Erceville qui avaient assisté au combat avec un calme stoïque, étaient aussi pâles que lui, et il y avait quelque chose d'imposant et de pathétique à voir ces deux têtes blanchies par l'âge se pencher sur le blessé, comme pour lui transmettre un écho de la voix paternelle. Une voiture emmena à Aix M. de Mintis, qui, à travers les souffrances d'un premier pansement, conjurait M. de Braines de lui pardonner. Ulric accentua ce pardon d'une voix grave et douce. Ses témoins voulaient aussi le faire reconduire à Aix, afin d'avoir le temps d'avertir et de préparer Nathalie : « Non, non ! s'écria-t-il avec un transport fébrile, pas dans une ville ! pas à portée des regards qui observent, des bouches qui déchirent! A *Bout-du-Monde*! dans un asile où rien ne puisse m'atteindre, pas plus le bruit de ce théâtre qui m'étouffe, que la voix de ces calomnies qui me tuent ! »

Les deux vieux gentilshommes firent donc transporter Ulric à *Bout-du-Monde*. Malgré toutes leurs précautions, Nathalie était sur la terrasse quand ils arrivèrent. M. de Braines avait rassemblé toutes ses forces pour ce moment : — Ce n'est rien ! lui dit-il en souriant, absolument rien qu'une égratignure attrapée à la suite d'une querelle politique ! » — Mais, en même temps, brisé par cet effort violent qu'il faisait sur lui-même, il devint livide et s'évanouit.

Mme de Braines se jeta sur ce corps inanimé, couvrant de ses baisers et de ses larmes ce visage décoloré comme le marbre. Soit divination de l'amour, soit maladresse des deux témoins que leur émotion désarmait contre ses questions ardentes, elle comprit une partie de la vérité. Nathalie était grosse de sept mois ; elle sentit que le coup qui la frappait était décisif et qu'elle ne s'en relèverait plus.

A son tour, elle refoula dans son cœur l'horrible douleur qui l'oppressait ; elle se fit un visage calme et riant pour soigner son mari, dont les mains cherchaient constamment les siennes. De temps à autre, elle emmenait M. d'Epseuil pour pleurer un moment avec lui ; puis elle essuyait ses larmes et revenait auprès d'Ulric. MM. de Trémon et d'Erceville partageaient ses soins et admiraient son courage. Si dans le fond de son âme, le chevalier l'avait un moment accusé d'un peu d'imprudence, il lui rendit, pendant ces tristes jours, tout un arriéré d'estime et de tendresse.

Ainsi que l'avait promis le chirurgien, la blessure de M. de Mintis n'eut pas de suites funestes, et celle de M. de Braines fut guérie au bout de quinze jours. Dans cet intervalle, le chevalier de Trémon et le comte d'Erceville avaient employé tout le temps qu'ils ne passaient pas auprès d'Ulric, à parcourir les salons de la ville, où leur voix était toujours écoutée. Ils parlèrent avec un tel respect de M. et de Mme de Braines, et la considération qui les entourait eux-mêmes était si universelle, qu'à l'instant les méchants propos cessèrent. La baronne de Vandeil se tint pour avertie par le danger qu'elle avait fait courir à son gendre : elle paya ses dettes en grommelant et partit pour la campagne. Une réaction s'opéra en faveur d'Ulric et de Nathalie avec toute la mobile vivacité des imaginations méridionales; on les plaignit, on les honora et on les aima.

IL ÉTAIT TROP TARD. Le jour où M. de Braines se releva, raffermi et guéri par les bonnes paroles que lui apportaient chaque matin ses deux vieux amis, la force factice qui avait jusque-là soutenu Nathalie, l'abandonna tout à coup, et ce fut à son tour de se mettre au lit. Pendant six semaines, elle alla s'affaiblissant chaque jour ; à mesure que sa faiblesse augmentait, son front s'illuminait d'une expression si sereine, que son mari et son père y furent trompés, et ne crurent pas à un danger possible. Elle demanda le curé de sa paroisse ; mais elle était si pieuse que sa demande n'effraya personne, et ne parut que l'ordinaire précaution d'une femme chrétienne, à l'approche de ses couches. Le prêtre arriva ; il la connaissait depuis l'enfance, et avait acquis, depuis cinquante ans, la triste expérience des maux du corps et de ceux de l'âme. Après son premier entretien avec Nathalie, il prit à part le chevalier de Trémon, et lui dit en étouffant ses sanglots : « Monsieur le chevalier, notre chère dame est perdue ! »

Le reste ne se raconte pas : la réalité terrible arriva, par dégrés, à la pensée de M. d'Epseuil, puis à celle d'Ulric. Le curé et les deux vieux gentilshommes ne les quittaient plus ; Nathalie leur parlait à tous avec une douceur angélique ; elle ne paraissait pas souffrir ; par moments, elle s'interrompait pour prier.

D'autres fois, elle causait à voix basse avec le curé ; mais les rôles étaient intervertis. C'était le vétéran du sanctuaire qui avait besoin d'être encouragé par la jeune malade, et quand il la quittait, de grosses larmes sillonnaient ses joues ridées : — « C'est une sainte ; elle n'appartient plus à la terre ! » disait-il.

Hubert et les autres domestiques avaient demandé à venir auprès de leur maîtresse ; ils se tenaient, presque tout le jour, dans le salon qui précédait sa chambre ; ils se taisaient et pleuraient.

Lorsqu'elle sentit approcher la suprême épreuve, Nathalie attira à elle M. de Braines par un mouvement dont la force le surprit : « Tu m'aimes toujours ? lui dit-elle ; ton cœur est tout à moi ? cette affiche est oubliée ? » Pour toute réponse, il colla ses lèvres à son front humide de fièvre, et y resta jusqu'à ce que M. d'Epseuil et le curé vinssent l'en arracher.

Ce fut le dernier sentiment terrestre de Nathalie ; son visage se transfigurait dans une espérance divine ; une prière suprême agitait ses lèvres ; son regard, envahi déjà par les ombres de la mort, allait de son mari à son père, et de là aux vieillards agenouillés, qu'elle semblait remercier.

Le soir, elle accoucha d'un qui fils ne vécut que deux heures, et elle expira dans la nuit : le curé eut le temps de baptiser l'enfant avant de fermer les yeux à la mère.

ENVOI.

Telle est la triste histoire d'Ulric. Il a survécu à la double catastrophe qui a pour jamais brisé son bonheur ; ceux qui le connaissent ont pitié de lui, et ceux qui le rencontrent s'étonnent que tant de pâleur et de rides se soient si vite amassées sur un front de trente ans. Pour obéir à la volonté suprême de la femme qu'il pleure, il essaye de sauver les restes d'une vie chancelante, d'une santé minée par le chagrin : mais il espère succomber bientôt dans cette lutte inégale. En attendant, aux indifférents qui l'interrogent, Ulric répond avec un sourire : « Louis XIV, sur les débris de sa grandeur menacée, s'accusait d'avoir trop aimé la guerre : sur les ruines de mon bonheur perdu, j'ai à m'accuser aussi : j'ai trop aimé la littérature. »

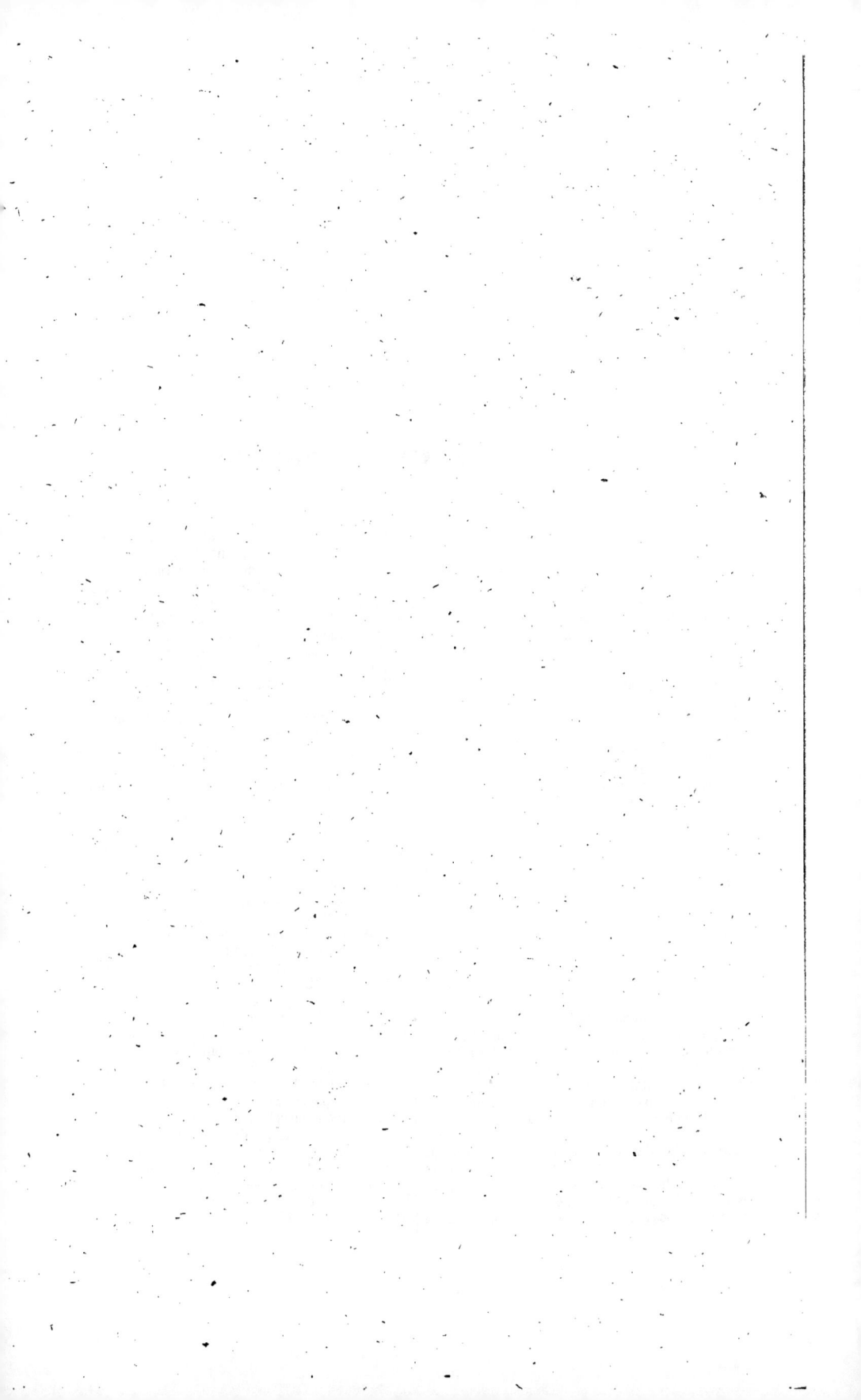

DEUXIÈME ÉPISODE.

LE CHERCHEUR DE PERLES.

I.

Nous sommes au mois de novembre 1849 ; — le *mois noir*, comme disent les Bretons ; le mois où les fleuves débordés couvrent de leurs masses furieuses les prés jaunis, les oseraies effeuillées, les derniers restes d'une végétation mourante ; où un ciel humide et bas, chargé de brouillards et de nuages, estompe le contour des collines ; où les neiges commencent à s'amonceler aux flancs ravinés des montagnes ; — le mois où les cœurs malades, les âmes froissées, les organisations délicates se tournent vers le midi pour y chercher un rayon de soleil.

Dans une chambre de la principale auberge de Brieg, bourg situé, comme chacun sait, au pied du Simplon, une femme arrivée au déclin de l'âge, mais d'une beauté mélancolique et attristée, contemplait, avec un regard dont l'expression maternelle ne saurait se rendre, une jeune fille endormie sur un petit lit à rideaux blancs. Il était sept heures du matin ; une lueur blafarde, se glissant à travers la fenêtre, luttait avec les clartés vacillantes d'une lampe posée près du lit. Au dehors, le vent soufflait violemment ; à chacune de ses rafales qui s'engouffraient dans la cheminée et faisaient pénétrer dans la chambre des frissons indéfinissables, la mère ramenait ses regards sur sa fille, et une anxiété plus vive se peignait sur son pâle visage.

Celle dont le sommeil était ainsi surveillé et protégé par cette inquiète tendresse, paraissait avoir environ vingt ans. Les peintres qui ont tour à tour vu passer dans leurs rêves les blanches figures d'Ophélia, de Mignon et de Marguerite, n'auraient pu choisir de plus poétique modèle que cette tête virginale à demi penchée au bord de l'oreiller : deux boucles de cheveux blonds, s'échappant d'un frais bonnet de tulle, dessinaient leur ombre soyeuse sur un front pur et poli comme le marbre. Les joues avaient de délicates nuances de rose-thé, auxquelles les reflets de la lampe mêlaient quelques tons ambrés. De longs cils abaissés, plus bruns que les cheveux, et se fondant, pour ainsi dire, dans le léger cercle de bistre qui entourait ses grands yeux, un vague sourire courant sur ses lèvres entr'ouvertes, une respiration égale et paisible soulevant à peine les flots de batiste qui ondulaient autour de son cou et de ses épaules, tout cela formait un ensemble d'une harmonie suave, quelque chose de semblable au sommeil d'une Vierge de Fra Angelico de Fiezole, retouchée par Murillo.

En ce moment, un coup de vent plus violent que tous les autres fit grincer le volet contre les vitres ; la mince cloison remua comme si elle allait tomber; la lampe trembla comme si elle allait s'éteindre. Ce bruit, un songe pénible peut-être, éveilla à moitié la dormeuse ; le sourire de ses lèvres disparut tout à coup ; un de ses bras, sur lequel s'appuyait sa jolie tête, s'étirant hors du lit, lui donna l'air d'une colombe dégageant son cou de son aile ; un instant après, ses yeux s'ouvrirent ; elle les promena à droite et à gauche avec ce vague étonnement qui n'est pas encore le réveil ; puis, les fixant sur sa mère, elle murmura d'une voix douce :

— Maman ! allons-nous en vite ! J'ai froid.

— Ma chère Aline, j'ai fait demander les chevaux pour sept heures ; mais écoute et regarde ; le temps est affreux ; ce vent d'orage a soufflé toute la nuit ; je suis sûre que nous allons avoir de la neige : qui sait si les postillons voudront nous conduire?

Tout en parlant, Mme de Sénac, — c'était le nom de la mère d'Aline, — alla ouvrir la fenêtre et la referma aussitôt, comme frappée d'épouvante ; dans tout l'espace qui s'étendait depuis Brieg jusqu'aux premiers contreforts du Simplon, la vue ne découvrait que de grands nuages d'un gris pâle qui enveloppaient tout l'horizon, et qui, poussés par la tempête, se collaient comme de blancs linceuls aux escarpements des rochers. Les sapins et les mélèzes, secoués jusque dans leurs racines, n'apparaissaient, à travers la pluie, que comme des formes bizarres, ébauchées sur un fonds sombre. Les toits des maisons grelottaient sous ces ondées fines et glacées que perçait çà et là un jour livide. Mme de Sénac se retourna vers sa fille qui, à ce spectacle de désolation, s'était laissée retomber sur son lit.

— Eh bien ! ma pauvre Aline, qu'en penses-tu ? dit-elle en s'efforçant de sourire.

— Oh ! je veux partir ! j'ai froid et peur ici ! répéta la jeune fille avec une insistance d'enfant ou de malade : songez-y donc, maman ! encore une journée, et nous sommes en Italie... dans le pays du soleil !

On frappa à la porte : c'était l'hôtelier avec le postillon. Mme de Sénac les consulta ; tous deux furent d'avis qu'il y avait imprudence à se mettre en route, et que ce qui était de la pluie à Brieg, était de la neige trois lieues plus haut.

— Mais si nous restons ici, c'est pour quinze jours peut-être ? dit Aline qui semblait en proie à une impatience fiévreuse ; le temps, mauvais aujourd'hui, sera pire demain ; la neige de demain épaissira celle d'aujourd'hui... et là-bas, là-bas, ajouta-t-elle, en étendant le bras dans la direction du midi, il y a l'air tiède qu'on respire avec délices ; il y a le soleil qui console !

À ces derniers mots, un léger accès de toux monta de sa poitrine à ses lèvres, et colora ses joues d'une rougeur subite qui s'effaça presque au même instant. Mme de Sénac n'hésita plus ; elle prit à part le postillon, et lui demanda si le danger était réel.

— Non, Madame, répondit-il séduit par l'appât d'une bonne aubaine ; je réponds de tout si nous partons tout de suite, et si nous sommes au plateau dans l'après-midi.

Une demi-heure après, Mme de Sénac, Aline et leur femme de chambre, bien calfeutrées dans une bonne berline de voyage, commençaient la montée du Simplon.

Ainsi qu'on le leur avait annoncé, elles trouvèrent la neige, quelques lieues plus loin, au sortir du pont de la Saltine. Mais la route était libre encore ; le postillon adroit et résolu ; les chevaux vigoureux, et la voiture avançait rapidement. Madame de Sénac, toujours un peu inquiète, se rassurait pourtant et se félicitait d'être partie, en voyant sa fille se ranimer, un éclair de joie briller dans ses yeux, et les couleurs de la santé reparaître sur son visage, à mesure que la montée devenait plus raide, que les plaines du Valais achevaient de se perdre dans le lointain et la brume, et que les glaciers du Glirs-Horn découpaient de plus près, sur un ciel plombé, leurs blanches dentelures. Tout alla donc bien d'abord ; le plateau fut atteint avant deux heures ; le postillon fit prendre le trot à ses chevaux, en promettant que, s'il n'y avait pas de nouveaux obstacles, on arriverait, à la nuit tombante, à Domo-d'Ossola.

Les voyageuses respirèrent ; cette première consonnance italienne caressait leur oreille comme une mélodie de Bellini, comme une brise embaumée circulant sur ces couches de neige ; Aline était presque gaie, et peu s'en fallut qu'elle ne demandât à descendre pour cueillir quelques touffes de rhododendron qu'elle apercevait sur le talus du chemin. Au-delà du hameau de Gondo, une madone placée sur la droite de la route leur apprit qu'elles étaient en Italie. Déjà la vallée perdait de son caractère abrupte et sauvage ; les rochers étaient moins âpres ; ils s'entr'ouvraient, par intervalle, comme pour permettre au regard de s'échapper vers des horizons qu'il ne voyait pas encore, mais qu'annonçaient d'avance des lignes plus harmonieuses, une végétation plus riante, un paysage moins sévère. En sortant d'une des nombreuses galeries ménagées, de distance en distance, contre les accidents et les avalanches, Aline montra à sa mère d'un air de triomphe, un petit coin d'azur qui apparaissait timidement à l'extrémité du ciel, contrastant avec les lourdes et sombres nuées qui continuaient de courir sur leurs têtes.

Mais Mme de Sénac n'eut pas le temps de répondre au geste de sa fille. Les chevaux avaient pris le galop, et le postillon se retournait à chaque instant sur sa selle, avec des marques d'inquiétude et d'effroi. Evidemment le danger n'était pas fini, ou plutôt il commençait.

Pendant qu'on regardait devant soi, un point noir s'était formé sur le plateau que l'on venait de quitter, entre les cîmes du Rosboden ; s'élargissant avec une rapidité effrayante, il s'abattait sur le passage du Simplon en tourbillon de vent, de givre et de neige. Bientôt, malgré l'allure insolite de l'attelage, la voiture fut enveloppée dans cette trombe. Elle n'avait plus que quelques centaines de pas à franchir pour atteindre la galerie d'Isella, où l'on serait à l'abri de la tourmente. Le postillon se lança à fond de train. Le mugissement de l'orage, l'obscurité croissante, le bruit des avalanches qui craquaient le long des déchirures de la montagne, les torrents grossis qui grondaient au fond des précipices, tout contribuait à effrayer les chevaux, qui finirent par s'emporter. Aline devint horriblement pâle ; sa mère baissa une des glaces, et vit le postillon se roidir avec désespoir, entraîné, malgré tous ses efforts, dans cette course furieuse ; elle vit les roues de la voiture côtoyer de si près le bord du chemin, que le moindre choc eût suffi pour la faire rouler dans l'abîme. Aline était évanouie ; la femme de chambre poussait des cris aigus ; Mme de Sénac joignit les mains et pria Dieu.

Il y eut encore quelques secondes d'une angoisse terrible : on touchait à l'entrée de la galerie d'Isella. En cet instant les chevaux se cabrèrent, et la voiture fut heurtée violemment contre les parois du rocher où s'enfonçait la galerie. Cette secousse, qui pouvait être fatale, sauva les voyageuses d'une mort presque certaine. Les traits et le timon furent brisés, et la berline, arrêtée brusquement, versa sur le côté. Lorsque Mme de Sénac, qui avait retrouvé toutes ses forces dans ce moment suprême, fut parvenue à se dégager et à ouvrir la portière restée libre, elle aperçut le postillon gisant au seuil de la galerie, et, à quelques pas, les chevaux, qui, ne sentant plus rien peser sur eux, s'étaient arrêtés d'eux-mêmes, effarés, fumants, et ruisselants de sueur.

Cependant, si le danger le plus pressant avait disparu, la situation n'en était guère meilleure ; le postillon, grièvement blessé sans doute, ne pouvait être d'aucun secours ; la femme de chambre avait perdu la tête, et assurait que tout le monde, bêtes et gens, était mort ou allait mourir ; Aline ne donnait aucun signe de vie ; une des glaces de la berline, en se brisant dans le choc, l'avait couverte de ses éclats, et quelques gouttes de sang coulaient le long de ses joues décolorées ; la voiture était hors de service ; les roues cassées, le timon emporté, les lanternes broyées ; la tourmente avait à peine diminué de violence, et la nuit approchait.

Mme de Sénac retira précipitamment de la voiture les manteaux et les coussins ; elle en fit une espèce de lit qu'elle adossa au rocher et sur lequel elle étendit Aline avec des précautions infinies. Puis, inclinée vers elle, serrant ses mains dans les siennes, la réchauffant de son souffle, elle essaya de la ranimer. La pauvre enfant ne rouvrait pas les yeux et sa pâleur était toujours effrayante. Sa mère frémissait d'épouvante en touchant ses mains glacées, son front brûlant, sa poitrine agitée par de légers tressaillements de fièvre. — « Au secours ! au secours ! » criait Mme de Sénac ; mais sa voix se perdait dans l'espace ; le bruit de la rafale, le clapotement de la pluie répondaient seuls à ses cris désespérés.

On était encore à cinq ou six lieues de Domo-d'Ossola ; là seulement, on pouvait avoir du secours , faire venir une voiture, y transporter Aline... Mais par quel moyen ! Madame de Sénac fit des efforts surhumains pour calmer sa camériste, et lui expliquer que, ne voulant pas quitter sa fille, c'était elle qu'elle chargeait d'aller en avant jusqu'à ce qu'elle eût rencontré quelqu'un qui pût venir à leur aide. Il lui fut impossible de se faire entendre. La nuit, pendant ce temps, était tout à fait tombée ; une nuit d'hiver, sans une étoile au ciel ; une de ces nuits qui rendent la solitude plus horrible, le danger plus poignant, l'orage plus sinistre, qui glacent les cœurs les plus intrépides. Une sorte de douloureux vertige commençait à s'emparer de Mme de Sénac ; elle se jetait sur le corps de sa fille, l'appelait avec angoisse, prenait et abandonnait tour à tour les résolutions les plus folles, et se décidait enfin à courir elle-même dans la direction de Domo d'Ossola, lorsqu'elle aperçut, à l'autre bout de la galerie, de vives lumières qui s'approchaient rapidement. A cette vue, le courage, la raison, l'espérance, lui revinrent à la fois ; un instant après, ces clartés, avançant toujours , illuminèrent la galerie dans toute son étendue, projetant sur les parois de grandes ombres, pareilles à des cavaliers fantastiques. Mme de Sénac put voir alors une élégante calèche, accompagnée de quatre hommes à cheval et portant des torches ; ils n'étaient plus qu'à quelques pas, et s'arrêtèrent en rencontrant sur leur passage les chevaux et le timon brisé. Une voix de femme, vibrante et sonore, se fit entendre du fond de la calèche, demandant ce qui était arrivé.

Le postillon avait sauté à bas de son cheval, en reconnaissant son camarade couché par terre, à l'entrée de la galerie, et n'ayant pas encore repris ses sens. Ce fut en ce moment que Mme de Sénac s'élança vers la voiture, en criant : Qui que vous soyez, ayez pitié d'une malheureuse mère ! — Comme elle prononçait ces mots, la portière s'ouvrit ; il en descendit une femme de haute taille, qui paraissait commander en souveraine à tout ce qui l'entourait. Son costume était original et un peu fantasque ; un mantelet de velours noir à capuchon

l'enveloppait tout entière ; pour répondre à Mme de Sénac, elle dégagea vivement sa tête emprisonnée comme dans un domino de bal ; une forêt de cheveux bruns et bouclés se répandit autour de ses joues ; ses yeux de feu exprimèrent en un moment la surprise, l'effroi, la pitié, une sorte de vaillance altière et virile. Ainsi éclairée, sous le reflet rougeâtre des torches, au milieu des émotions rapides de cette nuit d'angoisse et d'orage, cette beauté était splendide.

Mme de Sénac lui expliqua à la hâte sa situation, le malheur qui lui était arrivé, le danger que courait sa fille. L'étrangère se précipita vers Aline, saisit ses mains avec un geste presque passionné, rassura sa mère, donna des ordres pour que la jeune fille fût immédiatement transportée dans sa calèche, et surveilla cette opération, de concert avec Mme de Sénac, comme si elle la connaissait depuis vingt ans. Celle-ci, malgré son trouble, était frappée du son de cette voix, empreinte d'un léger accent italien, mais dont elle n'égalait la richesse et la mélodie caressante. Tout s'exécuta avec une merveilleuse promptitude : on avait relevé le postillon qui commençait à se ranimer, et qui en serait quitte, à ce qu'on assurait, pour une côte enfoncée. L'inconnue le fit placer sur le siége de sa voiture ; la femme de chambre fut hissée, bon gré mal gré, sur un des chevaux montés par les porteurs de torches, qui se chargèrent de réparer tant bien que mal la berline brisée, et de ramener le tout, au pas, le lendemain matin. Dès qu'on eut pris ces arrangements, l'étrangère fit monter avec elle Mme de Sénac sur le devant de sa voiture, dont Aline occupait tout le fond, et dit au postillon, de ce ton impératif qui semblait lui être habituel :

— Maintenant, retourne la voiture, et à Domo-d'Ossola, ventre à terre !

— Oh ! Madame ! vous voulez donc rebrousser chemin pour nous ! Quel dérangement nous vous causons ! balbutia pour l'acquit de sa conscience Mme de Sénac.

Au lieu de lui répondre , l'inconnue lui montra Aline, toujours pâle et immobile ; Mme de Sénac la remercia d'un regard, et les deux femmes sans plus songer au cérémonial, s'occupèrent de ramener à la vie cette belle et frêle enfant. Leurs efforts ne furent pas inutiles ; le mouvement doux et régulier de la voiture, l'air tiède et parfumé qui réchauffait sa poitrine, séchait ses cheveux et ses vêtements, les baisers de Mme de Sénac, les caresses de sa nouvelle compagne, tout contribua à ressusciter la jeune fille qui, avant d'arriver à Domo d'Ossola, se réveilla comme d'un mauvais songe, demanda à sa mère ce que tout cela signifiait, baisa la main que Mme de Sénac mettait sur ses lèvres pour l'empêcher de parler, écouta avec un reste d'effroi le récit de leur catastrophe, et remercia, en quelques mots pleins d'effusion et de grâce, celle dont l'intervention avait mis fin à tant d'angoisses.

A Domo d'Ossola, elles trouvèrent une excellente auberge où l'étrangère venait de donner quelques heures auparavant ; ce fut alors seulement que Mme de Sénac put trouver des termes convenables pour exprimer sa reconnaissance : sa *bienfaitrice*, comme elle l'appelait avec des larmes dans la voix l'interrompit en souriant :

— Cette fois du moins, dit-elle, mes bizarreries auront été bonnes à quelque chose. Il y a long-temps que je voulais passer de nuit le Simplon, à la lueur des torches, et j'avais, pour accomplir cette fantaisie, bravé tous les conseils de la prudence; j'ai pu vous être utile, Madame, et je reconnais que c'était un bon ange qui m'inspirait cette pensée!

Il y avait, dans les manières de cette femme, un mélange de dignité, de brusquerie, de familiarité et de nonchalance qui la rendait très séduisante, mais qui intriguait un peu Mme de Sénac. Elles restèrent encore ensemble, pendant une heure, dans la salle commune de l'hôtel; on leur servit du thé, auquel l'étrangère ajouta quelques gouttes de rhum : après quoi, elle se leva, et dit à Mme de Sénac avec un air de tristesse hautaine :

— Maintenant, Madame, vous n'avez plus be-soin de moi; Mademoiselle votre fille est rétablie; vous voilà en Italie. Je reprends mon projet de voyage nocturne; il n'est pas minuit; je veux être à Brieg demain matin.

— Quoi! Madame, vous allez nous quitter ainsi! vous ne nous donnez pas un peu plus de temps pour mieux vous remercier, pour mieux vous con-naître ?...

— Non, Madame, et peut-être vaut-il mieux qu'il en soit ainsi. — Elle appela l'hôte, les postil-lons, les guides, leur parla de ce ton qui n'admet-tait pas de réplique, annonça avec un certain faste, qu'elle payait triple, et voulait être servie sans commentaire.

— Oui, signora! répondirent-ils en chœur, en saluant chapeau bas. — Un quart d'heure après, on vint avertir que tout était prêt.

— Mais, Madame, après ce que vous avez fait pour moi, nous séparer pour ne plus nous revoir, c'est trop cruel! répéta Mme de Sénac qui avait en vain renouvelé ses instances pour essayer de la re-tenir. Au moins faut-il que je vous dise mon nom et que je sache le vôtre; moi pour me rappeler sans cesse celle qui m'a aidée à sauver ma fille; vous pour n'oublier jamais celle qui appellera sur vous les bénédictions du ciel... Je m'appelle la comtesse de Sénac.

— La comtesse de Sénac! s'écria l'étrangère avec un mouvement qu'elle s'efforça de contenir.

— Madame la comtesse! reprit-elle en se remettant aussitôt, je vous félicite.... Mademoiselle votre fille est charmante....

— Et vous, Madame, ne me direz-vous pas ?...

— Mon nom? Il est sur ce registre; mais je vous conjure de ne le lire que lorsque je serai partie.

Et elle lui montrait le livre des voyageurs laissé sur la table.

Mme de Sénac éprouva un peu de surprise et d'embarras. L'inconnue parut vouloir lui épargner la peine de déguiser ce nouveau sentiment. Elle s'inclina avec une majesté un peu théâtrale, salua de la main Aline, murmura quelques paroles d'a-dieu, et sortit de la salle. On ne tarda pas à enten-dre le bruit de sa voiture, qui se perdit dans l'éloi-gnement et la nuit.

Mme de Sénac courut au livre des voyageurs, l'ouvrit, et lut le dernier nom qui y était inscrit :

— La Floriana, première cantatrice au Théâtre-Italien de Paris.

La comtesse tressaillit, et ferma le livre : — La Floriana! dit-elle à voix basse; la cause de tous mes chagrins, l'obstacle au bonheur de ma fille!

— Comment donc s'appelle cette dame, et pour-quoi ne voulait-elle pas nous dire son nom? deman-da Aline.

— C'est une actrice, répondit froidement Mme de Sénac en déchirant la page sans que sa fille s'en aperçût.

— Elle est bien belle! murmura Aline, qui, bri-sée par les émotions de la journée, commençait à s'assoupir.

II.

Etienne d'Orvelay à Mme de Sénac, à Milan.

Paris, 28 décembre 1849.

Mille fois merci, ma chère tante, de ce bon sou-venir qui m'arrive au milieu de nos brouillards comme un rayon de votre beau ciel milanais! Merci surtout de m'avoir parlé de notre Aline, de m'avoir raconté en détail l'accident terrible dont elle a failli être victime, et l'étrange rencontre qui l'a suivi. J'ai frissonné en songeant à tout ce qu'avait dû souffrir, dans cette rude épreuve, cette organisation de sensi-tive, et à ce que vous aviez souffert aussi, vous, la plus tendre, la plus passionnée des mères! Que n'étais-je là pour vous protéger, pour prendre ma part de vos angoisses, vous en épargner peut-être! Mais non, je n'ai pas de bonheur. Je voudrais pouvoir me dévouer aux personnes que j'aime, leur faire oublier tout ce qui me manque pour plaire, à moi pauvre disgracié que les mamans laissent cau-ser librement avec leurs filles, sans craindre que ma triste de mine de Don Quichotte enrhumé serve jamais de vignette à leur roman... Pourquoi n'ai-je pas pu, ce jour là, me voir suspendu sur l'abime, me sentir transpercé par la pluie et la neige, être jeté à bas de la voiture, me casser même un bras ou une côte, et racheter, à ce prix, pour vous une heure d'inquiétude, pour Aline un moment de souf-france! Fou que je suis, voilà que je me lance dans le pays des chimères, moi, à qui il est défendu d'être sentimental sous peine d'être ridicule!...

Chère tante, M. de Talleyrand avait raison : tout arrive. Je ne puis cependant m'accoutumer à l'idée qu'un caprice du hasard ait ainsi mis en présence ces deux destinées, cette fille chérie et cette femme maudite.... Hélas! vous ne pouvez plus même la maudire, puisqu'elle s'est trouvée sur votre chemin pour vous aider à sauver Aline, puisque sans elle ma cousine eût succombé peut-être au milieu de la tourmente, puisque celle que vous appelez son mauvais génie, vous est apparue cette fois comme envoyée par son ange gardien. Pour moi, je vous l'avoue, je me sens très-disposé à lui pardonner, et même à l'aimer un peu. Qui sait si elle ne vous rend pas un plus grand service encore que celui de vous avoir ramenées à Domo d'Ossola? Qui sait si Dieu n'a pas permis que le cœur, l'imagination ou la vanité de Tristan s'égarent sur cette femme, pour que votre tendresse maternelle se tienne en garde contre un homme capable d'hésiter un mo-ment entre Aline et la Floriana?... Ah! c'est mal peut-être, ce que je viens d'écrire : Aline aime

Tristan, me direz vous... Et croyez-vous que je l'ignore? Croyez-vous que je n'aie pas deviné, bien avant elle, en même temps que vous-même, cet amour qui ne peut pas altérer la pureté de son âme, mais qui peut troubler le repos de sa vie? Oui, je le connais, cet amour, et s'il a déjà coûté à Aline quelques larmes cachées, chacune de ces larmes virginales m'est retombée goutte à goutte sur le cœur. N'est-ce pas moi qui vous ai fait remarquer que la pauvre enfant perdait la gaîté de ses lèvres et la fraîcheur de ses joues, qu'une agitation nerveuse faisait trembler sa main, qu'un éclat de fièvre brillait dans ses yeux? N'est-ce pas moi qui, sachant comme vous et mieux que vous, quelle influence dominait Tristan depuis deux années, vous ai conseillé de partir pour l'Italie, afin que ma cousine respirât un air plus doux, et que l'absence effaçât peu à peu de sa pensée l'image qui la consumait ici? Mon conseil était bon, n'est-ce pas? Aline a retrouvé là-bas ses couleurs? Cette petite toux sèche qui vous effrayait tant, a disparu? Vous voyez que ce départ était nécessaire. Si Tristan ne se décide pas, si la fascination bizarre qu'exerce sur lui cette femme, l'aveugle au point de méconnaître l'adorable trésor de beauté, d'innocence et de grâce qui pourrait lui appartenir, il vaut mieux pour Aline, pour vous, pour tout le monde, que vous soyez loin de nous. Si son égarement doit cesser, s'il doit enfin comprendre où est pour lui le bonheur, votre absence aura plus de prise sur lui que s'il vous voyait tous les jours: Cette imagination est ainsi faite qu'elle dédaigne ce qui lui est offert, et se passionne pour ce qu'on lui dispute. Depuis que vous n'êtes plus à Paris, Tristan me parle sans cesse de vous, de ma cousine, de votre petit salon de la rue Ville-l'Évêque, des heures charmantes que nous y avons passées. J'ai cru même un moment qu'il allait me demander de partir avec lui pour aller vous rejoindre, et, muni de vos instructions secrètes, je me disposais à consentir après m'être fait un peu prier, lorsqu'on a annoncé les débuts de la Floriana au Théâtre-Italien. Elle devait paraître dans *Semiramide*.

Maintenant que vous l'avez vue, vous ne pouvez plus vous étonner du singulier prestige qui s'attache à cette beauté orageuse et fière, à ce génie fantasque, à ce talent inégal, s'échappant çà et là en explosions sublimes, à cette humeur impérieuse et mobile où éclate, en quelques minutes, tous les caractères, depuis la malice la plus infernale jusqu'à la plus angélique bonté. Son arrivée à Paris, l'approche de ses débuts, ont replongé Tristan dans toutes ses incertitudes. Il a commencé par me dire qu'il n'irait pas la voir, en l'homme qui se serait fâché tout rouge si j'avais eu l'air d'en douter: le lendemain, il était chez elle. En ma qualité d'ami sans conséquence, j'ai mes entrées chez la cantatrice; j'en ai profité pour juger par moi-même à quelle phase en était cette liaison étrange que condamnent à des vicissitudes éternelles la vanité de l'un et les caprices de l'autre. Quelle a été ma surprise en trouvant la Floriana transformée en un ange de douceur! Tristan lui-même ne s'y reconnaissait plus; ce n'étaient pour lui que prévenances délicates, empressements attentifs, nuances exquises de soumission et de déférence, quelque

chose de tendre, d'affectueux et de suave comme l'amour d'une sœur. Je m'attendais, à chaque instant, à voir les griffes de la tigresse s'allonger tout à coup sous le velours; point: la tigresse était un agneau; nous nagions décidément en pleine pastorale. Je m'explique aujourd'hui ce changement qui m'a tant étonné. La Floriana avait vu Aline; elle connaît vos projets de mariage; il fallait la faire oublier à Tristan, et, pour cela, la vaincre avec ses propres armes, s'entourer d'un voile de candeur, de mélancolie et de bonté, se faire séraphin pour quelques jours; quoi de plus facile à ces femmes-là? Il ne s'agit que de déposer dans leur écrin le sombre diadème de la reine de Babylone pour prendre dans leur corbeille la blanche couronne de Lucie.

Les débuts étaient annoncés pour samedi dernier, et il n'en fallait pas davantage pour mettre en rumeur tout le camp des *dilettanti*. Il s'agissait de savoir si le Théâtre-Italien, à demi ruiné par nos événements politiques, se relèverait de sa déchéance, et la Floriana semblait prédestinée à accomplir ce miracle; elle arrivait, précédée d'une réputation immense; ses triomphes à *la Scala*, à *San Carlo*, à Vienne, à Saint-Pétersbourg, lui promettaient d'avance cette consécration décisive et suprême que les applaudissements de Paris donnent à la célébrité des artistes. Et pourtant la Floriana était inquiète, et son anxiété réagissait sur Tristan... Ah! chère tante, si l'on pouvait être bon juge dans sa propre cause! Si Tristan avait pu avoir, dans ces moments-là, un peu de la clairvoyance que me laisse mon rôle sacrifié d'homme indifférent! Comme il aurait senti tout ce qu'il y a d'artificiel et de faux, de menteur et de vide dans ces prétendus attachements qui n'ont que la vanité pour base, et où l'exaltation de tête prend sans cesse la place du cœur! Pendant ces journées de fièvre et d'attente qui ont précédé ses débuts, Tristan n'était plus pour la cantatrice qu'un atome perdu dans cet immense Océan d'émotions, de craintes, d'espérances, de précautions à prendre, d'intérêts à ménager, de suffrages à conquérir, de critiques à désarmer, qui se résumait pour elle par ces deux mots: Chute ou réussite! Et quel triste personnage, dans ces moments-là, que celui d'un homme du monde épris d'une actrice célèbre! Il faut qu'il abdique la dignité et le calme de ses habitudes, pour entrer de force dans cette chaude atmosphère du théâtre où elle l'entraîne après soi, pour s'occuper du matériel de son succès, pour se faire le courtisan ou le camarade de tous ceux qui peuvent la servir ou lui nuire. Ah! vraiment, c'est à me consoler de ces désavantages extérieurs qui me rendent parfois si malheureux, et qui détournent de moi le regard des femmes avec ironie ou dédain. Du moins, je puis me créer un idéal qui est à moi, que rien ne ternit ou ne rappetisse, que n'effleure aucune de nos passions misérables: ces agitations mesquines qui font jouer, sous mes yeux, les ressorts du cœur humain et de la vie mondaine, je ne les connais pas. Sans arrière-pensée, sans intérêt, sans amour-propre, dans toute la pureté d'une tendresse qui ne se trahira jamais, je puis me dévouer à l'objet de mon culte, lui offrir, par la pensée, tout ce que j'ai de force, d'ardeur, d'enthousiasme, de courage....

Je puis aimer, réellement aimer.... Et qui donc?...
Ah! malheureux insensé! j'oublie toujours que je
ne puis pas être aimé, que ce secret, si j'en avais
un, devrait rester caché dans les profondeurs de
mon âme, que s'il était deviné, il ferait sourire ou
ferait pitié.... Eh bien! soit! que cet amour, s'il
existe, soit éternellement ignoré de celle qui l'ins-
pirera.... L'abnégation et le sacrifice peuvent aussi
avoir leurs douceurs!

Me voici bien loin de la Floriana. Le jour attendu est arrivé; l'aspect de la salle rappelait les belles époques de notre cher théâtre.
Assis à l'orchestre, où j'avais promis de *chauffer*
le succès, une force irrésistible ramenait mes regards vers cette petite loge de côté, qui était
la vôtre, il y a trois ans, et qu'occupait en ce moment une famille anglaise dans des costumes d'ou-
tre-Manche. C'est dans cette loge, — vous en sou-
venez-vous, chère tante? que votre Aline est
venue au spectacle pour la première fois, que nous
suivions avec délices les vibrations de cette âme
charmante sous la main de Mozart et de Rossini!
Je ne sais si ce souvenir m'a rendu injuste pour le
présent; mais à l'instant je me suis senti profondément triste; la salle m'a paru remplie de figures
maussades et ennuyées, et, quand la Floriana a
paru en scène sous ses voiles babyloniens, sa vue
m'a causé, je ne sais pourquoi, une sourde colère.
Elle était pourtant bien belle dans ce costume orien-
tal merveilleusement ajusté au caractère de sa physionomie: ses yeux noirs, son front marmoréen, sa
haute taille, sa fière démarche, tout réalisait le type de cette reine dont la mystérieuse et criminelle
grandeur revit dans l'œuvre sublime du maître.
Un murmure d'admiration a parcouru la salle;
mais notre public est méfiant à l'égard des
célébrités qui lui arrivent de l'étranger; il aime à faire acheter, par un peu de froideur
préventive, les applaudissements qu'il prodi-
guera plus tard aux artistes de talent. Il y a
eu donc un léger mouvement pour imposer
silence à ces bravos anticipés. La Floriana s'en est
aperçue; c'est une de ces natures ardentes, prime-
sautières, inégales, qu'un rien suffit à exalter ou à
abattre. Soit émotion, soit orgueil blessé, soit qu'elle
fût vraiment fatiguée par les répétitions ou éprouvée par le changement de climat, ses premières
notes sont mal sorties, un point d'orgue s'est accroché, et le récitatif tout entier s'est ressenti de
cette disposition fâcheuse. Dès-lors ce courant magnétique qui s'établit d'ordinaire entre le public
et les grands artistes, a cessé ou plutôt s'est mani-
festé en sens contraire: on eût dit que le feu de la
rampe devenait une barrière de glace pour
séparer la cantatrice de son auditeur. Cette
sensation négative, si connue de tous ceux
qui fréquentent le théâtre, et qui va du spec-
tateur refusant de se *laisser prendre*, à l'artiste
luttant en vain contre cette résistance passive, est
montée, en un moment, du parterre au balcon et
aux loges. Il y a bien eu, dans le finale, dans le
duo avec Assur, dans le duo avec Arsace, de magnifiques moments; mais ces éclairs rapides ne
pouvaient rien changer le change sur l'ensemble de la
soirée: il était évident que la Floriana ne réussissait pas, et qu'il y avait, sinon chute complète, au

moins *fiasco* incontestable.

Après la représentation, je suis allé dans sa loge;
il y avait quelques personnes qui s'efforçaient d'at-
ténuer ou d'adoucir l'amertume de la défaite. On
citait à l'actrice les noms des chanteurs fameux
qui étaient tombés le premier jour; on lui promettait pour le surlendemain un éclatant triomphe; il n'était pas de baume que l'on n'employât
pour guérir cette blessure toute saignante. Quant
a elle, elle se donnait une peine inouïe pour
paraître résignée, indifférente, joyeuse même;
elle tournait son malheur en persifflage.—Les Parisiens étaient trop connaisseurs, trop spirituels pour
elle; notre charmant climat l'avait prise à la gorge; elle avait été détestable; elle ne comprenait
pas qu'on ne l'eût pas sifflée à outrance: quand on
est aussi mauvais que cela, on court les petites villes d'Italie; on n'a pas l'insolence de venir se faire
admirer dans la capitale du monde civilisé. Un rire
nerveux, strident, saccadé, entrecoupait chacune
de ces phrases que démentait l'ardeur de ses regards, le bouleversement de ses traits, l'orage terrible qu'on devinait sous ce stoïcisme d'emprunt;
de temps à autre, elle se détournait, passait à la
hâte son mouchoir brodé sur ses yeux, et revenait
à nous en fredonnant, en riant, en se moquant de
nous et d'elle avec une *désinvolture*, une volubilité
toute italienne. Moi, je me demandais qui mentait le
plus mal, de ces consolateurs qui voulaient lui faire
croire qu'elle devait être contente, ou de cette cantatrice qui cherchait à nous persuader qu'elle n'était
pas désolée.

Et Tristan? Assis dans un coin de la loge, il
semblait porter tout le poids de la catastrophe.
Sombre, silencieux, morne, le front appuyé sur sa
main, il ne prenait aucune part à la double comédie qui se jouait autour de lui. Deux ou trois fois,
les regards de la Floriana sont allés le chercher
dans l'angle obscur où il s'était blotti. Je l'obser-
vais attentivement: dans ces moments là, le masque de dissimulation qu'elle avait mis sur son visage tombait tout à coup. Sa physionomie exprimait un bizarre mélange de colère, de douleur, de
pitié, presque de mépris et de haine. Sans doute,
elle comparait mentalement l'air abattu et glacial
de Tristan à ce qu'il eût été si elle avait réussi.

Lorsque le groupe peu nombreux de ces *courti-
sanes du malheur* a paru se disposer à battre en retraite, Tristan m'a fait signe; nous sommes sortis
ensemble, après avoir salué la cantatrice, qui n'a
rien dit pour nous retenir. Nous avons pris par le
passage Choiseul, où, suivant l'usage *antique et
solennel* de tout célibataire sortant des Italiens, nous
avons allumé un cigare; puis, nous sommes re
montés vers le boulevard; la nuit était froide;
Tristan ne soufflait mot, et je ne savais comment
entamer la conversation.

Arrivés devant le Café de Paris, Tristan s'est
arrêté, et se retournant brusquement vers moi, il
m'a dit avec une sorte de violence:

— Etienne, veux-tu que nous partions demain
matin pour Milan?

Chère tante, vous me gronderez, vous me haïrez,
vous me maudirez; mais en cet instant tout pour
moi a disparu devant une idée qui m'a causé une
horreur instinctive, infaillible, insurmontable: c'est

que Tristan allait être ramené auprès d'Aline et de vous par une mésaventure de théâtre, par l'échec d'une cantatrice! C'est que votre Aline, cette adorable enfant, pour laquelle nul hommage ne me semblerait assez noble, nul cœur assez pur, nul dévouement assez absolu, allait profiter, de quoi? d'un froissement de vanité dans une imagination mobile. Il m'eût suffi, j'en conviens, de dire un mot, pour que ce départ eût lieu, et déjà Tristan me proposait d'aller commencer nos préparatifs: au lieu de prononcer ce mot, je lui ai dit froidement:

— Tu feras ce que tu voudras, et je ne refuse pas de te suivre: mais, entre amis d'enfance, on se dit crûment ses vérités: si tu pars ainsi, sans revoir la Floriana, au moment où elle vient d'éprouver un douloureux mécompte, elle aura le droit d'accuser de grossièreté et de lâcheté M. le comte Tristan de Mersen...

— Tu as raison... et ce que je disais là... c'était un badinage... mais, dans quelques jours, n'est-ce pas, nous partirons? a-t-il balbutié avec embarras.

Je me suis incliné sans répondre; je l'ai ramené jusqu'à la porte de son club, rue Grange-Batelière, et nous nous sommes séparés.

Le surlendemain, la Floriana s'est relevée; mais son succès, quoique réel, n'a pas été assez foudroyant pour effacer les aspects grandioses impression du premier jour. J'ai revu Tristan; il est toujours aussi sombre; cette irrésolution que nous ne connaissons que trop bien, ne s'est jamais peinte plus visiblement sur sa belle et poétique figure... Ah! oui! belle et poétique! Il y a des gens heureux à qui le ciel a tout prodigué... Il y en a d'autres, hélas! qui sont les déshérités... La charité du pauvre, a-t-on dit, est de ne pas haïr le riche: ma charité, à moi, est de ne pas haïr Tristan; ma consolation est de vous aimer, Aline et vous, comme la mère que j'ai perdue, comme la sœur que je n'ai pas; oui, la plus douce, la plus tendre, la plus ravissante des sœurs!

Adieu, chère tante, voilà où nous en sommes ici. Resterons-nous à Paris? partirons-nous pour Milan? cela dépend de moi peut-être, et c'est ce qui me fait dire que je ne sais rien; ce que je sais! c'est que je ne puis être bien nulle part, excepté entre Aline et vous; c'est que Paris m'est insupportable depuis que vous n'y êtes plus; c'est que j'ai passé vingt fois devant votre porte, que je suis même monté dans votre appartement sous prétexte de demander à Justine si elle n'avait rien à vous envoyer, mais, dans le fait, pour revoir votre salon, pour m'asseoir sur vos fauteuils, pour respirer un moment l'air que vous aviez respiré. Veuillez, je vous prie, dire à ma cousine que son beau vase de fuxias était menacé d'une perte certaine, faute de soins intelligents; je l'ai emporté chez moi, et l'y ai traité en botaniste. Aujourd'hui les fuxias ont refleuri et je leur parle de vous.

ÉTIENNE.

III.

Ici, malgré le précepte d'Horace, qui recommande aux poëtes et aux conteurs d'entrer tout de suite au cœur de leur sujet, *in medias res*, je crois devoir remonter rapidement le cours des années, afin que le lecteur puisse plus aisément s'expliquer la situation et les sentiments du petit nombre de personnages placés au seuil de ce récit.

Ceux qui se souviennent de l'ancienne route de Paris à Lyon, avant l'avènement des chemins de fer, savent qu'un des points les plus pittoresques et les plus aimables du voyage était la vallée de l'Yonne, dans les environs d'Auxerre. S'il ne faut pas demander à cette vallée les aspects grandioses de la nature alpestre, ni les tons chauds et les lignes majestueuses des contrées méridionales, l'œil y est réjoui par un air de fraîcheur et comme de jeunesse printanière, où tout concourt à l'effet de l'ensemble, les longues files de peupliers cotoyant les deux rives, la riche verdure des prés où paissent de belles vaches à la robe tachée de brun, les oseraies plongeant à demi dans l'eau limpide leurs tiges flexibles et leurs racines chevelues, les gracieuses sinuosités de la rivière coupée çà et là, de barrages et d'îlots, et l'élégant amphithéâtre des collines qui étagent à l'horizon leurs massifs de chênes et leurs carrés de vignobles. Au pied d'une de ces collines, se trouvait, il y a quarante ans, le château de Brévannes, changé aujourd'hui en filature; à une demi-lieue du château, en se rapprochant de l'Yonne, on voyait, à la même époque, une jolie maison de campagne dont la façade blanche et la toiture d'ardoises s'abritait sous une épaisse futaie, descendant en pente douce jusqu'à la rivière; cette maison s'appelait Lavernie, et appartenait à un riche gentilhomme du pays, le comte de Mersen.

Les propriétés de M. de Mersen et de M. de Brévannes se touchaient presque dans toute leur longueur; un même cours d'eau arrosait leurs prairies; leurs fermiers se querellaient souvent pour les limites et les terrains vagues. Parfois il arrivait qu'un chasseur se croyant sur les terres de M. de Brévannes, était arrêté par un garde de M. de Mersen, ou qu'une compagnie de perdrix, dépistée dans une luzerne appartenant à M. de Brévannes, s'allait remiser dans un fourré dépendant de la futaie de Lavernie. Deux propriétaires, placés dans de pareilles conditions d'un vis-à-vis de l'autre, sont forcés ou de s'aimer beaucoup ou de se haïr cordialement: les deux familles dont je parle avaient pris le premier parti; l'union la plus parfaite, la plus intime, régnait entr'elles, et il n'y avait pas de jour où l'on ne rencontrât sur le chemin qui reliait les deux habitations, la voiture de M. de Brévannes le conduisant à Lavernie avec ses filles, ou la petite cavalcade du comte de Mersen et de son fils se dirigeant vers Brévannes.

En 1813, l'aînée des filles de M. de Brévannes, Alphonsine, avait dix-huit ans; la cadette, Eugénie, en avait quatorze. Alphonsine était d'une santé délicate et d'une laideur qui, sans être repoussante, n'aurait pu se contester que par un effort de politesse. Spirituelle et distinguée, non seulement elle ne s'abusait pas sur ses désavantages extérieurs, mais, ainsi qu'il arrive souvent, elle se les exagérait, et sa sensibilité naturelle traduisait en vive souffrance cette douloureuse certitude de ne pouvoir plaire à personne. Eugénie était ravissante; à cet âge douteux qui n'est plus l'enfance et n'est pas encore la jeunesse, elle unissait toutes les grâces enfantines qu'elle allait perdre à quelques-unes

7.

des grâces féminines qu'elle allait avoir ; on lui souriait, on l'adorait, on la caressait, on la gâtait, en attendant qu'on l'aimât.

Le fils du comte de Mersen, âgé de vingt-huit ans à peine, était déjà colonel ; il venait de gagner ce grade dans la fatale retraite de Moscou, où, resté seul de tout le corps d'officiers de son régiment, il avait réussi, à force d'énergie, d'abnégation et de courage, à maintenir une espèce de discipline parmi la poignée d'hommes demeurés sous ses ordres. Il avait pris quelques mois de congé pour se reposer, à Lavernie, de ses blessures et de ses fatigues, et il allait repartir pour cette nouvelle campagne où la fortune de la France, déjà frappée au cœur, devait jeter un dernier éclat avant de s'abimer dans le désastre de Leipsick, et de sentir ses stériles victoires s'écraser sous le poids de l'Europe coalisée.

Alphonsine de Brévannes aima-t elle le colonel Mersen ? Cet amour, s'il exista, ne se trahit jamais ; elle le cacha comme un malheur, comme une faute, comme un de ces secrets qui humilient ou épouvantent. Sûre de ne pouvoir être aimée, elle employa, à fermer son cœur et à le faire taire, cette force morale, cette puissance de réflexion et de sacrifice que Dieu accorde parfois aux créatures disgraciées. Le colonel ne la devina pas ; l'époque, d'ailleurs, était peu sentimentale ; ne venant à Lavernie que pendant l'intervalle rapide de ses campagnes, il avait peu le temps d'observer les sentiments des autres et d'analyser les siens. Seulement, il savait que son père et M. de Brévannes désiraient lui voir épouser une des deux sœurs ; et n'éprouvant pour Alphonsine qu'une douce et fraternelle amitié, il caressait, dans un vague lointain, la douce et riante image de la belle Eugénie, devenue tout à fait jeune fille, acceptant sa main, et lui offrant dans ce frais abri, au milieu de cet aimable groupe, ce bonheur intérieur, si cher aux rudes natures de soldats, éprouvées par les vicissitudes, les misères et les hasards de la guerre.

Amour ou amitié, regret ou espérance, sentiment profond chez Alphonsine, tendresse d'enfant chez Eugénie, il y eut bien des larmes à Brévannes et à Lavernie, le 3 avril 1813, jour où le colonel Mersen fit ses adieux. Quant à lui, après avoir pressé dans ses bras son vieux père, imprimé deux gros baisers sur les joues d'Eugénie qui lui sautait au cou en sanglottant et affectueusement répondu à la muette étreinte d'Alphonsine, il courut où son devoir l'appelait et s'y replongea avec cette ivresse guerrière qui s'emparait alors de toutes les âmes : précipitées par une main de fer vers un abîme incommensurable, on eût dit qu'elles en éprouvaient les fascinations avant d'en mesurer les profondeurs !

Le colonel prit part à tous les faits d'armes de cette sombre et héroïque campagne ; quelques mots de notre prologue nous ont appris qu'au pont de Leipsick, il avait sauvé la vie à M. de Braines qui, grièvement blessé, allait tomber au pouvoir de l'ennemi, lorsque M. de Mersen le prit en croupe et l'emporta sur l'autre rive. Le soir de cette journée, M. de Mersen, blessé à son tour, fut fait prisonnier par un officier allemand, le major Berker, lequel, vieux déjà, peu ambitieux et criblé de rhumatismes, quitta le service quelque temps après, et se retira à la campagne, près d'Havelberg, en y emmenant son prisonnier. Naturellement doux et humain, ne partageant contre les Français aucune de ces préventions haineuses qu'avaient allumées chez ses compatriotes les souffrances de l'invasion et les angoisses de leur nationalité menacée, le major Berker fut pour M. de Mersen un hôte et un ami bien plutôt qu'un vainqueur ou un geôlier. Sans être somptueuse, sa maison de campagne était charmante. A demi cachée sous un massif de grands arbres, dominant une jolie rivière dont elle n'était séparée que par un large tapis de verdure, coquettement adossée au versant d'une colline, elle rappela au pauvre blessé la vallée de l'Yonne, Brévannes et Lavernie, dont elle avait la physionomie fraîche et souriante. Ce ne fut pas là la seule séduction de cette maison hospitalière ; le major Berker avait une fille, nommée Gertrude, un peu plus jeune qu'Alphonsine, un peu plus âgée qu'Eugénie, tendre comme l'une, belle comme l'autre, bonne comme toutes deux. Tous les soins que réclamaient les infirmités du vieux major, les blessures du jeune colonel, Gertrude les leur prodigua avec cette bonhomie affectueuse et familière qui fait le fond des natures allemandes. M. de Mersen ne s'était pas cru d'abord gravement atteint ; mais son organisation vigoureuse, minée par les privations et les douleurs de tout genre qu'il avait endurées en Russie, fut brisée par ce dernier choc ; à peine arrivé au château d'Havelberg, il fit une longue maladie pendant laquelle il vit bien souvent Gertrude inclinée à son chevet avec des larmes dans les yeux. A peine rétabli, et trop faible encore pour se mettre en route, il apprit coup sur coup la mort du vieux comte de Mersen, son père, les désastres de la campagne de France, les événements de Paris et la fin de cette terrible guerre. Comme beaucoup d'officiers de ce temps-là, qui avaient fini par ne rien voir en dehors de la gloire et de l'émotion des batailles, M. de Mersen fut injuste pour cette nouvelle phase où entrait la France épuisée, et il se demanda avec une secrète amertume ce qu'il irait faire dans un pays où l'on ne se battait plus. Le major Berker le traitait comme un fils, et chaque fois que le colonel parlait de partir, Gertrude pâlissait et se détournait à la hâte, comme pour cacher une larme. Deux ans s'étaient écoulés depuis que M. de Mersen avait quitté Lavernie : aucun lien de famille ne l'y rappelait plus ; il n'avait pu garder un souvenir bien profond ni d'Alphonsine de Brévannes, qui ne lui inspirait qu'une franche amitié, ni d'Eugénie qui n'était encore qu'un enfant lors de son départ. A son insu, il s'était attaché à cette vallée d'Havelberg où il semblait avoir retrouvé un foyer, une patrie, un père, une sœur,—mieux qu'une sœur ; car, grâce à la liberté des mœurs allemandes, le colonel, si peu fat qu'il fût, ne pouvait se méprendre sur la nature des sentiments que Gertrude éprouvait pour lui. Elle était là, dans tout l'éclat de sa beauté, fière et heureuse d'une convalescence qu'il devait à ses soins, lui offrant son bras pour parcourir ces agrestes paysages, embellie encore par cet amour dont l'explosion soudaine allume sur les jeunes fronts tant de rayons et de flammes. M. de Mersen savait que, d'un mot, il pouvait l'enivrer de bonheur ou l'écraser de désespoir ; le mot d'amour, il le dit ; le mot de départ, il l'oublia ; et il devint l'époux de Gertrude.

Que se passait-il pendant ce temps au château de Brévannes ? M. de Brévannes et ses filles avaient entouré le comte de Mersen à son lit de mort ; son dernier regard s'était arrêté sur Eugénie dont la jeunesse tenait toutes les promesses de son adolescence, et il avait murmuré à son oreille la bénédiction suprême qu'il envoyait à travers l'espace à son fils absent. Après sa mort, après que la paix fut conclue, Alphonsine et Eugénie s'attendirent chaque jour à voir revenir le colonel Mersen. Fidèle à son rôle d'abnégation, Alphonsine, en voyant grandir à ses côtés cette sœur si gracieuse et si belle, l'avait désignée d'avance comme l'épouse du colonel. Elle lui en parlait souvent, et cette image lointaine avait fait sur l'imagination juvénile d'Eugénie une impression croissante, comme ces noms que l'on grave sur le tronc des jeunes arbres et qui grandissent avec eux. Elles restèrent longtemps sans nouvelles ; puis, un jour, on leur apprit que M. de Mersen s'était fixé en Allemagne, et qu'il y avait épousé Gertrude Berker.

Ni Alphonsine, ni Eugénie n'avaient de droit sur lui ; toutes deux se seraient récriées si on leur eût dit qu'elles l'aimaient ; et pourtant elles se sentirent vivement blessées, comme si M. de Mersen eût trahi un serment ou déçu une espérance. Pendant plusieurs années, elles résistèrent aux instances de M. de Brévannes qui les conjurait de faire un choix parmi les nombreux partis qui se présentaient pour elles. Enfin, Alphonsine, voyant que la vieillesse de son père était réellement attristée par ses refus, se décida la première, et épousa le marquis d'Orvelay, gentilhomme du voisinage, de vingt ans plus âgé qu'elle ; de ce mariage naquit un fils qui fut appelé Etienne.

Quelques années après, vers 1824, Eugénie, vivement pressée par son père et par sa sœur, consentit, à son tour, à se marier, et accepta la main de M. de Sénac, ami et contemporain du marquis d'Orvelay. Ces deux unions furent paisibles, mais courtes. M. de Brévannes ne survécut que peu de temps au mariage de sa seconde fille, et, à quatre ans de distance, ses deux gendres le suivirent dans le tombeau : Alphonsine et Eugénie restèrent veuves, l'une avec son fils Etienne, alors âgé de sept ans, l'autre avec une fille unique, nommée Aline, et qui était encore au berceau.

Elles ne vécurent plus que pour ces deux enfants ; parfois elles parlaient encore du colonel Mersen, mais toute trace d'amertume était depuis longtemps effacée de leur cœur. Ce souvenir leur apparaissait, dans les perspectives lointaines de leur enfance et de leur jeunesse, comme ces songes qui, au réveil, ne laissent d'autre impression qu'une forme vague et un sourire. Parfois elles dirigeaient leurs promenades du côté de Lavernie, et elles montraient à leurs enfants cette maison, si riante autrefois avec sa verte ceinture de bois et de prairies, maintenant abandonnée.

Un jour d'été, au moment où elles s'apprêtaient à faire leur promenade ordinaire, Mmes d'Orvelay et de Sénac, virent, sur le chemin de Lavernie à Brévannes, un homme vêtu de deuil et tenant par la main un jeune garçon de sept à huit ans, en deuil comme lui. En approchant du château, il hâta le pas, et les salua avec un geste d'amitié qui éveilla en elles tout un monde de souvenirs. Dans cet étranger vieilli, voûté, dont le visage couvert de rides essayait de sourire, leur cœur plus que leur regard venait de reconnaître le brillant colonel Mersen.

C'était lui en effet ; lui aussi avait vu la mort s'abattre sur son modeste toit d'Havelberg. La bonne et tendre Gertrude avait succombé dans ses bras à une maladie de langueur , en lui laissant un fils. Depuis plusieurs années le major Berker n'était plus. Alors le colonel avait tourné ses regards vers la France, il y pensait plus souvent depuis qu'il avait un fils ; il exprimait le regret que cet enfant ne fût pas né dans son pays, et peut-être cet accès de nostalgie tardive, où Gertrude vit la preuve qu'elle ne suffisait plus au bonheur de son mari, contribua-t-il pour quelque chose à déposer dans cette âme aimante le germe du mal secret qui la consuma. Quoiqu'il en soit, M. de Mersen, demeuré seul, ne tarda pas à se sentir de plus en plus attiré vers cette terre natale qu'il avait quittée depuis seize ans. Il confia à un régisseur la garde d'Havelberg, se mit en route, et arriva à Lavernie quelques jours après ; sa première visite fut pour ses voisines qui lui racontèrent leurs chagrins, écoutèrent le récit des siens, lui présentèrent leurs enfants , et couvrirent de caresses le beau Tristan, le fils du colonel et de Gertrude.

Pour les âmes qui ont souffert, mais dont les déceptions et les épreuves n'ont pas détruit la faculté de sentir, il n'y a rien de plus doux peut-être que de renouer la vie, après les années d'affliction et de vide, au fil qui , en se brisant, avait emporté les jours heureux. Au bout de quelques semaines, les relations étaient rétablies , comme autrefois, entre Brévannes et Lavernie. Seulement, l'amitié qui redoublait le charme de ce voisinage, au lieu de ressembler à ces clartés matinales qui jettent sur tout le paysage des voiles de pourpre et d'or, ressemblait à ces rayons mélancoliques qui montent peu à peu vers les hauteurs, au soleil couchant. M. de Mersen voyait presque tous les jours les deux veuves ; leurs enfants jouaient et grandissaient ensemble, et déjà leurs caractères commençaient à se dessiner.

Alphonsine, nous l'avons dit, avait eu toutes les susceptibilités délicates, toutes les immolations intérieures des personnes disgraciées de la nature , lorsque cette disgrâce tourne chez elles en résignation et en tristesse au lieu de se traduire en causticité et en révolte. Bientôt elle eut à faire un second sacrifice, aussi cruel que le premier : elle s'aperçut que son fils Etienne serait son portrait exact, qu'il hériterait de sa taille gauche, de ses traits irréguliers, de son teint pâle et maladif, à peine racheté par un air d'intelligence et de bonté. Découvrant en même temps en lui ce besoin d'affection qu'elle avait éprouvé elle-même dès les premiers jours de la jeunesse, et qu'elle avait patiemment refoulé au fond de son cœur, elle s'étudia à le prémunir d'avance contre les effets de ce douloureux contraste entre ce qu'il pourrait ressentir et ce qu'il pourrait inspirer. Etienne se développa sous cette influence ; il apprit de sa mère à quels chagrins, à quels ridicules peut-être il s'exposerait s'il laissait deviner cette sensibilité native qu'elle lui avait transmise avec le sang, et surtout s'il avait jamais la prétention chimérique d'être aimé comme il aimerait. Puis, pour que la leçon fût à la fois plus complète et plus féconde, elle ajoutait qu'il y avait pour lui un moyen d'ennoblir et de consacrer le sacrifice de ces illusions, et d'y trouver même à la longue une secrète douceur ; c'était de donner en dévouement tout ce qu'il ne recevrait pas en tendresse.

Si un sentiment d'envie eût pu entrer dans le cœur de madame d'Orvelay, il eût été justifié peut-être par la torture que subissait son orgueil maternel chaque fois qu'elle comparait Etienne à Tristan de Mersen. Dire que celui-ci était le plus bel enfant qui se pût voir, ne serait pas donner une idée suffisante de ses magnifiques cheveux bouclés qu'il tenait de sa mère, de ses yeux noirs, pleins de feu, où revivait l'âme vaillante du colonel, de sa taille élégante et forte, de la grâce innée de tous ses mouvements. M. de Mersen en était fier ; Aline se disait déjà sa petite femme ; Etienne se prêtait à tous ses caprices avec une inaltérable patience ; madame d'Orvelay lui pardonnait de tout cœur d'être aussi beau que son fils l'était peu ; madame de Sénac l'aimait passionnément, et le regardait à part soi comme le futur mari d'Aline. Cette brillante et heureuse enfance s'épanouissait sous le souffle caressant de toutes ces affections charmantes, comme une fleur rare sous la rosée et le soleil.

Quelques années se passèrent ainsi ; les habitants de Brévannes et de Lavernie semblaient, chaque jour, plus heureux de se retrouver ensemble. Alphonsine s'attendait parfois à voir le colonel demander la main de sa sœur qui n'avait pas dépassé l'âge où une femme peut plaire, et qui était encore très belle : mais M. de Mersen ne s'expliquait pas, et Eugénie ne faisait rien pour l'encourager. Avait-elle deviné ce qui s'était passé dans le cœur de Mme d'Orvelay, et lui répugnait-il de profiter de son sacrifice ? Etait-ce le colonel, qui, se sentant vieux et usé, ayant laissé en Allemagne la tombe d'une femme aimée, hésitait à contracter un nouveau lien, et avait honte de ne pouvoir plus offrir que son déclin à celle qui lui eût semblé si digne d'un premier amour ? Personne ne le sut, et, d'ailleurs, un tragique épisode vint dénouer ces incertitudes.

M. de Mersen avait conservé, de sa vie militaire, l'habitude de monter à cheval, et son fils Tristan commençait à l'accompagner dans ses promenades, sur une petite jument corse qu'on avait fait venir exprès pour lui. Un soir, Mmes de Sénac et d'Orvelay virent arriver, à Brévannes, tout effarés, les domestiques de Lavernie. Leur maître, sorti le matin à cheval avec Tristan, n'était pas encore rentré. On alluma des flambeaux ; les valets de ferme, les gardes forestiers furent mis en réquisition, et toute la troupe se lança dans le bois, guidée par Alphonsine et par Eugénie qui marchaient en avant, et dont rien n'égalait l'inquiétude. On courut longtemps à travers la futaie, et toutes les recherches paraissaient inutiles, lorsqu'un cri

déchirant s'éleva tout à coup dans la nuit, du côté d'un petit étang que l'on n'avait pas encore exploré, et qui bordait la lisière du bois : c'était Mme d'Orvelay, qui, précédant les éclaireurs et conduite par une sorte de pressentiment, venait de trouver M. de Mersen étendu par terre, et Tristan dans ses bras, à demi-mort de douleur, de fatigue et d'épouvante. A ses cris, tout le monde accourut : on ranima Tristan, qui raconta d'une voix entrecoupée de frissons et de sanglots, que, son cheval ayant eu peur d'un tronc d'arbre placé en travers de l'allée, il n'en avait plus été maître, qu'il s'était senti emporter vers l'étang et qu'il allait y être précipité, lorsque son père, lancé au galop derrière lui, s'était jeté à bas, et l'avait arrêté au bord du talus. Mais soit que l'élan de M. de Mersen fût mal calculé, soit que son angoisse paternelle lui eût fait perdre la tête, il était tombé de toute sa hauteur, le poignet embarrassé dans la bride, le pied pris dans l'étrier, et son cheval, entraîné par le poids de son corps, s'était affaissé sur lui ; un cri étouffé était sorti de sa poitrine, puis Tristan n'avait plus rien vu, rien entendu, rien senti, et le pauvre enfant ne savait pas combien de temps s'était écoulé depuis l'accident.

On releva M. de Mersen qui respirait encore ; il fut transporté à Lavernie, où Alphonsine et Eugénie ne le quittèrent pas un moment pendant les trois jours que dura son agonie : le troisième jour, il fit un signe comme s'il allait parler ; mais les paroles se glacèrent sur ses lèvres ; il se borna à montrer du regard aux deux sœurs Tristan qu'il allait laisser seul au monde, et il expira.

Ce fut en le pleurant qu'elles comprirent combien elles l'aimaient ; Eugénie fut celle des deux qui versa le plus de larmes ; la douleur d'Alphonsine, plus contenue, fut plus profonde et plus corrosive. Habituée à renfermer toutes ses émotions, elle essaya de faire encore violence à celle là ; son cœur se brisa dans ce nouvel effort. Il en est des blessures de l'âme comme de celles du corps ; il arrive souvent que la dernière qu'on reçoit les rouvre toutes. Mme d'Orvelay languit pendant quelque temps. — Tu l'aimais donc bien ? lui dit Eugénie, un jour qu'elle parlait de sa mort prochaine avec une résignation triste et douce. — Oui, ma sœur, répondit-elle simplement. Elle mourut quinze jours après.

Bien qu'Etienne fût encore un enfant, sa douleur fut celle d'un homme ; l'âme de sa mère avait passé toute entière en lui ; fidèle à ses leçons, il se disait que, sa mère morte, aucune femme ne l'aimerait plus comme il voulait être aimé.

Ai-je besoin de dire que Tristan avait été adopté par les deux veuves, qu'Alphonsine en mourant avait recommandé à sa sœur de le marier un jour à Aline, et que ce mariage était devenu le vœu le plus cher, de Mme de Sénac, au milieu de ces dates funèbres qui se multipliaient derrière elle comme des croix de bois noir au bord d'un chemin parcouru ? Aline avait alors neuf ans, Etienne et Tristan en avaient quinze ; Brévannes et Lavernie, dépeuplés par la mort, ne rappelaient plus à Mme de Sénac que de lugubres souvenirs ; elle s'en éloigna et vint se fixer à Paris pour s'y occuper à la fois de l'éducation de sa fille, et de celle de ces deux enfants dont elle devenait aussi la mère, puisqu'ils étaient orphelins.

IV.

Tristan de Mersen et Etienne d'Orvelay furent mis au même collège, et la maison de Mme de Sénac resta pour eux ce qu'est la maison paternelle pour les écoliers. La douce intimité de Brévannes et de Lavernie se continua dans cette nouvelle sphère, en se transformant peu à peu à mesure que Tristan et Etienne touchèrent à cet âge où des nuances plus vives et plus troublées commencent à se mêler aux amitiés d'enfance. C'étaient des jours de fête pour Aline que ceux où les deux pensionnaires, délivrés pour quelques heures de leur prison classique, venaient partager ses jeux comme autrefois, et s'asseoir à la table de Mme de Sénac. Mais il eût été facile à un observateur de constater déjà bien des différences, soit dans l'accueil qu'elle faisait à ses jeunes compagnons, soit dans leurs manières vis à vis d'elle. Sa préférence pour Tristan se trahissait par mille indices dont aucun n'échappait à Etienne, et qui l'affermissaient dans sa résolution de n'être jamais pour sa cousine autre chose que le plus dévoué, le moins exigeant des camarades et des frères. Aussi spirituel qu'il avait été sa mère, il ne chercha pas à faire de cet esprit une arme ou une revanche pour s'indemniser de ces désavantages extérieurs qu'il ressentait si profondément. Non; il ne songea à s'en servir que pour deviner, dans leurs fibres les plus secrètes, dans leurs plus mystérieux détours, les âmes avec lesquelles il allait se trouver en contact, et pour régler sa conduite d'après ces découvertes. On a dit avec raison que la solitude affaiblit les faibles et fortifie les forts. On peut dire aussi que la solitude de cœur, telle que se l'imposait Etienne, aigrit les natures vulgaires et ennoblit les délicates. Bien avant Aline, avant Mme de Sénac elle-même, il s'aperçut que sa cousine, devançant les projets de sa mère, ressentait pour Tristan un de ces amours où l'adolescence met toutes ses ignorances, la jeunesse toutes ses illusions, et qui, dans certaines organisations d'une sensibilité vive et précoce, peuvent décider de toute une destinée. Etienne s'y était attendu; il savait d'avance que c'était là le rêve favori de sa tante, la dernière recommandation de Mme d'Orvelay, le dernier vœu du colonel Mersen; que tout le monde, dans le passé et dans l'avenir, était d'accord pour marier Aline à Tristan, et que la principale intéressée ne tarderait pas à entrer de toute son âme dans ce projet de famille; il savait tout cela, il ne pouvait s'en étonner, et pourtant il en souffrait.

Peut-être Mme de Sénac fut-elle un peu imprudente de favoriser ainsi ces relations amicales et familières, lorsque sa fille et Tristan étaient encore trop jeunes pour que son espérance pût se changer en certitude : mais Mme de Sénac, nous l'avons vu, avait constamment vécu à la campagne, dans un cercle intime qui ne pouvait rien lui apprendre de la science du monde et des bizarreries du cœur humain. Sa sœur aînée, Mme d'Orvelay, aussi supérieure par l'esprit qu'elle lui était inférieure en beauté, s'était presque toujours chargée de penser et d'agir pour elle. Ni son père qui la gâtait, ni

cette sœur dont l'affection avait quelque chose de maternel, ni son mari, beaucoup plus âgé qu'elle, et qu'elle n'avait aimé que d'une tendresse filiale, n'avaient pu lui faire éprouver ou entrevoir que ces sentiments naturels et paisibles qui n'enseignent rien parce qu'ils n'ont rien à cacher. Son amour même pour le colonel Mersen,— en supposant qu'elle l'eût aimé,— était toujours resté pour elle dans les horizons vagues du rêve où du souvenir, et ne l'avait point placé en face de ces réalités poignantes qui révèlent, en un moment, les luttes, les mécomptes et les orages de la vie. D'ailleurs Aline était si jolie! son front de seize ans se couronnait d'une fraîcheur si virginale, d'une grâce si exquise, d'une si irrésistible candeur! Aimer cette ravissante jeune fille, devenir son mari, et trouver dans cette union un bonheur sans nuage et sans bornes, Mme de Sénac ne pouvait rien voir, pour Tristan, en dehors de cet avenir si riant et si facile, ni penser que son imagination pût s'égarer sur d'autres chemins. Les premiers temps justifièrent sa confiance : tendre et empressé auprès d'Aline, le jeune Mersen parut fort disposé à faire sa partie dans cette fraîche idylle d'amours printanières, préludant, sous l'œil maternel, aux graves félicités du mariage. Il y eut là, pour tous, — excepté peut-être pour Etienne, — quelques douces années : camarades de collège, sortis le même jour, assis sur les mêmes bancs de l'école de droit, Etienne et Tristan ne se quittaient guère; deux fois par semaine, on se réunissait chez madame de Sénac, et l'on allait ensemble à la campagne, dans les environs de Paris. Quelquefois, dans ces gaies promenades à travers les bois de Bougival ou de Ville-d'Avray, Etienne et sa tante ralentissaient le pas, pour laisser Tristan et Aline courir librement en avant, les mains enlacées; ils se montraient du regard ce couple charmant, et Mme de Sénac, absorbée dans sa joie, ne se demandait jamais si son neveu, du même âge que Tristan, ayant comme lui des yeux pour voir, n'avait pas un cœur pour souffrir et pour l'envier.

On était alors en 1844; un temps qui semble bien rapproché de nous, si nous consultons le chiffre des années, et bien lointain si nous mesurons l'abîme qui nous en sépare. A cette époque de calme et de repos extérieurs, l'agitation et le désordre s'étaient, pour ainsi dire, renfermés dans les âmes : à la fois surexcitées et amollies, ne trouvant pas l'emploi de leurs facultés dans des luttes actives, des dangers visibles, des conditions précises d'utilité et de travail, elles s'élançaient vers le pays des chimères, et la littérature du moment semblait faite exprès pour leur en ouvrir la clef. Ce n'étaient, on le sait, dans la poésie et le roman, que paradoxales antithèses, abaissement de ce que le monde honore, glorification de ce qu'il flétrit, idéal de grandeur dans le crime, de pureté dans le vice, substitué, en des fictions malsaines, aux simples notions du bien et du mal. Tristan de Mersen but à ces philtres; il en aspira les capiteuses vapeurs; son imagination vive et mobile s'accoutuma aux perspectives et à l'atmosphère de ce monde factice, créé par des cerveaux déréglés pour l'amusement d'une société vieillie. Il accepta avec une complaisance de néophyte ces raffinements corrupteurs qui n'attaquent pas l'idée du devoir, mais qui la déplacent, qui ne préchent pas aux cœurs honnêtes, l'abandon ou l'oubli d'un amour digne d'eux, mais qui le leur montrent là où il n'est pas, où il ne peut pas être. Il vint un moment où Tristan se sentit saisi d'un vague désir de faire entrer ses lectures dans sa vie, de mettre à son tour le pied dans ces régions orageuses mais poétiques, qui lui apparaissaient au loin avec tout le magique attrait de l'inconnu et dès-lors le salon de Mme de Sénac, les grâces innocentes d'Aline, son amour annoncé, permis et arrangé d'avance comme une clause de contrat, l'idée de borner à cet amour toutes les richesses de son cœur, à ce bonheur toutes les joies de son avenir, cet ensemble si uni, si légal, si prévu, si incontesté, parut fade à Tristan de Mersen. Pour être heureux de cette façon, était-ce la peine de vivre, d'avoir vingt-deux ans, une imagination ardente, la soif de connaître, de voir, de lutter, de sentir, une organisation forte et passionnée, je ne sais quel instinct de curiosité romanesque, préférant les cîmes et les gouffres aux plaines fertiles et monotones de la Beauce ou de la Brie? Un Océan, semé de tempêtes et de recifs, plein de contrastes infinis et sublimes, cachant dans ses profondeurs une perle, et, pour aller chercher cette perle, pour la disputer aux goëmons, à la tourmente et au sable, un plongeur intrépide, audacieux, infatigable, se précipitant dans l'abîme et remontant à sa surface avec son mystérieux trésor, tel fut le rêve secret de Tristan; tel fut le programme inavoué qu'il se traçait à lui-même, lorsqu'il voulait embrasser dans sa pensée tout ce que la jeunesse et l'amour peuvent renfermer d'émotions et de combats, d'ardeurs et de transports, de tortures et d'ivresses.

Alors, dans cette imagination à laquelle avaient manqué les leçons d'une éducation austère et forte, qui n'avait trouvé au seuil de la vie que tendresse indulgente, empressements et caresses, à qui rien n'avait appris à lutter contre elle-même, à se méfier des illusions, à prévoir les périls, à chercher dans la conscience un point d'appui et une armure, se développa un penchant bizarre qui devint bientôt le caractère tout entier : ce fut une irrésolution et comme une double nature, qui tantôt ramenait Tristan vers Aline, lui montrait le bonheur à ses côtés, dans la sécurité d'une affection chaste et pure, tantôt le détournait de ce milieu paisible pour l'emporter dans le monde de ses dangereuses rêveries. Mme de Sénac et sa fille ne se doutèrent pas d'abord de ces alternatives, et ce fut encore Etienne d'Orvelay qui fut le premier à les comprendre. En éprouva-t-il une douleur bien profonde? L'idée d'un obstacle ou d'un retard à l'exécution de ce projet de mariage qu'il avait jusque-là regardé comme certain, ne fut-elle pas pour lui mêlée de quelque secrète douceur? Il y aurait de l'injustice à vouloir fouiller trop avant dans les replis des cœurs, même les plus purs et les plus nobles, et à prétendre y lire plus distinctement qu'eux-mêmes. Tout ce que nous savons, c'est qu'Etienne frémit d'épouvante en songeant aux déchirements et aux angoisses que le caractère de Tristan préparait à sa cousine et qu'il n'épargna rien pour le guérir de ses chimères. Mais une fois sur cette pente, Tristan ne pouvait plus s'arrêter : un peu égoïste comme les gens gâtés par le monde, avide d'émotions, de

triomphes et de jouissances d'amour-propre, comme les gens trop sûrs des sentiments qu'ils inspirent, ce n'était pas la tendresse égale et inaltérable d'Aline qui pouvait suffire à ce besoin, ni appaiser cette inquiétude. Ce qu'il eût fallu, c'est que, rencontrant dans le monde Mlle de Sénac entourée d'adorateurs et de prétendants, averti de sa beauté et et de sa grâce par l'admiration générale, sûr qu'elle lui serait disputée par des rivaux redoutables, il eût pu voir là, au lieu d'un bonheur à accepter, une victoire à obtenir, une difficulté à vaincre, une vanité à satisfaire. Voilà ce que ne devinaient ni Aline ni sa mère, et ce qu'Etienne devina. Mais que pouvait-il faire? Conseiller à sa tante de multiplier ses relations, d'aller dans le monde, de rompre leur intimité si douce, pour que sa fille devînt une héroïne de salon, et que l'amitié même qu'elle avait pour lui disparût comme un atôme dans les agitations de cette vie nouvelle? Etienne était économe, comme le sont les pauvres, et eût craint de perdre cette seconde place dont il se contentait dans le cœur de sa cousine. Pouvait-il se poser lui-même en rival, laisser entrevoir à Tristan des prétentions personnelles à la main d'Aline? Hélas! il pensait qu'une rivalité aussi chétive n'inquiéterait pas assez son ami pour que le plaisir de la vaincre suffît à le ramener?

Tristan venait de finir son droit; il avait vingt-trois ans, Aline dix-sept, et Mme de Sénac croyait voir approcher le moment de réaliser ses chères espérances. Aussi éprouva-t-elle une pénible surprise lorsque le jeune Mersen lui annonça qu'avant de se fixer et de prendre un état, il désirait voyager pendant un an. Bien que ce désir pût sembler fort naturel, et qu'Aline fût assez jeune pour pouvoir attendre, sa mère éprouva un serrement de cœur, un pressentiment mêlé de souvenir. Elle se rappela avec tristesse le départ de M. de Mersen, père de Tristan, alors que les deux familles le désignaient comme son fiancé, la longue absence et le douloureux mécompte qui avaient suivi ce départ, et elle se demanda si sa bien aimée Aline, après avoir ressenti la même affection et le même espoir, ne serait pas condamnée au même sacrifice. Cependant elle ne dit rien pour retenir Tristan; mais le jour des adieux, lorsque, restée seule avec sa fille, elle vit pleurer cette naïve enfant et qu'elle essuya ses larmes sur sa joue pâlie, Mme de Sénac, pour la première fois, s'effraya de son ouvrage, et s'accusa d'avoir eu trop de confiance.

Tristan partit pour l'Italie; il vit Venise, Florence, Rome. Madame de Sénac avait voulu qu'Etienne l'accompagnât, afin qu'il eût constamment auprès de lui quelqu'un qui l'empêchât d'oublier. Ce soin était presque superflu; lorsque Tristan fut loin d'Aline, il y pensa davantage; lorsqu'elle lui apparut dans une sorte de vague et de lointain, son imagination l'y ramena avec plus de vivacité et de charme. Les fatigues du voyage, l'isolement des soirées d'auberge, les petites misères de la vie de touriste, lui firent regretter plus souvent cette maison qui avait été pour lui celle d'une mère, où il avait trouvé toutes les joies, toutes les affections de la famille, et où la tendresse la plus attentive, l'indulgence la plus inaltérable, s'étudiaient à lui rendre l'existence douce et facile. Telles étaient les dispositions de Tristan, et Etienne avait pu rassurer sa tante en lui écrivant dans ce sens, lorsqu'ils arrivèrent à Naples.

On n'y parlait, à leur arrivée, que du prochain début d'une jeune cantatrice, à laquelle s'attachait cette curiosité passionnée, particulière aux Italiens. Fille d'un lazzarone, ramassée dans la rue par un professeur célèbre qui l'avait entendu jeter aux brises du golfe le trésor de ses notes argentines, élève du Conservatoire de Naples, la Floriana, — c'est ainsi qu'on la nommait, — devait, disait-on, rappeler les beaux jours des Pasta, des Sontag et des Malibran. Sa beauté égalait son talent, et ses bizarreries ajoutaient encore au prestige ; car un grain de caprice ne va pas mal,— qui l'ignore ? — à ces organisations privilégiées qui portent en elles toutes les tempêtes comme toutes les mélodies de la passion. On racontait entre autres que, son vieux professeur ayant voulu se payer de ses leçons d'une manière qui déplut à sa belle pensionnaire, elle l'avait régalé de deux soufflets si énergiquement appliqués que le pauvre homme en eut la joue enflée pendant six semaines.

Tristan et Etienne assistèrent au début, qui eut lieu dans la *Gazza ladra*. Nous qui n'avons jamais vu applaudir que du bout des doigts et des lèvres ce public de Ventadour qui semble toujours craindre de déchirer ses gants, nous avons peine à nous figurer ce que c'est qu'un succès en Italie, lorsqu'il atteint et dépasse les proportions du *fanatismo*. M. de Stendhall nous assure qu'à certaines premières représentations de Rossini, toute la salle fut folle, littéralement folle pendant cinq heures : c'est ce qui arriva pour le début de la Floriana ; on la rappela vingt ou trente fois après chaque morceau ; on lui fit répéter tous ; toutes les fleurs de Procida et de Capo-di-Monte tombèrent à ses pieds en avalanches parfumées, et, lorsqu'à minuit, haletante, brisée, à demi morte d'émotion et de fatigue, elle s'inclina une dernière fois devant ce public en délire, tous les spectateurs en masse la reconduisirent, avec sérénades, flambeaux et cris de triomphe, jusqu'en son modeste logis.

Aucun de ces détails n'avait été perdu pour Tristan, et bientôt Etienne fut frappé de son agitation, de son trouble, du désordre de ses paroles, de l'éclat de ses regards. Après le spectacle, ils allèrent au *Café de l'Italie*, où ne tardèrent pas à affluer tous les admirateurs de la belle cantatrice, encore enivrés des splendeurs triomphales de son cortège. Au bout de quelques minutes, ce fut un bruit à ne pas s'entendre ; on eût dit une éruption du Vésuve ! La reine, l'héroïne, la divinité du moment, la Floriana était dans toutes les bouches, et les mélodieuses syllabes de son nom semblaient se multiplier dans le croisement continu de ces conversations extatiques. Chacun citait une anecdote, un caprice, un mot, un trait de son caractère, et, malgré ce tumulte assourdissant, Etienne et Tristan purent saisir au vol deux noms qu'on répétait presqu'aussi souvent que le sien ; c'étaient ceux de lord Elmorough et du prince Almérani. D'après ces expansifs chroniqueurs, il paraissait que lord Elmorough, Anglais ultra-millionnaire et légèrement spleenétique, et le prince Almérani, grand seigneur vénitien comptant des doges parmi ses ancêtres, étaient passion-

nément épris de la Floriana ; qu'à force de renchérir l'un sur l'autre, ils avaient fini par lui offrir tous deux de l'épouser, et qu'amusée plutôt que touchée de cette joûte glorieuse, elle tenait la balance égale entre Venise et l'Angleterre, comme si la sérénissime République pouvait encore partager la souveraineté des mers avec l'opulente Albion.

A dater de ce moment, Tristan fut préoccupé et taciturne ; le surlendemain, il s'était fait présenter chez la cantatrice ; quinze jours après, le pair d'Angleterre et le descendant des doges, cédaient le pas à la France.

Cætera quis nescit ? disait Ovide ; il y avait près de trois ans que M. de Mersen était entré dans cette nouvelle phase, et, si l'orgueil blessé laissait échapper ses secrets avec le sang de ses blessures, le sien aurait pu dire, jour par jour, heure par heure, tout ce que sa dignité et son repos avaient souffert dans l'intimité de cette femme dont l'humeur inégale et fantasque le faisait passer, en un instant, par tous les extrêmes. Cent fois Tristan rompit cette chaîne de ses mains convulsives, et cent fois elle l'enlaça de ses nœuds au moment où il s'en croyait délivré. Il partit, retourna à Paris, revit Mme de Sénac et Aline, parut se reprendre avec délices à cet intérieur si paisible, à ces tendresses si douces ; on eût dit même qu'il les goûtait avec plus de plénitude, et il y eut des jours où Mme de Sénac put croire qu'il allait enfin lui demander ce consentement qu'elle tenait prêt depuis si longtemps ; mais toujours quelque incident imprévu ou plutôt trop facile à prévoir, une lettre de la Floriana, un article de journal annonçant ses succès dans telle ou telle capitale, une liste de ses adorateurs adroitement mêlée au récit de ses triomphes, un épisode de l'infatigable *steeple chase* auquel continuaient à se livrer lord Elmorough et le prince Almérani sur les pas de la cantatrice, arrivaient à point pour ranimer l'amour de Tristan et lui faire retrouver quelques étincelles sous la cendre qu'il croyait éteinte. Il courait alors à Vienne, à Saint-Pétersbourg, à Rome, partout où l'artiste victorieuse avait posé son nid pour une saison : il la revoyait ; pendant les premiers jours, tous deux se donnaient tête sur ce sentiment artificiel qui ressemblait à l'amour comme la fièvre ressemble à la vie. Si la Floriana était dans une bonne veine, si ses succès la mettaient en bonne humeur, si elle sacrifiait à Tristan quelques-uns de ses rivaux, c'était assez pour que M. de Mersen ressaisît ses illusions, et se figurât qu'il dominait cette âme ardente, qu'il était maître de cette perle, conquise de force à travers les flots courroucés. Mais son erreur durait peu, les orages grondaient de nouveau, le joug devenait plus pesant, la chaîne plus lourde, les récriminations plus amères, les méfiances plus tenaces, les colères plus âpres, et ces absences de Tristan n'aboutissaient qu'à désoler Mme de Sénac qui avait fini par tout savoir, et Aline qui, sans deviner rien, se doutait qu'il se passait quelque chose d'étrange, puisque Tristan n'était plus là et qu'elle voyait pleurer sa mère.

Telle était la situation au moment où a commencé notre récit. Tristan, revenu à Paris, annonçait l'intention d'y passer l'hiver ; mais il ne s'expliquait pas ; triste, bourrelé, mécontent de lui, il apportait chez Mme de Sénac des airs sombres et mornes qui ajoutaient au douloureux étonnement d'Aline, aux cruelles prévisions de sa mère. Les jours s'écoulaient sans amener de changement. Bientôt, Mme de Sénac s'aperçut que la santé de sa fille s'altérait, et elle craignit que cette organisation délicate, secrètement minée par un mal qui s'ignorait lui-même, ne finît par tomber dans la langueur. Ce fut alors qu'elle demanda conseil à Etienne, et celui-ci, inquiet pour Aline qu'il observait avec une attention passionnée, persuadé que, tant que durerait la folie de Tristan, il était à la fois plus convenable et plus habile que sa tante et sa cousine vécussent loin de M. de Mersen, conseilla à Mme de Sénac de partir à son tour pour l'Italie.

Il est facile maintenant de comprendre la position et les sentiments de nos personnages, et nous n'avons plus qu'à poursuivre cette courte et simple histoire.

V.

La Floriana à Tristan de Mersen.

... Mars, 1850.

« Tristan, je vous en prie, je vous en conjure, partez; séparons-nous; ayez le courage de me fuir comme j'ai celui de vous congédier. Ne sentez-vous pas ce qu'il y a de misérable dans cette vie que nous nous faisons l'un à l'autre? Profitons de cet éclair de raison qui nous en montre les laideurs; sortons à tout prix de cette situation qui n'est qu'artifice et mensonge; rentrons dans le vrai, dussions-nous laisser aux buissons du chemin les derniers lambeaux de notre orgueil ou de notre vanité!... Voyez-vous, Tristan, il y a des moments où tous les supplices semblent doux auprès de l'ennui de mentir, et je suis dans un de ces moments... Par pitié pour vous, par égard pour moi, au nom de votre honneur et du mien, de mon repos et du vôtre, partez! partez!

» Aussi bien, n'est-ce pas? si robuste que fût notre persistance à nous donner le change, il n'y a plus entre nous d'illusion possible. Il n'est pas d'effort et de subterfuge que nous n'ayons épuisé pour nous persuader mutuellement que nous avons tous deux cessé de croire : que nous nous aimons, que nous pouvons encore nous aimer! Quant à moi, je suis à bout, je vous le déclare; j'éprouve une lassitude pareille à celle que me causerait un mauvais rôle que je serais forcée de jouer cent fois de suite, un masque de plomb que j'aurais porté toute une nuit. J'étouffe, je trépigne comme un enfant en colère; mes nerfs se crispent rien qu'à l'idée de continuer ce pitoyable métier; j'ai des envies féroces de rompre ce qui se dénoue, de briser ce qui s'écroule, de tuer ce qui ne peut plus vivre. Pour un quart d'heure de franchise, je donnerais tous les bravos d'une salle enthousiaste, me proclamant la plus pathétique des Desdémonas, la plus passionnée des Juliettes : pour un jour de délivrance, je donnerais dix ans passés à respirer l'encens et à marcher sur des fleurs... Eh bien! cette délivrance, je la veux; cette franchise, je vais l'avoir : je vais lire dans votre cœur et dans le mien, à la froide lueur qu'y jette ce dernier épisode de ma vie d'ar-

tiste, cet accueil dédaigneux et glacé de votre public parisien; je vais vous dire ce que vous êtes et ce que je suis : vous, amoureux d'un nom, d'une étoile, d'une voix, d'un bruit, d'un triomphe, des paillettes de mon manteau, des pierreries de mon diadème, des couronnes de mon front; moi, fille du peuple, transformée en reine de théâtre par ce magicien qu'on appelle l'art, par cette fée qu'on nomme la musique; ayant joué avec la passion telle que me la livraient Mozart et Bellini, m'étant demandé si elle n'existait pas dans le monde comme la reflétaient leurs pages divines, ayant cru un moment la rencontrer en vous, et bien vite détrompée: vous, compromettant à ce jeu votre dignité et votre avenir; moi, mon talent et ma force; tous deux peut-être notre destinée.

Cela vous étonne, que la Floriana, la capricieuse, la folle, la fantasque, vous tienne un pareil langage? Quoi! cette femme dont la vocation unique est de tourmenter, entre deux roulades, le gémissant cortège de ses adorateurs, de demander la lune à lord Elmorough, le soleil au prince Almerani, et de se moquer de leur désespoir de ne pouvoir les lui donner, la Floriana se mêler d'observer et de juger! Oui, Tristan, et ne vous en prenez qu'à vous si j'ai acquis cette triste science. Toute femme qui passe de la confiance au doute, du doute au désenchantement, a des heures implacables pendant lesquelles elle perce à jour, soit en elle, soit à ses côtés, tout ce qui l'a abusée et qui la désabuse. Pendant ces heures, la plus aveugle devient clairvoyante; la plus légère, attentive; la plus étourdie, raisonnable; la plus folle, réfléchie. Maintenant, qu'au dehors elle reste la même, coquetteries, caprices, emportements, éclats de rire, bruits de fête, gaîté de parade, extravagances de commande ou d'instinct, c'est affaire de costume et rien de plus! Ce qui est réel, ce qu'on trouverait au-dessous de ces éblouissantes surfaces, c'est une vérité qui ronge, une plaie qui saigne, une pensée qui interroge, qui accuse et qui condamne. Ne vous récriez donc pas, Tristan, si je vous dis que je vous connais mieux que vous ne vous connaissez vous-même! Ce que vous êtes, ce qui est au fond de votre nature, de votre situation, de vos sentiments, pourrait se résumer par ce mot: vous cherchiez. Que cherchiez-vous? Quelque chose qui ne fût pas l'existence, la sensation, la perspective de vos jeunes années, qui vous fît respirer un air plus excitant et plus chaud, qui vous révélât des émotions nouvelles, trouble, anxiété, orage, lutte, ardeur du combat, ivresse du triomphe. Ce qui se donnait à vous sans résistance, ce que nul ne vous disputait, ce que vous pouviez cueillir en étendant la main, oh! vous le méprisiez, vous n'en vouliez pas; c'était bon pour les imaginations craintives et les âmes timorées. Ce qu'il vous fallait, c'était un bonheur auquel se mêlât l'idée de victoire, qui devînt un sujet de vanité pour vous et d'envie pour les autres; un bonheur inquiet, mais éclatant, rehaussé à vos yeux par le prix qu'y attacherait le monde, retentissant comme un succès, rayonnant comme une auréole; perle enchâssée dans l'or, et d'autant plus précieuse qu'il y aurait plus de cœurs pour la convoiter, plus de mains pour essayer de vous la reprendre : ce quelque chose, c'était moi; ce bon-

POURQUOI NOUS SOMMES A VICHY.   57

heur, c'était mon amour, et voilà pourquoi vous avez cru m'aimer.

Faut-il vous dire, à mon tour, ce que je suis? Je n'y mettrai pas plus de déguisement et de réticence; car les femmes comme moi, Tristan, deviennent horriblement sincères quand elles ne mentent plus. Je suis née sur le quai de Santa-Lucia, entre un père qui vendait du poisson et une mère qui vendait des pastèques. Quand ils s'aperçurent que j'avais de la voix, ils me firent chanter sur le port pour ramasser quelques carlins, et quand ma quête manquait, j'étais battue. A quinze ans, j'ai aimé d'un innocent amour Anzolino, un fils de pêcheur, un enfant de mon âge, pauvre et battu comme moi. Si j'ai eu un bon moment dans ma vie, ç'a été celui-là. Le soir, ma journée finie, Anzolino me prenait dans sa barque et m'emmenait sur la rade. Nous chantions nos airs napolitains, et souvent d'autres barques nous suivaient pour prendre part à ce concert d'une simplicité primitive. Ce fut pendant une de ces promenades que je fus entendue de ce vieux singe de Guarelli, mon vénérable maître. Vous savez ce qui s'en suivit. On me persuada que j'avais dans le gosier un diamant: diamant brut qu'il suffisait de polir pour qu'au lieu des échos nocturnes de Baia et de Portici, le monde entier répétât mes chansons; on me dit que je n'avais qu'à vouloir, à accepter quelques années d'études et de conseils pour devenir riche, célèbre, pour voir à mes pieds ces grands seigneurs et ces grandes dames que je voyais passer dans de si beaux habits, et qui me méprisaient dans ma misère et mes haillons. Je me laissai tenter: Guarelli s'empara de moi, et sa prédiction s'est réalisée; d'une pauvre fille de lazzarone il a fait une cantatrice. Mais, ne vous y trompez pas, la fille du peuple subsiste toujours sous l'artiste: les deux natures, les deux instincts se combinent en moi d'une façon bizarre, sans pouvoir ni se séparer, ni se confondre. L'art divin que l'on m'enseignait, m'emportait sur ses ailes de feu bien loin de cette humble sphère où s'était écoulée mon enfance; les leçons de Guarelli, les partitions des maîtres, l'inspiration que je puisais à ces sources profondes, les premiers souffles qui m'arrivaient de ces régions bruyantes et fleuries où j'allais entrer, tout cela me faisait pressentir un monde nouveau où Anzolino n'avait plus de place: il le comprit. Un soir, il me dit adieu en pleurant, et je ne l'ai plus revu. Alors, moi aussi, j'ai cherché; j'ai cherché une passion qui me parlât la même langue que don Ottavio, Tancrède, Elvino, Arnold, Edgardo; une passion qui fût à mon nouvel état ce que l'amour d'Anzolino avait été à l'ancien... Ah! les soupirants ne me manquaient pas, mais ils m'ennuyaient à périr. Un peu plus tard, lorsque la débutante a été déifiée en quelques heures par les transports enthousiastes d'une salle en délire, sont venus lord Elmorough et le prince Almérani, deux types bien complets de ces deux races bien distinctes où les célébrités du théâtre recrutent leurs victimes officielles: l'un, s'étant juré de rompre avec l'uniformité de la vie et du caractère britanniques, de se traiter du spleen par le paradoxe, et de pousser, s'il le faut, jusqu'à l'extrême ce moyen de guérison; l'autre, conservant au milieu des ruines de sa patrie, de ses souvenirs et

de son nom, un pur et ardent amour pour l'art, pareil à ces fleurs qui croissent entre deux pierres d'un monument écroulé, saluant en moi une organisation musicale propre à conjurer ou à retarder la décadence de cet art qui le console, et m'aimant pour cette espérance que je lui donne au milieu de tout ce qu'il voit chanceler et succomber. Entre ces deux adorations si flatteuses, j'aurais bien voulu faire un choix, mais, au moment de me décider, je sentais que c'était impossible: l'Anglais mettait dans ses folies trop de froideur et de méthode; le Vénitien était trop léger, trop impétueux, trop bavard, trop croisé de prince italien et de marchand de vulnéraire! C'est alors, Tristan, que vous êtes arrivé. Cet idéal que je m'étais formé et qui devait m'initier à la passion élégante, il m'a semblé qu'il se réalisait en vous. Vous étiez plus jeune et plus beau qu'Elmorough et qu'Almérani; vous aviez sinon la passion vraie, au moins la simulacre et les dehors; votre imagination abusée imitait les accents du cœur; si je pouvais mettre enfin l'accord dans ces éléments dont se composait ma double nature, vaincre mon éducation primitive et achever d'effacer la paysanne dans la grande artiste et la grande dame, je me disais que ce serait par vous: — et voilà pourquoi j'ai cru vous aimer.

Illusion et chimère! Pour lord Elmorough, j'étais un pari; pour Almérani, une gamme; pour vous, un succès.... Ah! l'on nous accuse et l'on nous maudit, nous autres femmes de théâtre; l'on nous reproche d'être fantasques et avides, coquettes et méchantes, de jouer avec les sentiments que nous inspirons comme avec les joyaux de nos écrins ou les larmes de nos rôles, de déchirer à coups de bec ou de griffes, comme l'orfraie la colombe, les cœurs qui s'offrent à nous...A qui la faute? Croit-on que ce n'est rien, au milieu de ces enthousiasmes et de ces flammes, de sentir que ce n'est pas nous qu'on aime; que c'est quelque chose qui n'est ni notre visage, ni notre âme, mais un je ne sais quoi d'extérieur et de factice qui pourrait se détacher avec la dentelle de nos voiles et les fleurs de nos couronnes? Croit-on que ce n'est rien de se débattre dans ce mensonge et cette impuissance, et si nous laissons dans cette lutte le meilleur de nos tendresses, si nous en sortons prêtes à faire expier à autrui le douloureux endurcissement de nos cœurs, peut-on s'en étonner ou s'en plaindre? Nous désespérons nos adorateurs; nous sommes perfides, insensibles, capricieuses, railleuses, impitoyables; nous ne vous aimons pas....et pourquoi vous aimerions-nous? Etes-vous nos amis et nos frères? Sommes-nous du même sang, du même air, du même monde? Non. Nous arrivons des deux pôles extrêmes de la société, rapprochés un moment par l'amour-propre, éternellement séparés par notre origine et nos goûts, nos instincts et nos habitudes; tour à tour traités en conquérants ou en pays conquis, suivant que nous vous imposons notre joug ou que nous subissons le vôtre; condamnées à ne jamais connaître ce côté sincère et durable de l'affection et du cœur que vous réservez à vos égales, que nous gardons pour nos pareils; vous, en un mot, maîtres inquiets, attirés par une curiosité vaniteuse et fébrile; nous, ilotes couronnées, que vous rassasiez d'encens et

8.

de dithyrambes, jusqu'à ce que vous nous jetiez au galetas, à la borne ou à l'hôpital! Vous voyez donc bien que nous ne pouvons pas nous aimer, que nous serions dupes et vous aussi!... Tenez, Tristan, vous avez vu toutes les folies qu'Elmorough et Almérani ont faites pour me plaire, et qui vous ont donné l'idée de m'aimer passionnément; eh bien! supposez que l'Anglais trouve à faire quelque chose de plus excentrique que d'épouser une fille de lazzarone devenue chanteuse; supposez que le Vénitien rencontre un gosier plus riche de trois notes que le mien; aussitôt je cesserai d'exister pour eux; ils passeront près de moi sans me reconnaître; je ne serai plus même un nom, un souvenir, un atôme; le néant d'où je sortais, m'aura reprise, et tout sera dit... Et vous! que, ce soir, je n'aie plus de talent; que ma verve se glace, que ma voix se brise; que le public proclame ma déchéance; puis, que le silence et le vide se fassent autour de moi... Que serai-je pour vous? oh! n'essayez pas de mentir, vous ne le pouvez plus! Et surtout ne croyez pas que je vous en fasse un reproche; car, en ceci, nous sommes quittes, et je ne vaux pas mieux que vous. Si demain, délivrée de ce ciel de Paris qui m'étouffe et m'enrhume, je me retrouvais sur ma plage, avec Anzolino à mes côtés; si je respirais là une bonne gorgée de mon air libre d'autrefois, en face du double azur de ce ciel et de cette mer; si Anzolino, tout en raccommodant ses filets, me montrait d'un geste sa barque et le golfe où retentirait l'écho de notre chanson favorite, glissant sur la vague endormie:

Vieni : la barca è pronta!...

Je l'y suivrais avec délices, et, avant une heure, j'aurais oublié s'il y a au monde quelqu'un s'appelant Tristan de Mersen. Ou, mieux encore, si Rossini, le fainéant sublime, m'appelait brusquement à Bologne, et me disait : je vais écrire pour toi un opéra et un rôle, mais à la condition que tu fermeras ta porte à M. de Mersen... Ah! mon pauvre Tristan, il n'aurait pas fini sa phrase, que vous seriez chassé, comme jamais princesse russe ne chassa un valet maladroit!

Ainsi ni la femme, ni l'artiste ne vous appartient; le lien que la vanité avait formé, elle le brise; l'abîme qu'elle avait comblé, elle l'élargit; les illusions qu'elle avait créées, elle les dissipe.; Oh! que c'est bon, de se dégonfler, de laisser éclater ce qu'on a sur le cœur! Je suis contente d'être venue à Paris, d'avoir échangé les ardents triomphes de *la Scala* et de *San-Carlo* contre le froid accueil qui m'attendait ici: oui, j'en suis contente, puisqu'échappant à ce tourbillon, à ces ivresses, à cette brûlante atmosphère d'ovations et de fêtes, j'ai pu regarder en moi et en vous, et apprendre en une soirée ce que dix ans de succès ne m'auraient pas appris! Je sais à présent ce qu'un brave de moins peut peser dans votre cœur; vous savez ce qu'une heure de franchise peut arracher au mien : Hâtons-nous donc de profiter de ce moment unique! Demain peut-être il prendrait envie de me dédommager de ses froideurs, et ce retour de fortune vous ramènerait à moi; demain, peut-être, un nouveau caprice m'engagerait à vous retenir... Partez donc! partez vite! Pour achever de vous y décider, j'ai

encore à vous dire deux choses.

J'ai vu Mlle Aline de Sénac; ne me demandez pas de quelle façon ni par quel moyen! Qu'il vous suffise de savoir que je l'ai vue, et de très près. On est rarement juste entre femmes, plus rarement entre *rivales*. Eh bien! moi, je serai juste, et cette impartialité me coûte si peu, que je vous permets de vous en fâcher : Mlle de Sénac est ravissante, délicieuse, adorable; on n'a pas plus de grâce, de suavité, de candeur.... Oh! fous, triples fous que vous êtes, vous autres hommes, quand vous n'avez qu'à vous laisser aimer par ces pures et charmantes créatures, de leur préférer, quoi? l'ombre de votre orgueil, s'allongeant sur un rideau de théâtre, entre un bec de gaz et un pompier!

La seconde chose que j'ai à vous dire sera plus décisive encore : il y a quelqu'un, entendez-vous bien? quelqu'un de jeune, de bon, de spirituel et d'aimable, dont j'ai pénétré le secret, et qui aime Mlle de Sénac... oh! d'un amour profond, immense, infini, tel que vous n'en aurez jamais ni pour Mlle Aline, ni pour la pauvre Floriana.

Maintenant, je suis bien sûre que vous allez partir, et je n'ajoute rien, pas même un adieu dont vous ne voudriez plus, et des vœux pour votre bonheur auxquels vous ne croiriez pas.

Tristan de Mersen à la Floriana.

Eh bien! oui, je pars : dans dix jours, je serai à Milan, auprès de la seule personne que j'aie jamais aimée; je ressaisirai avec délices ce bonheur que vous aviez failli me faire perdre et que vous sacrifiait ma folie: mes yeux se dessillent, le voile tombe, le mensonge finit; merci mille fois, madame! chaque ligne de votre lettre est aussi pour moi un signal de délivrance... Vous avez raison, là-bas est le bonheur, le repos, la joie du cœur, la tendresse vraie, la félicité sans trouble et sans remords : ici, tout est faux, tout est factice, tout est dérisoire, excepté l'heure de franchise ou de colère qui vous rappelle si bien ce que vous êtes et ce que je suis.

Cette fois, je me sens invincible; j'éprouve un ineffable plaisir à jouer avec les morceaux de ma chaîne que vous ne renouerez plus, à fouiller cette cendre éteinte que vous ne rallumerez pas, à rentrer dans ma dignité comme vous rentrez dans votre indépendance, et à vous écrire, madame, d'une main calme et froide, sans rancune et sans amour : je pars et je vous défie!

VI.

Voulant éviter le bruit et le mouvement d'une grande ville, Mme de Sénac avait loué une maison de campagne, entre le lac de Côme et Milan, dans cette plaine de Rho qui réunit en abrégé toutes les richesses de la végétation lombarde : arbres séculaires, massifs d'arbustes, fleurs sauvages, eaux vives, moissons fertiles, vastes prairies, guirlandes de pampre et de vigne enlaçant leurs festons et leurs arabesques aux branches des ormeaux et des pommiers.

En se trouvant dans cette calme retraite, Aline avait peu à peu senti s'apaiser ces agitations dont la cause était trop facile à deviner, et qui avaient marqué les derniers temps de son séjour à Paris. Sa santé se rétablissait ; tous les symptômes inquiétants a-vaient disparu ; et cependant ses joues étaient encore pâles, et les joyeux rires d'autrefois ne revenaient pas sur ses lèvres. Si ignorante qu'elle fût des mystè-res du monde et de la vie, il était impossible que la bizarre conduite de Tristan ne la fît pas réfléchir. Il y a une chose que la jeune fille la plus naïve et la plus chaste comprendra toujours : c'est qu'un jeune homme qui l'aime et qui est sûr d'être également agréé par ses parents et par elle, doit la demander en mariage, et que, s'il ne le fait pas, il faut qu'il y ait quelque obstacle. De quelle nature était cet obstacle ? L'imagination d'Aline l'effleurait de l'aile, comme l'alcyon effleure la vague, sans s'y arrêter jamais ; mais c'était assez, sinon pour effacer de son cœur l'image de Tristan ou pour lui apprendre à raisonner ses méfiances, au moins pour faire perdre à son amour ce caractère de sécurité enfantine qu'il avait eu jusqu'alors. Les premiers chagrins d'une jeune fille, lorsqu'ils ne lui ôtent rien de ses pudeurs virginales, sont pour elle une grâce et une parure de plus ; ils l'initient aux épreuves et aux luttes de la vie en les laissant dans ce vague où se complaisent les sentiments tendres et les âmes délicates ; elle devient femme par la douleur et le sacrifice tout en restant jeune fille par l'innocence et la candeur : double poésie qui se compose à la fois de ce qu'elle sait et de ce qu'elle ignore !

Cependant le printemps avait commencé : un printemps d'Italie, opulent et beau comme la cam-pagne qu'il inondait de rayons et de verdure. Après le triste et inquiet hiver de Paris, après les fatigues et les angoisses de la traversée du Simplon, ce fut un enchantement pour Aline que de saluer cette saison charmante, de respirer cet air tiède, de se sentir revivre sous ces brises embaumées. S'il y a dans les tristesses humaines un fonds qui ne varie pas, elles ont, pour ainsi dire, un côté extérieur qui s'assouplit et se transforme suivant les perspecti-ves et les images auxquelles elles s'associent. Bien-tôt la mélancolie d'Aline, sans se dissiper entière-ment, se colora et s'embellit des magnificences de cette riche nature qui s'épanouissait sous ses re-gards. On eût dit qu'une vie nouvelle courait dans ses veines, et que ce ciel italien, en se réfléchissant dans ses yeux, donnait à leur limpide azur un ton plus éclatant et plus chaud. Souvent, pendant ces se-maines rapides, Mme de Sénac, qui n'avait pas en-core renoncé à son rêve d'alliance entre sa fille et Tristan, éprouva une surprise mêlée de joie et de regret en assistant à cette métamorphose qui s'opé-rait dans la beauté comme dans l'âme d'Aline, et, involontairement ramenée à sa pensée favorite, elle se surprenait à murmurer tout bas : — « Quel dommage qu'il ne soit pas ici, qu'il ne la voie pas en ce moment ! il n'hésiterait plus ! »

Ce vœu, un peu imprudent peut-être, ne tarda pas à se réaliser. Un jour, au commencement de mai, Mme de Sénac et sa fille virent arriver Etienne et Tristan. Ils avaient pris un appartement à Mi-lan, et s'étaient arrangés pour pouvoir venir tous les jours à la Villa, qui n'était qu'à deux lieues. Ils furent accueillis comme le pigeon de Lafon-taine, demeuré au logis, dut recevoir l'ingrat qui

s'y était ennuyé, et qui revenait battant de l'aile. Pourtant, il y eut dans l'accueil quelques légères nuances : Mme de Sénac, secrètement prévenue par le fidèle Etienne, montra une joie sans mélange, une de ces joies maternelles qui semblent effacer, en un instant, le souvenir des jours d'attente, des griefs amassés et des fautes commises. Aline était trop pure pour chercher à punir Tristan par des airs de froideur et de dédain que son cœur eût dé-mentis ; mais elle sut mêler à ses manières af-fectueuses et cordiales une dignité calme que les deux jeunes gens ne lui connaissaient pas, et qui la leur révélèrent sous un nouveau jour. Cette première soirée fut marquée par un incident imperceptible, qui devint cependant pour Aline un nouveau sujet de réflexions. Etienne, qui, en l'em-brassant, avait fait d'héroïques efforts pour rester dans son impassible rôle, et qui, plus tard, en la regardant mieux, s'était effrayé de la trouver si belle, profita d'un moment où on ne pouvait l'en-tendre, s'approcha d'elle avec la familiarité qu'au-torisait son titre de cousin, et lui dit gaîment, en lui montrant du coin de l'œil Tristan, qui causait avec Mme de Sénac à l'autre bout du salon :

— Chère cousine, voulez-vous que je vous donne un conseil ? Ayez l'air de m'aimer un peu.

Puis il se détourna rapidement, sans attendre sa réponse.

Hélas ! mon humble analyse psychologique au-rait besoin de rivaliser de ténuité et de finesse avec le point d'Alençon ou de Malines, pour détailler le travail intérieur qui se fit dans l'esprit de Mlle de Sénac, à la suite de cette simple phrase de son cou-sin. — « Il me dit d'avoir l'air de l'aimer un peu : mais est-ce que je ne l'aime pas beaucoup ? » se de-manda-t-elle d'abord. Un an auparavant, elle se fût arrêtée là, et les paroles d'Etienne lui eussent fait l'effet d'une indéchiffrable énigme. Mais main-tenant, éclairée et mise sur la voie par cet instinct féminin qui ne fait jamais défaut, même aux plus naïves, et que lui avait révélé son premier chagrin, Aline, si elle ne comprit pas immédiatement tout ce qu'Etienne avait voulu dire, devina du moins que sa phrase avait un sens autre que le sens littéral. Elle y appliqua sa pensée, et il en résulta que, pour la première fois de sa vie, Etienne l'occupa autrement que comme un ami d'enfance, un parent commode et sans conséquence, habitué à la gâter, à se plier à tous ses caprices, et à n'obtenir en retour que cette affection routinière et un peu égoïste qui ne creuse d'empreinte ni dans le cœur, ni dans la vie. Bizarre contradiction des âmes les plus droites ! son premier mouvement fut d'en vouloir à son cousin de se sentir assez indifférent, assez désinté-ressé auprès d'elle, pour lui proposer cette petite comédie, et jouer d'avance avec un sentiment qu'il était, à ce qu'il paraît, aussi sûr de ne pas éprouver que de ne pas inspirer. Puis elle s'accusa d'injus-tice, remercia mentalement Etienne de cette nou-velle preuve de dévoûment, reconnut dans son sin-gulier conseil le désir de contribuer à sa façon au dénoûment désiré, et se promit de n'en pas profiter. Mais grâce à toutes ces complications qu'Aline elle-même eût eu quelque peine à démê-ler, et qui l'agitèrent pendant une partie de la nuit, Etienne, dès le lendemain, sortit à demi de ce rôle sacrifié qui le reléguait au second plan, et qui, sans qu'il réclamât jamais, avait paru, dès l'origine, lui être assigné d'un commun accord. Puisque nous parlons de *rôle*, nous continuerons l'analogie, et nous dirons qu'il arriva à M. d'Orvelay ce qui arrive aux acteurs longtemps négligés par le public, lorsqu'ils parviennent enfin à fixer son attention : d'effacés et de médiocres, ils deviennent bons. De même, Etienne, câliné, choyé, lutiné, mis en relief par sa cousine, laissa voir mille qualités charmantes qu'elle avait à peine soupçonnées : elle s'étonna d'abord de le trouver si spirituel et si aimable, et elle fut heureuse de cette découverte, sans même songer à s'en faire une arme pour exciter la jalousie de Tristan. Simple et bonne, elle éprouvait un vrai plaisir à rendre à son cousin cette justice tardive : ensuite elle s'alarma en le voyant jouer si au naturel le personnage qu'il s'était imposé et qu'elle lui avait laissé prendre. Elle se demanda, avec un certain trouble qui n'était pourtant pas sans douceur, si Etienne ne finirait pas par ressentir ce qu'il exprimait si bien, et si elle n'était pas coupable de se prêter à ce jeu cruel qui pouvait compromettre le repos d'un noble cœur. Curiosité ou surprise, scrupule ou remords, doute ou reconnaissance, Aline, pendant cette fugitive période, pensait à M. d'Orvelay presqu'aussi souvent qu'à M. de Mersen. Toutefois, celui-ci ne fut pas détrôné : l'amour qu'il inspirait s'était si puissamment emparé de Mlle de Sénac, elle l'avait si longtemps respiré avec l'air, il s'était si intimement lié au premier éveil de son âme, aux souvenirs de son enfance, à ses espérances de bonheur, aux habitudes de sa vie, qu'en voyant Tristan piqué au jeu, redevenir tendre et empressé à mesure qu'elle affectait pour Etienne un peu plus d'empressement et de tendresse, elle retomba sous le charme. Elle eut, vis à vis de son cousin, une sorte de rechute d'égoïsme, et le succès de sa généreuse entreprise la lui fit accepter sans plus d'examen.

Tristan était-il de bonne foi dans ce retour passionné à l'ange de ses premières amours? Il le croyait, et se fût irrité peut-être contre qui eût essayé de le détromper : d'ailleurs tout conspirait en ce moment à lui faire illusion sur ses propres sentiments : l'attitude sérieuse et réservée d'Aline qui, si peu effrayante qu'elle fût, constituait pour lui une légère difficulté à vaincre, et la subite rivalité d'Etienne, qui, si peu redoutable qu'elle lui parût, lui offrait pourtant une sorte d'obstacle à surmonter, de triomphe à obtenir. Il n'en fallait pas davantage pour que M. de Mersen, dupe de lui-même encore une fois, retrouvât auprès de Mlle de Sénac ces accents du cœur que la grâce et la distinction de sa personne rendaient si éloquents, si irrésistibles. Il possédait au plus haut degré ce don dangereux d'exprimer plus qu'on ne ressent, et cela sans préméditation et sans mensonge, par le seul effet d'une expansive nature, se plaisant à écouter ses vibrations poétiques et sonores comme le millionnaire à compter ses trésors. Rien ne fut donc changé, en définitive, dans les situations respectives de nos personnages. Tristan semblait décidément posé en prétendant et en amoureux; Mme de Sénac, sans comprendre toute

la portée de l'ingénieux dévouement de son neveu, en acceptant les résultats. Aline rendait peu à peu à M. de Mersen cette première place qu'elle n'avait paru lui disputer un moment que pour qu'il attachât plus de prix à la reconquérir. Quant à Etienne, il ne se démentit pas. Fidèle à son œuvre d'abnégation, dès qu'il vit la partie suffisamment renouée entre Tristan et Aline, dès qu'il crut pouvoir baisser le rideau sur cette petite comédie, vieille comme le monde, qu'il venait de jouer au profit de sa cousine, il commença à battre en retraite, à s'effacer du premier plan et à rentrer dans cette ombre discrète à laquelle il s'était primitivement résigné. Par une dernière bizarrerie qu'elle ne tarda pas à se reprocher, Mlle de Sénac trouva que son cousin prenait bien vite son parti de cette déchéance, et se débarrassait bien prestement de son costume de jeune premier. Puis elle admira, avec une reconnaissance sincère et attendrie, cette amitié spirituelle et commode qui s'éclipsait sans mot dire, une fois le service rendu. Ajoutons, pour être tout à fait véridiques, que, pendant la phase d'injustice, Aline songea un peu plus à Etienne que pendant la phase d'admiration.

On était à la fin du printemps : un matin, la journée s'annonçait si belle, que Tristan proposa une promenade sur le lac de Côme. Mme de Sénac lut dans les yeux de sa fille le plaisir que lui causait cette offre ; elle n'eut pas le courage de se faire prier, et l'on partit. Au bord du lac, on trouva un bateau tendu d'une toile blanche, qui attendait les promeneurs : deux vigoureux rameurs s'assirent à l'arrière, et bientôt la gracieuse embarcation sillonna cette eau bleue et transparente comme le ciel qu'elle réfléchissait.

On traversa le lac avant que la chaleur devînt trop forte pour changer le plaisir en fatigue. Sur l'autre rive, à peu de distance d'une villa célèbre par le nom de sa propriétaire, Mme Taglioni, on rencontre un site agreste, moitié riant, moitié sauvage, qui semble fait exprès pour abriter des amoureux, des artistes ou des poëtes. Le frais coteau dont la base inclinée plonge dans le lac, s'ouvre en cet endroit, et livre un étroit passage qu'il faut savoir découvrir au milieu de l'inextricable lacis de lentisques, de pistachiers, de labrusques, d'arbousiers et de chèvrefeuilles qui en gardent l'entrée. Le sentier, frayé par les chasseurs et les pâtres, serpente un moment à travers ce pittoresque dédale, pour aboutir à une prairie encaissée dans les rochers comme une émeraude dans une monture d'acier bruni, et incessamment rafraîchie par les ruisseaux qui se forment au sommet du plateau ou au creux des ravins, et descendent vers le lac en nappes argentées. Un groupe d'ormeaux dix fois centenaires, dont le tronc est tatoué par le couteau des touristes et des promeneurs, couvre d'un ombrage impénétrable ce petit coin privilégié où l'on braverait impunément les ardeurs de la canicule, et qui fait rêver aux vers d'Horace et de Virgile. C'est là que Mme de Sénac avait fait porter les provisions d'un déjeuner champêtre, et que l'on vint gaîment s'asseoir sur l'herbe, après la première traversée.

Jamais Aline ne s'était sentie si heureuse, et ce bonheur intime et profond, bien différent de l'enfantine gaîté d'autrefois, donnait à sa beauté un tel éclat, que le pauvre Etienne s'efforçait de ne pas la regarder. Tristan de Mersen était radieux. Ce ciel enchanté, ce paysage splendide, ce cadre où la poésie des souvenirs se mêlait à celle des horizons, ôtaient à son amour pour Aline ce côté banal et facile qu'il avait dédaigneusement qualifié de *roman de pensionnaire*, et y ajoutaient cet élément poétique qui lui avait d'abord manqué. Les âmes aimantes et sincères trouvent cet élément en elles-mêmes; elles en sont la source intarissable et sacrée. Pourvu qu'on les mette en présence de l'objet de leur tendresse, peu leur importe le reste! Ciel gris, mansarde pauvre et nue, vulgarités de la vie réelle, tout s'illumine à la flamme de leur amour, comme ces tableaux où rayonne sur un fonds sombre une figure inspirée; mais Tristan, nous l'avons vu, n'était pas de ces âmes qui, à l'instar du philosophe antique, portent avec elles toutes leurs richesses. Il lui fallait la draperie extérieure, et cette fois la draperie était à souhait. Au bord de ce beau lac, digne d'être chanté par les Muses et habité par les arts, Aline, transfigurée par le mystérieux travail qui s'était accompli dans son intelligence et son cœur, illuminée par ces flots d'azur et de lumière, embellie par les émotions de cette heureuse journée, cessait d'être une fiancée ordinaire pour devenir presque une héroïne de roman. Aussi, à chacune de ces heures rapides et charmantes, l'amour de Tristan devenait-il plus expressif et paraissait-il plus vrai.

Le soir venu, à l'instant où l'on allait remonter dans le bateau, M. de Mersen s'approcha d'Etienne et lui dit tout bas : « Ce soir, avant que nous prenions congé de ta tante et de ta cousine, je te chargerai de dire un mot pour moi à Mme de Sénac. » Etienne s'inclina sans répondre; son front resta calme, et il réussit à retenir sur ses lèvres le sourire qu'il y avait fixé.

La soirée était encore plus belle que le jour. Aline, qui avait décidément pris le commandement de la petite troupe, voulut attendre, pour repartir, que le soleil fût couché et que l'on vît poindre les premières étoiles dans ce ciel d'opale et d'or. Bientôt la lune se leva à l'horizon, à demi baignée dans une brume lumineuse qui adoucissait encore ses molles clartés. A la surface du lac où frémissait un vent léger, embaumé des arômes du soir, l'astre propice aux rêveries et aux amours fit glisser un sillage pareil à des lames d'argent découpant la moire bleue des eaux endormies. Aucun pinceau, aucune plume ne saurait rendre les fraîches harmonies de cette heure silencieuse et voilée. Etienne se faisait une violence inouïe pour ne pas fondre en larmes, pour ne pas laisser déborder, en face de cette nature palpitante de beauté et de jeunesse, tout ce qui s'agitait dans son cœur. Aline frissonnait, avec un mélange d'ivresse et d'effroi, sous le poids de ces émotions vagues, infinies, souveraines, qui saisissent, en de tels moments, les âmes enthousiastes. Tristan la regardait avec délices, et peu s'en fallait que, dans un élan irrésistible qu'on lui eût pardonné peut-être, il ne tombât à ses genoux.

Le bateau avançait rapidement et approchait de la rive. L'on n'entendait que le bruit alterné des rames, le cri lointain des pêcheurs, et quelques-uns de ces suaves murmures dont se compose, comme dit Joseph Autran, — un grand poète! — le silence des belles nuits. Tout à coup, au milieu de ce silence harmonieux, s'éleva un chant si pur et si doux qu'il semblait la voix même de ce ciel et de ces flots. En même temps, on vit venir une barque du côté de Milan; elle était remplie de lumières qui, à distance, paraissaient courir sur l'eau comme des feux follets. Quand on en fut plus près, la voix enchanteresse, qui avait déjà fait tressaillir Tristan et Etienne, devint plus distincte; chacune de ses notes perlées arriva, à travers l'espace, à l'oreille de nos promeneurs, qui reconnurent la cavatine de la *Gazza: Di piacer mi balza il cor!* chantée avec une ampleur, une verve, une beauté de son incomparables. — « Oh! ma mère! s'écria Aline en joignant les mains avec extase: c'est une bonne fée qui veut que rien ne manque aux délices de cette soirée! » — Mais elle eut à peine le temps de finir sa phrase : la barque avançait toujours et commençait à envelopper le bateau de Mme de Sénac dans le cercle lumineux qu'elle traçait. A cette clarté triomphante, on aperçut une femme de haute taille, immobile et debout sur l'avant de la barque, toute jonchée de fleurs. A ses côtés étaient deux hommes jeunes encore, l'un brun, l'autre blond, la contemplant dans une sorte d'adoration muette : un peu au-dessous, des musiciens dont les instruments accompagnaient la sublime cantatrice.

La barque passa comme une vision; une seconde après, elle flottait au loin sur le sombre miroir ainsi qu'une corbeille de lumières, et la divine mélodie, se perdant peu à peu dans l'immensité, ne parvint plus à l'oreille que comme un frémissement d'ailes, comme l'insaisissable chœur des sylphes d'Oberon, s'enfuyant et se cachant dans la nuit.

— Mais, maman! reprit Aline frappée d'un souvenir subit, cette femme qui est si belle et chante si bien... nous l'avons déjà vue... Oui, je ne me trompe pas, c'est cette dame qui est venue si gracieusement à notre secours, à cette horrible descente du Simplon.... Quel bonheur! Si elle revient à Milan, nous pourrons aller la remercier!

Elle s'arrêta, et les paroles expirèrent sur ses lèvres : elle venait de remarquer la pâleur et l'abattement de sa mère, l'embarras d'Etienne, le trouble indicible de Tristan, dont l'œil inquiet suivait dans le lointain la vision disparue. Il y avait évidemment dans leurs physionomies et leur attitude un secret si étrange et si triste, que la pauvre Aline se sentit le cœur serré, et n'osa pas les interroger.

Cette promenade si gaîment commencée s'acheva dans le silence. Lorsqu'on se sépara, Etienne s'approcha de Tristan, et lui dit tout bas, d'une voix qu'il s'efforça de rendre calme:

— Tu avais, je crois, à me charger de dire quelques mots à ma tante?

— Attendons à demain! murmura M. de Mersen.

VII.

En rentrant à Milan, Tristan et Etienne y trouvèrent tout le monde en rumeur : on avait appris, dans la journée, que la Floriana venait d'y arriver, qu'elle était d'abord résolue à ne pas s'arrêter, mais que, cédant aux ardentes prières des nombreux amis qu'elle comptait dans la ville, elle avait consenti à donner à *la Scala* une représentation, que l'on annonçait pour le surlendemain. L'on n'avait pas entendu la Floriana à Milan depuis l'année de ses débuts. On savait qu'après d'éclatants triomphes obtenus à Rome, à Vienne et à St Pétersbourg, elle avait été accueillie à Paris avec une certaine froideur pendant la saison qui venait de finir ; et cette circonstance, au lieu de refroidir la curiosité, y ajoutait encore, car le public dilettante des grandes villes d'Italie n'accepte pas cette prétendue suprématie musicale qui donne aux jugements des Parisiens la valeur d'un arrêt de Cour d'appel. A tort ou à raison, il se révolte contre ce singulier paradoxe de notre orgueil qui impose aux grands artistes italiens, comme consécration définitive de leur célébrité, les applaudissements d'un pays qui n'est pas le leur, et où ils trouvent, en échange de leur soleil et de leur azur, nos brouillards et notre boue. L'espèce de demi disgrâce que la Floriana avait subie dans la capitale du monde civilisé, loin de lui nuire auprès des Milanais, achevait de la rendre populaire. Aussi toutes les têtes étaient-elles en mouvement ; dans les salons comme dans les rues, on ne parlait que de la Floriana, de la belle soirée qui se préparait, et il était clair que l'enthousiasme général se disposait à changer cette solennité musicale en une fête publique.

Tristan de Mersen avait parfaitement reconnu le prince Alméräni et lord Elmorough à côté de la cantatrice, pendant l'instant, prompt comme l'éclair, où la barque de la Floriana avait passé près de lui. Ils étaient là tous deux, au premier rang du triomphal cortége, rivés aux caprices de cette femme étrange ainsi que des captifs à leur chaîne, et acceptant leur sort avec le sang-froid stoïque que l'un puisait dans le robuste entêtement de son caractère, l'autre dans ses puériles ardeurs de mélomane italien. Tristan commença par songer à eux avec cette sorte d'admiration railleuse qu'inspire le courage malheureux ; puis il se dit que la Floriana allait sans doute faire un choix entre ces deux rivaux également dignes de récompense, et cette pensée le contraria. D'ailleurs, la vision du lac de Côme avait eu quelque chose de si inattendu et de si magique, la Floriana, dans ce moment rapide, lui était apparue avec un tel prestige de grandeur, de poésie et de beauté, que Tristan, sans se l'avouer, en était tout bouleversé. Le plus brillant, le plus passionné de nos jeunes conteurs, M. de Molènes, a dit tout ce qu'il y avait de fatal dans ces amours profanes qui marquent de leur sceau indélébile le cœur d'un honnête homme. Même quand il la croit épuisée et tarie jusqu'à la dernière goutte, cette liqueur enivrante lui laisse je ne sais quelle lie à la fois capiteuse et amère qui fait trouver fade la coupe des amours permises. Il s'indigne, il s'irrite, il se débat contre ces ardentes images, contre ces souffles brûlants qu'il sent encore glisser sur son front lorsqu'il essaye de les détourner vers les brises fraîches et pures : vain effort ! sa colère même l'y ramène : le fantôme maudit passe et repasse devant son regard dont il altère à jamais la sérénité ; le démon qui l'a mordu au cœur, sait toujours y retrouver la plaie secrète, la fibre saignante, et il lui suffit de l'effleurer pour que tout saigne et vibre. Eternel châtiment de ces passions coupables, que le regret y survive au dégoût, et qu'à la joie d'en être ou de s'en croire guéri, se mêle l'humiliation et la douleur de se sentir impuissant à goûter pleinement ce qui n'est pas elles !

Tristan était donc en proie à ces hésitations misérables qui caractérisent les hommes tels que lui, dans les situations telles que la sienne. Le lendemain, comme il se disposait à sortir, il reçut un petit billet de la Floriana, empreint d'une familiarité tendre et cavalière, où un peu de mélancolie se cachait habilement sous beaucoup de gaîté apparente, et où M. de Mersen crut démêler le chagrin de l'avoir perdu et le secret désir de le ramener. Elle engageait Tristan à aller la voir à l'hôtel où elle s'était logée. Il résista, mais nous ne voudrions pas affirmer que ce fût par effort de vertu plutôt que par la certitude que cet acte de rébellion serait de nature à sauvegarder son orgueil et à piquer au jeu la cantatrice. Il demanda même à Etienne de l'accompagner, comme d'habitude, chez Mme de Sénac. Hélas ! que cette journée fut différente de la veille ! Aline était triste ; ses joues pâlies, ses yeux fatigués ne prouvaient que trop qu'elle avait pleuré, et ses efforts pour paraître calme et joyeuse, n'aboutissaient qu'à faire perler une larme au bord de sa paupière. Mme de Sénac semblait encore plus préoccupée que sa fille. Tristan essayait en vain de surmonter son trouble et son embarras. Etienne seul, au milieu du désarroi général, cherchait à ranimer la conversation, à égayer sa cousine, à dissiper l'impression de tristesse vague et de vague inquiétude qu'il sentait peser autour de lui comme cette lourde atmosphère qui annonce l'orage. Il y réussissait parfois, grâce à cet esprit aimable qui avait toujours l'air de s'oublier lui-même, et qui choisissait avec un tact infini ses sujets de diversion. Aline le remarqua ; elle en sut gré à son cousin; elle fut doucement émue en songeant à cette amitié fidèle, à cette abnégation discrète qui émanait peu, se trouvait là chaque fois que l'on avait besoin d'elle, se mettait en avant quand il le fallait, se retirait quand on n'en voulait plus. Sans trop s'y arrêter, et surtout sans interroger son cœur, livré pour le moment à une bizarre incertitude dont elle subissait le contre-coup sans en connaître la cause, Mlle de Sénac se dit pourtant que, pendant cette journée sombre et pénible, elle n'avait eu qu'une sensation agréable, et que c'était à Etienne qu'elle la devait.

Vers le soir, on apporta à Mme de Sénac une enveloppe cachetée; elle l'ouvrit sans y attacher d'importance; mais, à peine eut elle jeté les yeux sur le contenu, qu'une vive rougeur monta à son front. Un instant après, s'emparant du bras d'Etienne sous un prétexte quelconque, elle le conduisit au jardin, et lui dit d'une voix étouffée par une douloureuse colère :

— Croirez-vous que cette femme a l'audace de m'envoyer une loge pour sa représentation de demain?

M. d'Orvelay réfléchit un moment, puis répondit doucement à sa tante :

— Il faut y aller, et y conduire Aline.

Mme de Sénac se récria : Etienne poursuivit :

— C'est le seul moyen de déjouer la fatale influence de cette femme, et de répondre à son audacieux défi en lui prouvant qu'on ne la craint pas. De toute façon, je connais assez bien Tristan pour être sûr qu'il ira demain à la *Scala* : s'il y va seul, si la Floriana a un grand succès, — et elle l'aura, — si rien ne balance pour lui l'entraînement de ce triomphe, je prévois une rechute, et, ne durerait-elle qu'un jour, ce serait assez pour compromettre encore une fois le repos, le bonheur, la santé d'Aline. Si ma cousine s'y trouve avec lui, s'il passe la soirée dans votre loge, Aline est si belle, il y a dans sa seule présence quelque chose de si bienfaisant et de si doux, que le bon ange prévaudra contre le mauvais génie. D'ailleurs il y aura bien des regards dirigés vers elle; Tristan entendra bien des murmures flatteurs soulevés par cette beauté si différente de celles que l'on admire ici : ma cousine, en un mot, aura peut-être, à sa manière, un succès égal à celui de la cantatrice, et pour Tristan, vous le savez, c'est là un tout-puissant mobile !

Rien ne saurait rendre l'expression de douleur poignante et contenue avec laquelle Etienne prononça ces derniers mots. Un saint, forcé d'attenter par des paroles profanes à l'objet de son culte, ne souffrirait pas davantage ! Mme de Sénac ne s'en aperçut pas ; elle faisait encore quelque résistance ; mais son neveu acheva de la convaincre en lui démontrant qu'Aline aimait passionnément la musique, qu'elle ne pourrait ignorer une représentation dont toute la ville s'occupait, qu'elle demanderait à y assister, et qu'un refus ne serait bon qu'à faire travailler sa jeune imagination, inquiétée déjà par ce qui s'était passé la veille. Mme de Sénac finit donc par consentir, et l'on convint, avant de se quitter, que l'on irait ensemble dans cette loge qui était de quatre places.

La Floriana était la plus capricieuse des femmes: très sincère en écrivant à Tristan la lettre que nous avons lue et où elle accumulait avec une vivacité fébrile tout ce qui pouvait le décider à partir, elle avait été deux jours après, dépitée de son départ, et surtout du défi qu'il lui jetait en s'éloignant. Alors elle avait écrit au prince Almérani et à lord Elmorough deux lettres pleines de promesses, pour les rappeler auprès d'elle, en leur donnant rendez-vous à Milan, et en s'engageant à fixer enfin son choix sur l'un ou sur l'autre avant un mois révolu. Les deux prétendants n'avaient eu garde de manquer à l'appel, et ce furent les deux premières figures qu'aperçut la cantatrice en descendant de voiture. Nous savons ce qui s'en suivit.

Avant tout, il fallait à la Floriana une revanche, et que Tristan en fût témoin, ainsi que cette jeune fille à laquelle il affectait de la sacrifier. Il fallait que cette revanche fût assez complète, assez éclatante pour lui rendre, ne fût-ce que pour une soirée, son empire sur ce cœur vaniteux et mobile. La Floriana ne négligea rien de ce qui pouvait rehausser et assurer son triomphe. Elle fit annoncer que cette unique représentation aurait lieu au profit des pauvres, et l'enthousiasme des Milanais s'en accrut. Elle choisit, dans son riche répertoire , la *Sonnambula*, cette adorable idylle d'un génie mélancolique et charmant. Le rôle d'Amina , dont les

nuances tendres et douces la forçaient d'assouplir le caractère impérieux et grandiose de sa beauté et de son talent, lui plaisait par ces contrastes qui ont tant d'attrait pour les natures artistes, et dont l'effet sur le public est à peu près infaillible.

La salle était comble, et préludait aux émotions de la soirée par cette agitation bruyante où éclate l'ardeur méridionale. Aline, arrivée de bonne heure avec sa mère, se plaça sur le devant de la loge; Etienne et Tristan s'assirent dans le fond. Elle était toute vêtue de blanc, et d'une beauté angélique. Mais le public italien diffère de public de Paris. Ici, une foule assemblée pour applaudir un nouveau chef-d'œuvre de Meyerbeer, une comédie nouvelle d'un auteur à la mode, un important début musical ou dramatique, n'en sera que plus disposée à se distraire de son attente en fixant d'avides regards sur les purs et élégants visages qui viennent consteller les loges. A Milan, à Florence, à Rome, à Naples, la curiosité et l'enthousiasme sont tout d'une pièce : une fois dirigés sur un point, rien ne saurait en détourner une parcelle au profit d'autres admirations. Ce soir-là, Milan tout entier appartenait à la Floriana : on ne voulait voir, entendre, regarder, écouter qu'elle, et tout ce qui n'était pas l'idole du moment, n'existait pas pour ce *fanatisme* aussi violent que passager. Quelques étrangers qui se trouvaient dans la salle, se récrièrent sur la beauté d'Aline, mais ce fut tout : l'âme de cette foule était ailleurs, et l'effet prévu, redouté peut-être par Etienne, fut à peu près nul.

Lorsque la Floriana parut en scène, dans son frais costume de villageoise des bords du Tesin, toutes ces têtes s'inclinèrent comme sous un souffle de mélodie, et un seul cri, sorti de ces milliers de poitrines, salua l'illustre virtuose pour la bonne action qu'elle allait faire, et le plaisir qu'elle allait donner. La Floriana était dans un de ces moments où l'artiste sent se décupler sa puissance et sa force, où une sorte de mystérieux magnétisme lui révèle d'avance les transports frénétiques qu'il va semer dans son auditoire. Involontairement ou à dessein, elle lança un regard de flamme vers la loge où elle avait vu entrer Tristan, et chanta la délicieuse cantilène : *Come per me sereno!* Cet air, d'une fraîcheur matinale, fut dit avec un accent si suave, qu'on eût dit l'hymne virginal d'un cœur de seize ans s'ouvrant aux premiers tressaillements de l'amour, sous un rayon de soleil. Aline pleurait; il lui semblait que cette femme en qui elle reconnaissait l'étrangère du Simplon et du lac de Côme, traduisait en une langue divine cette printanière fête de l'âme , qu'une influence inconnue éloignait de Mlle de Sénac , au moment où elle croyait y toucher. Etienne qui ne la perdait pas un instant de vue, aurait donné dix ans de sa vie pour avoir le droit d'essuyer de ses lèvres ces deux larmes limpides qui descendaient le long de ce pur visage. Tristan ne les remarquait pas : il regardait la Floriana.

Un peu plus tard, lorsqu'Elvino, inquiet de la longue conversation d'Amina avec le comte Rodolfe, avoue à sa fiancée qu'il est jaloux de tout ce qui l'approche, et soupire cette phrase plaintive et passionnée: *Son geloso del zefiro amante... fin del rivo*

che specchio ti fa... il y eut un moment où Aline, se
tournant par hasard vers Etienne, s'aperçut qu'il
avait mis son mouchoir sur ses yeux , et que sa
voix tremblait d'une émotion invincible. Cette sensibilité excessive étonna la jeune fille ; elle se re-
cueillit un instant, et se demanda de nouveau si
Etienne ne cachait pas, sous des airs de résignation
et d'amitié fraternelle , un sentiment plus profond
qu'il ne se l'avouait à lui-même : mais cette impression dura peu, et ne tarda pas à se perdre dans
ce courant de mélodie élégiaque et rêveuse où se
laissait emporter Aline.

Depuis la première note jusqu'à la dernière, la
soirée ne fut qu'un long, immense triomphe pour
la Floriana. Dans tous les détails de ce rôle
pathétique où se succèdent toutes les angoisses et toutes les ivresses de l'amour, elle dépassa
les espérances de ses plus fervents admirateurs,
et réalisa cet idéal qu'il n'est donné aux plus
grands artistes d'atteindre que par courtes et rares
échappées. Sa beauté eut autant de succès que son
talent ; au dernier acte, quand on la vit paraître
sur le toit de sa chaumière, dans son blanc vête-
ment de somnambule, les bras nus, les cheveux
dénoués, l'œil flottant dans l'espace, quand elle
murmura d'une voix pleine de soupirs et de sanglots : *Ah ! non credea mirarti... si presto estinto, o
fiore!* l'illusion dramatique fut portée à son comble.
Tous les cœurs étaient oppressés de sa douleur et
effrayés de son danger. Puis arriva le finale ; Amina, disculpée aux yeux de tous, rendue à la tendresse de son amant et à ses caresses de bonheur, retrouva toutes les perles de son écrin, tous
les prestiges de son exécution magique pour chanter le rondo célèbre : *Ah! non giunge uman pen-
siero!* Exaltée par la certitude et l'enivrement de
son triomphe, la Floriana, dans ce morceau, fit de
tels prodiges, que le délire du public éclata avant
qu'un dernier point d'orgue eût traversé comme
une fusée éblouissante le ciel étoilé de Bellini. Bravos furieux, rappels infinis, cris d'extase, gerbes de
fleurs, transports, trépignements, folies, tout fut
prodigué à la cantatrice par cette foule que, depuis
quatre heures, elle tenait haletante et subjuguée
dans l'étreinte de son génie. Au moment où le
rideau tomba, la Floriana leva les yeux vers la loge
de Mme de Sénac : elle était vide.

Voici ce qui était arrivé : Aline avait fini par s'a-
bandonner entièrement au charme de cette musique
et de cette voix. Nature fine et délicate, elle ressentait si profondément toutes ces merveilles d'art,
de passion et de poésie, qu'à son enchantement avait
succédé une sorte de frisson nerveux qui était presque une souffrance. A l'avant-dernière scène, pendant qu'il n'y avait sur le théâtre que les acteurs
secondaires , des conversations animées s'étaient
établies, à la mode italienne, dans toutes les loges :
quelques mots français, prononcés dans la loge
voisine qui n'était séparée que par une mince cloison, avaient attiré l'attention de Mlle de Sénac ;
elle s'était involontairement inclinée pour mieux entendre ; on parlait de la Floriana.

— Eh bien! disait-on, quand finira ce singulier
steeple-chase entre lord Elmorough et le prince
Alméráni? Pour qui se décidera la *diva?* Après une
soirée comme celle ci, le prétendant sacrifié n'a

plus qu'à se brûler la cervelle ou à aller se noyer
dans le lac de Côme...

— Hé ! messieurs, dit un autre de ces causeurs
invisibles, il pourrait bien y avoir, comme dans la
fable, un troisième larron : il existe, de par le
monde, un beau jeune homme qui, depuis trois
ans, passe sa vie à rompre et à renouer avec la
Floriana, et qui n'a qu'à vouloir pour rester l'heureux Elvino de cette incomparable Amina !...

— Savez-vous son nom? demanda le premier
interlocuteur.

— Il s'appelle le comte Tristan de Mersen, et je
sais qu'il est ici...

Aline n'en entendit pas davantage : à demi brisée
déjà par les émotions de la soirée, cette révélation lui
arrivant ainsi par hasard et par une voix inconnue,
lui fit un mal affreux. Sa mère, placée de l'autre
côté de la loge, n'avait rien entendu ; mais elle fut
frappée de sa pâleur.

— Allons-nous-en , maman, je ne me sens pas
bien ! lui dit Aline dont les yeux brillants et la
main brûlante trahissaient un commencement de
fièvre.

Elle se leva en chancelant, et Mme de Sénac la
suivit. Etienne, inquiet de l'état de sa cousine, sortit en même temps de la loge, et offrit son bras
aux deux femmes. Aline l'accepta machinalement,
et s'y appuya avec force comme si elle craignait de
tomber. Ce fut pour Etienne une sensation enivrante et douloureuse tout ensemble : ce bras charmant qu'il sentait frémir sur son cœur, n'en appelait il pas, hélas! un autre que le sien ?

M. d'Orvelay accompagna Mme de Sénac et sa
fille jusqu'au péristyle où elles trouvèrent leur voiture. Il leur dit adieu en promettant tout bas à sa
tante d'aller le lendemain savoir des nouvelles et
lui en donner; ensuite il remonta dans la loge :
mais Tristan n'y était plus.

Resté seul, au moment où l'ovation finale de la
Floriana atteignait jusqu'au délire, M. de Mersen
avait tout oublié, excepté cette scène triomphale
dont elle était l'héroïne et dont il eût pu être
le héros. L'étrange sentiment qui l'avait attaché
à la cantatrice, s'était rallumé dans toute son
ardeur factice : poussé par une force invincible , il passa derrière le théâtre , et courut à
la loge de la Floriana qui venait d'y entrer ,
toute palpitante de sa victoire, entraînant sur
ses pas un cortège d'adorateurs fanatiques. En
un moment, vingt sonnets se croisèrent sur sa table ; une litière de bouquets gisait à ses pieds. C'é-
tait à qui l'appellerait Reine, Muse, Divinité, avec
toutes les exagérations charmantes où se plaît la
volubilité italienne. Chaque mot, chaque geste,
chaque regard lui parlait de son génie et de sa
gloire ; c'était, de tous points, la revanche de son
triste début de Paris.

Lord Elmorough et le prince Alméráni étaient à
leur poste ; quand la cohue des complimenteurs fut
dissipée et qu'il ne resta plus que les intimes, la
Floriana leur imposa silence d'un signe, et dit avec
une certaine grâce impérieuse :

— Une soirée comme celle ci ne peut pas avoir
de lendemain ; mes chevaux sont commandés ; je
repars à l'instant, je vais à Naples ; c'est aujour-
d'hui le 10 juin : mylord, et vous, prince, je m'en-

gage à vous faire connaître d'ici à un mois mon choix définitif, ma décision souveraine.

Et en prononçant ces derniers mots, elle regarda Tristan.

VIII.

Le lendemain, Etienne d'Orvelay s'acheminait seul vers l'habitation de Mme de Sénac. Ce qui était arrivé, on pouvait aisément le deviner. En rentrant après la représentation dans l'appartement qu'il occupait avec M. de Mersen, Etienne y avait vainement attendu Tristan pendant une partie de la nuit ; le matin, au point du jour, un petit billet écrit au crayon, d'un style embarrassé et d'une écriture illisible, lui avait appris que Tristan était parti pour Naples, et cela avec une telle précipitation, qu'il le priait de lui envoyer ses habits et son linge.

Il ne faut pas demander au cœur humain des perfections qui ne sont pas de ce monde, ni trop s'inquiéter de savoir si Etienne était bien malheureux de se trouver seul sur cette route, de se dire qu'il allait être seul avec Aline et sa mère, sans avoir à s'effacer derrière le brillant compagnon dont la présence lui rappelait constamment ses conditions d'infériorité et sa vie de sacrifice. En supposant d'ailleurs qu'une pensée personnelle se glissât en ce moment dans l'âme de M. d'Orvelay, il y en avait une autre qui les dominait toutes et qui eût suffi à les assombrir. Etienne, au sortir du collège, n'étant point distrait par ces succès de salon où se gaspillent les meilleurs jours de la jeunesse, désireux de racheter ses désavantages extérieurs par l'utile emploi de son intelligence, avait abordé quelques branches des connaissances humaines qui ne font point partie des éducations ordinaires, entre autres la médecine. Sans avoir la moindre prétention au bonnet de docteur, il possédait une instruction réelle et une grande justesse de coup d'œil. C'était assez pour qu'il fût inquiet d'Aline, dont le regard fiévreux et les traits bouleversés l'avaient frappé, la veille, d'une sorte de pressentiment. Il hâta le pas, et, peu d'instants après, il entrait dans l'avenue d'érables sycomores qui conduisait à la maison.

Ses tristes prévisions ne furent que trop réalisées; il trouva sur le perron Mme de Sénac, qui ne s'était pas couchée, et qui lui dit d'une voix brève :

— Aline est malade; elle a la fièvre.... Vous arrivez seul ?

— Oui, ma tante ; M. de Mersen est parti, murmura-t-il rapidement.

— Je m'y attendais... Pas un mot de plus là-dessus ! reprit-elle d'un ton dont le calme déguisait mal l'amertume.

Etienne demanda à voir sa cousine ; elle était dans sa chambre, la tête appuyée sur le dossier d'un grand fauteuil qui l'enveloppait toute entière, noyée dans des flots de mousseline blanche, moins blanche que l'albâtre de son front et de ses joues. Lorsqu'elle vit Etienne, elle regarda un moment du côté de la porte, comme si elle s'attendait à voir entrer quelqu'un derrière lui ; mais ce mouvement fut imperceptible : elle tendit à M. d'Orvelay une main brûlante, et lui dit avec un sourire qui faisait mieux ressortir la pâleur de ses lèvres :

— Moi aussi, mon ami, me voilà en costume de *somnambule !*

Elle n'adressa à Etienne aucune question ni sur la soirée de la veille, ni sur ses suites, ni sur l'absence de Tristan. On eût dit qu'elle s'était scellé le cœur. Le médecin que Mme de Sénac avait envoyé chercher, arriva sur ces entrefaites ; il refusa de se prononcer, trouva que la fièvre était bien forte, recommanda un repos absolu ; et M. d'Orvelay qui avait un peu le droit de le traiter en confrère, crut s'apercevoir qu'il n'était pas sans inquiétude.

Lorsque l'on sortit de la chambre, Aline se tourna vers son cousin, et lui dit doucement ;

— Etienne, vous resterez ici, n'est-ce pas, tant que je serai malade?

M. d'Orvelay ne put lui répondre que par un signe de tête; il se détourna précipitamment pour cacher l'émotion qui le suffoquait. Puis, redevenu plus calme, il alla rejoindre madame de Sénac qui accompagnait le médecin :

— Vous avez entendu, lui dit-il, la gracieuse demande d'Aline ? Me permettez-vous de lui obéir et de m'installer ici tant que je pourrai vous être utile? Vous savez qu'il faut se prêter aux caprices des malades !

Pour toute réponse, Mme de Sénac pressa Etienne sur son cœur, et fondit en larmes. Elle manquait un peu, nous l'avons vu, de prévoyance et de fermeté : habituée, dès l'enfance, à laisser les autres penser et agir pour elle, toutes les facultés de son âme s'étaient concentrées plus tard dans son amour maternel; seulement, elle apportait dans cet amour même quelque chose de cette faiblesse d'esprit, de ce défaut de réflexion qui l'avait rendue tour-à-tour trop confiante envers Tristan, trop exclusive dans son désir de le voir épouser Aline, et trop égoïste, à son insu, dans ses relations avec Etienne. Mais il y a dans les angoisses qui saisissent le cœur des mères au chevet de leur enfant malade, je ne sais quelle lumière soudaine et terrible qui éclaire à leurs yeux ce qu'elles n'avaient jamais ni regardé, ni deviné. Mme de Sénac comprit en ce moment combien l'amitié et le dévouement d'Etienne étaient préférables à ces alternatives d'empressement et d'abandon, d'hommage romanesque et d'irrésolution blessante qui n'avaient été bonnes jusque là qu'à compromettre le repos et la santé de sa fille. Seule, en pays étranger, peu rassurée par la première visite d'un médecin inconnu qui parlait à peine français, elle apprécia, à sa juste valeur, tout ce qu'elle pouvait attendre de l'affection de son neveu, si fidèle, si constante, si infatigable, si peu exigeante ; et lorsqu'elle put enfin lui dire à travers ses larmes, dans une longue et maternelle étreinte :

— Mon enfant ! mon second enfant !... oh ! oui, restez ici, restez-y toujours !... c'est votre place... que deviendrions-nous, si vous n'y étiez plus ?...

Etienne sentit que ce cœur faible, mais bon, lui rendait tout un arriéré de reconnaissance et de tendresse.

Il s'établit donc, à dater de cet instant, chez Mme de Sénac, et partagea avec elle tous les soins qu'exigeait l'état alarmant d'Aline. Le troisième jour, une fièvre nerveuse se déclara avec des redoublements et des symptômes dont le médecin ne dissi-

9.

mula pas la gravité à Etienne, qu'il lui semblait moins nécessaire de ménager que la pauvre mère. M. d'Orvelay avait à cacher ses propres inquiétudes, à rassurer sa tante, à prendre un visage riant, à suppléer tour à tour auprès d'Aline le médecin et Mme de Sénac, et à essayer de la distraire à l'aide de lectures, de gais propos et d'anecdotes amusantes. Il suffisait à tout cela avec un mélange de lucidité et d'énergie, d'ardeur et de sang-froid, qui émerveillait le docteur. Il le comprenait à demi-mot, lui décrivait chaque symptôme et chaque incident, lui soumettait son avis, allait au-devant de ses ordonnances et s'identifiait à la fois avec lui pour savoir ce qui pouvait soulager Aline, et avec Aline pour deviner ce qu'elle souffrait. Aussi, le docteur, qui avait fini par le regarder comme un fiancé et un amoureux plutôt que comme un simple cousin, lui disait-il : Allons ! je vois que j'ai deux malades ; mais l'un m'aidera à sauver l'autre.

La maladie fit d'effrayants progrès jusqu'au seizième jour ; ce jour-là, le médecin avait annoncé qu'il y aurait probablement une crise qui serait salutaire ou fatale. Il s'était retiré vers le soir, en laissant une potion calmante que la malade devait prendre avant la nuit, pour prévenir le délire dont elle avait eu déjà quelques légères atteintes, Mme de Sénac, écrasée de fatigue après quinze nuits d'insomnie, était allée, à la prière de son neveu, se reposer dans sa chambre. Etienne restait seul auprès d'Aline.

Le temps était si beau qu'on avait permis de laisser entr'ouverte une des croisées, afin qu'il un peu de cet air tiède et embaumé pût arriver jusqu'aux rideaux de Mlle de Sénac. Une veilleuse, posée sur un guéridon, et enfermée dans son globe de cristal, projetait sa lueur pâle et voilée sur le visage amaigri de la malade, dont la respiration s'oppressait de plus en plus. Les heures s'écoulaient avec lenteur, et Etienne, l'œil fixé sur la pendule, s'étonnait de tout ce que l'espace de quelques minutes pouvait contenir d'épouvantes et d'angoisses. De temps à autre, un léger souffle, venu du dehors, pénétrait jusque dans la chambre, et mêlait la vague arôme des rosiers et des jasmins à l'air étouffé de l'appartement. Pas un mouvement, pas une voix, pas un bruit, excepté le ressort monotone du balancier et la note plaintive d'un oiseau de nuit perché sur les arbres du jardin. Dix heures sonnèrent : Aline parut se réveiller de son lourd sommeil : c'était le moment où l'on pouvait craindre que le délire ne recommençât, et où il fallait lui faire prendre la potion. Mme de Sénac avait expressément recommandé à Etienne de l'attendre, voulant juger par elle-même de l'état de sa fille avant de lui donner cette prise d'opium qui devait tout sauver ou tout perdre. Mais, vaincue par le sommeil, elle ne revenait pas ; l'instant était décisif ; la perte d'une minute pouvait être funeste. Cette responsabilité n'effraya pas Etienne ; il y vit une faveur de la Providence qui permettait qu'une fois au moins dans sa vie, il fût uni par un étroit et douloureux lien à cette destinée si chère. Le pouls d'Aline annonçait l'approche de la crise : une effrayante rougeur marbrait son front et ses joues. M. d'Orvelay n'hésita pas ; il versa la potion dans une tasse et la tendit à sa cousine qui but avec une avidité machinale.

Pendant une heure, il y eut lutte entre l'effet du breuvage et l'accès de fièvre qui redoublait. Etienne s'était mis à genoux au pied du lit, surveillant avec une anxiété indicible chacune de ces secondes qui pouvaient être la mort ou le salut. A la fin, Aline parut s'arracher à cette espèce de demi-sommeil où s'entrechoquaient les sombres visions du délire : une teinte plus naturelle colora son visage ; un imperceptible sourire courut sur ses lèvres ; se tournant à demi vers Etienne, toujours à genoux et immobile, elle laissa échapper quelques syllabes vagues et inarticulées comme un soupir, où il crut pourtant distinguer ces mots :

— Je vous aime !

Le pauvre Etienne ne douta pas que ces paroles ne fussent adressées à un autre, à une image lointaine et chérie que le paroxisme de la fièvre ramenait à l'esprit troublé de la malade, au milieu des ombres envahissantes. Cette façon d'intercepter, grâce à un accès de délire, un tendre aveu qui ne lui était pas destiné et qu'il eût payé de son sang, constituait pour lui un nouveau genre de supplice qu'il accepta avec une résignation héroïque, priant Dieu de sauver Aline, dût-il acheter ce bonheur par tous les déchirements, toutes les tortures !

Aline le regarda fixement, et répéta d'une voix un peu plus distincte :

— Je vous aime !

— Chère cousine, ne put s'empêcher de dire M. d'Orvelay, celui à qui vous croyez parler n'est pas ici ; mais il reviendra ; il vous aime ; nous serons tous heureux !

— Qui, lui ? reprit Mlle de Sénac avec l'insistance particulière à ces crises redoutables : je ne le connais pas... Ah ! oui ! poursuivit-elle tout bas comme se parlant à elle-même : l'autre ! celui qui est parti ! Mais celui-là, vous savez bien qu'il ne reviendra pas ! Vous savez bien qu'il lui faut des belles dames marchant sur les toits avec une grande robe blanche, et chantant de cette voix qui fait tant de bien et tant de mal : Ah ! non credea mirarti !.....

— Grand Dieu ! elle le sait ! bégaya Etienne frappé de surprise et d'effroi.

— Comme elle est belle ! Et comme elle chante ! continua la malade, de plus en plus exaltée par la lutte de l'opium et de la fièvre.... Ah ! comment ne l'aimerait-on pas ? Ces lumières, ces fleurs, ces bravos, ces cris, ces couronnes ! Fori ! Fori ! On la rappelle ! La ville entière est à genoux devant sa beauté et son génie !... Il n'est plus là ! il est allé lui dire qu'il l'aimait !... Mais vous, vous ne l'aimez pas ? s'écria-t-elle en s'agitant sur son lit...

— Oh ! je n'aime que vous, pour vous soigner, pour vous guérir, pour vous sauver, pour m'immoler à votre bonheur ! reprit Etienne éperdu : mais, par pitié, par grâce, calmez-vous ! Il y va de la vie !

— Que c'est séduisant et beau, une grande artiste ! ajouta-t-elle sans l'entendre. Une salle immense, agitée comme une mer.... Au lieu de vagues, des têtes, d'où s'échappe un continuel murmure d'admiration et d'amour.... Au lieu d'étoiles, des centaines de lustres et de girandoles qui illuminent et qui brûlent... Au lieu de brises, ces souffles enflammés qui montaient jusqu'à ma poitrine... Et puis, dans ces flots sonores tombent à chaque instant les notes de cette voix magique... Elles s'y changent en perles... plus limpides et plus pures que celles de ces colliers... Il est allé les chercher, n'est-ce pas? Il a raison... Mais vous, vous êtes là! Je vous aime!

—Aline! vous vous tuez! vous me tuez! Oh! je vous en prie.... pas un mot de plus! silence!...

Et en même temps Etienne, par un geste rapide, posa sa main sur la bouche de Mlle de Sénac; elle fit encore un léger effort comme pour parler : puis l'effet de la potion calmante triompha des visions du délire; sa tête glissa le long de l'oreiller, et vint s'appuyer sur l'épaule d'Etienne : bientôt une respiration plus égale et plus paisible annonça qu'elle était endormie.

Un peu plus tard, Mme de Sénac entra, en proie à un état de désespoir et d'angoisse plus facile à comprendre qu'à peindre; réveillée en sursaut, elle avait vu que plus de deux heures s'étaient écoulées depuis le moment où devait commencer la crise.

Elle s'arrêta sur le seuil, à un signe d'Etienne, qui fût mort dix fois plutôt que de dire un mot ou de faire un mouvement. Il était toujours à genoux, collé contre le lit : le blanc visage d'Aline endormie reposait sur son épaule, une boucle de ses cheveux effleurait sa joue. Sa main s'était doucement emparée de celle de la jeune fille, et en comptait, minute par minute, les pulsations régulières. Une ineffable expression d'amour, d'espérance, de prière, purifiée et consacrée par l'abnégation et l'oubli de soi, illuminait les traits de M. d'Orvelay, et s'il est vrai qu'il y ait des instants rapides où l'âme se fait visible et souveraine pour transfigurer la matière, on me permettra de dire qu'en ce moment Etienne était beau.

Mme de Sénac, un peu enhardie, s'approcha de lui sur la pointe du pied, et l'interrogea du regard :
— Je la crois sauvée, lui dit-il tout bas.

En effet, à dater de ces heures décisives, l'état de Mlle de Sénac cessa d'inspirer de sérieuses inquiétudes, et, au bout de quelques jours, le médecin annonça solennellement qu'il répondait de sa vie.

Mais à mesure que le danger s'éloignait, qu'elle recouvrait ses forces, et que sa mère suivait, jour par jour, sur ses traits charmants, les progrès de sa convalescence, Etienne était livré à des perplexités qui troublaient pour lui ces moments de consolation et de joie. Tranquillisé sur la vie d'Aline qui avait absorbé toutes ses pensées, il commença à recueillir avec la minutieuse obstination d'une idée fixe, chaque détail de cette nuit étrange et terrible qu'il avait passée près de sa cousine. En elle, qui avait parlé? Etait-ce sa raison? Etait-ce son délire? Avait-elle pensé ce qu'elle disait? Se souvenait-elle de ce qu'elle avait dit? Ce n'était évidemment pas sa raison; car il n'avait pu se méprendre aux symptômes de cette crise, aux images incohérentes et confuses que l'opium et la fièvre avaient fait tour-à-tour passer dans ce cerveau halluciné. D'une autre part, si c'était le délire, comment expliquer qu'Aline eût si bien reconnu que c'était lui, et non pas Tristan, qui se trouvait auprès d'elle? Comment expliquer qu'au milieu du désordre de ses paroles, elle eût fait une allusion si claire aux relations de Tristan avec la Floriana? Et, ces relations, qui les lui avait révélées? Et, si elle les connaissait, quel changement en résulterait-il dans ses sentiments pour M. de Mersen? Tel était le texte obscur et compliqué sur lequel l'esprit de M. d'Orvelay revenait sans cesse avec plus de persistance et d'ardeur que n'en dépense un commentateur passionné sur un texte de Pindare ou de Dante. Quelquefois, malgré tous ses efforts pour rester raisonnable et sensé, un fol espoir s'emparait de lui. Il lui semblait possible que cette dernière secousse eût bouleversé le cœur d'Aline, et lui eût donné la place qu'y avait occupé Tristan : ces paroles d'amour qu'il avait recueillies sur les lèvres de Mlle de Sénac et qui s'étaient gravées en traits de feu dans son âme, il lui semblait que c'était bien à lui qu'elle les avait dites! Bientôt une réflexion, un doute, un souvenir, venaient dissiper ce mirage et démontrer à Etienne que ces mots n'étaient pas pour lui, que sa cousine divaguait en les prononçant, et qu'il était insensé à son tour en s'y attachant comme à son bien. Dans ces cruelles alternatives qui étaient devenues toute sa vie, M. d'Orvelay ressemblait à un pauvre famélique qui, ayant trouvé un trésor, et partagé entre sa convoitise et sa probité, se demanderait s'il est à lui, s'il a le droit de le garder, ou s'il doit le restituer à son vrai propriétaire. Mais ce propriétaire, où était-il? Ne devenait-il pas indigne de ce trésor en l'abandonnant? Etienne, assailli par toutes ces pensées contradictoires, essayait vainement de lire dans son cœur, de résoudre ses incertitudes, de se tracer un plan de conduite vis-à-vis de sa cousine. Tout ce qu'il savait, c'est qu'elle l'occupait tout entier; c'est que, malgré ce secret tourment, il eût refusé d'échanger contre les plus grandes joies de ce monde les journées qu'il passait à ses côtés : c'est qu'en appelant de ses vœux une nouvelle occasion de se dévouer à Aline, il se demandait avec effroi si une preuve de dévouement qui consisterait à renoncer à elle, ne serait pas désormais au-dessus de son courage.

IX.

Cependant, il y a dans la convalescence des personnes qui nous sont chères quelque chose de si doux, qu'en dépit des perplexités d'Etienne, les jours qui suivirent le rétablissement de Mlle de Sénac furent délicieux. Elle se reprenait à la vie avec ce charme vague, indéfinissable, qui est à la fois une sensation et un sentiment, et qui ressemble, pour l'âme et le corps, à un second matin. On eût dit qu'à la suite de cette crise, dont le seul souvenir faisait encore frissonner Mme de Sénac et Etienne, cette organisation délicate et charmante se renouvelait, comme se renouvelle, au printemps, la verdure des chênes, qu'on voit poindre, en frais bourgeons, sous le feuillage desséché par l'hiver : on eût dit qu'avec le bonheur de revivre, d'autres idées, d'autres images, d'autres affections peut-être, rentraient peu à peu dans ce cœur trop jeune, trop aimant et trop pur pour pouvoir croire à l'irréparable.

On était au mois de juillet; mais, grâce aux grands massifs d'arbres sous lesquels s'abritait l'habitation de Mme de Sénac, et aux cours d'eau qui sillonnent cette heureuse plaine, la chaleur était supportable : d'ailleurs la chaleur n'effraie pas les convalescents. Il y avait surtout, à l'angle de la maison et à l'entrée du jardin, un aimable nid qui avait eu dès l'abord les préférences d'Aline. C'était une sorte d'hémicycle naturel, formé par des lauriers thyms, et que quatre marronniers à fleurs roses, protégeaient, à toute heure, contre les rayons du soleil. Des plantes grimpantes, des liserons, des rosiers-*banks*, enroulés au tronc noueux de ces arbres, montaient jusqu'à leurs plus hautes branches, et entremêlaient leurs aigrettes blanches eu leurs clochettes bleues à l'épais feuillage des marronniers et des lauriers thyms. A défaut des rossignols que l'été avait mis en fuite, le merle, le loriot, le bouvreuil, aimaient à se cacher dans ce vert fouillis, ou à gazouiller à l'entour. Mlle de Sénac y avait fait placer des fauteuils rustiques, et c'est là que, trop faible encore pour les longues promenades, elle venait s'asseoir avec Etienne, et prendre, suivant la pittoresque expression méridionale, un bain d'air, de cet air tiède et pur, imprégné de la senteur des plantes, qui ramène dans les organes appauvris la chaleur, le sang et la vie.

Etienne ne la quittait presque pas, et Mme de Sénac les laissait souvent ensemble. Aline se faisait *gâter* par son cousin, avec cette grâce irrésistible à laquelle on pardonnerait même l'égoïsme. Elle lui imposait ses tyrannies et ses caprices comme autant de lois souveraines, le forçait, à tous moments, de changer de place le coussin qui soutenait ses épaules, le tabouret sur lequel elle appuyait ses pieds, de recommencer dix fois la même histoire, de retourner vingt fois à la maison pour aller chercher le peloton de fil dont elle avait besoin, la broderie commencée, le livre qu'elle avait oublié; et c'était toujours de la part de M. d'Orvelay même soumission, même complaisance. Peut-être ce despotisme d'Aline à l'égard de son cousin ne ressemblait-il pas tout-à-fait à celui d'autrefois; peut-être n'était-ce plus la légèreté enfantine et distraite, se laissant aimer et servir sans se préoccuper jamais ni de récompenser le service, ni de répondre à la tendresse, mais plutôt l'affectueuse malice d'un cœur sûr de son empire, et sachant à quelque chose la rendre pour ce qu'on lui donne. Etienne, par malheur, était de ceux qui, très attentifs et très clairvoyants pour toutes les nuances qui peuvent les désoler, le sont moins pour celles qui pourraient leur trouver un sujet d'espérance et de joie. C'était d'ailleurs le moment où, délivré de toute inquiétude, pour la santé d'Aline, n'en gardant plus qu'un souvenir adouci par la sécurité présente, M. d'Orvelay commençait à se plonger dans un océan de réflexions, de doutes, d'incertitudes, se demandant sans cesse si sa cousine aimait encore Tristan, si Mme de Sénac y songeait toujours, si les situations restaient les mêmes, et s'il n'avait pas autre chose à espérer, à vouloir et à faire qu'à chercher un nouveau moyen de ramener M. de Mersen. Ingénieux à se tourmenter, Etienne remarqua bientôt que ni les manières de sa tante, ni celles d'Aline, ne changeaient vis-à-vis de lui : il était toujours traité en neveu et en cousin, rien de plus : pas une allusion au passé, à la maladie d'Aline, aux soins qu'il lui avait rendus, à cette nuit dont chaque détail retombait sur son cœur goutte à goutte comme la source qui s'amasse au creux du rocher! Etienne ne tarda pas à en conclure que ces heures d'hallucination n'avaient laissé aucune trace, que l'image de Tristan était rentrée en souveraine dans le cœur d'Aline avec la santé et la vie. Pour la première fois, il inclina, non pas au dépit, à la rancune ou à la révolte, mais à je ne sais quel sentiment douloureux de l'ingratitude et de l'injustice de ce qu'il aimait. Il éprouva une impression analogue à celle que ressent l'homme pieux, cruellement éprouvé par la Providence, et entendant s'élever des secrètes profondeurs de son âme un murmure involontaire contre ces rigueurs imméritées. Cette disposition, si nouvelle chez M. d'Orvelay, donna, pendant quelques jours, à son humeur des velléités de brusquerie, d'inégalité et de résistance, qui ne parurent ni étonner Aline, ni la contrarier. Etienne se trompa à cette indifférence, et prit même d'une légère teinte de moquerie. Il crut que, sans le vouloir, il était sorti de son rôle, qu'il avait fait mine d'espérer mieux ou d'exiger davantage, et que sa cousine le rappelait aux vraies conditions de leur fraternelle amitié. Alors, comme l'âme pieuse dont nous parlions tout à l'heure, il rentra en lui-même, s'interrogea sévèrement et se fit honte de ce mouvement égoïste, de cet alliage qu'il venait de mêler à la pureté de ses tendresses. De quel droit avait-il attendu plus qu'on ne lui accordait auparavant? Quoi! parce qu'il avait aidé sa tante à soigner sa fille malade, il croyait mériter qu'on l'aimât? Le beau titre vraiment! Qui n'en eût fait autant à sa place? Etait-ce donc là une raison d'oublier tout ce qui lui manquait pour inspirer l'amour? Aline, après tout, n'avait-elle pas toujours les mêmes yeux, le même cœur? les mêmes yeux hélas! pour regarder Etienne! le même cœur pour aimer Tristan! Que M. de Mersen revînt, qu'il réussît enfin à surmonter l'influence fatale, placée entre Aline et lui, ne serait-il pas bien vite pardonné? Chacun ne serait-il pas remis à sa place, à lui l'amitié, à Tristan l'amour? Toutes choses ne se renoueraient-elles pas au fil que la Floriana avait brisé? Et s'il pouvait, lui, concourir à ce résultat, n'était-ce pas son devoir d'y songer, d'y travailler encore, comme il l'avait déjà fait, sans arrière-pensée et sans murmure? A force de se répéter ces vérités inflexibles, Etienne parvint, sinon à retrouver la paix du cœur, au moins à y suppléer par le renoncement et le courage. Plus maître de lui, il put de nouveau déployer auprès d'Aline cet esprit gracieux et fin qui le rendait vraiment sympathique. La jeune fille l'avait choisi pour arbitre de ses lectures; il lui apportait quelques-unes de ces douces et fraîches histoires où les âmes délicates aiment à se reconnaître, comme les jeunes visages se mirant dans une onde pure : *Paul et Virginie, Adèle de Sénanges, le Médecin de Village, Résignation, Madeleine, Catherine*, mélancoliques légendes de l'amour purifié par le sacrifice. Quelquefois Aline interrompait la lecture pour lui demander son avis sur tel passage dont elle était frappée, tel sentiment qu'elle ne s'expliquait pas, et il était rare que le commentaire ajouté par son cousin ne parût pas l'intéresser presqu'autant que le livre même. Il lui lisait aussi, Walter Scott, et Mlle de Sénac se passionnait pour ce vieux monde chevaleresque et poétique, si puissamment évoqué par le sublime chroniqueur, pour ces romantiques paysages que son génie fait sortir, si vivants et si pittoresques, du milieu des brumes et des nuages de l'Ecosse. Elle se faisait tour à tour l'amie, la sœur, la compagne de toutes ces chastes et belles héroïnes, Alice Lee, Jeannie Deans, Edith, Rebecca, Diana Vernon. Sa jeune intelligence, s'ouvrant à ces larges horizons, étonnait souvent Etienne par la finesse de ses aperçus, la grâce de ses idées, et un fonds de sensibilité franche et vraie à demi-caché sous cette élégante enveloppe comme la fleur dans sa tige. Un jour qu'ils lisaient ensemble Rob-Roy, Aline s'arrêta tout à coup : on sait que, dans cet admirable roman, Diana Vernon, l'héroïne, est aux prises avec son cousin Rashleigh, laid et méchant, mais plein de séduction et d'esprit.

— Oh! un Rashleigh qui serait bon !... Aussi bon que spirituel ! s'écria-t-elle étourdiment.

Etienne tressaillit de surprise et de joie à cette réflexion soudaine : mais il s'était promis de réagir contre tout ce qui pourrait ranimer ses illusions : il regarda tranquillement sa cousine, et lui dit :

— Eh bien ! on ne l'aimerait pas... On aimerait un joli garçon qui aurait, mieux que lui, le don d'exprimer ce qu'il éprouve, et surtout de le faire partager.

— C'est votre avis ? demanda-t-elle avec une expression singulière.

— Oui, ma cousine.

— Alors c'est aussi le mien.

L'incident n'eut pas d'autre suite, et Etienne reprit sa lecture.

C'étaient, au demeurant, de bien douces heures ; si douces, que M. d'Orvelay, les goûtant avec un ravissement mêlé de frayeur, comprit que, s'il s'y abandonnait sans réserve, s'il laissait se prolonger indéfiniment cette halte entre les épreuves subies et les épreuves prévues, cette oasis jetée au milieu des isolements de son cœur, il finirait par s'y amollir et y perdre le courage qui pouvait, plus tard, lui devenir nécessaire. Il secoua cette langueur qui s'infiltrait peu à peu dans son âme, et résolut de profiter bravement de la première circonstance qui le ferait rentrer dans l'austère réalité de sa vie.

Depuis que Mlle de Sénac était rétablie, Etienne retournait quelquefois à Milan où il avait conservé son appartement, et où il s'étonnait de ne voir arriver ni lettre ni nouvelles de Tristan de Mersen. Un matin, il rencontra, frappant à sa porte, un jeune peintre français, nommé Marcelin Firmal. Il avait été au collège avec Etienne et Tristan, qui l'avaient ensuite retrouvé dans le monde, puis à Rome et à Naples, lors de leur premier voyage en Italie. Il était spirituel, mais un peu bavard, et fort au courant de tous ces commérages que les ateliers racontent aux coulisses, les salons aux grandes routes, et qui, partis d'un foyer de théâtre, font souvent le tour de l'Europe. Justement, il arrivait de Naples, et il put en donner à Etienne des nouvelles toutes fraîches :

— La Floriana, lui dit-il, obtient à San-Carlo des succès fabuleux : les Américains n'ont pas fait mieux pour Jenny Lind ; on dételle sa voiture, on lui tresse des couronnes d'or massif avec des inscriptions dithyrambiques qui mettent en verve tous les rimeurs napolitains. Cent jeunes gens à cheval vont la chercher chaque soir pour la conduire au théâtre, et la ramènent chez elle après la représentation au son des clairons et des fanfares. Ce ne sont que sérénades, bals, illuminations, promenades sur le golfe, fêtes perpétuelles dont elle est l'âme et la voix. S'il lui convenait de monter en char de triomphe comme Corinne ou comme les généraux romains, elle y traînerait après elle autant d'Oswalds qu'il y a de dilettantes dans le royaume des Deux-Siciles, autant d'esclaves qu'en comptèrent les Scipions et les Césars...

— Et ses adorateurs en titre? Elmorough? Almérani? demanda Etienne, qui mourait d'envie de prononcer un troisième nom.

— Toujours à leur poste, comme ces grenadiers russes dont ils ont la discipline et l'obéissance! répondit Marcelin. Mais la Diva les a bien attrapés. Le 10 juillet, jour qu'elle avait fixé pour faire décidément son choix entre Venise et Albion, elle leur a déclaré en riant que, lorsqu'on était une grande artiste, et qu'on obtenait de pareils succès, on ne se mariait pas, fût-ce avec un lord ou avec un prince. Ils ont crié, pleuré, protesté, gémi : à la fin, pour les calmer, elle leur a promis de se décider le mois prochain... Entre nous, je crois connaître la vraie cause de cet ajournement; et vous la devinez aussi, n'est-ce pas?

— Tristan ! dit Etienne d'une voix un peu tremblante.

— Oui, Tristan, qui joue bien, dans tout cela, le rôle plus singulier, et pourtant le plus vraisemblable pour qui a l'honneur de le connaître. Au fond, il n'aime pas la Floriana, et je crois même qu'il la déteste un peu. Chaque jour, il annonce son départ pour Milan : alors la cantatrice lui dit froidement : c'est à vous que j'adresserai le premier billet de faire part de mon mariage avec lord Elmorough... ou avec le prince Alméráni. — Et Tristan reste ; l'étrange garçon! L'autre jour, il était convenu qu'il partirait avec moi, et que nous ferions route ensemble jusqu'ici : même, comme je me permettais d'énoncer quelques doutes sur la fermeté de ses résolutions, peu s'en est fallu qu'il ne me cherchât querelle... Au dernier moment, bernicle ! il me fait dire qu'il ne peut pas partir, qu'un obstacle imprévu le retient encore à Naples pour deux ou trois jours, mais qu'il me donnera une lettre pour vous...

— Et cette lettre? dit vivement M. d'Orvelay.

— Ah! bah! je l'attends encore, ou plutôt je l'attendrais, si le sifflet du chemin de fer s'accommodait de ces lenteurs... Pas plus de lettre que de Tristan ! Je suis parti seul, et me voilà !

Etienne garda le silence ; il luttait en vain contre l'insurmontable sentiment que lui causait le récit du jeune peintre, et où, avec beaucoup de trouble, de honte et de remords, il reconnaissait un peu de joie. Marcelin reprit :

— Voyez-vous, d'Orvelay? Tristan est ainsi fait :

si Almérani et Elmorough repartaient pour Venise
et pour Londres, ils ne seraient pas en voiture que
Tristan serait déjà en route; mais tant qu'il les
voit aux pieds de la Floriana, attendant leur sort
d'un mot de ses lèvres, et qu'elle tient ce mot sus
pendu entre eux et lui, il est enchaîné, cloué, rivé,
par une sensation étrange, complexe indéfinissable, qui n'est ni l'amour, ni la haine, ni la jalousie,
ni l'admiration, ni l'orgueil, mais qui se compose
d'un peu de tout cela, et qui aurait de quoi tenter
l'alambic d'un alchimiste... Elle le connaît bien, la
malicieuse créature! Aussi se garde-t-elle de faire
cesser une situation qui la maintient en verve, as-
saisonne ses triomphes, et l'amuse aux dépens d'Elmorough, d'Almérani, de Tristan et de tout le
monde! Son talent n'y perd rien, sa vanité y ga-
gne, ses caprices s'y délectent; quant à son cœur...
domicile inconnu; l'adresse, poste restante, en Europe!... Voilà pourtant les femmes qui nous subju-
gueraient tous, si nous nous laissions faire!

Et Marcelin se rengorgea dans sa cravate d'un
petit air conquérant qui voulait dire qu'il était de
force à braver toutes les figurantes de Paris.

Quelques heures après, Etienne s'acheminait vers
l'habitation de Mme de Sénac, et méditait, en chemin, sur tout ce que le jeune peintre venait de lui
dire. Son parti était pris.

Il passa la soirée comme de coutume, avec sa
tante et Aline; puis, quand sa cousine se fut retirée, il dit gravement à Mme de Sénac :

— Chère tante, il est urgent de sortir d'une situation fausse qui, deux fois déjà, a failli tuer Aline: croyez-vous qu'elle aime toujours M. de
Mersen?

Mme de Sénac le regarda fixement; il paraissait
calme, et, sauf un léger tremblement dans sa voix,
on eût pu croire qu'il n'était pas intéressé dans la
question.

— Voilà longtemps que ma fille et moi n'avons
causé de ce sujet délicat, répondit-elle : depuis sa
maladie, j'ai soigneusement évité tout ce qui aurait pu troubler son repos et lui rappeler cette terrible crise : le nom même de M. de Mersen n'a plus
été prononcé entre nous.... D'ailleurs, qu'y aurait-
il à faire?

Au lieu de répondre, Etienne lui demanda d'un
ton de sérieuse tendresse :

— Avez-vous en moi quelque confiance?

— Oh! pleine et entière, mon ami; les marques
de dévouement que vous nous prodiguez ont fait
de vous mon fils, d'Aline votre sœur.

— Eh bien! pour que vous soyez tout à fait ma
mère, je vous demande la main de votre fille.

— Vous!

— Oui, moi; et ce n'est pas, bien entendu, pour
qu'Aline m'épouse, mais pour qu'elle épouse Tristan.

— Que voulez-vous dire, mon pauvre Etienne?
Si je vous savais moins raisonnable, je croirais que
vous extravaguez.

— Hélas! chère tante! croyez bien, au contraire,
que j'ai tout mon bon sens, et que ma proposition,
malgré son étrange tournure, a été très-convena-
blement pesée, calculée et murie. Je pourrais vous
faire là-dessus un traité de psychologie romanesque
et sentimentale, mais j'aime mieux aller droit au fait

et vous dire ceci : Pour que Tristan vous demande
solennellement à épouser Aline, et s'engage avec
vous d'une façon positive, formelle, irrévocable, il
faut qu'il la croie sur le point de s'unir à un autre;
or, pour que cet autre se résigne d'avance à son
sort, et se retire sans bruit et sans éclat lorsque
Tristan se sera déclaré, il faut que cet autre soit
tout simplement Etienne d'Orvelay, votre dévoué
neveu: ce n'est pas plus compliqué que cela!

Mme de Sénac resta quelque temps silencieuse;
elle paraissait réfléchir à la bizarre proposition
d'Etienne; à la fin, elle lui dit :

— Il est possible que vous ayez raison... dans
tous les cas, c'est une nouvelle preuve d'affection
que vous nous donnez, et qui me touche profondément... mais avant tout, je dois consulter Aline...
car enfin, qui sait si elle aime toujours M. de Mersen?

— Oh! oui, elle l'aime toujours, j'en suis sûr!
dit Etienne, en réussissant à déguiser sous un sourire la douloureuse contraction de son visage.

— Je le crois, reprit Mme de Sénac. Pourtant, il
est nécessaire que je l'interroge; demain, vous aurez ma réponse et la sienne...

Le lendemain matin, Etienne se promenait sous
les fenêtres de sa cousine avec une angoisse contre
laquelle échouait son stoïcisme. Tout à coup, il
la vit sortir de la maison avec sa mère et se diriger vers lui. Elle était rayonnante, et jolie à ré-
jouir les anges dans son frais peignoir blanc rayé
de rose. Le voile de langueur et de faiblesse que la
convalescence avait répandu sur ses traits semblait dissipé comme par enchantement. L'animation
de son teint, l'expression de son regard, la grâce
idéale de toute sa personne la rendaient irrésistible.

— Mon cousin, dit-elle à Etienne en lui tendant
la main, ma mère m'a fait part de votre conversation d'hier soir : j'accepte.

— Vous acceptez? s'écria-t-il en pâlissant.

— Oui; votre combinaison est excellente, et je
ne doute pas du succès. C'est bien convenu, n'est-
pas? A dater d'aujourd'hui vous passez de l'état de
cousin à celui de prétendu...

— Oui, ma cousine.

— M. de Mersen l'apprend: l'idée que je vais devenir la femme d'un autre, le décide à m'aimer
pour tout de bon; il part, il court, il vole, il arrive,
il fait sa demande. On hésite; vous, rival généreux, vous vous laissez toucher par son désespoir,
par mes regrets; vous vous éclipsez, et je deviens
Mme la comtesse de Mersen !...

— Oui, ma cousine.

— Encore une fois, j'accepte.

— Quoi! sans même remercier Etienne de se sacrifier ainsi à ton bonheur? dit Mme de Sénac d'un
air de reproche.

— Je le remercierai... plus tard, répliqua-t-elle
en souriant.

X.

Depuis sa dernière rechute, Tristan de Mersen,
comme on pouvait s'y attendre, était plus mécontent de lui que jamais. Vainement essayait-il
de s'étourdir pour échapper aux reproches de sa

conscience et aux agitations de son cœur. Dès qu'il se retrouvait seul, dès qu'il sortait de cette atmosphère brûlante et bruyante que là Floriana avait l'art de maintenir autour d'elle et où toute réflexion, toute bonne pensée s'absorbaient dans une sorte de perpétuel vertige, il redevenait ce que la nature l'avait fait, un caractère léger, inconséquent et vain, mais conservant encore, au fond de l'âme, quelques-unes de ces délicatesses d'éducation et de race qui ne lui permettaient ni de s'abuser sur le présent, ni d'oublier le passé. Il y avait des instants où Tristan avait horreur de lui-même, horreur de la cantatrice et de cette vie factice où il se laissait entraîner : un sentiment sincère, bien que fugitif et stérile, le reportait alors vers d'autres horizons, d'autres images, ravivant en lui le gracieux souvenir d'Aline et, comme toujours, augmentant le dégoût de ce qu'il avait retrouvé par le regret de ce qu'il n'avait plus. Un matin, à l'aube, plus agité que de coutume, il sauta à bas de son lit comme pour se dérober à des visions fiévreuses, et ouvrit la fenêtre de sa chambre qui donnait sur le quai et sur la baie. Une bouffée d'air matinal vint raffraîchir sa poitrine et dissiper la chaleur étouffante qui avait prolongé son insomnie. Le spectacle enchanteur qui s'offrait à ses regards était presque nouveau pour lui ; car, depuis son arrivée à Naples, emporté par ce tourbillon de fêtes nocturnes, passant toutes ses soirées à San-Carlo et de là chez la Floriana que son triomphal cortège ne quittait qu'après avoir épuisé toutes les formules d'extase, M. de Mersen avait repris ses habitudes parisiennes : il se levait à une heure où les ardeurs de l'été napolitain interdisaient toute velléité de pittoresque. C'était donc pour la première fois qu'il jouissait de cette vue incomparable : la baie de Naples éclairée au soleil levant ! En ce moment, sur le quai à peu près désert encore, il aperçut une femme enveloppée dans une cape qui lui cachait à demi le visage ; elle était grande, et paraissait jeune. Après avoir regardé à droite et à gauche, elle agita son mouchoir : quelques minutes après, un petit bateau vint raser les dalles du port en déployant son dais de toile rayée. La femme inconnue y sauta lestement ; le bateau prit le large à force de rames, et ne tarda pas à disparaître dans la direction de Procida. La taille et la démarche de cette femme causèrent à Tristan un léger trouble : contre toute vraisemblance, il avait cru reconnaître en elle la Floriana. Un instant de réflexion lui suffit pour comprendre l'absurdité de cette idée : la cantatrice avait joué, la veille, le rôle de Norma. La représentation ne s'était terminée que fort tard : à peine débarrassée de ses grands voiles de druidesse et de sa couronne de chêne, la Floriana était revenue chez elle, et son salon n'avait pas désempli jusqu'à trois heures du matin. Puis, après avoir fait sa récolte habituelle de bouquets, de déclarations et de sonnets, fatiguée d'émotions, de musique et de triomphes, elle avait congédié ses adorateurs en leur déclarant qu'elle n'en pouvait plus, qu'elle allait dormir, et que sa porte resterait impitoyablement fermée jusqu'au soir. Le moyen d'admettre qu'au bout de deux heures à peine, cette même femme se promenât sur le quai, et se donnât le plaisir d'une excur-

sion matinale à travers la rade ! Tristan repoussa donc cette supposition comme extravagante, et s'efforça de n'y plus songer. Bientôt, en effet, sa pensée reprit un autre cours. La cantatrice, sous son double aspect d'artiste et d'idole, les transports du théâtre, les hommages du salon, les rues de Naples parcourues, la nuit, à la lueur des flambeaux, au milieu des sérénades et des cris de fête, les excentriques figures du prince Almérani et de lord Elmorough encadrées dans cette auréole de flamme, de fleurs et de lumière, tout cela s'effaça peu à peu de cette imagination mobile. Les premiers rayons du soleil glissant sur la vague, la brume nacrée dont les ondulations vaporeuses baignaient, en les confondant, les deux infinis du ciel et de la mer, jetèrent M. de Mersen dans une rêverie confuse, mêlée d'une sensation de bien être et d'un frisson d'inquiétude, qui le ramena vers Milan, vers le lac de Côme, vers cette fraîche et riante Villa où Mme de Sénac et Aline l'attendaient peut être ! Comme tous les hommes dont la légèreté naturelle a été encore augmentée par les gâteries du monde, Tristan avait un remarquable penchant, non-seulement pour se réconcilier avec ses torts, mais pour se dissimuler la douleur ou le ressentiment qu'ils pouvaient causer : — « Après tout, se disait-il, Aline ne sait rien ou presque rien ; Mme de Sénac est, pour moi, d'une inépuisable indulgence ; elle désire ardemment ce mariage ; sa fille m'aime toujours. Que j'aie enfin le courage de prendre une bonne résolution, que je retourne auprès d'elles, un regard, un mot me suffiront pour me faire amnistier. Et puis, une fois le mari d'Aline, je la rendrai si heureuse ! car moi aussi, je l'aime, je n'aime qu'elle : le reste n'est qu'une folie qui ne peut pas durer, qui me fait partager avec ces deux imbéciles l'honneur d'être dupé par une divinité de théâtre. Allons ! quelques jours encore, et puis !...

Il en était là de son monologue, lorsqu'on frappa à sa porte : c'était Marcelin Firmal, le jeune peintre.

— Quoi ! déjà de retour ! lui dit Tristan ; je vous croyais en train de remonter jusqu'à Venise pour ne revenir ici que vers la fin de l'automne.

— C'était bien mon projet, répondit Marcelin, et si j'ai changé mon itinéraire, c'est par amitié pour vous ; je reviens tout exprès de Milan pour vous apporter une grande nouvelle...

— Laquelle ?

— Étienne d'Orvelay épouse à la fin du mois sa belle cousine, Mlle Aline de Sénac.

— Allons donc ! ce n'est pas possible ! s'écria M. de Mersen avec un ricanement qui déguisait mal son trouble.

— Le vrai peut quelquefois n'être pas vraisemblable... Et puis, il s'est passé tant de choses depuis votre départ !

Et Marcelin raconta à Tristan la maladie d'Aline, le danger qu'elle avait couru, les soins fraternels que lui avait rendus M. d'Orvelay, la familiarité qui s'en était suivie, la reconnaissance qu'en avait ressentie Mme de Sénac et sa fille, et enfin la demande en mariage qu'il avait officiellement adressée à sa tante.

— Mais Aline n'aime pas son cousin ! interrompit M. de Mersen avec véhémence.

— Non : pas d'amour encore ; elle n'en est qu'à l'amitié, mais cette amitié est bien vraie : d'ailleurs

Etienne est si bon ! si spirituel ! si aimable ! Je vous assure, Tristan, que vous ne le reconnaîtriez plus : Le désir de plaire, l'espoir d'être agréé, un reste de doute et de méfiance de lui-même, tout cela donne à sa figure irrégulière une expression passionnée qui le rend fort supportable. Sa mise n'est plus négligée comme autrefois ; sans affecter une élégance qui lui siérait mal, il s'habille comme un homme distingué qui ne veut décidément plus être relégué parmi les comparses de la grande comédie humaine. En un mot, si Etienne n'est pas et se résigne à n'être jamais un héros de roman, une jeune fille d'un esprit délicat et d'un cœur élevé peut parfaitement s'en arranger pour fiancé et pour mari.

— Mais alors, que venez-vous faire ici ? Et pourquoi retourner sur vos pas afin de m'annoncer ce mariage ? Madame de Sénac ou Etienne ne pouvaient-ils m'en écrire une ligne ? reprit Tristan d'un air sombre.

— Ah ! voici ; répliqua Marcelin sans se déconcerter : M. d'Orvelay n'est ni un enfant, ni un fou, ni un fat. Il connaît l'amitié que je lui porte, ainsi qu'à vous, et qui date du collége : il m'a dit avec ce sérieux qu'il met dans tout ce qui touche aux choses du cœur : « Il fallait aller au plus pressé, c'est-à-dire au repos et à la santé de Mlle de Sénac ; les hésitations de M. de Mersen lui avaient fait beaucoup de mal ; nous ignorons quelles sont aujourd'hui ses intentions, et peut-être ne le sait-il pas très-bien lui-même ; l'essentiel était d'en finir avec cet état d'incertitude. C'est là ce que je me suis proposé en demandant la main de ma cousine, mais je ne me fais pas illusion, et je ne veux être, ni pour elle, ni pour Tristan, la cause d'un regret irréparable. Il est possible que M. de Mersen, malgré sa bizarre conduite, ait de l'amour pour elle ; il est possible qu'Aline, malgré son consentement à ma demande, ait encore de l'amour pour lui. Vous comprenez, Marcelin, que ces choses-là ne peuvent pas s'écrire à Tristan ; ma tante et moi, nous avons bien essayé, mais une pareille lettre était tout simplement impossible. Dès aujourd'hui et quoi qu'il arrive, je dois être assez jaloux de la dignité de ma cousine, pour éviter tout ce qui pourrait y porter la moindre atteinte, même de la part d'un ami d'enfance. Or, toute notification directe adressée par nous à M. de Mersen, le froisserait s'il n'avait à y voir qu'une formalité cérémonieuse, et nous abaisserait s'il croyait y trouver un moyen adroit de le ramener. Non, point de diplomatie, point de subterfuge, lorsqu'il s'agit d'intérêts aussi sacrés ! Voilà la situation ; elle est claire dans ses complications apparentes. A présent, nous avons besoin d'un ami intelligent et sûr qui sache comprendre toutes ces délicatesses, et qui aille droit à Tristan pour lui dire en son nom et au nôtre : Vous connaissez Etienne d'Orvelay ; à défaut d'autre mérite, il est loyal et dévoué ; il ne prétend ni vous supplanter auprès de sa cousine, ni lui inspirer une passion qu'elle ne peut ressentir, ni profiter d'un moment de dépit pour la condamner à un lien qui lui pèserait plus tard. Habitué à se compter pour peu de chose, il peut encore se retirer, s'il le faut ; se sacrifier, si le bonheur de sa cousine l'exige ; c'est à vous, M. le comte Tristan de Mersen, à

voir ce que vous avez à faire !

— Ce sont là les paroles de M. d'Orvelay ? demanda Tristan avec émotion.

— Textuelles, reprit Marcelin non moins ému ; car ce qu'il veut avant tout, c'est que Mlle de Sénac soit heureuse. — Et maintenant, poursuivit-il brusquement, ma commission est faite ; je n'ai pas de conseil à vous donner ; je vous serre la main et je repars.

Et il sortit, laissant M. de Mersen livré à ses réflexions. Dix minutes après, Tristan était à sa table, écrivant une lettre dont la rédaction lui donnait, à ce qu'il paraît, beaucoup de peine, car il ratura bien des lignes et déchira bien des pages sans parvenir à être content de lui. Nous allons, à notre tour, l'abandonner à ce travail compliqué, pour retourner à Milan, auprès d'Etienne d'Orvelay.

Sa seule pensée, ainsi qu'on a pu le comprendre d'après le langage de Marcelin, avait été de sauvegarder la dignité de Mlle de Sénac, tout en recourant au seul moyen qui pouvait assurer ou son bonheur ou au moins son repos. C'est pour cela qu'au lieu d'écrire une lettre qui aurait trop ressemblé à un protocole diplomatique, il avait mieux aimé envoyer Marcelin avec ses instructions bien complètes, de façon à laisser à Tristan toute sa liberté en même temps qu'il lui faisait savoir ce qui pouvait enfin l'amener à une détermination prompte et irrevocable.

Avant d'exécuter ce plan médité avec l'attention scrupuleuse d'une tendresse spirituelle et dévouée, Etienne l'avait soumis à Mme de Sénac et à sa fille ; elles l'avaient approuvé sans la plus légère objection et avec une promptitude qui causa à M. d'Orvelay un peu de surprise et de tristesse. Si résigné qu'il fût à ce dernier sacrifice, son cœur se serrait en y songeant, et il se disait parfois que quelque bonne parole de sa cousine ou de sa tante, un peu de résistance apportée par elles à des combinaisons qui ne pouvaient réussir qu'en le désespérant, le consoleraient de ce qu'il avait souffert, de ce qu'il allait souffrir encore. Les journées qui s'écoulaient pendant ces préliminaires, furent d'autant plus cruelles pour Etienne qu'il était forcé de soutenir avec un visage riant son rôle officiel de fiancé, et d'en accepter les familiarités et les priviléges. Aline qui, de temps immémorial, le traitait en cousin ou plutôt en frère, n'avait eu que très peu de chose à changer, pour donner à son amitié une teinte plus expressive et plus douce. Soit qu'elle y mît un peu de coquetterie instinctive, soit que, se méprenant sur le dévoûment d'Etienne, elle l'attribuât à l'indifférence, soit enfin qu'elle voulût le punir de s'être cru assez invulnérable pour jouer avec le feu sans en être atteint, on eût dit qu'elle prenait un malin plaisir à se conduire vis-à-vis de lui comme si M. de Mersen n'existait pas, et qu'ils eussent réellement le mariage en perspective. Il y avait des moments où le pauvre Etienne, à bout de forces et de courage, se sauvait à travers champs pour retrouver un peu de recueillement et de solitude, maîtriser les battements de son cœur et revenir ensuite auprès d'Aline avec plus de résignation et de calme. Elle se mettait à sa poursuite, réussissait à le retrouver, le rappelait gaîment à son rôle, et profitait de leur situation bizarre pour le lutiner avec une espièglerie et une grâce qui l'eussent rendu le plus heureux des hom.

mess'il n'en eût pas été le plus infortuné. Dans ces moments, il lui arrivait parfois d'oublier tout ce qui n'était pas Aline et le charme imcomparable qu'il éprouvait auprès d'elle : on pouvait alors surprendre dans sa voix des vibrations soudaines, dans son regard de rapides éclairs, qui l'eussent trahi si sa cousine eût été plus attentive. Elle ne paraissait pas s'en apercevoir, et si, malgré lui, un peu de mauvaise humeur et de brusquerie succédait à ces élans comprimés, elle lui riait au nez, passait son bras sous le sien, et l'entraînait, en courant, dans le jardin.

Enfin, un matin, Mme de Sénac entra dans sa chambre, d'un air à la fois satisfait et solennel : — Mon cher Etienne, lui dit-elle, vous auriez, au moyen-âge, couru risque d'être brûlé comme sorcier : toutes vos prédictions se sont réalisées de point en point : je viens de recevoir une lettre de M. de Mersen, qui me demande la main de votre cousine.

Etienne s'attendait à ce dénouement ; il avait travaillé dans ce but ; depuis quelques jours même il appelait de ses vœux une solution décisive qui le délivrât d'une épreuve au-dessus de ses forces : et pourtant il pâlit.

Voici la lettre de Tristan :

« Madame la comtesse, le cœur des mères est un trésor d'indulgence, et vous avez eu pour moi, depuis que je suis au monde, toutes les bontés, toutes les tendresses maternelles : voilà la pensée et le souvenir que j'évoque sans cesse pour y trouver le courage de vous demander un pardon que je me refuse à moi-même et un bonheur dont je ne suis pas digne. J'apprends qu'il est question d'un mariage entre Etienne d'Orvelay et mademoiselle votre fille. L'horrible angoisse que me cause cette nouvelle, m'en a plus appris sur le véritable état de mon cœur que ces quelques années de trouble, d'incertitude et de folie qui maintenant me font horreur. Si Mlle de Sénac aime vraiment son cousin, si leur bonheur à tous deux est sérieusement attaché à ce projet de mariage, il est bien entendu que je n'ai ni le droit, ni l'espoir de rien changer à vos résolutions. Mais s'ils n'éprouvent l'un pour l'autre qu'une affection fraternelle, si l'habitude de se voir tous les jours leur a donné le change sur leurs sentiments, si quelque circonstance particulière a amené Etienne à cette démarche et mademoiselle votre fille à ce consentement ; si, en un mot, il est temps encore de tout réparer sans rien briser, et de ranimer des espérances conçues dans un temps plus heureux, alors, madame j'ai l'honneur de vous demander à genoux la main de Mlle Aline de Sénac, et j'attends votre réponse pour savoir si mon ange gardien m'abandonne ou s'il me reste fidèle. »

— Qu'en dites-vous ? reprit Mme de Sénac après avoir lu.

— Mais... je n'ai rien à dire : c'est à ma cousine à tout décider : sait-elle que M. de Mersen vous a écrit ?

— Elle ne sait rien encore ; mais, si vous voulez, nous allons la consulter.

— Allons ! encore cette épreuve ! se dit douloureusement Etienne.

Et ils allèrent rejoindre Aline qui se promenait sur la terrasse.

M. d'Orvelay la regarda fixement pendant que sa mère lui lisait là la lettre de Tristan. Elle rougit légèrement, mais ne parut pas émue. Son cousin se perdait en étonnements et en conjectures sur cet étrange sang-froid dans un moment qui allait décider de trois destinées.

A son tour, elle jeta sur Etienne un regard qui semblait vouloir fouiller dans les plus intimes replis de son cœur ; puis elle dit d'un ton calme, en s'adressant à la fois à son cousin et à sa mère :

— Eh bien ! c'est ce que nous voulions, n'est-ce pas ? Tout arrive comme vous l'aviez prévu.

— Oui, mon enfant ! répliqua Mme de Sénac. Etienne s'inclina sans pouvoir articuler une seule parole.

— Je n'ai donc plus qu'à vous obéir, ma mère ! murmura-t-elle en se jetant dans les bras maternels, comme fait, en pareille circonstance, toute jeune fille bien élevée.

Etienne comprit tout ce que signifiaient ces paroles et cette pantomime ; son cœur se brisa, mais il ne fit entendre ni une objection, ni une plainte. D'ailleurs qu'aurait-il pu dire ? C'était son plan qui réussissait ; c'était son rôle qui arrivait à sa scène finale.

— Maintenant, mes enfants, dit Mme de Sénac avec une affectueuse gravité, c'est à moi qu'appartient la direction suprême de toute cette délicate affaire. Nous sommes à ce moment où le moindre retard devient une souffrance, la moindre hésitation un malheur. Bien que je sois convaincue de la bonne foi de M. de Mersen, le souvenir du passé me force à un redoublement de prudence. Ce qu'il y aurait au monde de pire, ce serait qu'il pût arriver ici en prétendant officiel, avoir encore devant lui un certain temps pour soupirer auprès d'Aline, et en profiter peut-être pour retomber dans ses irrésolutions. Etienne, nous avons encore besoin de vous : vous ne vous arrêterez pas dans votre œuvre de dévouement. Nous sommes ici en pays étranger, à la campagne, inconnus à tout ce qui nous entoure : nous n'avons, Dieu merci ! à redouter ni regard, ni commentaire. Il faut donc, mon cher neveu, que vous restiez, jusqu'au dernier moment, le fiancé d'Aline, et que votre retraite ostensible n'ait lieu que lorsque Tristan ne pourra plus se dédire. C'est là, je vais le lui écrire, la condition que je mets au pardon d'Aline et au mien. Toutes choses resteront dans l'état où elles sont aujourd'hui. Nous continuerons les préparatifs du mariage. Puis, au dernier moment, cinq minutes avant la signature du contrat, nous verrons paraître M. de Mersen, et il n'y aura, Etienne, qu'à écrire son nom au lieu du vôtre. Cela te convient-il, ma fille ?

— Oui, ma mère, répondit-elle avec une tranquillité qui fut pour M. d'Orvelay un nouveau sujet de surprise et de douleur. — Et moi, et moi ! ma tante ! allait-il s'écrier dans une de ces explosions soudaines qui renversent tous les calculs. Il fit un violent effort pour se contenir, et il y parvint.

— Voilà donc qui est bien décidé ! dit Mme de Sénac d'un ton de résolution qui ne lui était pas habituel ; et elle se retira dans sa chambre pour écrire à Tristan.

10.

XI.

JOURNAL D'ÉTIENNE D'ORVELAY.

...... Août 1850.

« Aline ne le saura jamais : non, que rien ne trouble son bonheur, pas même l'idée de ce qu'il me coûte ! mais vous, ma tante, vous le saurez un jour... Vous recevrez ces lignes au moment où votre vœu le plus cher se sera réalisé, où M. de Mersen aura épousé Aline, où il ne sera plus temps de rien différer ni de rien rompre, et où je partirai, moi, pour vous épargner la vue d'un malheureux dont la tristesse assombrirait votre joie et ressemblerait à un reproche!

J'aimais votre fille, je l'aime de toutes les forces de mon âme : cet amour est né, il a grandi avec moi ; il s'est associé aux premiers plaisirs de mon enfance, aux premiers chagrins de ma jeunesse. Lorsque j'appris de ma mère, avant de l'éprouver par moi-même, combien j'étais peu fait pour inspirer ce que je commençais déjà à ressentir, et tout ce que ces disgrâces naturelles préparent de secrètes tortures aux cœurs aimants, c'est à Aline seule que je songeai. C'est la douleur de ne pouvoir lui plaire qui donna tant d'amertume à cet enseignement maternel, bientôt confirmé par ma propre expérience. Ah! que m'eût importé l'indifférence, la moquerie ou le dédain de toutes les autres femmes, si ma cousine avait pu faire exception à ces rigueurs et m'en dédommager par un peu de tendresse! Ce qui m'a tant fait souffrir, serait, au contraire, devenu une source de mystérieuses délices. J'aurais tressailli de bonheur en songeant que je n'existais que pour une seule personne, qu'elle était à elle seule tout ce que j'avais à espérer en ce monde, et que je pouvais concentrer sur cette tête chérie ce trésor de dévouement et d'amour constamment refoulé en moi-même au lieu de s'épancher au-dehors. J'aurais cessé d'envier les heureux, les privilégiés, ceux qui entraînent après eux les regards et les cœurs : ceux-là éparpillent sur leur chemin toutes les richesses de leur âme, et, plus tard, lorsqu'ils rencontrent enfin la femme digne de les fixer, ils sont comme ces prodigues imprévoyants qui naissent millionnaires et finissent insolvables. Mais moi, avec quelle ivresse je me serais enfermé dans ce sanctuaire où je n'eusse trouvé qu'un nom, un culte, une image! Avec quelle ardeur j'eusse compté ces inépuisables épargnes d'avare pour les jeter aux pieds de l'unique créature qui m'aurait aimé! Ah! rêve insensé! folle chimère! supplice horrible! Elle était là, à mes côtés, celle qui me possédait tout entier : par un raffinement cruel, notre parenté amenait entre nous ces familiarités qui devenaient pour moi un tourment parce qu'elles n'étaient pour elle qu'une habitude. Je la voyais tous les jours ; elle me souriait sans cesse ; sa main s'oubliait souvent dans la mienne... et son cœur appartenait à un autre! Et j'étais le témoin, le confident, le complice de cet amour! Et il me fallait rester calme lorsqu'il se trahissait devant moi par un de ces mille indices dont aucun n'échappait à mes regards, et que je devinais avant elle, avant vous, avant lui! Toujours tranquille ou

distraite auprès de moi ; auprès de lui troublée, pensive, timide, rougissante, inquiète ! Et moi, je comparais ce calme à ce trouble, cette sérénité à cette rougeur, cette émotion à cette indifférence ! — Voyez-vous? j'ai bien souffert, et si j'ai tort de laisser échapper le secret de mes déchirements, oh! pardonnez-moi, ma tante ! C'est le cri du patient! c'est l'explosion de la mine! c'est le sang de la blessure!

.... Eh bien! la souffrance d'alors n'était rien ; alors je n'avais eu qu'à regarder, qu'à écouter et à réfléchir pour m'accoutumer à l'idée du mariage d'Aline avec M. de Mersen. C'était là une de ces situations si nettes, si incontestées, qu'on apprend à s'y soumettre à force de les juger inévitables. Ce mariage, il avait été, pour ainsi dire, consacré d'avance par la dernière volonté du colonel Mersen, par le vœu suprême de ma mère, par votre plus chère espérance, et Aline, en se sentant attirée vers Tristan, ne faisait qu'achever l'œuvre commencée par les deux familles. Pas un de ces détails ne m'était inconnu ; ils s'étaient si bien mêlés au premier éveil de mes sentiments pour Aline que je ne pouvais ni m'abuser, ni me révolter, ni me plaindre. La résignation est plus facile quand l'espoir est impossible. Je voyais tout cet avenir tracé devant moi avec une certitude inexorable : A M. de Mersen l'amour d'Aline, à tous deux le bonheur, à moi le silence, l'isolement et le sacrifice. J'acceptai sans murmure cette part inégale : je cachai mon secret à des profondeurs où personne n'allait le chercher. Je fus pour Aline un camarade, un ami, un frère. Jamais ni Tristan, ni elle, ni vous, n'avez pu vous douter de ce qui se passait dans mon âme, et, si les choses avaient suivi leur cours naturel, si aucun obstacle n'était survenu du dehors, le mariage aurait eu lieu, j'aurais accompagné ma cousine à l'autel comme son parent le plus proche, j'aurais complimenté les deux époux dans une fraternelle étreinte sans me trahir par une larme, par un geste, par un mot, par un soupir.

«...... Mais maintenant, mon supplice dépasse celui d'autrefois autant que la torture du damné dépasse le pli de rose du sybarite. Ce n'est plus seulement la présence d'Aline, ce n'est plus cette familiarité charmante et cruelle ; c'est le bonheur, le plus enivrant des bonheurs, que je tiens là sous ma main ; il semble que je n'ai qu'à serrer cette main brûlante pour qu'il ne puisse m'échapper.... Et pourtant, je sais qu'il m'échappera tel jour et à telle heure, que je n'en suis que le détenteur passager, que je le garde et le prépare pour un autre, toujours le même, celui qu'on regrette, celui qu'on désire, celui qu'on attend ! Aline est pour moi, aux yeux de tous, plus qu'une cousine, plus qu'une amie, plus qu'une sœur : elle est presque une fiancée, et cette fiancée ne sera jamais ma femme, et jamais je n'ai été plus loin de ces félicités ineffables qu'au moment où je parais y toucher! Oh! c'est trop! c'est trop! une souffrance pareille est au dessus de ma faiblesse ; je me sens succomber et défaillir ; j'ai des heures de révolte, d'irritation et de colère..... Misérable fou! Eh! contre qui m'irriterais-je? N'est-ce pas moi qui l'ai voulu? N'est-ce pas moi qui ai tout arrangé, tout ca

culé, tout prévu? Ah! j'avais trop présumé de
mon courage; je m'étais trop fié à cette habitude
de dévouement qui avait fini par se confondre avec
les battements de mon cœur, avec les ardeurs de mes
veines. Je n'avais que les délicatesses de l'amour;
j'ai cru pouvoir en accepter le martyre, moi qui ne
suis qu'une lâche et pusillanime créature! Dieu me
frappe et m'humilie; il ne veut pas que je puisse
me complaire dans cette immolation de mon être,
et il me livre à tous les transports, à toutes les
flammes, à tous les égoïsmes des amours vulgaires! Oh! mon Dieu! je m'avoue vaincu! je me dé-
bats dans ma misère après m'être exalté dans ma
force... Du moins, ne punissez que moi seul de tant
de présomption et de lâcheté!

» ....Ce qu'il y a d'affreux, c'est que j'ai des instants d'illusion: instants rapides qui rendent la
réalité plus poignante, comme ces éclairs qui font
paraître plus livide la nuit qui les précède et qui
les suit!... Oui, il y a des minutes où je me plonge
dans mon rêve, et où je défie toutes les puissances
humaines de venir m'en arracher. Mon imagination s'envole vers un autre horizon, vers quelque
fraîche vallée, semblable à celle de Brévannes où
s'est écoulée mon enfance. Tristan n'y est pas; son
souvenir même en est effacé; vous y êtes,
vous, et Aline aussi... Oh! comme je l'aime! quelle
adoration en échange de cette tendresse qui a cessé
d'être celle d'une sœur! Quel enchantement quand
elle me sourit! Quelle extase quand elle me regarde!
mais ce sourire pâlit sur ses lèvres; ce regard se
détourne de moi; il cherche quelqu'un... Tristan!
toujours Tristan! C'est le rêve qui finit, c'est mon
cœur qui se déchire et se réveille!

» ... D'autres fois, c'est un souvenir qui s'empare
de moi, et où je m'enferme comme dans une cellule;
— le souvenir de cette nuit d'angoisses, d'épouvante et de délices où Aline m'a dit qu'elle m'aimait... Elle avait le délire et la fièvre, je le sais, je
n'en puis douter; mais enfin, c'est bien à moi qu'elle parlait; c'est bien mon oreille qui a recueilli ses
paroles, ma main qui a réchauffé la sienne, mon
épaule qui a soutenu sa tête charmante, affaissée
par la lassitude et le sommeil! Et puis, pourquoi le
délire et la fièvre mentiraient-ils? Ah! malheureux!
ils ne mentaient pas: seulement, en me parlant,
c'est à un autre qu'ils s'adressaient.

» ... Me suis-je trompé? hier, je lisais à Aline cette
touchante histoire de *Catherine*. Il y a là un pauvre diable, doué d'un nez en trompette et d'une
grotesque tournure, qui adore en secret la belle
héroïne. — Elle n'a garde de s'en apercevoir ni
surtout d'y répondre, éblouie qu'elle est par la
grâce d'un élégant cavalier qu'elle aime pour
ses beaux habits et sa jolie figure. Cependant je ne
sais comment il arrive — ces romanciers ont tant
d'art! — qu'un beau matin, le brillant cavalier
cesse d'exister pour Catherine, et qu'elle finit par
aimer ce pauvre Claude, malgré sa face blême et sa
souquenille. En lisant ces dernières pages, je me
suis senti saisi d'une émotion invincible: j'ai brusquement relevé la tête: qu'ai-je vu? Aline me regardant avec un sourire céleste, et les yeux remplis de larmes... Pourquoi pleurait-elle? Pourquoi
me regardait-elle ainsi? Ah! c'est que cette lecture
l'avait attendrie, ou que j'éveillais dans son âme
un sentiment de pitié!...

.... » De la pitié! disais-je l'autre jour: oh! non!
elle n'a pas pitié: elle joue avec le feu qui me
dévore; elle s'amuse avec les lambeaux de mon
cœur déchiré. Je la savais bien dominée par son
amour pour M. de Mersen: je ne la croyais pas
si cruelle! il est vrai qu'elle ignore, qu'elle doit
ignorer que je l'aime: ce rôle que j'ai accepté,
ce plan que j'ai conçu pour ramener Tristan à
ses pieds, tout ne doit-il pas la convaincre de
mon indifférence? Et si elle pouvait en douter,
ne serait-ce pas un malheur de plus? Elle y per-
drait la sécurité de son bonheur, et moi le mérite
de mon sacrifice; et pourtant!... quelles heures je
viens de passer! délicieuses et horribles! Le ciel
entr'ouvert sur ma tête, et l'enfer sous mes pas! Il
y avait une noce champêtre, dans une ferme voisine de la Villa; Aline a voulu y aller, et, sous prétexte de ne pas intimider cette fête rustique, elle a
eu la fantaisie de s'habiller en riche paysanne des
bords de Tésin! Mon Dieu! qu'elle était belle! C'est
moi qui la conduisais: n'étions-nous pas fiancés?
Elle m'a présenté à ces bonnes gens comme son futur mari, et, à l'instant, cette foule m'a entouré en
me félicitant de mon bonheur, en chantant les
louanges d'Aline. Sa beauté avait de tels rayon-
nements que ces natures grossières en ont subi le
charme; peu s'en est fallu qu'on ne pliât le genou
devant elle comme devant une Madone. Et elle!
quel entrain! quelle gaîté! quel éclat dans le regard!
quelles vives et fraîches couleurs! On a dansé: chacun était là avec sa *promise*, comme ils disent dans
leur doux langage: ma *promise* à moi, c'était Aline: j'ai été son danseur pendant toute la journée - il y a, dans plusieurs de ces danses naïves,
une figure où les mains s'enlacent, et où chaque
jeune fille tend la joue à son danseur qui y dépose
un baiser. Lorsqu'est arrivé le tour d'Aline, j'ai espéré qu'elle trouverait un moyen d'esquiver ce détail... Hélas! non! Ce suave et doux visage s'est
incliné vers moi avec une indicible expression de
virginale tendresse. J'étais si pâle et si défait,
qu'elle en a été presque troublée; mais elle s'est
remise aussitôt et, au moment du baiser, elle s'est
partie d'un frais éclat de rire: Oh! ma tante, vous
étiez là, et vous ne lui avez pas dit qu'elle me tuait!
Et vous n'avez pas deviné ce cri prêt à s'échapper
du fond de mon âme pour demander grâce? Ah!
j'oublie que vous ne savez rien, que vous ne devez
rien savoir, et que tout souffrir serait encore trop
peu si je ne réussissais à tout cacher!

» ... En vérité, il y a dans tout cela quelque
chose qui m'étonne et me confond. Quand cet *Im-
provisateur* qui se trouvait à la fête, s'est tourné
vers nous pour chanter notre bonheur à venir,
dans cette belle langue du Tasse où tout semble
mélodieux et poétique, Aline ne riait plus. Puis je
l'ai vue s'approcher de cet homme et lui donner dix
fois plus d'argent qu'il n'en espérait. Qu'a-t-elle
voulu récompenser ainsi? Etait-ce le talent du
poëte? Etaient-ce ses prédictions? Ah! je comprends:
ces prédictions lui étaient chères, parce qu'elle les
appliquait à l'absent, à celui qui va venir... Moi,
que suis-je? quelque chose de pareil à un ambassadeur épousant, par procuration, la fiancée du roi
son maître...

» .... Oui, il va venir ; le moment approche, c'est pour après-demain. Le contrat sera prêt : Tristan arrivera, il me prendra la plume des mains, et quand il aura signé... oh ! quand il aura signé, qu'il sera engagé d'une façon irrévocable, que vous n'aurez plus rien à redouter des irrésolutions de son caractère, je serai libre, n'est-ce pas ? Je pourrai m'enfuir ? Vous ne me demanderez pas une heure de plus ? S'il me fallait rester encore, assister aux premières expansions de leur amour et de leur joie, je le sens, je tomberais mort sur les marches de l'église ou sur le seuil de leur chambre, et cet épisode pourrait gâter le bonheur d'Aline... Je partirai : nous trouverons un prétexte pour expliquer ce départ... Ma santé, la fatigue de mon rôle, le désir de voir du pays.... Lors de mon premier voyage en Italie avec M. de Mersen, je remarquai, à une demi-lieue de Venise, dans une île que l'Adriatique baigne de ses eaux caressantes, un asile où les cœurs malades peuvent, je crois, trouver l'apaisement et le repos. C'est le couvent des Arméniens catholiques, qu'on appelle aussi *Mekhitaristes*, c'est-à-dire *Consolateurs*. En parcourant ce refuge hospitalier offert par la religion à la science, entre le ciel et la mer, je me disais dès lors que, si jamais mes souffrances devenaient trop vives, mon amour trop difficile à cacher, le spectacle du bonheur d'un autre trop impossible à supporter, je viendrais m'abriter là jusqu'à ce que le temps, l'absence et la bonté de de Dieu eussent cicatrisé mes blessures.... Depuis cette dernière épreuve, ce souvenir me revient avec plus de force.... J'irai dans ce couvent, je passerai auprès de ces *Consolateurs* un an, deux ans, dix ans peut-être... ce qu'il faudra pour que je sois sûr de pouvoir retrouver sur mon chemin M. de Mersen et Aline sans trop haïr l'un, sans trop aimer l'autre....

... « C'est aujourd'hui ! c'est ce soir ! la joie de ma cousine éclate sans qu'elle fasse le moindre effort pour la dissimuler : peut-être avais-je mérité plus de ménagement. Mais non : il faut que les choses soient ainsi jusqu'au bout... Adieu, ma tante... demain, je ne serai plus ici... Dites à Aline... Non, rien ; vous n'avez rien à lui dire...Surtout, que jamais une seule de ces lignes ne parvienne jusqu'à elle ! Ce serait notre malheur à tous... Et moi... oh ! que je sois seul malheureux !... »

Les préparatifs du mariage d'Etienne d'Orvelay avec Aline de Sénac continuaient, en apparence, comme si, au dernier moment, rien ne devait venir le déranger. Sous prétexte de gager encore plus Tristan et de lui rendre toute retraite impossible, Mme de Sénac avait même voulu, pendant ces journées d'attente, compléter tous les détails du trousseau et de corbeille; Etienne avait un goût exquis, c'était du moins l'avis d'Aline ; aussi le consultait-elle sans cesse avant d'écrire à Paris pour ses robes, ses châles et ses chapeaux. — Serai-je bien ainsi ? Croyez-vous que cette couleur aille bien à ma figure? me trouverez-vous jolie avec cette toilette?—Telles étaient les questions auxquelles le pauvre Etienne avait à répondre, et il fallait qu'il y répondît avec calme, avec sang-froid, presque avec gaîté, sous peine de détruire en un mo-

ment tout son ouvrage. Nous n'avons plus besoin de dire ce qu'il souffrait : cent fois il fut sur le point d'éclater : son dévouement le protégea.

Le soir arriva : c'était l'heure fixée pour la signature. Etienne avait demandé à sa tante de n'y inviter personne; et d'ailleurs, à la campagne, en pays étranger, il eût été assez difficile de réunir autant de gens de connaissance qu'à la Madeleine ou à Saint-Thomas-d'Aquin. Ils étaient absolument seuls. M. d'Orvelay, se sentant près de défaillir et voulant reprendre quelques forces pour cette crise suprême, avait profité d'un moment de répit pour aller courir dans la campagne, que septembre commençait à teindre de ses opulentes couleurs. Lorsqu'il revint, sa tante lui dit qu'elle avait envoyé sa voiture à Milan, pour ramener Tristan qui devait s'y trouver à huit heures précises. D'après ses calculs, il arriverait à la Villa à neuf heures ; à neuf heures moins quelques minutes, Mme de Sénac, Aline, Etienne, quelques vieux domestiques, et quatre témoins choisis parmi les fermiers du voisinage, étaient réunis dans le petit salon. Le notaire était à son poste, assis devant la traditionnelle table verte, ornée de plumes et d'écritoire, éclairée de deux candélabres.

Etienne avait fini par s'enivrer de sa douleur, au point de noyer dans un abîme infini et confus les pensées qui le torturaient. Il était là, pâle et immobile sur sa chaise, regardant Aline comme une vision prête à disparaître, perdant le sentiment de la réalité, ne se rendant plus compte de la marche du temps, et ne sachant pas si les moments qui le séparaient encore de l'arrivée de Tristan s'envolaient comme des secondes ou s'alourdissaient comme des siècles. Tout ce qu'il savait, c'est qu'Aline, sous ses voiles blancs de mariée, était si belle qu'il lui semblait que la terre n'en était pas digne : tout ce qu'il savait, c'est que l'arrivée de M. de Mersen lui serait annoncée par le bruit lointain d'une voiture dans l'avenue, que ce bruit se rapprocherait, et que, quand la voiture s'arrêterait sur la terrasse, tout serait fini.

Neuf heures sonnèrent. Etienne se taisait, attendait et écoutait. A chaque instant, il croyait entendre le frémissement des roues sur le sable : rien : pas un murmure, pas un souffle : le vent même se taisait.

Tout à coup une voix nasillarde troubla ce silence solennel. — Si nous commençons? dit le notaire en posant sur son nez rubicond ses classiques lunettes.

— Mais il manque quelqu'un, s'écria M. d'Orvelay.

— Il ne manque personne! répliqua Mme de Sénac d'une voix ferme ; et, d'un geste, elle désigna au notaire les mariés : sa fille Aline, et Etienne, son neveu.

— Mais M. de Mersen ? bégaya Etienne éperdu ; la voiture que vous lui avez envoyée ?

— M. de Mersen ne viendra pas ; quant à la voiture, elle n'a pas bougé de la remise, et voilà mon cocher derrière vous.

Aline se leva et s'avança vers son cousin : Etienne, lui dit-elle avec une gravité qui donnait à sa tendresse une expression plus irrésistible ; Etienne ! avez-vous pu nous croire assez aveugles pour ne pas deviner votre sacrifice ? Assez cruelles pour l'accepter ?

— Ma cousine !... pardon !... je croyais... M. de Mersen ?...

— Ma mère ! reprit Aline d'un ton calme ; lisez-lui votre vraie réponse à M. de Mersen.

Mme de Sénac fit passer à son neveu le brouillon de la lettre qu'elle avait écrite à Tristan. Après l'avoir remercié, dans les termes d'usage, de l'honneur qu'il lui faisait en recherchant son alliance, elle lui annonçait que sa demande arrivait trop tard, que le mariage de M. d'Orvelay avec sa fille était désormais irrévocable , et cela pour la meilleure des raisons : Aline aimait son cousin.— C'est par ces mots que finissait la lettre.

— Aline, vous m'aimez ! dit Etienne, si tremblant qu'il fut obligé de s'appuyer au rebord de la table.

— Vous mériteriez bien que je vous répondisse non ! répondit-elle avec une coquetterie charmante : comment donc ne le savez-vous pas , depuis cette nuit, où, grâce à l'opium et à la fièvre, j'ai eu la hardiesse de vous le dire ?...

— Quoi ! c'était à moi que vous parliez ?

— A vous seul, oui ! oui, bien à vous... Le reste s'était envolé comme un rêve...un rêve de *Somnam-bule* ! ajouta-t-elle en souriant.

— Cruel souvenir ! dit Etienne dont le front radieux se couvrit d'un léger nuage.

— Souvenir précieux ! répliqua-t-elle à voix basse ; car cette soirée de la *Scala*, cette crise, cette maladie, cette secousse, ont été pour moi quelque chose de pareil aux orages de ce beau pays : ils emportent le sable et fécondent la terre ; ils déracinent le brin d'herbe et affermissent l'épi.

— Mais moi ! Comment avez-vous deviné que je vous aimais ? Je croyais le cacher si bien !

— Oh ! mon cousin ! j'ai bien envie de me fâcher ! Si niaise que soit une jeune fille, elle s'aperçoit toujours de ces choses-là... Et puis... Mais promettez-moi de ne pas trop gronder Baptiste...

— Baptiste !

— Oui, votre vieux valet de chambre, qui est là, vous regardant d'un air de triomphe... C'est un traître que je vous dénonce comme mon complice, et qui excelle à fouiller dans vos papiers... Il est vrai que c'était pour m'obéir... Vous savez bien ce journal où s'épanchait votre douleur, et que vous croyiez tenir sous clef ?...

— Eh bien ?

— Eh bien, en voici la dernière page ! et je sais les autres par cœur, murmura Mlle de Sénac.

Puis, saisissant la main de M. d'Orvelay, qui chancelait sous le poids de son bonheur, elle lui dit bien bas :

— Pauvre Etienne ! tu as donc bien souffert ? et moi, j'ai prolongé tes souffrances ; je n'ai pu renoncer à l'ineffable joie de mesurer jusqu'au bout ton courage, ton dévouement, ton amour : pardonne-moi ! je t'aimerai tant que je te ferai tout oublier !

XII.

L'heure du châtiment commençait pour Tristan de Mersen. En recevant la réponse de Mme de Sé-

nac, il éprouva une de ces douleurs âpres et vives où les meurtrissures de la vanité ont plus de part que les déchirements du cœur. Au lieu de s'avouer à lui-même qu'il avait mérité d'être puni de ses hésitations et de ses fautes, qu'Aline avait bien fait de chercher dans le sentiment de sa dignité froissée le courage de l'oublier, et qu'il ne pouvait, sans inconséquence, se plaindre d'une déception qu'il aurait pu si facilement éviter, il s'abandonna à ces mouvements d'irritation et de colère qui sont, chez les hommes de ce caractère, la plus haute expression des désespoirs amoureux. Il supposa — et ce fut tout d'abord sa pensée dominante, — que l'on avait voulu lui faire subir la peine du talion, que M. d'Orvelay s'était concerté avec sa tante et sa cousine pour le mystifier par une démarche officieuse dont le but caché avait été de l'amener à un aveu, d'y répondre par un refus et de dédommager ainsi leur amour-propre aux dépens du sien. Cette idée redoubla son courroux, et peu s'en fallut qu'il n'écrivît à Etienne pour lui demander réparation de cette prétendue injure : mais Marcelin qui faisait de la peinture dans les environs et que Tristan réussit à rattraper, n'eut pas de peine à lui prouver que M. d'Orvelay était de bonne foi, et que s'il y avait eu, dans tout cela, un peu de représailles et de malice, ce n'était que de la part de deux femmes , qui avaient bien quelque droit de se plaindre de M. de Mersen , et auxquelles il ne pouvait s'en prendre sans se couvrir de ridicule. Tristan finit par entendre raison; il était de ceux à qui la crainte du ridicule peut également faire faire beaucoup de sottises et en éviter quelques-unes ; il ne songea plus qu'à dédommager sa vanité, en se disant que le pauvre Etienne avait bien gagné, par un rude noviciat, le bonheur d'être *aimé d'amitié*, qu'il n'obtiendrait jamais davantage, et qu'après tout, il n'était que son *pis-aller* pour Mlle de Sénac. Mais il avait beau se répéter ce mot brutal et vulgaire de Lovelace désappointé, une voix intérieure, plus forte que son orgueil, lui répondait qu'Aline n'avait eu, au contraire, pour lui qu'un de ces sentiments fugitifs comme les visions de l'adolescence, que toute jeune fille accorde au premier soupirant de bonne mine qu'on lui permet de regarder ; et que c'était M. d'Orvelay qui, à force de dévouement et de courage, venait d'obtenir de cette âme tendre et délicate l'amour vrai, l'amour profond qui remplit une destinée, s'appuie sur de décisives épreuves et sort vainqueur des crises et des luttes de la vie, comme l'or pur du creuset.

Pour échapper à ces importunes images, M. de Mersen essaya d'un regain de passion pour la Floriana. Il retourna chez elle avec plus d'empressement que jamais, affecta de se montrer en public à ses côtés, et de prendre, soit dans son salon, soit dans sa loge, des airs de seigneur et maître, qui amusaient d'autant plus la cantatrice, que lord Elmorough et le prince Almérani avaient la bonhomie de s'en tourmenter. Comme toute illusion était depuis longtemps impossible entre la Floriana et Tristan, elle voulut savoir à quelle circonstance elle devait ce brusque réveil d'enthousiasme et de tendresse, et bientôt un de ses amis de Milan lui écrivit le mariage d'Etienne avec Mlle de Sénac.

Elle en tressaillit de joie, non pas qu'elle fût jalouse, ni que l'idée de voir fuir son bel adorateur lui causât une bien vive frayeur; mais il faudrait ne pas connaître les femmes telles que celle-là, pour s'étonner que, sans aimer Tristan, elle fût enchantée d'une déconvenue qui lui épargnait l'humiliation d'être sacrifiée à cette jeune fille dont elle avait pu apprécier la grâce et la beauté. Son amour-propre était épargné, celui de Tristan était puni : quel heureux épisode dans une liaison où la vanité avait tenu une si large place ! Incapable de dissimuler, la Floriana, lorsqu'elle revit Tristan, l'accueillit d'un air de bonne humeur qui se changea vite en persifflage ; il insista pour en connaître la cause, et, entre deux éclats de rire, elle finit par lui montrer la lettre de Milan qui annonçait le mariage d'Aline avec M. d'Orvelay.

Alors, entre ces deux personnes qui avaient cru un moment s'aimer, qui avaient échangé autrefois des paroles passionnées, dont l'une interprétait chaque jour avec génie les plus idéales créations du plus charmant de tous les arts, dont l'autre appartenait au meilleur monde, il y eut une scène terrible et ignoble de colère, de récriminations et d'injures, une de ces scènes qu'il faudrait pouvoir montrer par le trou d'une serrure, à tous les jeunes enthousiastes qui prennent au sérieux les Desdémonas, les Juliettes, les Ophélias, les Chimènes et les Iphigénies de théâtre. La fureur de Tristan fut si violente, que la Floriana craignit un moment d'être battue, ce qui lui eût rappelé, du reste, les souvenirs de son enfance. M. de Mersen lui saisit le bras au risque de le casser, la fit mettre à genoux devant lui, et là, se dégonflant à son tour, il lui dit, en quelques minutes, tout ce qui peut faire monter la rougeur au front des femmes qui savent rougir : il la traita avec cette verve de fureur et de mépris qui soulage et envenime à la fois toutes les plaies des cœurs ulcérés. Il l'accusa d'être son mauvais génie, son éternel sujet de remords et d'opprobre, d'avoir brisé sa vie, sali son âme, perdu sa jeunesse, de lui avoir fait perdre le seul amour, le seul bonheur qui fût digne de lui, et cela sans qu'il eût même pour consolation et pour excuse de l'avoir aimée; car il ne l'aimait pas, il la haïssait, ou plutôt, non... la haine était encore un sentiment trop noble... c'était de l'horreur, du dégoût !. Un moment épouvantée, la Floriana releva la tête, et, en digne fille de Lazzarone, elle donna à M. de Mersen de si triomphantes répliques, lui jeta à la face de telles insultes, lui prouva, avec une telle éloquence de coulisses et de marché, qu'il était le plus niais, le plus fou, le plus fat, le plus ridicule des hommes, prit de si éclatantes revanches, eut de tels bonheurs d'expression, de métaphore, de raillerie, de sarcasme et d'outrage, que Tristan qui n'avait pas lâché son bras, la laissa violemment retomber sur le parquet, brisa sa canne plutôt que d'être tenté de s'en servir, et s'enfuit comme un criminel. Mais ce qui paraîtra peut-être plus surprenant, c'est que, cinq ou six heures après, il était au théâtre où la Floriana chantait Lucie. Elle y fut plus poétique, plus vaporeuse, plus éthérée, plus séraphique que jamais. Jamais elle n'avait adressé des accents si purs et si doux aux nuages et à l'azur du ciel, aux anges et aux étoiles : jamais soupirs plus frais et plus mélodieux ne s'étaient exhalés d'une poitrine virginale. Tristan eut là, en raccourci et à quelques heures d'intervalle, le spectacle complet de cet étrange contraste, si fréquent chez les natures d'artistes, et qui a pour certaines imaginations de puissantes et mystérieuses amorces. M. de Mersen était honteux et malheureux de l'emportement auquel il s'était livré : la musique de Donizetti le disposait aux émotions douces. Mollement bercé par ces charmantes cantilènes, il se mit à réfléchir à ces bizarres disparates qui laissent subsister, côte à côte, dans ces organisations privilégiées, l'interprétation pénétrante de tout ce que les sentiments humains ont d'exquis et de raffiné, et le fonds commun d'une origine et d'une nature grossières. L'esprit de M. de Mersen se complut dans cette analyse ; elle le consola en l'amusant, et lui inspira l'envie d'amnistier la Floriana, en lui donnant le plaisir de la comprendre. Curiosité ou habitude, bravade ou faiblesse, il se surprit, après la représentation, s'acheminant vers la loge de la cantatrice, et, pour compléter ce détail de mœurs, nous ajouterons qu'elle le reçut de fort bonne grâce.

Cependant, de délai en délai et de triomphe en triomphe, on était arrivé aux premiers jours de septembre. Pour apaiser Almérani et Elmorough, qui, malgré leur obéissance exemplaire, commençaient à murmurer, la Floriana avait solennellement promis de leur faire connaître son choix définitif le jour où expirait son engagement à San-Carlo, c'est-à-dire le 10 : on savait que cette fois elle tiendrait parole, car sa dernière représentation était annoncée, et elle s'occupait déjà de ses préparatifs de départ : seulement personne ne savait quelle ville et quelle contrée de l'Europe auraient l'honneur de la posséder après ses adieux à son heureuse patrie.

L'attente était vive parmi les nombreux courtisans de la belle cantatrice. La persévérance de ses deux prétendants en titre avait fini par acquérir une sorte de célébrité; il y avait des paris ouverts, et des alternatives de découragement et d'espérance suivant qu'on croyait la voir pencher pour Londres ou pour Venise, pour la vivacité italienne ou le flegme britannique. Ainsi qu'on devait s'y attendre, après une saison remplie d'autant de victoires et d'ovations qu'il y avait eu de soirées, la dernière représentation de la Floriana fut la plus belle. Elle chanta les Puritains et un acte du Barbier. Tour-à-tour coquette et rêveuse, fantasque et pathétique, espiègle et passionnée, on eût dit qu'elle avait voulu faire des prodiges les plus divers de son art et de son génie, un bouquet merveilleux destiné à dépasser toutes ses autres merveilles. L'effet fut immense, le succès inouï : on savait que la diva devait partir le lendemain, qu'elle devait, une heure avant son départ, se prononcer entre deux hommes distingués, également amoureux d'elle ; le mystère dont elle entourait tout le reste ajoutait encore au prestige ! Cette soirée était donc délicieuse et triste comme tout ce qu'on va perdre. L'émotion se mêlait aux bravos, l'attendrissement aux cris d'enthousiasme; il y avait des larmes dans tous ces beaux yeux qui étoilaient le triple rang des loges, des mains blanches et effilées qui applaudissaient Elvire et Rosine avec une frénésie charmante. Tristan assistait à cette fête; il était témoin de ce délire; il s'éblouissait des rayons de cette gloire. Pour la dernière fois, il se sentit entraîné par cette fascination bizarre qui l'avait si souvent ramené vers la cantatrice. Elle le vit arriver au premier rang de ceux qui lui prodiguaient leurs félicitations et leurs hommages, et, dans sa voix, dans sa physionomie, dans son regard; elle reconnut ces mêmes symptômes d'exaltation fébrile et vaniteuse qu'elle avait jadis confondus avec la passion véritable. Il lui parut piquant d'en profiter, d'y chercher un moyen de dédommagement et de vengeance, et, pendant ces dernières heures, elle déploya vis-à-vis de M. de Mersen un si savant mélange de mélancolie, de regret, de coquetterie provoquante, de tendresse involontaire, de gracieux caprice et d'amoureux reproche, que Tristan, oubliant tout et emporté par l'impression du moment, s'approcha d'elle, et lui dit tout bas avant de la quitter :

— Demain.... demain.... Almérani et Elmorough auront-ils seuls le droit d'espérer ?

— Peut-être, murmura-t-elle en souriant avec une expression singulière.

Le lendemain matin, Tristan, lord Elmorough, le prince Almérani et quelques autres amis de la cantatrice, se trouvaient sur le quai, où elle leur avait donné rendez-vous. La Floriana ne tarda pas à paraître : elle était en costume de voyage, et les accueillit d'un air grave qui ne lui était pas habituel. Elle agita un mouchoir, et, un instant après, un bateau pavoisé s'approcha du bord. Personne ne fit attention au jeune homme qui tenait les rames et qui portait le simple costume de pêcheur napolitain. La Floriana sauta dans le bateau et fit signe à ses amis de la suivre : on apercevait, à l'entrée de la baie, une corvette à voiles, l'Océanide, prête à partir pour l'Australie, et se balançant majestueusement dans la brume du matin. Ce fut vers elle que se dirigea l'embarcation. Tout le monde, sur le bateau, gardait le silence, et la Floriana semblait avoir posé sur ses lèvres, comme sur son cœur, un sceau impénétrable. Lorsqu'on ne fut plus qu'à quelques minutes de la corvette, elle se leva, commanda l'attention d'un geste, et dit d'une voix brève :

— Mon choix est fait !

Un frémissement de curiosité et d'émotion court sur toutes les lèvres : la cantatrice reprit :

— Ni vous, mon prince, ni vous, mylord, ni vous non plus, M. de Mersen! A tous trois j'ai dû épargner ce qu'aujourd'hui vous appelleriez un bonheur, et ce qui, plus tard, serait une source d'amers regrets : j'ai dû chercher quelqu'un qui fût mon égal, quelqu'un qui eût commencé par m'aimer pour moi, et non pas pour ma défroque d'artiste applaudie. Messieurs, je vous présente mon fiancé, Anzolino Minucelli !

Et elle prit par la main le jeune rameur, qui, rouge et tremblant de plaisir, salua avec un mélange de gaucherie et de hardiesse.

— Oui, messieurs, poursuivit la Floriana, mes soirées étaient au théâtre, à la gloire et à vous; mais mes matinées étaient à ce pauvre compagnon de mon enfance, qui avait partagé ma misère, et

que j'ai retrouvé fidèle à mon souvenir. Chaque matin, son bateau venait me prendre sur le quai et nous conduisait à sa petite cabane de Procida où j'ai essayé de lui apprendre le peu que je savais afin de l'élever jusqu'à ma condition nouvelle. Aujourd'hui, nous allons partir ensemble pour l'Australie, car j'ai décidément assez du vieux monde. Vous voyez cette corvette! Elle n'attend plus que nous pour gagner la pleine mer. Et tenez! voici que le capitaine m'envoie son canot !

Avant que la stupeur causée par ce dénouement si inattendu et si rapide, eût eu le temps de se dissiper, le canot toucha le bateau bord à bord; — la Floriana y fit passer Anzolino; puis se tournant une dernière fois vers son silencieux cortège : « Almérani, dit-elle en souriant, vous savez ramer comme les gondoliers de vos lagunes; je vous donne le commandement de ce bateau, que vous ramènerez à Naples, et que vous garderez en souvenir de moi. Elmorough, vous épouserez quelque blanche fille de votre noble Angleterre ; je resterai dans votre passé comme un rêve mélodieux et rayonnant au lieu de peser sur votre avenir comme un lien inégal et importun : cela vaut mieux pour tous ! M. de Mersen, je n'ai rien à vous dire ! Entre vous et moi, il y a un abîme plus large que cette mer sans bornes qui va nous séparer pour jamais.

Elle salua de la main, et passa sur le canot, qui repartit à force de rames. Quelques minutes après, on le vit aborder la corvette. Puis, on entendit le sifflet de l'équipage; les voiles furent déployées, et l'Océanide commença à s'ébranler au souffle d'un vent favorable qui venait de la rive et traçait de légers plis sur la mer. La Floriana se tenait debout sur le tillac, appuyée au bras d'Anzolino : sa haute taille se détachait sur l'azur du ciel, et sa main, étendue du côté de la rade, s'agitait en signe d'adieu. Bientôt on ne l'aperçut plus que comme un point noir sur le pont de la corvette, et au bout d'une heure, l'Océanide avait disparu dans la brume et le lointain.

C'est à peine si quelques paroles s'échangèrent entre les passagers du bateau, pendant qu'ils revenaient à Naples. Lord Elmorough, après avoir dit oh ! sur tous les tons de la gamme anglaise, s'était renfermé dans un silence grandiose; le prince Almérani en voyant fuir la corvette à l'horizon, s'écria d'un air mélancolique : « Encore une étoile qui s'en va de mon beau ciel d'Italie ! » Tristan était morne et sombre, et dès qu'on eut touché le quai, il s'éloigna précipitamment.

———————

Mme de Sénac, depuis de longues années, avait abandonné Brévannes et avait même fini, de concert avec son neveu, par vendre cette terre qui ne leur rappelait plus que de lugubres souvenirs. Etienne et Aline, après leur mariage, cherchèrent donc une maison de campagne où pût s'abriter leur bonheur, et Etienne, par un dernier reste de jalousie envers le passé, voulut habiter un pays nouveau. Il acheta, dans le midi de la France, près de la petite ville de V... un château de tournure modeste, mais gracieuse, protégé contre les bises méridionales par une colline plantée d'arbres verts. Puis, aidé d'Aline et de sa mère, il dessina

des prairies, des massifs et des jardins qui donnè-
rent à cette jolie habitation un air de ressemblance
avec la villa des bords du lac de Côme : au lieu du
lac, c'était le Rhône qui servait de fond au paysage et dont l'impétueux courant se déroulait en sinuosités pittoresques entre ses deux rives toutes
festonnées de saules, d'aulnes et de peupliers. Ce
que ce nid charmant renferma de bonheur et
d'amour , je n'essayerai pas de le dire : le roman
abandonne ses héros dès qu'il les sait heureux, parce
qu'il en est des joies de la terre comme de celles du
ciel, et qu'il est plus facile à notre faiblesse de les
rêver que de les peindre.

Deux ans après, en septembre 1852, un voyageur revenant d'Italie, où il avait erré de ville en
ville, frappa à la porte de M d'Orvelay. C'était
Tristan de Mersen. On l'accueillit avec une dignité
affectueuse et cordiale qui le toucha profondément.
Il était si pâle et si changé, il y avait tant d'abattement et de tristesse sur son front déjà dépouillé,
sur son visage déjà sillonné de rides, qu'aucun sentiment autre qu'une amitié compâtissante ne pouvait
entrer, à sa vue, dans le cœur d'Aline ou de son mari.
Ils le traitèrent comme un malade, comme un blessé
qui serait venu leur demander un peu de repos pour
ses fatigues, un peu de baume pour ses blessures.
Il put, pendant cette halte, juger combien ils étaient
heureux l'un par l'autre : il put entrevoir ce charme de l'intérieur et du foyer, que son isolement et
sa vie nomade lui faisaient paraître plus délicieux
encore. Aline avait un bel enfant qu'elle berçait sur
ses genoux avec une expression qui rappela à Tristan les chastes merveilles d'Andrea del Sarto et de
Raphaël.

On voulait le retenir : pourtant, au bout de trois
jours, il repartit. Le spectacle de cette félicité incomparable le déchirait comme un reproche, un
regret et un remords : pour regagner la ville voisine où il devait reprendre le cours de ses voyages,
il avait à monter par un sentier frayé à travers la
colline qui dominait l'habitation de M. d'Orvelay.
Arrivé au sommet, il s'arrêta un moment afin de
respirer la vague senteur des pins. Le soleil se
couchait dans des flots de pourpre et d'or, et l'ensemble du paysage avait presque la grandeur et l'é-
clat d'un site d'Italie. M. de Mersen abaissa un dernier regard sur ce toit hospitalier qu'il venait de
quitter et d'où s'exhalait une fumée bleuâtre presque aussi transparente que l'air et le ciel.

— La vraie perle était celle-là ! s'écria-t-il avec
désespoir : malheur à moi qui pouvais la posséder,
et qui l'ai perdue!

FIN DU DEUXIÈME ÉPISODE.

PARIS. — IMPRIMERIE CENTRALE DE NAPOLÉON CHAIX ET Cᵉ, RUE BERGÈRE, 20.

TROISIÈME ÉPISODE.

L'ENVERS DE LA COMÉDIE.

En reprenant, après un aussi long intervalle, la série de ces esquisses, je me bornerai à rappeler à mon trop indulgent lecteur que, les trois épisodes qui forment l'ensemble de ce travail étant parfaitement indépendants l'un de l'autre, et le second ayant été terminé la veille même du jour où notre publication a été suspendue, cette interruption a eu moins d'inconvénients que pour un roman ordinaire dont toutes les parties s'enchaînent et s'expliquent mutuellement.

Un mot encore avant de commencer ce dernier récit : il y a dans le succès, voire dans le succès d'autrui, quelque chose d'excitant qui fait germer des idées, — ou peut-être hélas! des semblants d'idées, — jusque dans ces pauvres cerveaux desséchés par des habitudes de critique, et d'analyse. C'est ce que j'ai éprouvé en assistant aux trois pièces de théâtre qui, dans ces deux années, ont le plus passionné la curiosité publique, et dont la dernière est, sous tous les rapports, si supérieure aux deux autres : la *Dame aux Camélias*, *Diane de Lys*, et le *Gendre de M. Poirier*.

Sans être trop rigoriste, sans pousser trop loin l'esprit de contradiction, sans prétendre surtout à une concurrence dont la seule pensée serait un ridicule, il est permis, je crois, même en présence d'une œuvre réussie, de se dire tout bas de quelle

façon on eût voulu traiter le même sujet, non pas pour mieux faire, non pas pour faire aussi bien, mais pour rester fidèle à certains points de vue que la littérature méconnaîtrait moins si la bonne compagnie les défendait mieux.

Ainsi, ni protestation hautaine, ni scrupule puritain, ni dénigrement systématique, ni pessimisme boudeur, ni rivalité risible, mais seulement une sorte de critique en action, un plaidoyer prenant la forme d'un récit, et présentant, au lieu d'arguments, des situations, des événements et des personnages, voilà quelle aura été l'inspiration primitive de ces trois épisodes : voilà comment la *Dame aux Camélias* m'a dicté le *Chercheur de perles*; comment *Diane de Lys* m'a conseillé *le Cœur et l'affiche*, et comment le *Gendre de M. Poirier*, cette comédie si charmante et si incomplète, m'a amené à écrire

L'ENVERS DE LA COMÉDIE.

I.

Il y a, dans plusieurs villes de province, des familles dont l'ancienneté et même l'illustration feraient pâmer d'aise les successeurs de d'Hozier et de Chérin, et qui, sans qu'on se l'explique, sont

11

tombées peu à peu dans un état d'obscurité et d'indigence, équivalent d'une déchéance complète,
pour notre siècle à la fois vaniteux et positif. Il n'est
pas rare de rencontrer, au fond de quelque humble chef-lieu d'arrondissement, des descendants fort
authentiques de compagnons de Godefroid de Bouil-
lon, de capitaines armés chevaliers à Taillebourg ou
à Marignan, qui végètent dans les cafés, s'atta-
blent avec de grossiers viveurs, ou sollicitent une
place dans les chemins de fer ou la douane.
A quoi faut-il attribuer ce triste abaissement?
A des désordres personnels ou au malheur des
temps? Au défaut de conduite ou d'intelligence? Nul ne le sait, ni ne s'en inquiète. Les révolutions y sont pour beaucoup. Puis est venu ce découragement qui s'empare, à certains moments,
des races vieillies ou dégénérées; cette espèce de
suicide moral auquel se sentent poussés les hommes qui n'ont plus leur place ici-bas; cette loi
cruelle des sociétés humaines qui n'admet rien
d'immobile et qui veut que les fortunes restées stationnaires finissent par décroître et par s'écrouler.
Représentants du passé, on dirait que ces nobles
déchus sont à charge au présent, et qu'il a hâte
d'en finir avec eux comme avec d'importuns témoignages de ses agressions et de ses rancunes.

Quelquefois, ces ruines vivantes ont pour accom-
pagnement et pour commentaire une ruine d'un
autre genre. C'est un vieux château qui porte le
même nom, qui se rattache aux mêmes souvenirs
d'opulence et de grandeur, et qui tombe pierre par
pierre, tandis que le patrimoine dont il était le plus
fier joyau s'en va lambeau par lambeau. Pour le
touriste indifférent, il n'y a là qu'un pittoresque
débris, bon à mettre dans un paysage. Pour l'observateur attentif, initié aux archives publiques et
privées de sa province, il y a là tout un chapitre
d'histoire locale, une double preuve des transfor-
mations sociales et de l'action dissolvante des siècles, personnifiée dans cette double misère dont
l'une se cache sous un habit râpé, l'autre sous un
sauvage tapis de pariétaires, d'églantiers et de
clématites.

Cet accouplement mélancolique de maison croulante et de famille ruinée se rencontrait, il y a peu
d'années encore, dans une de ces vallées que sépa-
rent du cours du Rhône les montagnes granitiques
du Languedoc et du Vivarais. Cette longue chaîne
qui attriste le regard de ses contours grisâtres et
contraste avec les bords fertiles du fleuve, s'ouvre ou s'abaisse, à de rares intervalles, et l'on
aperçoit alors, par ces fugitives échappées,
des plaines parsemées de bouquets de bois ou de
plantations de mûriers, qu'encadrent d'autres collines, échelonnées à perte de vue et déchirées par
les pluies torrentielles. Une de ces plaines, située
sur la limite des départements du Gard et de l'Ardèche, est dominée par un vieux château qui lui
donne son nom et qui s'appelle Prasly. A mi-côte
s'étend un gros village, doté d'un bureau de poste,
d'une école primaire, et étalant avec un certain orgueil quelques maisons neuves d'assez belle apparence, dont les façades blanches, les contrevents
verts et les tuiles rouges annoncent les progrès
d'un bien-être qui se généralise, tandis que le délabrement du château ressemble à l'adieu d'une

splendeur qui s'éteint. A quelques centaines de pas
au-dessous du village, en se rapprochant d'un des
nombreux affluents de l'Ardèche qui fertilisent le
pays et mettent en mouvement plusieurs filatures,
on voit une grande et riche fabrique attenant à une
habitation élégante où semblent s'être réfugiés tout
le luxe et tout le comfort modernes.

Pendant que le château de Prasly perdait peu à
peu sa couronne de chênes séculaires, son parc
dont la trace même a disparu, et ses murs de clô-
ture dont les dernières pierres se sont cassées sous
le marteau des cantonniers, l'opulent propriétaire
de la filature, M. Durousseau, faisait venir de Paris
un architecte et un dessinateur, et bientôt un délicieux jardin planté d'arbres rares et d'arbustes
exotiques, arrondissait ses gracieuses allées autour
d'une fraîche prairie, et descendait en pente douce
jusqu'à la rivière. Tous les accidents de terrain
étaient mis à profit par les deux habiles artistes.
Une volière, une serre-chaude, des bassins d'eau
vive, ajoutaient aux grâces naturelles du paysage,
et se groupaient coquettement à portée du perron
et de la terrasse, comme des vassaux empressés
aux pieds du maître ou de la châtelaine. L'admiration naïve des habitants de Prasly-le-Neuf — ainsi
s'appelait le village, —aidée de l'érudition de l'insti-
tuteur communal, avait complaisamment décerné le
titre de Villa Durousseau à cet ensemble de merveilles
où l'art et la nature se mariaient sous les auspices
de l'industrie. Les libéraux, les chapeaux noirs, les
beaux esprits de café, les libres penseurs d'estami-
net, étaient enchantés d'avoir à opposer ce bijou de
création moderne et bourgeoise aux murailles sombres et nues du château de Prasly. Les quolibets et
les sarcasmes pleuvaient comme grêle lorsque l'on
supputait depuis combien de temps il n'était entré
au château ni un tapissier pour en rajuster les tentures, ni un ébéniste pour en renouveler les meubles, ni un charpentier pour en réparer le toit, et
lorsqu'on mettait en regard de ce chiffre négatif le
compte imposant des travaux commandés et payés
par M. Durousseau, les sommes qu'il faisait, bon
an mal an, circuler dans le pays, les ouvriers
qu'il employait, les industries auxquelles il im-
primait le mouvement et l'activité. Ce parallèle était le texte inépuisable des conversations,
et il n'y avait pas d'aubergiste fumant sur le seuil
de sa porte, de postillon donnant l'avoine à ses chevaux de lavandière s'escrimant de son battoir, ou
de jeune fille faisant tourner ses fuseaux, qui ne
dît son mot sur la pauvreté des Prasly et la richesse de M. Durousseau. Celui-ci, du reste, jus-
tifiait, au moins en apparence, la considération respectueuse que lui attiraient ses écus. Grand manu-
facturier, grand propriétaire, figurant au premier
rang du commerce de Saint-Etienne, retenu à Paris
pendant l'hiver par de magnifiques entreprises qui
retrempaient son crédit sans jamais le compromettre, il ne passait guère à sa Villa que deux mois
d'automne, et ces deux mois lui suffisaient pour
réveiller, activer et enrichir tout ce qui l'entourait : non pas qu'il fût prodigue ni qu'il eût même
la munificence instinctive des grands seigneurs
d'autrefois! mais il possédait au plus haut degré
cette intelligence des intérêts nouveaux, de la
vie nouvelle, qui, au risque de matérialiser la cha-

rité et d'en faire un art au lieu d'une vertu, force l'argent et le travail à une sorte de mutualité infatigable, inventive, ajoutant sans cesse à l'efficacité de l'un et à l'ascendant de l'autre.

Or, en 184., par une pluvieuse soirée de septembre, un nombreux public encombrait la salle principale du Café de la *Jeune-France*, placé à une des extrémités de la grande rue de Prasly-le-Neuf. Malgré cette dénomination fastueuse que constatait, avec quelques caprices d'orthographe, une enseigne ombragée d'un gros rameau d'olivier, ce café n'était guère qu'un cabaret. Seulement, par une concession que justifiaient l'ennui, le désœuvrement, le besoin de lire les journaux et le désir de savoir des nouvelles, les quelques bourgeois ou employés dont s'enorgueillissait la localité, s'y mêlaient aux paysans et aux ouvriers. Il en résultait une bigarrure tout à fait démocratique de vestes et de paletots, de blouses et de redingotes, spectacle plus réjouissant au point de vue de l'égalité que de l'élégance.

A tous moments, les regards des consommateurs se reportaient vers une grande pancarte affichée sur une des cloisons du Café, et où, à travers les nuages de fumée qu'exhalaient les pipes et les cigares, on pouvait lire, imprimé en formidables majuscules : « Vente du château de Prasly et dépendances, » suivi du détail exact des lots, conditions et charges, le tout relevé par les agréments habituels du style d'annonces judiciaires.

— C'est donc de dimanche en huit ! disait en se frottant les mains et en interrompant la lecture du *Siècle*, un homme à face rubiconde, meunier de son état, et cumulant avec les travaux de son moulin les fonctions de premier adjoint. Ma foi, j'en suis fâché pour la vieille marquise; mais enfin il faut que tout le monde vive! Les nobles ont fait leur temps, nous avons le nôtre : personne n'a rien à dire. Et puis, quand on est si pauvre, on ne devrait pas être si fier ; et il me semble que M. Georges, le jeune marquis, ne se ferait pas grand mal s'il frayait un peu plus avec de braves gens qui ont plus d'argent que lui!

Et le gros meunier fit résonner ses goussets.

— Ne m'en parlez pas, père Girard, dit le cafetier, qui, suivant l'usage, bavardait et buvait avec ses pratiques; voilà six ans que je tiens le Café de la *Jeune-France*; vous savez que tout y est bon, moka, cognac, absinthe, tabac, bière de Lyon, et liqueurs des îles...

Le père Girard fit une grimace qui pouvait passer pour un assentiment.

— Eh bien! reprit le tavernier, pendant ces six ans, M. le marquis n'a pas mis une seule fois le pied ici....

— Et quand on le rencontre, ajouta Girard, il vous a une manière de vous saluer, hautaine et triste, qui m'ôte l'envie de rire pour toute la journée....

— Incorrigibles! rétrogrades! suppôts de l'ancien régime! s'écria d'une voix glapissante Marius Floquet, greffier de la justice de paix, jeune homme à la figure de fouine, orné d'un habit noir et d'une paire de lunettes : je vous dis et je vous répète qu'ils sont tous les mêmes... aussi arriérés que la veille de l'émigration ou le lendemain de Coblentz!...

Voilà un marquis qui n'a ni sou, ni maille, et qui se croit d'un autre bois que nous autres! Cela fait pitié! Dieu merci, on va vendre leur vieille bicoque de château; ils quitteront le pays et nous ne les verrons plus!

— Et quels seront les acquéreurs? demanda un paysan dont le visage hâlé avait cette expression méfiante et finaude qui, en dépit de Florian et de Berquin, caractérise presque toutes les physionomies champêtres.

— La bande noire, répliqua Marius Floquet. Qui voulez-vous qui achète cette antiquaille où il n'y a plus que les quatre murs, quelques meubles vermoulus, et cinq ou six portraits d'ancêtres, noirs comme la suie? On dépecera tout cela, et vous verrez ce qui est à votre convenance... Brunel, le clos des amandiers vous irait joliment! Il confine votre jardin, et vous pourrez en faire un verger qui vous rapportera cent pour cent.

— Moi, reprit Girard, le meunier, je me porterais volontiers acquéreur du carré de vignes ; le dernier qui leur reste, à ce fier marquis!., Et quand on songe que dans les temps, — c'est mon beau-père le tonnelier qui me l'a dit, — les seigneurs du château récoltaient jusqu'à mille pièces de vin ! Et le légat du pape envoyait faire sa provision à Prasly, tant le vignoble était bon ! Et aujourd'hui ils ont à peine de l'eau à boire... Et l'on met en vente le château qui est, dit-on, dans la famille depuis huit cents ans! Malgré les larmes de la marquise, il a fallu en venir là... se défaire de ces vieilles pierres pour avoir un morceau de pain!

— Et vous, Germot, qu'achèterez-vous dans cette débâcle? demanda le greffier à un vieux fermier dont les cheveux blancs et la figure patriarchale contrastaient heureusement avec le reste de l'assistance.

— Ah! monsieur Floquet! répondit Germot en hochant la tête; vous en savez plus que moi, et je ne suis qu'un vieil âne; mais, je vous l'avoue, le cœur me saigne quand je songe qu'on va vendre et démolir ce noble château que l'on aperçoit de tous les points du pays, et dont nous étions fiers autrefois, presque autant que du pont du Gard! Moi qui vous parle, j'ai été plus de vingt ans fermier de feu le marquis de Prasly, le père de M. Georges... C'était bien l'homme le plus affable, le plus simple, le plus généreux... Et madame la marquise! quelle bonté! quelle charité! A l'époque des grandes guerres, nous avons eu ici des années bien mauvaises... La levée en masse, le blé à cent francs, trois inondations de suite, et des maladies par-dessus le marché... Eh bien! madame allait de porte en porte, secourant celui-ci, consolant celui-là, soignant l'un, priant avec l'autre! Et tout le grain de son grenier, et tout le vin de ses caves, étaient pour les pauvres et pour les malades! Un jour, j'allai lui porter un sac d'écus, pour mes fermages arriérés. J'avais le cœur bien gros ; mes deux fils à l'armée, qui ne donnaient pas de nouvelles ; ma femme avec les fièvres d'accès ; mon attelage vendu ; et cet argent que j'apportais, je l'avais emprunté à Bagnols, à un usurier qui est mort millionnaire. Madame la marquise devina mon chagrin :— Germot, me dit-elle, vous êtes un brave homme, et les Prasly n'ont jamais mis personne dans la peine. Reprenez cet argent ; rendez-le vite à qui vous l'a prêté ; portez cette bouteille à votre bonne Madeleine, et prions tous ensemble pour vos fils, pour la France, pour ceux qui, en ce moment, combattent et meurent loin de nous.... Voyez-vous, monsieur Floquet, poursuivit le vieillard, dont les yeux, à ce lointain souvenir, s'étaient remplis de larmes : ce sont là de ces traits qu'on n'oublie pas.

— Ah ! père Germot ! reprit Floquet avec un rire forcé, si nous nous attendrissions, je ne dis plus rien... Autres temps, autres mœurs : aujourd'hui c'est M. Durousseau qui est le bon génie de la contrée. Qu'avez-vous à dire de celui-là ? N'est-il pas aussi riche, aussi loyal, aussi généreux que tous les Prasly passés, présents et futurs ?....

— Je n'ai rien à dire de M. Durousseau, répondit le fermier avec la prudence habituelle aux paysans ; il dépense gros ; il fait travailler le pauvre monde, et il ne permet pas à la fainéantise de s'implanter sur notre terroir ; et pourtant, si j'avais encore à être le débiteur de quelqu'un, je crois que j'aimerais mieux avoir pour créancier M. Georges que M. Durousseau ; et si je travaillais à la journée et que les forces vinssent à me manquer avant le coucher du soleil, j'aimerais mieux que mon compte de semaine fût réglé au château qu'à la Villa...

— C'est que M. Durousseau connaît le prix du temps et le prix des choses. Ce n'est pas un paresseux comme ces nobles !... C'est un industriel, un travailleur comme nous ! il a l'œil à tout, il aime à commander, il veut qu'on lui obéisse : quoi de plus juste ?

En ce moment, les conversations furent interrompues par l'entrée d'un nouveau personnage sur qui se fixèrent aussitôt tous les yeux : c'était maître Ramiard, le notaire du canton, de qui l'étude servait de centre et de point de ralliement à toutes les opérations financières, ventes, achats, emprunts, placements, licitations, hypothèques, testaments et mariages, qui occupaient les fortes têtes du pays. Honoré de la confiance de M. Durousseau, resté en bons termes avec les Prasly, maître Ramiard était, à six lieues à la ronde, une puissance, une autorité et un oracle.

Son arrivée produisit la sensation habituelle, et chacun s'apprêtait à l'interroger sur les éventualités de la vente prochaine. Mais lui, insensible à cet empressement, sourd aux cordiales salutations du cafetier et de ses clients, sans même demander sa cruche de Lyon et son jeu de piquet, marcha droit à l'affiche qui annonçait la vente du château de Prasly, la décolla d'un geste rapide, la chiffonna et la mit dans sa poche.

— Que faites-vous donc là, monsieur Ramiard ? exclamèrent à l'instant plusieurs voix, parmi lesquelles brillait l'aigre fausset du jeune greffier.

— La vente n'a pas lieu, dit le notaire.

— Et pourquoi, s'il vous plaît ? demanda l'acharné Marius.

— Parce que M. Durousseau m'a donné des ordres en conséquence, répliqua Me Ramiard, en accentuant chaque syllabe d'un air magistral.

II.

Le jour même où ces propos s'échangèrent dans le *Café de la Jeune-France*, un peu avant le coucher du soleil, un jeune homme de vingt-huit à trente ans descendit de diligence au relais le plus voisin, laissa son bagage à l'auberge et s'achemina pédestrement vers le château de Prasly. Pour y arriver, il avait à suivre un sentier tracé au flanc de la colline, et qui, s'élevant peu à peu, finissait par dominer tout le paysage.

Le temps était orageux et lourd ; par intervalles, de larges gouttes de pluie empâtaient la poussière et marbraient les cailloux du chemin. Un vent tiède et humide gémissait à travers les groupes d'oliviers dont la pâle verdure se détachait çà et là sur les tons gris des rochers. A une très-petite distance du château, le jeune homme s'arrêta près d'un pigeonnier en ruines, qui avait fait probablement partie des anciennes dépendances du domaine, et, s'asseyant sur les marches brisées, il embrassa d'un regard mélancolique la plaine qui se déroulait à l'horizon.

Il était de haute taille, et sa figure eût paru belle si elle n'avait été assombrie par une expression de tristesse qui semblait habituelle. Son habit de voyage, bien que fort simple, n'excluait ni la distinction, ni l'élégance ; et s'il manquait quelque chose à l'ensemble de sa tenue ou de sa personne pour réaliser le type d'un homme à la mode, tel qu'on le recherche dans un salon du faubourg Saint-Honoré ou dans une avant-scène de l'Opéra, un œil expérimenté n'eût pu méconnaître en lui certains signes de race qui survivent aux priviléges et aux parchemins.

Pendant cette courte halte, ses regards se promenèrent tour à tour de la Villa-Durousseau qui étalait au bas de la colline sa coquette façade, au vieux château dont les murailles, veuves de leurs créneaux et les tourelles décapitées de leurs pignons rivalisaient de teintes mornes et plombées avec les nuages du ciel. On eût dit qu'il se débattait mentalement contre le douloureux parallèle trop facile à établir entre la fabrique et le manoir, entre ces fraîches images de luxe et de richesse, et ces vestiges d'abandon et de pauvreté. Pourtant une indicible expression de tendresse et de respect anima son visage, pendant que ses yeux se fixaient sur cette masse encore imposante malgré les ravages du temps. Il contemplait surtout avec une émotion inquiète les fenêtres du premier étage, comme s'il se fût attendu à voir une figure aimée paraître derrière ces vitres ou bien dont des carrés de papier remplaçaient, hélas ! les carreaux absents. A la fin, il se leva, en murmurant d'un air résolu : « Décidément, j'ai bien fait ! » Et quelques minutes après, il touchait à la porte de Prasly.

Il entra sans frapper, en homme familier aux habitudes de la maison ; d'ailleurs la porte fermait à peine. La cour principale était déserte, et cette solitude la faisait paraître encore plus vaste. A gauche, s'étendait un grand hangar qui s'ouvrait autrefois sur les écuries, mais qui ne renfermait plus, pour le moment, que quelques fagots amoncelés. A droite, on apercevait le vestibule et la cage de l'escalier d'honneur ; mais le seuil obstrué des socs de charrue et des baines de vendange, les toiles d'araignées suspendues aux châssis, et mieux encore le désastreux état des marches effondrées sur lesquelles le pied le plus hardi n'eût osé s'aventurer, prouvaient trop bien que personne n'y avait passé depuis longtemps. Le jeune homme se dirigea sans hésitation vers une porte bâtarde, pratiquée, à l'angle du bâtiment, dans l'épaisseur du mur d'une des tourelles : elle conduisait à un escalier tournant, d'une allure beaucoup plus modeste, mais d'une conservation un peu meilleure. Au moment où il s'apprêtait à le franchir, un chien de chasse se précipita sur lui avec des démonstrations joyeuses, auxquelles il répondit tout en les réprimant. — « Voilà mon seul Caleb ! » dit-il avec un pâle sourire, en caressant de la main le fidèle animal, dont il essayait de contenir les transports et les gambades.

Arrivé au premier étage, il traversa rapidement une antichambre qui servait aussi de salle à manger, et, précédé de son chien qui se chargeait de l'annoncer, il courut vers la pièce voisine. A peine eut-il le temps d'y arriver. Avertie par les cris du chien, peut-être par un pressentiment maternel, une femme s'avança vers lui les bras ouverts, et, pendant un instant, on n'entendit au milieu de cette étreinte, que ces mots entrecoupés : « George ! mon George ! — Ma mère ! »

La marquise de Prasly avait tout au plus soixante ans ; et un reste de jeunesse et de vie pouvait encore se retrouver dans l'expression de son regard et les lignes harmonieuses de son visage ; pourtant on eût pu aisément lui donner dix ans de plus, tant ses yeux trahissaient de souffrance et de fatigue ; tant ce visage parcheminé et amaigri était plissé de rides pareilles à des sillons creusés par les larmes. Deux bandeaux de cheveux entièrement blancs, dédaigneux de tout déguisement parasite, se collaient sur ses tempes, et encadraient le noble ovale d'une tête qui n'eût pas déparé une galerie de famille royale. A voir l'austérité presque monastique de son costume de veuve, il eût été permis de la prendre pour une de ces abbesses que les couvents et les chapitres recrutaient autrefois dans les maisons de haute noblesse, si l'ardeur passionnée avec laquelle elle pressait son fils sur sa poitrine n'eût prouvé que, par un côté du moins, elle tenait encore aux affections terrestres.

La chambre où elle fit entrer George était, de tout le château, la seule qui conservât quelques traces d'une grandeur depuis longtemps disparue. Au fond d'une vaste alcôve tendue en brocatelle verte, on apercevait un lit à baldaquin, de même étoffe, accosté d'un prie-Dieu en bois de chêne, que surmontaient une gravure de dévotion et un bénitier. La cheminée, en marbre blanc, d'un beau style Louis XIV, n'avait aucune garniture, et, comme pour rendre le contraste plus frappant, un magnifique cadre gothique, qui descendait jusque sur la tablette, faisait songer à la glace qu'il avait dû contenir et que remplaçait fort imparfaitement un petit miroir de chambre d'auberge. La tenture en lampas était parsemé d'accrocs et de reprises à l'aiguille qui se cachaient tant bien que mal sous des portraits dont les figures altières et graves avaient presque toutes des traits de ressemblance avec la marquise et son fils, et paraissaient contempler d'un air d'étonnement la pauvreté de leur dernier descendant. Quant au mobilier proprement dit, il se réduisait au strict nécessaire : quelques chaises de pail-le, un large fauteuil de velours d'Utrecth fané, où s'asseyait madame de Prasly, et une table de noyer où s'éparpillaient des papiers, un ouvrage de tapisserie et des livres de piété.

Après ces premiers embrassements, où la mère et le fils avaient oublié toute autre préoccupation, la marquise, s'arrachant aux bras de George, lui dit avec une tristesse d'autant plus poignante qu'elle s'efforçait de la dissimuler :

— Eh bien ! George, c'est de dimanche en huit !...

— Non, ma mère, répondit-il ; ni dimanche, ni jamais : Prasly ne se vendra pas !

— Et qui l'empêchera ? demanda-t-elle les mains jointes, comme si elle attendait de la réponse de son fils un arrêt de vie ou de mort.

— Moi, ma mère, en épousant, si vous me donnez votre consentement, Mlle Sylvie Durousseau.

— Ah ! s'écria Mme de Prasly avec une bizarre expression, mêlée de joie et d'angoisse... C'était donc là ce que tes lettres me laissaient entendre ?... Mais, comment y es-tu parvenu ?... T'aime-t-elle, au moins ?... Et toi, l'aimes-tu ? N'est-ce pas un sacrifice ?

Avant que George réponde à ces questions qui se pressent sur les lèvres maternelles, expliquons brièvement les situations respectives.

S'il est vrai, comme on l'a dit avec quelque justesse, qu'il n'y ait plus aujourd'hui de titres, mais des noms, le nom de Prasly, même dans cette appréciation idéale, conserverait une sérieuse valeur ; car on le retrouve aux plus nobles pages de notre histoire. Joinville parle d'un Prasly qui fut fait prisonnier avec saint Louis, et l'assista à ses derniers moments. Philippe de Commines mentionne un sire Hugues de Prasly qui accompagnait Louis XI à Péronne, et prit part à la chevaleresque expédition contre le Sanglier des Ardennes. Les guerres de religion qui ensanglantèrent le seizième siècle mirent constamment en lumière le courage et l'humeur guerrière de cette antique maison. Les Prasly figurent au premier rang, avec les Crussol, les Vogué, les Du Peloux, dans ces luttes terribles qui eurent leurs héros et leurs martyrs, et qu'abritèrent de leurs replis sauvages les montagnes et les gorges du Languedoc ou du Vivarais. Mais, à dater du siècle de Louis XIV, la famille alla toujours en s'appauvrissant. Pendant trois générations successives, Louis, Adalbert et Maurice de Prasly, à peu près ruinés par leurs campagnes, épousèrent, en rentrant dans leurs foyers, des héritières nobles et pauvres qui leur apportèrent en dot force vertus, des parchemins inattaquables et très peu d'écus sonnants. Tous les dix ans, un quartier de terres arables, un arpent de vignes, un verger d'oliviers était détaché à petit bruit de la propriété seigneuriale, et vendu pour payer les dettes ou faire face aux dépenses urgentes. Maurice, le grand-père de Georges, fût tué dans la guerre d'Amérique, laissant un fils qui atteignait tout juste sa majorité au moment même où les premiers crimes révolutionnaires amenèrent l'émigration. Il n'en fallait pas davantage pour faire confisquer les terres et mettre le château sous le sequestre. A sa rentrée, sous le Consulat, M. de Prasly eut beaucoup de peine à se faire rendre, non pas la totalité des biens qui lui

restaient, mais ce qu'on appelle en langue familière, le vol du chapon. Sa santé, ébranlée par
les fatigues et les privations de l'exil, ne lui per-
mit pas de prendre du service ; il végéta obscurément, et se maria, assez tard, avec une
jeune personne d'une grande beauté et d'une naissance illustre, qui se hâta de lui tendre la main
pour échapper à un de ces mariages que le maître
d'alors aimait à arranger entre ses intrépides lieutenants et les héritières de noms historiques. La
nouvelle marquise avait peu de fortune, et si cette
union apporta dans le château de Prasly quelque
années de bonheur, elle n'y ramena pas la richesse.
Comme si tout devait concourir à cette *jettatura*
qui s'acharne aux grandes familles en décadence,
le marquis mourut quelques jours avant la Restauration, et la marquise resta veuve avec deux
fils, l'un Gaston, âgé de huit à dix ans, l'autre
George, encore au berceau. Elle se consacra à ses
enfants avec un dévouement sans bornes, et l'on
put croire d'abord que ses soins ne seraient pas perdus ; car Gaston, avant vingt quatre ans, était
lieutenant dans la Garde. Mais la révolution de 1830,
en brisant son épée, inaugura pour les Prasly une
nouvelle série de malheurs. Gaston, après avoir essayé de guerroyer en Espagne et en Portugal, revint
en France dans cet état d'irritation fébrile qui dispose
à faire des folies ou des sottises l'homme à qui l'air
et l'espace manquent pour les actions héroïques.
Aventureux, passionné, plein de confiance dans les
autres et en lui-même, décidé à tout entreprendre
plutôt que de condamner au désœuvrement ces
belles années de sa jeunesse, Gaston se laissa engager dans quelques-unes de ces spéculations industrielles qui commençaient dès-lors à tenter un certain nombre de militaires et de gentilshommes réduits à l'inaction par nos vicissitudes politiques.
Ainsi qu'on pouvait le prévoir, il y perdit son argent, son crédit, et ne sauva même son honneur intact, que grâce à l'abnégation de sa mère et de
George qui, à peine sorti de l'adolescence, mit une
sorte de résolution virile à jeter aux créanciers de
son frère les derniers lambeaux de son patrimoine. Ce fut le coup de grâce pour cette fortune déjà si chancelante. Gaston, incapable de supporter patiemment son désastre, prit les épaulettes
de laine et alla se faire tuer en Afrique. George
resta auprès de sa mère dont la santé n'avait pu
résister à ces coups réitérés. Il fut sa consolation, et
elle reporta sur lui tout ce trop-plein de tendresse
dont les malheureux ont le secret, et qui n'avait
rencontré jusque-là dans la vie qu'immolation et
amertume. De tout ce qu'elle avait possédé ou espéré, la pauvre femme ne conservait plus que ce
fils, ce château délâbré qui, faute de réparations,
semblait prêt à s'écrouler sur ses derniers maîtres,
et trois ou quatre morceaux de vignobles ou de prés
dont ne se fût pas assurément contenté un paysan
riche. Mais les âmes aimantes ressemblent à ces
plantes qui deviennent plus vivaces parmi les ruines et s'attachent plus obstinément aux décombres
qu'aux édifices somptueux. Enfermée dans cet étroit
espace, ne demandant plus rien à la vie et au monde,
n'ayant sous les yeux que des images de tristesse
et de pauvreté, Mme de Prasly sentit s'accroître
dans son cœur, avec une ardeur effrayante, deux

affections qui bientôt n'en firent plus qu'une :
George et le château. Par une sorte de mirage assez fréquent chez ceux que domine une
idée fixe ou une souffrance continue, elle en vint à
ne plus séparer ces deux objets de son amour ; à les
croire liés l'un à l'autre par de mystérieuses affinités, à établir dans sa pensée entre ces vieilles pierres et ce jeune front un lien indissoluble. Hélas !
cette tendresse à laquelle George répondit de toutes les forces de son âme, après les avoir pendant
quelque temps soutenus et consolés, devint pour
eux une source de nouveaux chagrins. George, à
qui pesait son oisiveté, et qui, comme tous les
siens, avait du sang guerrier dans les veines, comprit que s'il suivait sa vocation, il tuerait sa mère.
Il resta donc auprès d'elle et accepta sans murmure cette existence inoccupée pour laquelle il n'é-
tait pas fait, et qui bien souvent lui fit regarder d'un
œil d'envie les fils de fermiers, ses voisins, qu'il
voyait suivre leur charrue d'un pas leste, en
sifflant une joyeuse chanson. La marquise avait
trop d'instinct et de divination maternelle pour
ne pas pénétrer ce que souffrait George et en
ressentir le contrecoup. Son amour pour lui
en contracta une sorte d'inquiétude maladive,
d'exaltation sombre et contenue, comme s'il s'y
mêlait un secret mécontentement d'elle-même. Dès
lors ces deux êtres qui ne vivaient que l'un pour
l'autre et se tenaient réciproquement lieu de l'uni-
vers entier, n'eurent plus même le bonheur de pouvoir s'aimer sans déchirement et sans trouble. La
mélancolie de George semblait à sa mère un silencieux reproche. L'anxiété, les larmes, les combats intérieurs de Mme de Prasly, le frappaient parfois comme un remords, et l'amenaient à se demander douloureusement s'il ne trahissait pas ses devoirs en laissant deviner ses peines. En outre, se
croyant forcé à d'autant plus de dignité et de réserve qu'il était plus pauvre, George s'était constamment refusé à ces distractions vulgaires, à ces ca-
maraderies de bas étage auxquelles s'abandonnent
trop souvent les gentilshommes de province pour
échapper au désœuvrement et à l'ennui. Il passa
pour *fier*, et le public n'en mit que plus de maligne
insistance à recueillir tous les détails, tous les indices de cette hautaine pauvreté. Ainsi, plaisirs ou
occupations du dehors, sympathies de son entourage, joies de l'intérieur, tout lui manquait, et ce
jeune homme beau, bien doué, d'un grand cœur,
d'une grande naissance, n'ayant pas, dans sa vie
ni dans sa famille, la plus légère tache à se reprocher, éprouvait les découragements et les angoisses d'une créature déshéritée.

Un seul homme faisait exception peut-être aux
sentiments malveillants et hostiles qu'excitait, au
lieu de les fléchir, la triste situation de George de
Prasly : c'était M. Durousseau. Chaque année, ses
affaires ou ses travaux d'embellissement le rame-
naient à sa Villa. Il prenait alors les renseignements les plus minutieux sur ce jeune marquis qui
ne vivait que pour sa mère, qu'on ne rencontrait
jamais ni dans un café, ni dans un bal champêtre,
et dont le pâle et noble visage se gravait vivement
dans son souvenir, chaque fois qu'il le rencontrait
sur son chemin. Déjà, de concert avec maître Ramiard, le notaire, bonhomme de la vieille roche et

secrètement dévoué aux Prasly, il avait réussi à leur rendre, sans que leur fierté pût s'en effaroucher ou même s'en apercevoir, quelques-uns de ces services qui, de voisin riche à voisin pauvre, sont toujours faciles. Après la mort de Gaston, lorsqu'il avait fallu, pour éteindre ses dettes, vendre le peu de terres restées dans la famille, M. Durousseau les avait achetées, et payées, *vu la convenance*, le double de leur valeur. Plus tard, quelques créanciers timides ou retardataires qui étaient venus se plaindre à maître Ramiard, furent interceptés au passage, et soldés intégralement, à l'insu de leur débitrice. L'année précédente, M. Durousseau, veuf depuis longtemps, et père d'une fille unique qui venait de sortir de sa pension, l'avait conduite à Prasly pour ses vacances ; et, bien que le château et la Villa ne fussent pas en visite, bien que la marquise et son fils se fussent fait une loi de ne recevoir personne, George vit plusieurs fois Sylvie Durousseau, soit à l'église, soit aux bords de l'Ardèche où elle dirigeait souvent sa promenade. Elle le remarqua, et il la trouva belle. Pourtant les choses en restèrent là pour cette année, et M. Durousseau repartit sans rien laisser soupçonner de ses desseins ; mais, au printemps, maître Ramiard, qui restait en correspondance avec l'opulent industriel, fit demander une audience à George de Prasly, et déploya dans cette entrevue cette finesse que l'habitude de traiter avec les paysans finit par enseigner aux notaires de campagne. Il commença par annoncer à George qu'un usurier révolutionnaire, mort récemment dans des sentiments de componction chrétienne, avait chargé son curé de remettre à M. de Prasly une somme de mille écus dont il avait fait tort autrefois à sa famille ; puis, comme George lui demandait, avec son sourire mélancolique, l'emploi qu'il pourrait faire de cet argent tombé du ciel, maître Ramiard, dont le dévouement et l'âge expliquaient une certaine familiarité, lui dit brusquement :

— Monsieur le marquis, voulez-vous que je vous donne un conseil? Avec cette modique somme, vous ne pourriez faire ni de bien grandes réparations à votre château, ni de bien grandes acquisitions à l'entour; employez-le à un autre usage : imitez ces joueurs qui risquent quelque chose pour gagner beaucoup : allez aux eaux d'Aix, et paraissez-y dans les conditions qui conviennent à votre naissance et à votre rang. Mlle Durousseau y sera...

— Que voulez-vous dire? interrompit George, ému déjà sans trop savoir pourquoi.

— Oh! vous comprenez, n'est-ce pas, reprit le notaire, qu'un vieillard comme moi, honoré de la confiance de M. Durousseau, et élevé dans le respect dû à la noble famille de Prasly, est incapable de vous donner un pareil conseil à la légère? Quand je vous dis d'aller à Aix, quand je vous annonce que vous y rencontrerez Mlle Sylvie Durousseau, c'est que j'ai les raisons les plus péremptoires pour penser que votre bonheur, votre avenir, le rétablissement de votre fortune, le repos des derniers jours de Madame la marquise, votre mère, peuvent être attachés à ce voyage....

M. Ramiard refusa de s'expliquer davantage : il en avait dit assez pour jeter Georges de Prasly dans un trouble étrange. Mlle Durousseau ne lui avait

pas déplu; mais il éprouvait un invincible sentiment de répugnance, presque de terreur, à cette idée de refaire sa fortune par un mariage, et de s'unir à une jeune personne qui aurait le droit de ne se croire épousée que pour ses écus. Toutes les délicatesses, toutes les susceptibilités de son cœur se révoltaient à cette pensée, et le malheur même rendait ces susceptibilités plus vives, ces délicatesses plus promptes à s'alarmer. Sa mère, à laquelle il confia la singulière proposition du notaire, refusa de l'influencer. Ce fut elle pourtant qui, sans le vouloir et le savoir, le décida. Malgré l'économie la plus rigoureuse, les dépenses de Prasly dépassaient encore les revenus, et, chaque année, la marquise et son fils faisaient un pas de plus vers une nécessité fatale : celle de vendre le château. Quelques semaines après l'entretien de M. Ramiard avec George, un jour que celui-ci sortait de l'église en donnant le bras à sa mère, le notaire s'approcha d'eux d'un air de profonde tristesse, et leur dit tout bas que ses efforts pour retarder un dénoûment inévitable étaient impuissants, qu'il fallait avait tout songer à l'honneur de la famille, et que, s'il n'arrivait pas quelque heureux changement, le château serait mis en vente avant l'automne. En écoutant cette déclaration trop prévue, Mme de Prasly garda le silence ; mais George, dont les regards s'étaient ardemment fixés sur elle, comprit ce qui se passait dans son âme, et sa résolution fut prise à l'instant. Il partit pour Aix, où M. Durousseau, qui paraissait l'attendre, favorisa visiblement ses assiduités auprès de la belle Sylvie. Au bout de six semaines, encouragé par le père qui semblait exercer sur sa fille une autorité souveraine et n'ayant d'ailleurs aucune raison de penser que Sylvie lui opposât quelque répulsion personnelle, George de Prasly fit sa demande, et elle fut accueillie.

Le lecteur peut maintenant comprendre quelles impressions George rapportait auprès de sa mère, et quel sentiment dictait à la marquise cette question inquiète :

— Au moins, ce n'est pas un sacrifice? Elle t'aime, n'est-ce pas? Et toi aussi, tu l'aimes?

— Oui, ma mère, répondit-il simplement. Je l'aime, et je suis heureux.

— Cher enfant! s'écria-t-elle alors avec une expansion dont elle avait depuis longtemps perdu l'habitude, je puis donc t'avouer que, s'il m'avait fallu voir ce château mis en vente, s'il m'avait fallu en sortir, je serais morte!..

— Eh! croyez-vous que je ne l'avais pas deviné? murmura George d'un air de reproche en la serrant de nouveau sur son cœur comme s'il eût voulu échapper, dans cette étreinte, à quelque idée importune qui le poursuivait encore.

III.

Deux mois après, dans un des beaux hôtels de la rue Laffitte, on remarquait ce mouvement inaccoutumé, joyeux à la surface, souvent fort triste en réalité, qui précède les grands mariages. C'était M. Durousseau qui mariait sa fille au marquis George de Prasly. Le ban et l'arrière-ban de la haute finance parisienne avaient été convoqués pour cette prochaine solennité. L'écusson des Prasly, ressuscité et rajeuni, brillait d'avance sur les panneaux de l'élégante voiture destinée au jeune couple. Tous les magasins célèbres étaient mis en réquisition pour concourir aux merveilles de la corbeille. Seulement George que sa vie de solitude et de pauvreté préparait mal à ces fêtes du monde et du luxe, s'était humblement désisté du soin de diriger les fournisseurs et de choisir les bijoux ou les étoffes, en faveur du bel Edgard Mévil, neveu de M. Durousseau, membre influent du *Jokey-Club* depuis sa fondation, heureux propriétaire de *Titania* et de *Glenarvon*, favoris des dernières courses de Chantilly, et universellement adopté, malgré sa naissance bourgeoise, parmi les *sportsmen* le plus à la mode. Edgard s'était acquitté de son importante mission en homme jaloux de justifier la confiance de son nouveau cousin, et surtout d'obtenir le suffrage de sa cousine; et les amies de pension, admises par Sylvie à contempler en détail cette exhibition éblouissante, paraphée des noms illustres de Mariton et de Barennes, de Delille et de Gagelin, de Jeannisset et de Rudolphi, s'arrêtaient, à chaque pas, avec de petits cris de jubilation et d'extase où se mêlait un grain d'envie; ce qui, pour les robes comme pour les livres, pour les jeunes mariées comme pour les auteurs applaudis, est, de temps immémorial, le signe d'un grand succès.

On était à la veille du mariage : M. Durousseau, enfermé dans son cabinet, attendait son futur gendre, qui devait revenir, le matin même, de Prasly, où il était allé chercher sa mère. La marquise n'avait voulu quitter le château qu'au dernier moment. Quelle que fût sa joie en songeant que son fils allait être riche, et qu'elle pourrait mourir en paix sous ce toit qui avait abrité sa vie, elle se sentait plus étrangère que son fils à ce monde des heureux dont elle n'avait jamais ni parlé la langue, ni entrevu les plaisirs. Il lui semblait qu'elle y ferait tache, et aux instances de George pour hâter son départ, elle répondit, avec une mélancolie invincible, qu'elle ne savait pas comment elle pourrait s'y prendre pour porter autre chose qu'une robe noire et une figure triste.

On frappa familièrement à la porte du cabinet de M. Durousseau. C'était M. Mévil, son beau-frère et son ancien associé, millionnaire comme lui et père du brillant Edgard. Il arrivait de la campagne qu'il habitait pendant une grande partie de l'année, et il n'avait pas fallu moins que l'annonce du mariage de sa nièce pour l'arracher aux grandes chasses et à la vie de château qu'il avait organisées chez lui avec une ampleur presque britannique.

Il serra cordialement la main que lui tendit son beau-frère; et pourtant il était facile de démêler sur son visage une teinte de mauvaise humeur, nuancée d'une légère pointe d'épigramme.

— Ah ça! mon cher Durousseau, dit-il après les premiers compliments, excusez la méprise d'un campagnard arriéré; je croyais que nous étions en 1843, et non pas en 1660; je croyais que notre roi s'appelait Louis-Philippe Ier et non pas Louis XIV; je croyais que nous n'avions plus d'autre Molière que M. Scribe, et que vous vous nommiez Eustache Durousseau, président du tribunal de commerce et membre du conseil général de la Loire, et non pas Jourdain, Patin ou Georges Dandin!...

— Bon Dieu! mon cher Mévil! répliqua Durousseau avec calme : puis-je savoir ce qui me vaut ce déluge de noms propres et de citations?

— Uniquement la fantaisie qui vous a pris de marier votre fille à un marquis... Quoi! vous aussi?... *Tu quoque!* Si l'on m'avait demandé quel était, dans tout le commerce parisien ou stéphanais l'homme qui me semblait le plus inaccessible à ces petites vanités, le plus supérieur à ces petits anachronismes, le plus incapable de continuer la dynastie éteinte des bourgeois-gentilshommes, j'aurais répondu sans hésiter : Durousseau! Hélas! je reconnais aujourd'hui qu'il ne faut jurer de rien ni répondre de personne...

— Et qui vous dit que vous vous seriez trompé? demanda son beau-frère en souriant.

— Quoi! vous voudrez me persuader que ce n'est pas pour le plaisir d'avoir une fille marquise, de dire : M. le marquis, mon gendre; de voir dans votre cour une voiture armoriée; et d'être le grand-père direct de petits marquis, que vous donnez Sylvie à ce M. de Prasly?

— Pas le moins du monde.

— Mais alors pourquoi ce mariage? Etes-vous ambitieux, par hasard, et espérez-vous que les ancêtres de votre gendre vous feront cortège au Palais-Bourbon ou au Luxembourg pour vous en ouvrir les portes?

— Mon cher, si j'étais ambitieux, je ne vois pas ce que je gagnerais à aller prendre dans un vieux manoir délabré, au fond d'une province lointaine, un jeune homme de haute naissance, il est vrai, mais qui n'a ni parents à la cour, ni influence dans son pays, et dont l'arbre héraldique a été, depuis un demi-siècle, miné par ces deux plantes corrosives, l'oubli et la pauvreté... Trente ans de travaux industriels bravement entrepris et loyalement soutenus, trois millions acquis sans qu'il en ait coûté un seul murmure à ma conscience, des fonctions administratives acceptées avec dévoûment et remplies avec honneur; une aptitude réelle pour les affaires, éprouvée par bien des luttes et constatée par bien des triomphes; douze mille francs d'impôt foncier, presque toujours payés d'avance; enfin, la certitude de faire nommer qui je veux dans mon arrondissement et de me faire nommer moi-même si l'envie m'en prenait; il me semble qu'avec ces appuis-là, et en l'an de royauté bourgeoise 1843, je n'aurais besoin de personne pour arriver aux plus hautes positions politiques. J'y vois, en ce moment, des bourgeois comme moi qui n'y font pas trop mauvaise figure, et qui n'ont pas le moindre marquis pour gendre!...

— Soit : mais enfin m'expliquerez-vous cette énigme? Le choix que vous venez de faire a-t-il un sens? ou n'est-il qu'une fantaisie d'homme riche?

— Mévil! dit gravement M. Durousseau, je n'ai ni ambition ni vanité; j'ai mieux que cela : j'ai de l'orgueil.

— Que voulez-vous dire?

Au lieu de répondre, le millionnaire alla droit à sa bibliothèque; il y prit un volume magnifiquement relié, et le montrant à son interlocuteur de plus en plus étonné :

— Voilà mon maître! poursuivit-il; le texte inépuisable de mes méditations du soir, après mes laborieuses journées... Molière ! — Les soins de mon commerce et de ma fortune ne m'ont pas tellement absorbé qu'il ne me restât, de temps à autre, un quart d'heure pour lire et pour réfléchir... À mesure que je me sentais devenir riche et que je me rendais compte de l'importance sociale que m'assurait ma richesse, je regardais autour de moi ; j'essayais de juger mon époque et de la comparer au passé ; puis, content de mon parallèle, je m'enfonçais dans la lecture de mon auteur favori, et je plaçais devant mes yeux ces deux types, l'un si ridicule, l'autre si malheureux : M. Jourdain et Georges Dandin !

— Pour mieux les copier un jour ? murmura Mévil avec un reste d'ironie.

— Non ! mon ami, pour les venger, reprit M. Durousseau de ce ton sérieux et froid qui désarme le sarcasme. Un bourgeois qui devient grand seigneur, homme d'Etat, ministre, pair de France, ambassadeur, général, la belle affaire ! Cela s'est toujours vu, non-seulement dans notre gouvernement constitutionnel, greffé sur deux ou trois révolutions, mais de tout temps et sous tous les règnes ; car, sous ce rapport, nous calomnions l'ancien régime ! — Ce qui me semblait plus original, plus grand, plus digne d'un homme profondément pénétré de l'esprit et des progrès de son siècle, c'était de prendre une revanche.

— Une revanche ?

— Oui, je me disais ceci : Le grand comique a livré à la risée de ses contemporains le bourgeois qui tranche du grand seigneur, le bourgeois qui s'allie à une famille de hobereaux ; il a étalé sans pitié les ridicules de l'un et les misères de l'autre. Eh bien ! si je profitais du changement des mœurs et des époques pour intervertir les rôles ? Je suis veuf, j'ai une fille unique qui aura deux cent mille livres de rentes... Si je la mariais à un gentilhomme pauvre que je dominerais, à qui je ferais sentir incessamment ma supériorité et ma puissance ? J'aime le commandement, je l'avoue ; si je pouvais satisfaire cette passion sur un homme ayant en eux des ancêtres aux Croisades, et me devant à moi, roturier, son bien-être, son luxe, son crédit, tout jusqu'au vieux château de ses pères que j'arracherais pour lui aux griffes de la bande noire ! Si, à chaque velléité de révolte, je pouvais lui rappeler qu'il n'est qu'un zéro dont je suis le chiffre, que c'est moi qui l'ai tiré du néant où notre siècle inflexible laisse tomber ceux qui n'ont rien, que ses chevaux, ses voitures, son hôtel, son mobilier, son argenterie, sa table, la toilette de sa femme et la sienne, sont autant de liens qui le font mon obligé, mon vassal et mon esclave ?... Voilà ce que je me disais, Mévil ; maintenant me comprenez-vous ?

— Mais, à ce jeu, vous jouiez tout simplement le bonheur de Sylvie !...

— Oui, si j'avais choisi pour mon gendre un successeur attardé des Acastes et des Moncades ; un jeune gentilhomme comme il y en a encore, comme il y en aura toujours, ayant follement dissipé son patrimoine, ayant taillé dans ses parchemins cent lettres de change, et cherchant une dot roturière pour recoudre ceux-ci et payer celles-là ! Il aurait pris mes millions et ma fille, se serait moqué d'elle et de moi avec ses compagnons de folies, et, le jour où j'eusse tenté de serrer son collier d'or, il m'eût

ri au nez, serait monté sur ses grands chevaux, m'eût énuméré, comme Ruy Gomez de Silva, ses aïeux plus ou moins tués sur les champs de bataille, et se fût vengé de mon essai de despotisme en rendant Sylvie malheureuse... Un gendre pareil, je le trouverais sans aller bien loin ; je n'aurais qu'à choisir parmi les élégants amis de mon beau neveu, de votre fils Edgard... Dites-moi, Mévil, vous êtes-vous quelquefois demandé pourquoi je n'avais pas l'air de songer à Edgard pour ma fille ?...

— Puisque vous m'en parlez, dit M. Mévil dont le front se rembrunit, je dois vous avouer que ce mariage eût été mon vœu le plus cher... toutes les convenances s'y trouvaient, et...

— D'accord : Edgard est un charmant garçon, qui jouerait à merveille les Molé et les Fleury ; sa mise est irréprochable, il fait courir, on parle de ses succès, il tient un des sceptres de l'élégance moderne... En un mot, il est impossible de recueillir avec plus de grâce ce que nous avons semé... Mais prenez garde, mon cher ! cette oisiveté brillante, payée d'avance par les travaux paternels, ce luxe éblouissant, nourri de vos économies de trente années, cette vie frivole et mondaine, dépensant dans les salons ce que nous avons amassé dans les comptoirs, ce droit de ne rien faire héritant du mérite d'avoir beaucoup fait, tout cela n'est-ce pas, sous une autre forme, ce que nous reprochions aux grands seigneurs d'autrefois ? n'est-ce pas le même travers, le même vice, le même type, mis au point de vue de notre siècle ? Le véritable Acaste, le vrai Moncade de notre époque, c'est votre Edgard ; ce n'est pas mon gendre...

— Mais c'est donc un saint que ce gendre ? s'écria M. Mévil avec une certaine impatience ; un chevalier Bayard sans peur et sans reproche ? Vous l'avez donc fait faire exprès ou pétri d'avance à votre guise, pour être plus sûr de sa perfection et de sa docilité ?

— Vous allez le voir, car le voilà qui arrive avec sa mère, dit M. Durousseau, entendant le bruit d'une voiture et les grelots de chevaux de poste qui entraient dans la cour.

Il se hâta de conduire son beau-frère au salon, où sa fille jouait déjà avec M. Durousseau qui, en sa qualité de cousin, d'homme à la mode et d'ordonnateur de la corbeille, avait son franc parler auprès de Sylvie, et en profitait pour lui débiter, d'un ton demi-sérieux, demi plaisant, une élégie fashionable et sentimentale. Un moment après, George entrait dans le salon avec la marquise de Prasly.

On eût dit des demeurants d'un autre âge ; et, si un observateur désintéressé eût voulu résumer en quelques physionomies significatives et sous quelques formes matérielles l'histoire de nos soixante dernières années, il n'eût rien trouvé de mieux peut-être que ce jeune homme et cette vieille femme dépaysés dans cet hôtel splendide, en face de ces dorures, de ces fleurs, de toutes ces créations du goût, de l'élégance et de l'art secondés par l'argent ; tandis que ceux qui leur en faisaient les honneurs paraissaient à l'aise au milieu de ces magnificences comme dans leur atmosphère naturelle. Mme de Prasly avait, pour la circonstance, renoncé à ses vêtements de deuil ; mais elle n'avait pu se dépouiller aussi aisément de la pâleur et des rides de son visage, de cet air morne et étonné qu'apportent dans le monde ceux qui ont longtemps vécu en tête à tête avec l'isolement et la douleur. On a écrit que l'homme était mieux fait pour l'affliction que pour la joie ; ce qui le prouverait, c'est que les heureux, au premier coup qui les frappe, savent prendre aussitôt la livrée du malheur, et que les affligés à qui sourit enfin la fortune, ont besoin d'un apprentissage pour se familiariser avec ce sourire. Le cœur de George était trop bien rivé à celui de sa mère, il s'était trop accoutumé à souffrir de ses souffrances et à vivre de sa vie pour pouvoir échapper tout à fait à cette même influence. Il avait pourtant essayé de mettre à profit ces quelques mois pour faire son éducation de *nouveau riche*, pour amoindrir les disparates qu'il remarquait entre sa noble indigence et l'opulente famille où il allait entrer. Il y avait à peu près réussi, grâce à sa distinction native et au talent de son tailleur ; et pourtant qu'il y avait loin de cette distinction timide et grave à la suprême élégance d'Edgard ! A coup sûr, quiconque eût vu à côté l'un de l'autre ces deux jeunes gens et eût raisonné d'après l'ancienne tradition, aurait pensé que le privilégié de la naissance, l'enfant gâté de la fortune, l'héritier des supériorités sociales, et, pour tout dire, le *marquis*, c'était Edgard et non pas George.

Les premières heures furent un peu froides, malgré les efforts d'amabilité auxquels se livrait M. Durousseau. La belle Sylvie éprouvait auprès de la marquise une sensation bizarre où se mêlaient la crainte, le respect et la pitié. M. Mévil était rêveur ; George gardait vis-à-vis de sa fiancée une sorte de réserve, et semblait un peu trop attendre le signal de sa mère pour être tout-à-fait empressé. Le brillant Edgard déployait des démonstrations amicales trop excessives pour être tout-à-fait sincères, et la familiarité cavalière qu'il affectait vis-à-vis de sa cousine, fit, deux ou trois fois, passer un rapide nuage sur le front de M. de Prasly.

La signature du contrat et la cérémonie du mariage s'accomplirent au milieu d'un concours qui mit en émoi tous les alentours de Notre-Dame-de-Lorette, en formant d'une part l'aristocratie financière invitée par M. Durousseau, de l'autre, quelques familles du faubourg Saint-Germain qui s'étaient découvert des liens de parenté avec le marquis de Prasly. M. Durousseau avait trop d'esprit, trop d'orgueil peut-être, pour faire étalage et pour chercher à écraser personne de son luxe. Les voitures écussonnées de la rue de Varennes ou de la rue de Lille firent donc fière mine auprès des autres, et, dans cette rencontre où les deux mondes se trouvaient face à face, le passé ne fut ni éclipsé ni humilié par le présent.

Le contrat offrit cette particularité remarquable qu'aucun avantage n'y fut fait en faveur du marié. George avait exigé cette clause négative, sous peine de rupture. Seulement, après une longue résistance de la part de la marquise et de son fils, il avait été stipulé que cent mille francs seraient immédiatement prélevés sur la dot de Mlle Durousseau pour faire au château de Prasly les réparations urgentes et les embellissements nécessaires. Un autre sujet de discussion avait failli troubler cette lecture. M. Du-

rousseau spécifiait, dans un article du contrat, que sa fille et son gendre logeraient chez lui, à Paris et à la campagne, et ne seraient jamais qu'en visite au château, dont la marquise douairière de Prasly restait propriétaire et maîtresse. En entendant lire cet article, George s'était levé brusquement comme pour protester ; mais il avait regardé sa mère, et, à travers une expression de tristesse qui touchait presque au désespoir, il avait lu sur son visage cette résolution suprême qui accepte une douloureuse nécessité. Il s'était rassis sans mot dire, et il avait signé.

Au sortir de l'église, les mariés, pour se conformer à l'usage de ce que les bulletins de modes appellent le monde élégant, partirent pour la campagne, accompagnés de la marquise, qui avait hâte de se retrouver à Prasly. M. Durousseau, retenu par ses affaires, devait les rejoindre quelques jours plus tard. Les pensées qui agitaient chaque personnage, auraient pu se traduire en quelques mots :

— C'est dommage ! Sylvie est bien belle ! disait Edgard en caressant sa moustache.

— Seront-ils heureux ? murmurait tristement M. Mévil.

— Ah ! George ! George ! qui sait si je ne t'ai pas sacrifié ? pensait la marquise de Prasly en s'efforçant de retenir ses larmes.

— Suis-je sûre qu'il ne m'a pas épousée pour être riche ? se disait Sylvie.

— Suis-je certain qu'elle ne m'a pas épousé pour être marquise ? se disait George.

Quant à M. Durousseau, la suite de cette histoire apprendra peut-être le monologue que lui dictait son orgueil.

IV.

Edgard Mévil à la marquise George de Prasly.

Paris, janvier 1844.

Ma chère Sylvie, je m'empare, pour vous écrire, du privilége immémorial des cousins, et j'ajoute, avec M. de Voltaire, que s'il n'existait pas, je l'aurais inventé, car je ne connais pas de plus honnête façon de me consoler de votre absence. La belle idée que vous avez eue là, de passer votre lune de miel en rase campagne, en Bas-Vivarais, entre deux ruines aussi réjouissantes l'une que l'autre : un château et une belle-mère ! Passe encore si nous étions en juillet ou en septembre ! mais au mois de janvier ! Vous voulez donc faire connaissance avec tous les arrière-neveux de la bête du Gévaudan, et fricasser dans de la neige les chastes flammes de votre hyménée ? En vérité, mon noble cousin n'est pas raisonnable. Il est beau de remonter aux carlovingiens, d'écarteler d'azur ou d'or sur champ de gueules, et de compter des vidames parmi ses ancêtres : mais il ne faut pas en abuser, et, décidément, il en abuse. Vous retenir à deux cents lieues de Paris, vous qui seriez ici la reine de nos bals et de nos fêtes ! Me priver, pour ma part, d'une centaine de valses et de polkas que j'aurais dansées avec vous ! Il est vrai que vous avez sans doute des compensations. Vous qui éprouviez de si jolis petits frissons en lisant les romans d'Anne Ratcliffe, je suis sûr que vous avez découvert à Prasly assez de chausses-trappes, de souterrains et de caveaux perdus pour faire honte aux *Burgraves* et défrayer dix volumes d'histoires de revenants. Vous pouvez aussi organiser une grande chasse à courre contre les hibous, chouettes, araignées et chauves-souris qui peuplent les sombres galeries du manoir. Apprenez-vous par cœur la légende de la tour du Nord? Avez-vous au moins un page, un varlet, un nain, qui monte sur la plate-forme, sonne du cor et soulève la herse, chaque fois qu'un cavalier vêtu de noir, ou une damoiselle chevauchant sur son palefroi vient frapper à la poterne? Présidez-vous un tournoi dans le genre de celui d'Ecklington, où, à la suite de merveilleux coups de lance, vous serez proclamée Reine de beauté par tous les paladins de l'arrondissement? Hélas! ce mot d'allure toute moderne me rappelle que nous sommes dans un siècle bien prosaïque. Je crains qu'en fait de couleur locale et de plaisirs moyen-âge, vous ne soyez réduite à une partie de boston avec le notaire, le maître d'école et le curé. Dites-moi, êtes-vous déjà d'une certaine force sur l'indépendance sans écart et la grande misère en cœur? Préférez-vous le reversi, et votre digne belle-mère vous a-t-elle initiée aux finesses du quinola? Le loto et le piquet peuvent aussi être d'une bonne ressource pour les longues soirées d'hiver. Vous ne négligez, n'est-ce pas? aucune de ces récréations ingénieuses inventées tout exprès pour les imaginations ardentes et les cerveaux exaltés? Je crois vous voir d'ici, chère cousine, sous le vaste manteau de votre cheminée gothique où brûlent à l'aise sept ou huit troncs d'arbres, entre votre mari qui parle peu et votre belle-mère qui ne parle pas. Le vent du Nord, ce célèbre mistral cher aux troubadours et aux fluxions de poitrine, mugit ou siffle dans vos corridors. Le bruit régulier de la pendule alterne avec cette agréable musique. Une lampe à huile, discrètement revêtue d'un abat-jour en taffetas vert, répand sur les objets une clarté douteuse et mélancolique. Sur le tapis de la table s'étalent, dans un pittoresque désordre, trois numéros de *la Quotidienne*, des aiguilles à tricoter, un corbillon de fiches et les lunettes de la douairière. Toutes les cinq minutes, ce silence solennel est interrompu par un cri d'émotion ou d'angoisse en présence d'une misère manquée ou d'un quinola gorgé; après quoi, tout le monde va se coucher à neuf heures, en paix avec sa conscience, et sans autre souci que de recommencer le lendemain les amusements de la veille.

Peut-être, chère cousine, me demanderez-vous ce que Paris aurait en ce moment à vous offrir en échange de ces joies aristocratiques. Hélas! bien peu de chose. Le Théâtre-Italien marche passablement; nous n'avons plus Rubini, mais Mario et Ronconi font merveilles et, avec Lablache et Julia Grisi, le quatuor reste fort supportable. A l'Opéra, *don Sebastien* a paru un peu trop funèbre; pourtant Duprez y chante une romance tout à fait digne de ses beaux jours. Le Jockey-Club m'avait chargé d'une négociation difficile: il s'agissait de conserver notre loge qui nous était vivement disputée par le comte Brescoff et par

lord Edwin. J'ai réussi, et l'on peut m'y contempler, de deux soirs l'un, entre Jacques de Méreuil et Maxime de Narin; deux fils de familles ducales, ne vous en déplaise! Nos courses d'automne ont été superbes: il n'a plu que trois fois sur quatre, et *Glenarvon* s'est couvert de gloire. Nous avions arrangé une poule à cent louis d'entrée, le marquis d'Astrom, le comte d'Ozun et moi. Il y avait des paris énormes. C'est *Réveil-du-Lion* qui était favori: c'est moi qui ai gagné. Quant aux bals et aux concerts, c'est une rage, une furie; on dirait que la polka a mis du vif argent dans toutes les jambes; on dansait mercredi à l'ambassade d'Autriche; on a dansé avant-hier à l'ambassade d'Angleterre; on danse ce soir chez la duchesse de Birague, demain chez lady Rawlay. Je suis invité partout, cela va sans dire. Nous avons ici une Polonaise d'une beauté fulgurante, la comtesse Sgriftuwska; elle nous a apporté dans un pli de sa robe une mazurka qui menace toutes les polkas d'une sérieuse déchéance; elle prétend que je suis le seul Français qui sache la danser. Que n'êtes-vous à Paris, chère cousine! je vous l'aurais bien vite apprise, et vous ne tarderiez pas à éclipser la Pologne. En attendant, savez-vous qui dispute à la belle étrangère le sceptre de la mode? Cette petite Fanny Du Bréard, qui s'est mariée quelques jours après vous, et qui était une de vos amies de pension: son oncle de Normandie est parti pour un monde meilleur en lui laissant un million; au moyen de quoi elle en a épousé un autre, et ces deux millions-là ont aujourd'hui les plus jolis chevaux et le plus bel hôtel de Paris. N'importe! je soutiens que, si vous sortiez enfin de votre retraite, et si vous paraissiez, un de ces soirs, dans une avant-scène des Bouffes ou dans un salon de *votre* faubourg, le monde subjugué reconnaîtrait sa souveraine, et que toutes les usurpatrices rentreraient dans le néant. Voyons, chère Sylvie, ne voulez-vous pas essayer? Sérieusement, était-ce la peine de devenir marquise pour vous ensevelir au fond d'une province, dans un lieu agreste où il n'y a pas même, j'en suis sûr, de berger d'opéra-comique? Il existe, tout près de la table où je vous écris, un garçon de votre connaissance, qui n'est pas marquis, que l'on accuse d'être un peu léger, un peu étourdi, un peu dépensier, mais qui, si vous étiez sa femme, voudrait vous faire une vie toute différente: il voudrait vous avoir là, à ses côtés, dans ces salons dont vous seriez la parure et la joie! Il partagerait vos plaisirs, il jouirait de vos succès; vous retrouveriez dans chacun de ses regards un reflet de l'admiration universelle, et ces hommages dont vous seriez entourée, il les traduirait en un seul mot: amour. — On ne l'a pas voulu; votre père en a ordonné autrement, et l'obéissance ne vous a été que trop facile. Je me soumets, sinon sans tristesse, au moins sans murmure; mais faudra-t-il renoncer aussi à vous voir? Ne reviendrez-vous pas auprès de nous? N'occuperez-vous jamais le délicieux appartement que nous vous avons fait arranger? Votre père y a mis tous ses soins, et n'a pas dédaigné quelques-uns de mes conseils. Maintenant il part pour aller vous rejoindre et peut-être vous ramener. Puisse-t-il, si telle est son intention, se montrer aussi despote et vous trouver aussi obéissante que pour votre mariage! Hélas! je crains, cette fois, que ce ne soit tout le contraire. Vous nous avez oubliés ; vous êtes heureuse ; votre cœur appartient tout entier à M. le marquis de Prasly, et il n'y reste plus la moindre place pour vos anciennes affections. Pardonnez-moi donc, chère cousine, de sottes plaisanteries qui ne peuvent atteindre ni l'orgueil de votre bonheur ni le bonheur de votre orgueil. Votre instinct de femme, et de femme d'esprit, aura reconnu sans peine l'inutilité de mes efforts pour être gai, et j'ai ri de trop mauvaise grâce pour que vous m'en vouliez beaucoup d'avoir essayé. Dans tous les cas, soyez clémente. Autrefois, c'est votre amitié qui eût signé mon pardon : que ce soit aujourd'hui votre indifférence. EDGARD MÉVIL.

Cette lettre où la familiarité sentimentale du cousin s'entremêlait assez gauchement avec le persifflage élégant du dandy, trouva la jeune marquise de Prasly dans des dispositions qu'il n'est pas inutile d'indiquer.

Sylvie était encore une enfant quand elle avait perdu sa mère. M. Durousseau ne pouvant diriger d'assez près son éducation, absorbé qu'il était par ses grandes affaires commerciales, avait commencé par lui donner une institutrice, et fini par la mettre dans un des plus célèbres pensionnats de Paris. On a remarqué souvent que, dans les affinités mystérieuses d'une génération à l'autre, les filles tiennent plus de leur père et que les fils gardent davantage de l'héritage maternel. C'est ce qui était arrivé pour Sylvie ; portrait vivant de M. Durousseau, elle continuait, en le tempérant d'une grâce féminine et d'une douceur juvénile, ce caractère que l'heureux millionnaire avait déployé dans les luttes de sa vie active, et qu'il semblait disposé à apporter dans les décisions de sa vie privée. A peine entrée dans l'adolescence, on eût pu signaler ou du moins pressentir en elle cette volonté forte, cet amour du commandement, cet orgueil instinctif, qui, chez M. Durousseau, n'avaient fait que s'accroître à chaque nouveau succès, et qui, chez sa fille n'attendaient peut-être, pour se développer, que son premier contact avec le monde et les premiers hommages adressés à sa beauté ou à sa fortune. Le milieu où elle grandit et où s'épanouit son intelligence, ne fut que trop favorable à ce penchant. Les pensions, on le sait, les pensions de jeunes filles surtout, sont, en raccourci, la préface et l'apprentissage des différentes destinées. La richesse et la pauvreté y assignent d'avance leurs classifications inflexibles, et le lot réservé à chaque pensionnaire dans la grande loterie humaine s'y traduit déjà en humiliations ou en jouissances préventives, avec cette franchise un peu rude et même un peu cruelle que mettent d'ordinaire les enfants dans leurs initiations réciproques aux faveurs ou aux disgrâces de la fortune ou de la nature. Sylvie Durousseau sut donc bien vite qu'elle serait riche et qu'elle était belle. Des trois plus brillants fleurons que peut porter une jeune fille dans sa couronne de fiancée, — beauté, richesse, naissance, — elle sut qu'elle en posséderait deux, et, si le troisième devait lui manquer, elle en eut fort peu de souci ; car personne ne lui en parlait ; et le culte passionné qu'elle avait pour son père le lui représentait comme le type complet et définitif de toutes les distinctions sociales, en même temps que l'abrégé de toutes les perfections naturelles. M. Durousseau, d'ailleurs, n'offrait ni dans sa personne, ni dans ses idées, ni dans ses goûts, aucune de ces vulgarités mesquines qu'une tradition surannée attribue aux physionomies bourgeoises, et qui, pour une jeune fille intelligente et distinguée, eussent donné matière à réflexions ou à comparaisons. Jamais on ne ressembla moins à ce que les artistes appellent indifféremment *épicier* ou *Philistin*. Lorsqu'il descendait de voiture dans la cour du pensionnat, et se dirigeait vers le parloir où Sylvie allait le rejoindre, on eût dit vraiment un grand seigneur d'autrefois, résigné à se vêtir en bourgeois par égard pour un siècle d'égalité. Il portait haut la tête, marchait en homme habitué à se faire obéir, et ses allures altières allaient bien à son large front, à sa taille élevée, à son œil d'aigle, à son profil sculptural. Bien différent de quelques uns de ses confrères, aussi inhabiles à dépenser leur fortune qu'ils ont été habiles à l'amasser, M. Durousseau avait de la magnificence sans faux étalage, de la bienfaisance sans fausse sensiblerie, du luxe avec tact et discernement. S'il achetait un tableau, c'était à un peintre de génie et non pas à un entrepreneur patenté des commandes officielles. S'il avait chez lui de la musique, c'était de la meilleure, et s'il la payait en financier, il l'applaudissait en dilettante. Tout, dans son ameublement comme dans l'ordonnance de sa maison, portait le cachet d'un goût supérieur, et les délicatesses féminines de Sylvie n'avaient jamais rien à contrôler ni à souffrir en regardant ou en écoutant son père.

Il en résulta naturellement que M. Durousseau devint pour elle une autorité souveraine et infaillible, que sa tendresse filiale se changea en une sorte d'adoration, et que, fière ou impérieuse à l'égard de tout autre, elle voua à son père une obéissance aveugle et sans bornes. Lorsqu'elle eut atteint ses dix-huit ans, il la retira de sa pension pour faire chez lui son noviciat de maîtresse de maison, et préluder à la grande affaire du mariage. Sylvie se trouva, dès l'abord, en présence de son beau cousin Edgard, et ne fut pas tout à fait insensible à cette réunion d'agréments naturels et d'élégances acquises, qui faisait de lui un cavalier accompli. Mais M. Durousseau, dès qu'il s'aperçut de ce penchant encore vague, y opposa son *veto*, et il n'en fallut pas davantage pour qu'elle renonçât à l'idée de devenir Mme Mévil. D'ailleurs l'éducation moderne, dans les pensions à la mode ou dans le monde, a, sur certains chapitres, de singulières clair-voyances, et il est peu de jeunes filles assez naïves pour ignorer complètement de quelle façon les brillants danseurs qui leur font l'aumône d'un quadrille ou d'un tour de valse, passent le reste de leur temps. Sylvie apprit bientôt, à ne pouvoir en douter, qu'Edgard *protégeait* une des plus jolies danseuses de l'Opéra, qu'il était au premier rang des attentifs de la belle duchesse de Birague, et que le Jokey-Club, qui l'acceptait comme un de ses oracles, n'était peut-être pas la meilleure école préparatoire où une jeune fille raisonnable pût recruter un bon mari. Elle en resta donc, vis-à-vis de son cousin, à cette espèce d'attrait mêlé d'appréhension et de méfiance, qu'on pourrait appeler neutralité armée sur le pied de guerre; état assez commun, dans le monde, entre personnes qui connaissent mutuellement leur force, et qui semblent parfois prêtes à se haïr, de peur d'être trop portées à s'aimer. Cette situation changea de face, lorsque Sylvie eut vu George de Prasly, et que M. Durousseau lui eut fait pressentir ses projets. Elle avait dans l'âme, comme son père, ce sentiment de la grandeur qui accompagne souvent l'orgueil, et lui sert, vis-à-vis de lui-même, de passeport et d'excuse. Sans se rendre bien compte de la supériorité morale que George, aux yeux de quelques-uns, pouvait tirer de l'illustration et de l'ancienneté de sa naissance, elle comprit cette supériorité, au point de vue artistique plutôt que héraldique. George lui plut comme une belle ruine ou comme une page de Walter-Scott. Son père lui raconta les malheurs immérités de cette famille, la vie douloureuse de la marquise s'écoulant entre des tombeaux et des débris, le silencieux dévouement de son fils, cette noble misère fièrement acceptée, et cette jeunesse sans plaisir, sans sourire et sans soleil. Sylvie fut émue de cet ensemble de dignité et d'infortune; elle se passionna pour l'idée que lui présentait son père, et qui consistait à devenir l'ange réparateur, la providence visible de cette maison croulante. Elle était assez belle, assez riche, elle pouvait être assez aimante pour répandre du bonheur sur cette existence déshéritée. Sa pensée n'alla pas plus loin; ce traditionnel échange d'une grande fortune sans noblesse contre un grand nom sans argent, cette vieille transaction de la roture opulente avec les parchemins besogneux, cette balance vulgaire établie par l'opinion du monde entre ces deux sortes d'avantages qui se complètent en s'unissant, tout ce côté triste et réel des alliances de ce genre, avait à peine un sens pour Sylvie, grâce à son éducation et au tour de son esprit. Peut-être, si elle avait cru avoir quelque chose à recevoir en retour de ce qu'elle allait donner, son orgueil se serait-il révolté; mais non, elle serait bienfaitrice; elle récompenserait, des trésors de sa dot et de son amour, une existence d'immolation et de sacrifice; elle relèverait ce château, œuvre d'art qui se rattachait à l'histoire de son pays; elle relèverait ce cœur dont la première joie serait son ouvrage. Voilà le sentiment qu'elle apporta dans ses entrevues avec George, lorsqu'il vint la trouver aux eaux d'Aix, et que, de l'aveu de son père, elle laissa s'établir une certaine familiarité. La timidité de M. de Prasly, sa réserve, son allure taciturne et mélancolique, le servirent mieux que les empressements les plus habiles et les plus savantes séductions. Sylvie était trop naturellement fière pour ne pas comprendre et aimer la fierté chez les autres, et elle décida que George avait bien la physionomie de sa position et de son rôle. Aussi, lorsqu'à la fin de la saison, M. de Prasly fit sa demande, et que M. Durousseau lui demanda son avis, elle consentit sans hésiter.

Une fois le mariage décidé, les choses étaient allées si vite que Sylvie n'avait eu le temps ni d'approfondir le caractère de son fiancé, ni de faire connaissance avec la marquise. Le premier sentiment que lui avait inspiré Mme de Prasly était une compassion profonde, un attendrissement respec-

tueux. Cette pâle et antique figure, couronnée de cheveux blancs et de rides, cette Niobé chrétienne, recueillie dans le silence de sa douleur et de ses larmes, ne l'avait occupée que comme le complément de ce tableau de morne et sombre grandeur où elle allait ajouter le rayon de vie. L'ardent amour que George témoignait pour sa mère, loin d'effrayer Mlle Durousseau ou de lui déplaire, lui semblait de bon augure pour son propre bonheur, et elle y rencontrait comme un pendant naturel de l'affection exaltée qu'elle ressentait pour son père. L'idée ne lui était jamais venue que cette autorité maternelle, si légitime et si sainte, cette soumission filiale, consacrée par tant d'abnégations et d'austères devoirs, pût devenir un obstacle entre George et elle, et jeter quelque froideur ou quelque contrainte sur une tendresse qu'elle se promettait de lui rendre facile, riante et douce. Pourtant, au moment même du mariage, elle éprouva une frayeur instinctive en se voyant en présence de la marquise, en la trouvant si réservée, si froide, et en reconnaissant que George ne semblait préoccupé que de deux choses: obéir à sa mère, et se tenir en garde contre la fortune qui lui arrivait, contre la dépendance où elle pouvait le placer. Elle se demanda alors avec inquiétude, si cette femme l'adoptait de cœur pour sa belle-fille, et surtout si c'était par amour et non par nécessité, que M. de Prasly l'épousait. Mais il était trop tard pour reculer, et d'ailleurs son orgueil répondit pour elle. Elle se regarda dans son miroir, sous le feu de ces parures dont les jeunes mariées subissent toujours, plus ou moins, les éblouissements et les prestiges: une voix intérieure lui répéta qu'elle était belle, et qu'elle saurait bien forcer George à être amoureux et heureux.

Voilà dans quelles conditions Sylvie s'était trouvée, quelques heures à peine après son mariage, entre son mari et sa belle-mère. Voilà les sentiments d'orgueil, d'espérance, d'amour naissant, de vague inquiétude, qu'elle apportait à ce château de Prasly que sa dot devait faire sortir de ses ruines, à ces deux cœurs assombris dont sa présence devait faire cesser le découragement et le deuil.

V.

Il avait été convenu que George de Prasly et sa femme passeraient au château, auprès de la marquise, le premier mois de leur mariage; qu'ils y commenceraient les réparations et les travaux projetés; puis, qu'à l'arrivée de M. Durousseau, ils iraient le rejoindre à la Villa, s'y établiraient sous sa direction, et repartiraient avec lui pour Paris dès qu'il en donnerait le signal ou que Sylvie en aurait envie.

Ce programme semblait bien simple et d'une exécution bien facile. Il n'eût entraîné ni difficulté, ni contrariété d'aucune sorte dans un ménage où la similitude des positions, l'accord des caractères et l'analogie des idées eussent aplani d'avance les petits détails de la vie en commun. Cette fois, il n'en fut pas tout à fait ainsi.

D'abord M. Durousseau, retenu par ses affaires plus longtemps qu'il ne l'avait cru, se fit attendre deux mois; et, pendant cette espèce d'interrègne,

George et sa mère s'accoutumèrent de nouveau à vivre ensemble, avec ce surcroît d'autorité maternelle, de soumission filiale et de tendresse réciproque que leur inspirait la perspective d'une prochaine séparation. La vieille marquise avait cet esprit étroit et absolu que gardent souvent, après leur déchéance, les grandeurs déchues ; cette fixité d'idées que donne l'habitude d'un malheur monotone dans un cadre toujours le même ; cette humeur morose que contractent à la longue, même en se résignant, les personnes lasses de se débattre contre une infortune irréparable et imméritée : enfin, elle apportait dans son amour pour George cette ardeur ombrageuse et chagrine, habituelle aux cœurs qui n'ont plus qu'une seule affection et un seul bien. De ces traits principaux résultait un caractère fort logique, bien en harmonie avec les noires murailles de Prasly et les douloureuses conditions de cette destinée, mais peu agréable et pas rassurant pour une jeune femme intelligente et belle, accoutumée à ne rencontrer sous ses pas que des images de luxe, d'élégance et de fête, et se croyant le droit de dissiper toutes ces tristesses au lieu de se laisser envahir par elles. Le cœur humain, on le sait, est rempli de contradictions, et, chez ceux qui souffrent, ces contradictions arrivent à des effets presque inexplicables. Dans ses années d'abandon et de pauvreté, lorsque George était auprès d'elle, oisif, morne et seul, la marquise s'était souvent figurée que si elle parvenait jamais à lui assurer, par un bon mariage, un avenir plus riant et plus doux, il y aurait là pour elle une consolation et une joie immenses. Souvent aussi, en contemplant d'un œil désolé ce noble manoir prêt à succomber aux injures du temps, elle s'était dit que, si jamais un événement inespéré lui permettait de restaurer cette ruine, de rendre sa splendeur à cette relique d'un autre âge, elle bénirait comme un ange visible celle qui donnerait ce bonheur suprême à sa vieillesse. Ce mariage avait eu lieu, cette femme était là, ce bonheur était entre ses mains, et pourtant la marquise éprouvait, au fond de son âme, dans ces mystérieux replis que la conscience ne s'avoue pas, un sentiment bizarre qui ressemblait presque à une rancune secrète, à une souffrance nouvelle. — Ce fils, riche et heureux par une autre femme, était moins à elle ; ce château, restauré par l'argent d'un autre, lui appartenait moins. Vous vous souvenez de cet inimitable type de Walter-Scott, de ce Dominus Sampson, qui, chaque fois qu'on lui fait endosser par surprise un habit neuf, regrette tout bas les taches et les déchirures de l'ancien. Il y eut quelque chose d'analogue dans l'impression que causèrent à Mme de Prasly les premiers embellissements du château. Lorsqu'elle vit entrer les maçons, lorsqu'elle entendit tomber sous le marteau les poutres vermoulues et les cloisons lézardées, il lui sembla que ce marteau frappait sur son cœur, et l'effort qu'elle fit pour cacher cette sensation, ne la rendit que plus pénible. M. Durousseau avait envoyé de Paris de magnifiques étoffes pour les tentures, d'admirables bahuts gothiques pour l'ameublement, des tableaux, des mosaïques, des parquets, des tapis turcs. Pour faire place à ces merveilles neuves, il fallut déclouer ce lampas et cette brocatelle fanés

sur lesquels les regards de la marquise se reposaient depuis quarante ans, emporter ces vieux meubles titubants dont elle avait fait ses familiers et ses amis, déranger tous ces menus détails de vie matérielle, dont l'ensemble, bien que composé de privations, finit par avoir l'empire et presque la douceur d'une habitude. Ce furent pour cette âme aigrie et rebelle au bonheur autant de secrets déchirements, dont aucun ne fut perdu pour George, accoutumé à lire dans la pensée de sa mère comme dans la sienne. Dès-lors, la joie qu'il eût pu goûter à voir se relever ainsi l'éclat de son nom et de sa maison, le charme d'un amour partagé, les espérances d'un avenir dégagé de ses sombres nuages, ces premiers enchantements de la beauté et de la jeunesse, que les natures les plus stériles trouvent au seuil du mariage, tout fut gâté pour M. de Prasly. Sans donner tort ni raison à sa mère, il sentit qu'elle n'était pas heureuse, qu'elle avait fait que changer de souffrance, qu'elle n'aimait pas Sylvie, et ce fut assez pour qu'il se tînt lui-même en garde contre son bonheur et son amour. A ces situations trop fréquentes que crée l'antagonisme presque proverbial de ces deux femmes également désignées à nos tendresses par le devoir et par le cœur — l'épouse et la mère, — il faut ou une volonté forte, préparée d'avance aux luttes de la vie, ou une légèreté frivole et facile, déjouant les chagrins et les obstacles à force de s'en distraire, ou une organisation expansive et brillante, capable d'entourer la lune de miel d'assez d'enivrements et de prestiges, pour que rien ne puisse l'assombrir ou l'atteindre dans cet Eden matrimonial qu'on a su créer. Or, George de Prasly n'avait rien de tout cela. Les âmes délicates et tendres sont comparables à ces fleurs qui, pour donner tous leurs parfums ou épanouir toutes leurs corolles, ont besoin d'une douce température et s'étiolent dans une atmosphère brûlante ou glacée. L'adversité, la pauvreté, la solitude, le sentiment d'une inaction forcée, d'une vie inutile, d'une noblesse importune, avaient été pour George ces souffles desséchants qui arrêtent dans leur essor la tige et la fleur. Il s'était replié sur lui-même, n'avait laissé voir de ses inspirations personnelles que cette fierté noble et triste qui lui servait de sauvegarde contre les dédains du monde, et, pour tout le reste, il s'en était remis à sa mère du vouloir, d'ordonner et de penser. Aussi, lorsqu'il se trouva en présence d'une jeune femme dont la beauté, l'esprit, la grâce eussent mérité d'éveiller ses facultés inactives, de le rendre passionné, expansif, brillant, éloquent, pour être plus digne de plaire, il était trop tard. George avait oublié ou plutôt n'avait jamais su la langue qu'il eût fallu parler. Ce qu'il ressentait, ce qu'il devinait, ce qu'il aurait pu du moins deviner ou ressentir, il ne savait pas l'exprimer. Entre sa femme à laquelle il craignait de paraître gauche, froid ou ennuyeux, et sa mère avec qui il était, depuis son bas âge, en communauté étroite et complète d'idées et de sentiments, il devait, par timidité, sinon par attrait, pencher pour sa mère. Sylvie s'aperçut de cette tendance : elle ne pouvait en démêler les causes lointaines : elle s'imagina tout simplement qu'elle était odieuse à sa belle-mère et indifférente à son mari. Ce fut un coup terrible pour son orgueil et une vive angoisse pour son cœur. Venue dans cette maison pour y apporter le bonheur, elle s'y sentait gagnée, malgré elle, de cette contagion de tristesse et de malheur qui semblait attachée à ces fronts mornes, à ces voûtes sombres, à ces toitures effondrées. Là où elle eût voulu semer l'espérance et l'affection, la confiance et la joie, elle ne recueillait que froideur et silence. Ce rôle de bienfaitrice et de consolatrice qui l'avait séduite, et disposée à seconder les vues de son père, il se réduisait pour elle à lutter obscurément, dans un intérieur presque clausral, contre des hostilités sourdes, des méfiances invisibles, d'inexplicables amertumes. Quelle chute pour ses rêves de jeune fille! quelle déception pour son entrée dans la vie! Par une pente naturelle, Sylvie en vint à se demander, en regardant autour d'elle, en se voyant transplantée au cœur de l'hiver dans ce château solitaire, si elle ne jouait pas un rôle de dupe, si elle n'avait pas été cruellement et fatalement trompée par les généreuses aspirations de son âme. Son caractère avait trop de traits de ressemblance avec celui de son père pour faire une bien grande part aux frivolités mondaines: mais enfin elle était femme, elle n'avait pas vingt ans; ses cartons et ses tiroirs regorgeaient de robes et de parures dignes d'extasier tout Paris, et qui risquaient de perdre, dans cet exil, ce rapide à-propos que la mode crée et détruit de la veille au lendemain. La jeune marquise savait qu'elle n'aurait qu'à reparaître dans ces salons qui la regrettaient, pour y régner par la beauté et par l'élégance; elle songeait à son piano muet, à sa loge du Théâtre-Italien, à son appartement de la rue Laffitte, aux jeunes femmes qui étaient entrées dans le monde en même temps qu'elle et qui commençaient sans doute leur vie de plaisirs et de triomphe, pendant qu'elle s'amusait à faire réparer des solives et recrépir des nids de hiboux, sans même être récompensée par un sourire de sa belle-mère ou un regard de son mari. Ce fut sur ces entrefaites qu'elle reçut la lettre de son cousin, Edgard Mévil. Si elle eût été heureuse, si elle eût trouvé chez George assez de reconnaissance et d'amour pour occuper cette première phase d'inaction et de solitude, la lettre d'Edgard l'eût innocemment divertie. Elle en eût pénétré de son coup d'œil juste et fin, les arrière-pensées de fatuité cavalière, à demi voilées sous ce mélange de sentimentalisme familier et de caquetage mondain. Une caresse de George, une promenade, à son bras, à travers ces pittoresques paysages, un retour sur ces félicités paisibles qu'elle s'était promises de ce tête-à-tête au milieu des champs, eussent suffi à Sylvie pour braver l'image des fêtes parisiennes, le souvenir d'Edgard et ses épigrammes plus ou moins spirituelles sur le reversi et le boston. Mais, dans la disposition d'esprit où elle se trouvait, cette lettre lui causa une irritation profonde. Il lui sembla que son cousin l'avait devinée; et que ce programme des plaisirs et des succès qu'elle avait fuis, cette ironique peinture des platitudes ou des ennuis qui lui étaient offerts en échange, ne répondaient que trop bien à ses propres impressions. Mécontente d'Edgard et d'elle-même, elle fit rejaillir ce mécontentement sur ce qui l'entourait, et rendit à sa belle-mère et à George froideur pour

froideur. Cette situation funeste et sans issue pouvait durer indéfiniment et menaçait de s'aggraver sans cesse, lorsque M. Durousseau arriva à Prasly.

Il s'attendait à trouver Sylvie souveraine de ce noble château, et le ranimant de cette baguette d'or qui est, dans notre siècle, la vraie baguette de fées; George enivré de bonheur, et prêt à faire de sa vie tout entière un hymne de reconnaissance et d'amour en l'honneur de celle qui lui rendait son rang dans la société moderne; un mouvement nouveau d'activité et de travail imprimé à toute cette vallée; les pignons et les tourelles de cette antique demeure reprenant de ses mains bourgeoises leur physionomie seigneuriale, et chaque détail des félicités de George, des restaurations de Prasly proclamant cette transformation sociale dont il était le représentant, le dispensateur et l'arbitre. Hélas! quelques heures lui suffirent pour reconnaître qu'il fallait en rabattre. Les travaux, peu encouragés, entravés peut-être par quelque mauvais vouloir secret, avançaient à peine. George y mettait peu d'enthousiasme, et n'avait jamais eu d'ailleurs assez d'argent à dépenser pour savoir comment on dirige ces grandes entreprises. Sylvie, qui y eût aisément excellé, dégoûtée par le peu d'entrain de la marquise et de son fils, avait cessé de s'en occuper. En regardant ces lentes réparations qui ôtaient à Prasly la poésie de ses ruines, sans lui donner encore l'air d'un château habitable, on songeait involontairement au *pendent opera interrupta* de Virgile.

Le soir, M. Durousseau observa attentivement ce qui se passait entre ces trois êtres dont l'attitude morne et pensive l'avait frappé dès le premier instant. Il vit que la source de larmes n'était pas tarie dans les yeux de Mme de Prasly, que George, toujours timide et taciturne, détournait tristement son regard chaque fois qu'il rencontrait celui de sa femme, et que Sylvie, le front courbé sur un ouvrage de broderie, semblait amasser de mystérieuses colères et de muets ressentiments. La conversation se traînait péniblement à travers des lieux communs, et finissait par retomber dans des silences embarrassants. La contrainte était visible, le désaccord imminent, l'amour disparu, le bonheur absent.

Le lendemain, M. Durousseau se promenait, de bon matin, avec sa fille, dans les allées de son jardin. Il s'arrêta tout à coup, et lui dit de cet air impérieux qu'elle lui connaissait:

— Tu n'es pas heureuse?

— Non, mon père, répondit-elle d'un ton bref.

— De qui as-tu à te plaindre? De ta belle-mère ou de ton mari?

— De tous les deux, ou plutôt de personne: je ne sais ce qui se passe dans leurs cœurs; il me serait impossible d'expliquer ou de définir ce malaise bizarre, cette influence inconnue qui s'est répandue entre George et moi, qui nous détache l'un de l'autre, qui glace l'amour dans nos âmes, le bonheur dans nos regards, la confiance sur nos lèvres: tout ce que je sais, c'est que j'étouffe ici, c'est que je veux partir, c'est que je vous supplie de m'emmener!

— Sois tranquille, ma chère enfant, c'est pour cela que je viens; mais comment les choses en sont-

elles là ? Comment ai-je pu me tromper à ce point ?
La conduite de M. de Prasly était irréprochable ;
sa vie austère et retirée nous assurait contre les
équipées et les souvenirs de jeunesse. Sa pauvreté
le faisait notre obligé, et, pourvu qu'il eût du cœur,
l'attachait à nous par les liens de la reconnaissance.
Ta beauté devait faire de lui l'époux le plus passionné, l'esclave le plus soumis. Ce bonheur, cette
fortune que tu lui apportais, il devait te les rendre
en tendresse et en dévouement ; tout était prévu,
combiné, et voilà mes prévisions déçues, mes combinaisons renversées ! Moi dont tous les plans ont
réussi, qui commandais aux événements, qui ne
donnais que le moins possible au hasard, je me
croyais sûr cette fois, comme toujours, et voilà
que j'échouerais au port, que je perdrais, par ma
faute, cette dernière partie dont ton bonheur était
l'enjeu !... Non, non : cela n'est pas, cela ne peut
pas être ; il y a là-dessous quelque chose qui nous
échappe, et que je ne tarderai pas à savoir !...

Il y eut un moment de silence ; M. Durousseau
fit quelques pas d'un air rêveur ; puis frappant du
pied violemment, il s'écria avec un accent de colère et de surprise où vibrait tout son orgueil :

— Serait-il donc, lui aussi, comme les autres ?
comme ceux d'autrefois ? Tant de leçons et de
malheurs ne les ont pas tous mâtés... Il y en a encore qui croient nous faire trop d'honneur en alliant
à nos familles leurs titres déguenillés, en se laissant
sauver de la ruine et de la misère par notre richesse, par notre travail, par notre génie, et qui, une
fois la dot encaissée, traitent leurs femmes avec un
dédain de grands seigneurs... S'il était de ceux-là !
s'il m'avait trompé ! si je le croyais !... Oh ! je me
vengerais... je ne voudrais pas qu'il restât pierre
sur pierre de ce château maudit, que cette vieille
marquise gardât de quoi reposer sa tête !... Mais
encore une fois, n...n... ce n'est pas possible... M.
de Prasly ne ressemblait pas aux autres, et c'est
pour cela que je l'avais choisi... Il vivait ici trop
pauvre, trop humilié, trop obscur, pour pouvoir se
croire supérieur à nous...

— Supérieur à nous ? Comment le serait-il ? s'é-
cria Sylvie en tressaillant...

— Parce qu'il était noble, et que nous ne l'étions
pas, murmura le millionnaire d'un ton brusque, et
comme s'il regrettait d'en avoir trop dit.

— Cela fait donc une bien grande différence ? demanda la jeune femme dont les yeux lançaient des
éclairs.

— Pas la moindre... aujourd'hui du moins et
dans nos mœurs actuelles... Cette supposition n'a
pas le sens commun, et...

— Elle n'est que trop vraie, je le crois, j'en suis
sûre ! interrompit Sylvie pour qui les paroles et les
réticences de son père furent un trait de lumière...
Oui, je comprends tout maintenant... Dans un
moment où sa pauvreté lui a paru trop amère,
M. le marquis George de Prasly a consenti à
m'épouser, à mettre sa noble main dans ma main
plébéienne.... Mais aujourd'hui ce pacte accepté
par sa misère révolte sa fierté... Il ne m'aime pas...
il ne m'a jamais aimée... Il m'en veut de la violence
qu'il s'est faite pour subir une humiliante nécessité.... Et cette marquise ! jamais une parole tendre
ou affectueuse n'est tombée de ses lèvres sur mon

cœur ! Elle me hait, elle me méprise...Je fais tache,
à ses yeux, dans cette généalogie superbe dont elle
est le dernier anneau.... Méprisée ! humiliée ! moi,
votre fille ! O mon père ! que vous avais-je fait pour
m'attirer cette honte ?

Sylvie prononça ces paroles avec une émotion
qui redoublait l'éclat de sa beauté. Une rougeur
brûlante montait à son front et à ses joues ; deux
larmes de feu étincelaient sous ses paupières.
Son beau bras, étendu vers le château, semblait le
menacer d'une destruction prochaine. Cette expression, ce geste, cette attitude, cette belle et orgueilleuse colère, n'avaient assurément rien de
bourgeois, et un artiste n'eût pas voulu d'autre
modèle pour peindre le courroux d'une déesse.

M. Durousseau, que la colère de sa fille achevait
d'exaspérer, ouvrit la bouche pour protester contre
ces conjectures outrageantes pour son orgueil,
lorsque, au détour d'une allée, ils aperçurent Georges de Prasly qui s'acheminait vers eux.

George approchait ; Sylvie eut le temps de dire
à son père, en lui serrant le bras avec une vivacité
fébrile :

— Au nom du ciel, pas un mot à lui ! rien qui
puisse lui faire deviner que je souffre, et que nous
venons de causer de mes peines ! Reproches ou
plaintes nous humilieraient sans profit, et achèveraient de tout aigrir !...

— Rassure-toi ; je sais ce que j'ai à faire et à
dire, reprit entre ses dents M. Durousseau.

Il salua cordialement M. de Prasly, à qui Sylvie
tendit la main en déguisant sous un sourire les
orageuses pensées qui venaient de jaillir dans son
âme. Ils se promenèrent un moment côte à côte ; le
sable des allées, durci par la gelée du matin, craquait sous leurs pas ; de vagues frissons couraient
dans l'air ; un pâle rayon d'hiver glissait comme un
sourire de malade, à travers les massifs dépouillés,
la sombre verdure des pins, les prés trempés de
bruine, et dessinait à l'estompe, sur un fond grisâ-
tre, la silhouette des maisons et des toits. Ce mélancolique ensemble d'une journée de janvier à la
campagne, était dominé et complété par le château
de Prasly, qui formait le point culminant de l'horizon, et dont les murailles noires, tachées de blanc
çà et là par les constructions nouvelles et les réparations commencées, semblaient regretter leur antique et vénérable uniformité.

M. Durousseau s'arrêta, l'œil fixé sur le château,
et dit à son gendre d'un air de bonhomie et de
gaîté peu communicatif :

— Or çà, monsieur de Prasly, je ne suis pas content de vous ; je vous croyais plus savant en archi-
tecture, plus passionné pour la splendeur de ce manoir qui porte votre noble nom.... Voilà plus de
deux mois que vous êtes ici, n'ayant rien à faire
qu'à aimer votre femme et à diriger les réparations.... J'espérais, en arrivant, trouver vos travaux en pleine voie d'achèvement, et c'est à peine
s'ils commencent ! et il me semble que tout va de
travers.... vous verrez qu'il faudra que je m'en
mêle !...

— Je le crois, monsieur, dit simplement George de Prasly ; vous savez mieux que moi comment l'on commande à des gens que l'on paie.... Où l'aurais-je appris?... Je n'avais jamais eu à régler la journée d'un maçon, à vérifier le devis d'un architecte.

— C'est vrai, reprit M. Durousseau avec une nuance de satisfaction orgueilleuse... Oui, les conditions de la vie sociale sont changées : c'est nous maintenant qui sommes les maîtres du monde... Cette vie s'est retirée de ces hauteurs, poursuivit-il en montrant le château d'un geste superbe ; et elle est descendue dans nos fabriques... Et lorsqu'il nous prend fantaisie de relever un de ces débris, de ressusciter dans son cadre de pierre une page de ce passé, il faut encore que nous soyons l'âme et le corps de ce travail d'archéologue, et que ce soit notre cerveau plébéien qui le dirige, comme c'est notre or roturier qui le paie !...

Pendant qu'il parlait, sa fille le regardait avec une expression enthousiaste. Elle le remerciait mentalement de la revanche qu'il donnait à son orgueil. Pourtant, par une contradiction singulière, elle se souvint, en ce moment, que si elle s'était appelée Sylvie Durousseau, elle s'appelait à présent la marquise George de Prasly. Sans se l'expliquer, sans se l'avouer peut-être, elle eût voulu que George répondît à son père, qu'un écho des temps chevaleresques vibrât dans ses paroles, qu'il protestât contre la déchéance de ces grandes et illustres races qu'il personnifiait à ses yeux. Il n'en fit rien ; un nuage de tristesse passa sur son front ; une dignité froide et timide parut sceller sur ses lèvres toute velléité de discussion et de réplique, et il s'inclina sans dire mot, en signe d'assentiment.

— Vous consentez donc à ce que je m'en mêle ? reprit en souriant M. Durousseau après un instant de silence.

— Oui, Monsieur, si vous le voulez, vous êtes le maître, répondit M. de Prasly.

— Eh bien ! à dater de ce soir, veuillez dire à l'architecte et au maître-maçon de venir s'entendre avec moi... ou plutôt non... je vais écrire à mon architecte de Paris, et il sera ici avant huit jours... avec celui-là je vous assure que tout ira grand train et que nous ferons des merveilles !

Sylvie ne comprenait pas très-bien où son père voulait en venir, ni comment son voyage qui, disait-il, avait pour but de la ramener à Paris, aboutissait à s'installer dans une entreprise archéologique, en compagnie d'un architecte. Mais elle était habituée à accepter aveuglément les volontés de M. Durousseau, et à abdiquer en son honneur sa fierté, ses fantaisies féminines, et ses prétentions personnelles au commandement. Elle ne fit donc aucune objection ; d'ailleurs, au moment même où George avait murmuré son consentement, M. Durousseau l'avait regardée d'un air significatif, qui prouvait qu'il avait son but.

Huit jours après, un personnage d'une irréprochable élégance, décoré du ruban de la Légion d'Honneur et arrivé en chaise de poste, un de ces jeunes architectes parisiens qui ne doutent de rien et qui se chargeraient de démolir et de réédifier en dix mois la pyramide de Chéops, l'Alhambra et Saint-Pierre de Rome, promenait son binocle à travers les escaliers et les corridors du château de Prasly, dans des dispositions pareilles à celles d'un chirurgien qui se prépare à faire in animâ vili une expérience radicale. M. Doligny, c'était son nom, ne parlait de rien moins que de bouleverser Prasly de fond en comble et de la cave au grenier. Ne connaissant que M. Durousseau, appelé par lui, ayant eu déjà force relations avec sa caisse, force occasions de s'assurer de ses façons magnifiques et de sa haute intelligence, il le traitait tout à fait en maître du château, et paraissait regarder M. de Prasly et sa mère comme des locataires que l'on prie de déménager pour faire place nette aux démolitions. Pendant ces opérations préliminaires, la vieille marquise, et George par contrecoup, éprouvèrent plus vivement encore cette souffrance bizarre que, dans notre dernier chapitre, nous avons rattachée aux inconséquences du cœur humain. Il leur semblait que Prasly achevait de passer en des mains étrangères, qu'on leur arrachait ce dernier lambeau de leur cœur et de leur race, et qu'ils n'étaient plus que deux portraits accrochés comme les autres à ces cloisons chancelantes, et voyant passer sous leurs yeux morts le génie d'un siècle nouveau. Quand les travaux furent commencés, ce fut bien pis : si George se plaignait qu'on eût démoli un pan de mur qu'il aurait voulu conserver ; — « c'est l'ordre de M. Doligny, » lui disait le maçon sans se déranger. — « C'est l'ordre de M. Durousseau, » lui disait l'architecte sans s'émouvoir. Si M. de Prasly prenait sur lui d'indiquer un changement, d'exprimer un goût ou une répugnance, d'appeler ou de renvoyer un ouvrier, on lui répondait d'un air goguenard : « Est-ce l'avis de M. Durousseau ? » et, quand le millionnaire se trouvait là, on affectait de s'en rapporter à lui. Si la marquise ressentait un redoublement de tristesse en voyant des hommes en blouse et en gros souliers entrer avec leur plâtre et leur truelle jusque dans son appartement, et salir ce sanctuaire consacré par ses souvenirs et ses douleurs, on lui répliquait brusquement : « c'est M. Durousseau qui a fait le plan, c'est M. Durousseau qui nous envoie ; » et il était facile de deviner, sous ces paroles, l'ironie grossière qui voulait dire : « C'est M. Durousseau qui nous paie ! » Bientôt ces perpétuels coups d'épingle prirent pour ce cœur ulcéré les proportions et le caractère d'une véritable persécution. Mme de Prasly ne pouvait faire un pas hors de sa chambre sans voir quelque drôle juché sur son échelle et martelant sans respect les murs ou les boiseries. Agenouillée sur son prie-Dieu, elle entendait de grosses voix se quereller sous ses fenêtres, ou le refrain de quelque chanson libertine se mêler à ses prières. Assise dans son grand fauteuil et essayant, les paupières demi-closes, d'y recueillir ses esprits troublés, elle voyait tout à coup une figure rougeaude et insolente paraître derrière ses vitres, prête à plonger un audacieux regard dans ce dernier refuge de sa solitude et de ses pensées.

Cette épreuve singulière durait depuis trois semaines. M. Durousseau avait pu, pendant ce temps, donner pleine carrière à son goût de domination, et rassurer son orgueil un moment froissé par les premières impressions de son arrivée. Un jour, se trouvant

12

seul avec Sylvie, il lui dit avec un sourire de triomphe :

— Décidément nous étions fous, de supposer à ton mari ou à ta belle-mère la moindre prétention à une supériorité blessante,... Je savais bien que c'était absurde, et j'avais trop bien choisi mon gendre pour me tromper à ce point : depuis près d'un mois, je leur fais sentir mon empire. jour par jour, heure par heure, et leur résignation ne s'est pas démentie... La pensée qu'ils me doivent tout, les enchaîne à ma volonté, et ils ne se révolteront jamais...

— Oui, mais avec cela, M. de Prasly s'éloigne de moi de plus en plus, sa froideur pour moi augmente, et il est si triste, que cette froideur me désespère au lieu de m'irriter, répondit Sylvie en retenant à peine deux grosses larmes.

— Patience! n'es-tu pas habituée à me permettre de calculer et de prévoir pour toi? T'en es-tu jamais repentie?

— Non, mon père.

— Eh bien! voici mon plan, Si, en arrivant ici, j'avais annoncé l'intention de t'emmener tout de suite, ton mari eût éprouvé une nouvelle secousse à l'idée de se séparer de sa mère. La marquise eût jeté les hauts cris, et tous les deux t'eussent rendue responsable de cette brusque séparation. S'il y a entre eux et toi quelque germe de malentendu et de désaccord, il n'aurait fait que s'accroître. L'amour de George, ton bonheur à venir, eussent été plus compromis que jamais. Au lieu de cela, je n'ai pas paru songer au départ; j'ai pris des airs de maître s'installant chez soi; je suis devenu bien odieux, bien insupportable à ta belle-mère et à son fils, et j'ai eu en même temps l'inexprimable plaisir de les dominer. Pour faire cesser ou ajourner ces travaux qui les offusquent, qui les froissent, qui en font des étrangers dans le château de leurs pères, qui sont comme la preuve vivante de mon autorité et de ma puissance, je suis sûr que la douairière consentirait volontiers à se séparer de son fils pour un an; je suis sûr que M. de Prasly serait heureux de partir pour Paris, de t'y ramener au milieu des bals et des fêtes, et de sourire à tes succès au lieu de s'en alarmer!

— Ah! je commence à comprendre! s'écria Sylvie, dont les larmes se séchèrent comme par enchantement.

— Après, ma chère enfant, le reste te regarde. Une fois à Paris, tu te trouves là sur ton théâtre, dans ton élément : la vieille marquise reste ici, à deux cents lieues de vous, et tu ne vois plus cette sombre figure s'interposer en trouble-fête dans vos jeunes amours... Ta beauté, ton élégance, tes triomphes, tes parures, recommencent la conquête de George. Son regard, son esprit, son cœur, dégagés de toute fâcheuse influence, te voient enfin telle que tu es, c'est-à-dire comme la plus ravissante des femmes, la plus digne de flatter l'orgueil d'un mari... Il t'aime déjà, j'en suis certain; comment ne t'aimerait-il pas?... Pendant ces tristes jours d'observation et de lutte secrète, j'ai vu bien souvent ses yeux se fixer sur toi à la dérobée, avec une expression qui ne saurait m'abuser... Puis sa timidité naturelle, un sentiment de fierté intime et contenue, un peu de souffrance intérieure, l'ascen-

dant invincible de sa mère, tout cela l'arrêtait, le détournait de toi, suspendait sur ses lèvres ou dans son cœur l'aveu prêt à s'épancher. Mais à Paris, il n'y aura plus rien de tout cela; il n'y aura plus qu'une femme charmante, un mari jeune et amoureux, et le monde, pour lui révéler le prix du trésor que j'ai placé entre ses mains!

— Dieu le veuille! murmura Sylvie.

Les prévisions de M. Durousseau parurent se réaliser. Le lendemain, son gendre lui demanda un moment d'entretien, et lui dit de ce ton triste et doux qui déconcertait parfois l'impérieux millionnaire :

— Monsieur, vous allez peut-être nous trouver bien inconséquents : nous devons, ma mère et moi, vous savoir beaucoup de gré de ce que vous faites pour la restauration de Prasly; mais ma mère est âgée et souffrante; elle avait pris, depuis longues années, des habitudes de repos : à son âge et dans sa situation, tout changement, même pour le mieux, contrarie ou inquiète. Ce mouvement, ce bruit, ce tracas inséparable des travaux de ce genre, m'attristent et m'alarment pour elle; ne pourrions-nous pas les interrompre pour quelque temps?

— Bien volontiers, répondit M. Durousseau d'un air détaché; j'allais même peut-être vous le proposer un de ces jours; mais alors ma présence ici n'a plus de but; la vôtre y devient moins nécessaire, ainsi que celle de Sylvie... Ma fille m'avouait hier qu'elle avait un peu trop compté sur son courage, que passer toute cette fin d'hiver à la campagne, tandis qu'on chante et qu'on danse encore à Paris, commençait à lui paraître un trop dur sacrifice... Veuillez lui pardonner.... Elle est jeune, le carnaval ne finit que dans quinze jours, et il est naturel qu'elle désire profiter de ses dernières fêtes pour montrer toutes les élégantes merveilles que nous... que vous lui avez données... Il est donc bien facile de nous mettre tous d'accord; je vais faire immédiatement interrompre les travaux, et nous partirons demain matin pour Paris.

George pâlit légèrement; mais il réussit à maîtriser son trouble, et il reprit d'une voix assez ferme :

— Monsieur, j'avais espéré rester avec ma mère pendant ce premier hiver; nous ne nous sommes jamais quittés, et l'idée de la laisser ici seule, pendant cette triste saison, me serre le cœur; mais je n'ai oublié aucune des clauses de mon contrat de mariage, aucun des engagements que j'ai pris vis-à-vis de vous, et, si vous voulez que nous partions demain, je suis à vos ordres.

— Oh! je ne prétends ni m'armer d'un droit écrit, ni vous demander rien qui puisse être trop pénible à madame votre mère; consultez-la; parlez-lui de ce départ et de ses motifs comme je viens de vous en parler; je m'en rapporte à sa décision.

— Merci, monsieur, je la consulterai par déférence; mais je suis sûr d'avance de sa réponse.

M. Durousseau n'en était pas moins sûr que George, et la courtoisie dont il venait de faire preuve, lui coûtait peu; en effet, quelques instants après, M. de Prasly revint auprès de lui, et lui dit froidement :

— Ma mère consent, monsieur, et je suis prêt à

partir demain.

En rendant compte à sa fille du succès si prompt et si facile de sa négociation , M. Durousseau n'a-vait pas l'air aussi content qu'elle l'aurait cru ; elle lui en demanda la cause :

— Je n'en sais rien, répondit-il avec impatience; mais, en vérité, ces gens-là ont des manières de se soumettre et d'obéir qui sont plus dignes et plus imposantes que certaines façons de commander. J'aurais voulu plus de révolte, plus de lutte, quel-que chose que je pusse dompter et qui me donnât l'occasion de leur rappeler mes droits et ma force... mais non, il semble que chaque mot, chaque syllabe de ce que je voulais leur dire, est placé d'avance sous la sauvegarde de leur honneur, et que cet honneur me domine encore en m'obéissant... Y aurait-il donc là une puissance, une grandeur que je ne soupçonnais pas encore, et qui me fait leur inférieur au moment même où je me croyais leur maître?... Mais non ! mais non ! continua M. Du-rousseau comme pour secouer une pensée impor-tune ; je suis riche et tu es belle.... Ce sont là les deux pouvoirs véritables ; le reste n'est qu'un fan-tôme et une ombre !

Les préparatifs du départ occupèrent la journée. La marquise de Prasly ne dit pas un mot pour rete-nir son fils, fût-ce vingt-quatre heures de plus. Le soir, on se réunit au salon pendant quelques ins-tants : les choses se passèrent comme d'habitude. On parla peu, et les paroles banales qui s'échan-gèrent couvraient des préoccupations trop graves pour que personne pût s'y méprendre. De temps à autre, une rafale de vent engouffrée dans la che-minée, l'aboiement lointain d'un chien de ferme, le cri plaintif d'un oiseau de nuit, s'élevaient au mi-lieu de ces alternatives de silence, et semblaient l'ac-compagnement naturel de ces muettes pensées. Le regard de M. Durousseau allait de George à sa mère, cherchant à découvrir ce qui s'agitait dans ces âmes à demi fermées. Pour un œil indifférent, rien n'annonçait que la marquise fût plus triste, plus morne que de coutume. Mais son fils qui lisait à travers son visage ridé et ces paupières rougies, frissonnait parfois à l'idée de ce qu'elle devait souf-frir, et sa physionomie trahissait une angoisse si profonde, que Sylvie en était jalouse et effrayée tout ensemble. Lorsqu'on se retira, Sylvie, suivant un usage qui ne préjuge rien en faveur de l'affec-tion réciproque, présenta son front à sa belle-mère qui y déposa un baiser ; mais on eût dit que ce baiser glaçait à la fois les lèvres de l'une et le front de l'autre. — « Adieu, madame ! » dit grave-ment la marquise. — « Ma mère ! adieu, ma mère !» fut sur le point de s'écrier Sylvie dans une de ces explosions généreuses qui souvent emportent les situations difficiles ; mais un regard de son père arrêta ce mouvement, et les deux femmes, s'inclinant l'une devant l'autre, se séparèrent sans rà cette glaciale caresse.

Le lendemain matin, les cheva piaffaient devant le perron, et les entassaient les paquets sur la confortable ber-line qu'avait amenée M. Durousseau. George sortit de la chambre de sa mère en costume de voyage. On devinait qu'il avait pleuré ; mais sa contenance était ferme, et un violent effort avait

refoulé dans son cœur ses émotions douloureuses. Il pria son beau-père et sa femme d'excuser la marquise de Prasly : elle était souffrante, disait-il ; il l'avait forcée de rester dans son lit ; il venait de lui dire adieu, et il désirait lui épargner les derniers détails de cette scène de départ. M. Durousseau et sa fille ne furent probablement pas fâchés, eux aussi, d'esquiver ce moment critique, et se bornè-rent à balbutier à la hâte quelques mots de regret poli. Un quart d'heure après, l'attelage s'ébranla, et l'on partit.

M. Durousseau avait trop d'esprit pour se trahir. Pourtant, quiconque eût pénétré sa pensée intime, l'eût involontairement comparé à un triomphateur emmenant son captif. Pendant que George se pen-chait hors de la portière pour contempler encore une fois la fenêtre derrière laquelle Mme de Prasly s'était peut-être cachée, Sylvie se serra contre son père, et lui dit à voix basse :

— Maintenant, il est à moi !

— Il est à nous ! murmura M. Durousseau du même ton, tandis que les postillons payés *doubles guides*, sillonnaient l'air de leurs joyeux coups de fouet, et faisaient voler l'élégante voiture sur la route de Paris.

VII.

Sylvie n'était pas coquette : il y a dans la coquet-terie, telle que le monde l'impose à ses souveraines ou à ses esclaves, un implicite aveu d'infériorité qui eût froissé son orgueil. Chercher à plaire, en effet, et à éveiller ou perpétuer l'amour par ces mille pe-tits artifices qui composent l'ensemble de cette jo-lie science féminine, n'est-ce pas, sous le déguise-ments plus ou moins aimables, user des privilèges de la faiblesse contre les abus de la force, et re-connaître pour son supérieur ou son maître ce-lui qu'on essaie de séduire, d'apprivoiser ou de dominer? L'idée seule de ce rôle, un peu humiliant jusque dans ses triomphes, eût été antipathique à Sylvie. Elle avait la conscience de sa valeur, le sentiment de sa beauté. Seulement, avec cette persistance particulière aux femmes, et qui les fait vivre longtemps avec une pensée, jusqu'à ce qu'el-les en aient tiré tout ce qu'elle peut contenir pour leur instruction ou pour leur tourment, madame George de Prasly n'avait cessé de songer à ce que son père, dans un moment de mauvaise humeur, lui avait dit des dédains aristocratiques que les fils de familles illustres et ruinées apportent parfois à la bourgeoisie opulente dont ils épousent les filles. Même, elle n'avait pas tardé à découvrir que cela s'appelait jadis une mésalliance. Ce souvenir, ce mot, ces premières allusions à des inégalités so-ciales qui, jusque-là, n'avaient pas eu de sens pour elle, l'amenaient à se demander si ce n'é-tait pas là l'explication la plus naturelle de la froideur de George et de sa mère, de ce mélange de réserve, de dignité et de tristesse contre lequel étaient ve-nus se briser ou du moins s'amortir ses es-pérances et ses rêves de jeune mariée. En d'au-tres termes, M. de Prasly était - il sérieux et froid , parce qu'il se laissait , volontairement ou à son insu , maîtriser par l'influence ma-ternelle, et que cette influence était secrètement hostile à Sylvie; malheur fréquent qui rentre dans les conditions de la vie ordinaire, et n'a rien de commun avec les rivalités de la bourgeoisie et de la noblesse? Ou bien conservait-il encore vis-à-vis de sa femme quelques-uns de ces incorrigibles dédains de caste que le temps et le malheur, ces deux grands maîtres, n'ont pas abolis? Etait-ce chez lui le fils qui dominait le mari, ou était-ce le gentilhomme? *That is the question*, se disait Sylvie, qui avait eu une gouvernante anglaise, et connaissait son Shakspeare. C'était là ce que son voyage et son séjour à Paris devaient éclaircir. A Prasly, pensait-elle, tout l'avantage était du côté de la vieille marquise : George respirait, pour ainsi dire, son souffle et son âme dans cet antique manoir où elle semblait enchâssée par ses souvenirs et ses douleurs, comme dans son cadre naturel. Il était sans cesse ramené à son autorité et à sa tendresse par ces affinités puissantes que le cœur de l'homme établit entre tels sentiments et tels sites, telles habitudes de la vie matérielle et telles affections de la vie morale. A Paris, ce serait tout le contraire : Sylvie savait d'avance qu'elle y reparaîtrait sous le jour le plus favorable, dans le milieu le plus propre à la faire valoir; qu'il y aurait, entre sa jeune beauté et cette atmosphère embaumée de fleurs, d'élégance et de fêtes, les mêmes analogies qu'entre la pâle figure de la marquise et les sombres perspectives de Prasly. Pourvu que George ne fût pas complètement insensible à tout ce qui caresse, exalte ou pique au jeu l'imagination et la vanité, il ne pouvait manquer de reléguer parmi les nuages et les neiges du Vivarais les inexplicables froideurs des premiers mois, et de rentrer dans son rôle inévitable de mari heureux, obéissant et amoureux. Tout en se berçant de ces pensées pendant les longs silences du voyage, Sylvie observait M. de Prasly. Il était toujours triste et peu expansif; et pourtant çà et là, en face d'un point de vue pittoresque, à la suite de quelque incident de la route ou au travers d'une conversation banale, un mot, un trait, un éclair, prouvaient suffisamment que la source des émotions tendres et des idées fines était plutôt refoulée que tarie chez George, et qu'un léger effort lui suffirait pour tirer parti de sa distinction d'esprit et de cœur. Sa femme ne se lassait pas d'étudier ces contrastes et ces réticences, de se rendre compte de ces demi-teintes à peine saisissables sous leur enveloppe un peu monotone, de s'assurer, par de délicates épreuves, que son mari pouvait aimer et être aimé, et, dans cet examen attentif, compliqué, rempli de disparates et d'alternatives, elle s'aperçut, avec une sorte d'effroi, — qu'elle l'aimait.

On ne voyageait pas encore en 1844, aussi rapidement qu'aujourd'hui : M. Durousseau, la veille du départ, avait écrit quelques lignes à Paris pour annoncer son arrivée et donner ses ordres, et cette lettre l'ayant précédé de deux jours, ce temps avait suffi à ses gens, inspirés et dirigés par Edgard Mévil, pour préparer une réception digne de leur maître et de leur jeune maîtresse. Les voyageurs, en descendant de voiture, trouvèrent le bel hôtel de la rue Laffitte aussi minutieusement pourvu de toutes les recherches de la vie élégante et commode que s'ils ne l'avaient pas un moment quitté. C'était le soir; la cour d'honneur était splendidement illumi-

née. Deux valets de pied, aussi graves que de suisses de cathédrale, attendaient, debout sur le perron, avec des torches. Un feu clair pétillait dans toutes les cheminées; des fleurs grimpantes couraient à travers la rampe du grand escalier, dont la cage se dérobait à demi sous un vert rideau de camélias et d'orangers. Les jardinières, les vases de vieux Sèvres, les potiches de Chine et du Japon étaient garnis de fleurs toutes fraîches, choisies et cueillies par Edgard. Sylvie, en entrant dans le salon, ne put retenir un petit cri de surprise et de joie en reconnaissant, rassemblés sous ses yeux et sous sa main, les objets les plus sympathiques à ses goûts : son piano ouvert, et, sur le pupitre, le morceau de musique le plus à la mode, signé Chopin et publié, le matin même, par Schlesinger ou Troupenas; sur sa table, le roman du jour, le livre dont on allait parler, le journal du lendemain, et son bel album, que les noms de Decamps, d'Eugène Delacroix, de Jules Dupré, de Roqueplan, de Marilhat, protégeaient contre tout soupçon d'épidémie bourgeoise ou d'afféterie mondaine : en face de la cheminée, son portrait, chef-d'œuvre de M. Ingres, qui, enthousiasmé de la beauté du modèle, y avait travaillé deux ans et avait refusé, pendant ce travail, deux duchesses, un maréchal de France et trois princes allemands. En se retrouvant en possession de tous ces amis souvent regrettés pendant son absence, en respirant cet air tiède, saturé de vagues et douces senteurs, il semblait à Sylvie qu'elle sortait d'un mauvais rêve, qu'elle se reprenait à la seule vie qui lui convînt, celle des privilégiés et des heureux, et que, petite-fille à Prasly, elle redevenait là grande dame et reine. Au bout d'une demi-heure, Edgard, dans ce délicieux jargon parisien, désespoir des provinciaux épris de régularité logique et grammaticale, eut mis sa cousine au courant de ces mille petits riens qui sont, toutes les vingt-quatre heures, la grande affaire de tout Paris, et qu'il faut savoir sous peine d'avoir l'air d'un indigène de Barcelonnette ou du Congo. Un instant après, arrivèrent, prévenus à la hâte par Edgard, quelques amis de M. Durousseau, quelques jeunes femmes, compagnes d'enfance ou de pension de Mme George de Prasly : on improvisa un petit bal sans façon, qui fut charmant comme tous les plaisirs inattendus. Ronconi et Mario, que M. Durousseau recevait sur le pied de l'égalité la plus parfaite et la plus charmante, étaient au nombre des invités. Ils chantèrent, sans se faire prier, leurs morceaux les plus ravissants, et Sylvie les accompagna. La soirée n'était pas finie, qu'elle avait entre les mains un coupon de loge pour la prochaine représentation des Italiens, et dix invitations pour la dernière semaine du carnaval. Tout ce monde aimable et souriant semblait s'entendre pour fêter sa bienvenue et la dédommager de son exil volontaire. Heureuse de cet accueil et de ces hommages, s'abandonnant sans effort au charme de ces instants, éprouvant cette espèce d'exaltation bizarre où nous jette le brusque passage de la solitude des champs ou de la grande route dans un salon étincelant de lumières, animé de toutes les joies du monde, Mme George de Prasly cherchait des yeux son mari pour le mettre en part dans ses sensations, lui dédier ses succès, l'en velopper dans ce premier jet de flammes et d'étincelles. George avait disparu ; il s'était enfermé dans sa chambre pour écrire à sa mère une lettre de dix pages : triste destinée de l'homme, que, malheureux souvent par ses fautes, il le soit quelquefois par l'exagération de ses vertus!

Cette soirée inaugura pour Sylvie et pour George une existence qu'il était facile de prévoir, dont elle n'avait compris, à distance, que les avantages, et dont les inconvénients devaient plus tard se révéler. Paris, on le sait, a de ces engouements subits dont M. de Balzac a parlé à propos des succès d'artistes, et qui ne sont, pour les succès mondains, ni moins rapides, ni moins électriques. En quelques heures, Sylvie devint femme à la mode pour tout le reste de la saison. La duchesse de Birague et la belle Polonaise dont Edgard avait orthographié tant bien que mal le nom impossible, durent céder la place, et en pâlirent de dépit. Or si le rôle de mari d'une femme à la mode est toujours fâcheux et hérissé d'épines, ce fut bien pis encore pour M. de Prasly, que nul dans ce monde ne connaissait, et que son titre de marquis, loin de le rendre plus imposant, frappait presque de discrédit. Chose singulière et cependant logique aux yeux de quiconque connaît cet esprit parisien, à la fois si amoureux de nouveauté et si routinier dans ses allures! cette couronne de marquise, rehaussant chez Sylvie les distinctions de la richesse et de la beauté, lui tombant du ciel dans une corbeille de mariage comme le dernier don qui lui manquât, complétait son bagage de femme élégante, ajoutait une valeur énorme à ses avantages primitifs ; — et son mari, de qui elle tenait le complément de sa grandeur, était peu compté pour quelque chose ! Il restait dans l'ombre et n'avait pas même un reflet du rayon qu'il prêtait à cette brillante étoile ; ou, pour changer de métaphore, il en était de l'avènement nobiliaire de Mme George de Prasly comme de ces grands fleuves dont tout le monde admire les bords riants et le cours majestueux, et dont la source est inconnue ou invisible. On savait que Sylvie était bien décidément marquise, que le nom qu'elle portait datait au moins des Croisades, que l'écusson de sa voiture n'avait pas été inventé par son carrossier, qu'elle était légitime propriétaire d'un romantique château à créneaux et à tourelles ; et, fidèle à ces traditions de comédie qui durent encore cent ans après que les mœurs qu'elles reflètent ont disparu, le public concluait que le marquis de Prasly devait être quelque viveur de province, ayant mangé son bien avec des danseuses de Marseille ou des lorettes de Toulouse, ou bien quelque affreux petit monstre, à moitié idiot de corps et d'esprit, dépisté par le génie de Durousseau dans quelque nid de chouette aristocratique, afin de donner à sa fille le plaisir de se faire annoncer sous un nom sonore, au seuil des salons où elle entrait. Edgard Mévil, dont la fatuité avait ses vues sur sa belle cousine, et que huit ou dix ans de succès incontestés avaient implanté au cœur de la bonne compagnie, s'était promis de ne rien négliger pour démolir son nouveau cousin, et il se tint parole. Il possédait, au plus haut degré, cet esprit qui se compose d'une légère mise de fonds personnelle,

de larges emprunts faits au répertoire des acteurs et des théâtres en vogue, et de l'heureuse certitude de ne retarder jamais d'une minute ni dans le nœud de sa cravate, ni dans le tour de ses idées, ni dans le choix de ses mots. Au Jockey-Club, dans ces causeries au cigare qui suivent le dîner et où les saillies se croisent comme des lames d'escrime, dans le monde, à l'oreille de ces femmes qui semblent avoir pris pour spécialité de *gâter* les hommes élégants et d'encourager leurs hardiesses, Edgard imagina, aux dépens de M. de Prasly, quelques *charges* qui eurent beaucoup de succès. Il prétendit qu'un mécanicien anglais, employé par M. Durousseau dans ses usines, avait trouvé le secret de renchérir sur Vaucanson, en fabriquant un marquis complet de cinq pieds six pouces, capable de saluer, de se mettre à table, de se tenir droit dans l'angle d'un salon, de donner le bras à une femme et même de dire *oui* et *non* dans les circonstances importantes? que M. Durousseau, ravi de son invention, la lui avait payée un prix fou, et avait fait de son automate, au bénéfice de sa fille, un mari peu gênant, affublé d'un beau nom éteint depuis deux cents ans. L'attitude silencieuse de George se prêtait à ces folies. D'autres fois, Edgard affirmait que, si son noble cousin parlait si peu, c'est qu'il conservait, dans toute sa pureté, l'accent du Midi, et, pour l'amusement de ses auditeurs, il inventait la scène de présentation de George, sa première entrevue avec sa future, ses essais de compliments madrigalesques, et les dialogues qui en résultaient, le tout avec ce luxe de prononciation provençale dont les Parisiens ont la bonhomie de se divertir énormément. Toute déduction faite des histoires et des plaisanteries d'Edgard, il était avéré pour le public que George ne s'appelait pas le marquis de Prasly, mais le mari de la marquise de Prasly.

Sylvie n'avait voulu d'abord faire de ses succès qu'un moyen de grandir aux yeux de George, de l'amener à mieux comprendre le prix de ce qu'il possédait, d'éveiller en lui cet amour qu'avaient déconcerté ou assombri les premières épreuves, et, si un reste de dédain nobiliaire persistait encore, en quelque repli de son âme, de lui prouver que ce sentiment suranné était cette fois un anachronisme et un contresens. Dans les premiers jours, ses yeux se reportaient constamment sur lui chaque fois qu'un nouvel indice venait ajouter à l'éclat de ses triomphes : si, en un de ces moments, elle avait eu avec George une de ces conversations décisives où deux cœurs séparés par quelques secrets malentendus, retrouvent, en s'épanchant l'un dans l'autre, la confiance et le repos, nul doute qu'elle n'eût aisément vaincu la froide réserve de M. de Prasly, et que, résigné enfin à être heureux, il ne se fût révélé tout entier à elle en homme digne de la comprendre et de l'aimer. Cette explication, George ne la chercha pas, et Sylvie avait trop d'orgueil pour faire toutes les avances. Ils restèrent donc, de jour en jour, un peu plus étrangers l'un à l'autre. Qui ne connaît d'ailleurs les entraînements du monde, à quel joug il soumet celles-là même auxquelles il prodigue ses fragiles couronnes ; Mme George de Prasly, si elle eut toutes les splendeurs, tous les enivrements d'une femme à la mode, en eut aussi toutes les servitudes. On a dit, non sans raison, qu'il était aussi difficile à une femme à la mode d'aimer son mari qu'à un homme politique d'aimer sa femme. Chaque jour, c'était un plaisir nouveau, c'est-à-dire un nouvel esclavage : un bal, un concert, une promenade à cheval, une infortune à secourir en dansant, et, plus tard, quand vint le carême, une loterie de bienfaisance ou un sermon de charité. Tous ces élégants épisodes qui consacraient la souveraineté mondaine de Mme George de Prasly, l'engageaient forcément, et sans penser à mal, à comparer Edgard à George, et ces comparaisons étaient hélas ! tout à l'avantage de son beau cousin. Edgard, de l'aveu de ses rivaux eux-mêmes, était le premier valseur de Paris. Il excellait dans les variétés de polkas, de redowas et de mazurkas, qui eurent, cet hiver-là, toute la verdeur de leur vogue à son début. Lorsqu'il valsait ou polkait avec Sylvie, on montait sur les chaises pour les regarder, et M. de Prasly, aplati dans l'embrasure d'une porte, entendait murmurer près de lui : — « Le joli couple ! — Ils semblent faits l'un pour l'autre ? — Qu'en dira la duchesse de Birague ? — Son étoile a singulièrement pâli depuis l'arrivée de la marquise de Prasly. — Mais aussi l'on n'est pas plus charmante que cette jeune marquise ! — Ni plus élégant que le bel Edgard ! — Mais où diable est le mari ? — Inconnu ; une chimère, une larve, un mythe. »

George savait à peine danser : où l'aurait-il appris ? il n'était pas plus habile à monter à cheval, n'ayant jamais eu dans les écuries de Prasly d'autre quadrupède qu'un pauvre âne qui paissait humblement l'herbe des ruines, et supportait à lui seul le poids de tous les travaux de culture. Il était donc forcé de rester dans les contre-allées du bois de Boulogne ou dans la voiture de M, Durousseau, pendant que Sylvie, gracieuse et intrépide amazone, caracolait sur une fine jument anglaise, ayant pour partner inévitable Edgard Mévil, monté sur un de ces chevaux dont tout Paris vantait le haut lignage et la beauté accomplie. Quelquefois M. Durousseau, en les voyant passer au galop, brillants d'élégance et de jeunesse, jetait sur son gendre un regard profond, et un imperceptible sourire effleurait ses lèvres. Quelle pensée s'agitait en lui ? Savourait-il en silence le dangereux plaisir d'assister à cette revanche qu'avait rêvée son orgueil, de personnifier dans son gendre, son neveu et sa fille, ce renversement des rôles de l'immémoriale comédie ? Comptait-il avec la froide satisfaction d'un anatomiste les douloureux tressaillements de cette âme sur qui retombaient peut-être, goutte à goutte, les larmes de George Dandin ? De temps à autre, les yeux de M. de Prasly rencontraient ce regard : alors, une rougeur soudaine montait à son front ; une plainte aussitôt étouffée frémissait dans sa poitrine. Il avait envie de s'écrier : Un gentilhomme n'a-t-il pas un cœur pour aimer et pour souffrir ? — Mais, fierté ou timidité, il se contenait et se taisait.

Cependant sa souffrance intérieure s'aggravait sans cesse ; un sentiment plus sérieux et plus redoutable que l'amour-propre commençait à le tourmenter. M. de Prasly était jeune, et n'avait pas vécu ; les premières années de sa jeunesse s'étaient écoulées loin du monde, en présence d'images graves et tristes, faites pour tarir l'imagination et

serrer le cœur. Pour la première fois, il se trouvait dans un monde plein de séductions magiques ; il y voyait, dans une sorte de cadre d'or qu'on eût dit disposé tout exprès pour la faire valoir, une femme jeune, belle, entourée d'hommages et de flatteries ; elle lui apparaissait, le soir, dans ces toilettes de bal contre lesquelles tonnent avec raison les prédicateurs, et qui font dire parfois aux maris naïfs : « Vraiment, je ne connaissais pas ma femme ! » Cette femme était la sienne ; elle portait son nom, et chaque jour il lui semblait qu'elle lui échappait davantage! — Sylvie était excellente musicienne; George de Prasly eût aimé passionnément la musique; mais il ne la savait pas; il n'en avait jamais entendu; il était incapable de causer pertinemment des mérites respectifs de l'Allemagne et de l'Italie, des perfections de la *prima dona*, du ballet ou de l'opéra de la veille, de toutes ces graves questions sur lesquelles les dilettantes de salon débitent avec aplomb tant de jugements tout faits et de bons mots de foyer. Edgard avait une jolie voix de ténor qu'il conduisait avec goût, et qui lui permettait de chanter avec sa cousine les duos amoureux de *Guillaume Tell*, du *Comte Ory*, de la *Gazza* et des *Puritains*. Que dirai-je des arcanes et de la science du *Sport* ? C'étaient lettres closes pour George de Prasly, qui se voyait réduit au plus humiliant silence, tandis qu'Edgard discutait en docteur infaillible les plus minutieux raffinements du *turf* et du *handicap*, et que Sylvie, qui, au fond, estimait à sa juste valeur ce sujet de conversation, se croyait obligée de l'écouter et de lui répondre comme s'il se fût agi des plus grands intérêts de l'Etat. Ainsi, tout, dans cette vie et dans ce monde, était pour M. de Prasly condition d'infériorité et instrument de torture.

A ces intimes souffrances vint bientôt se joindre une cruelle inquiétude. George recevait très souvent des lettres de sa mère ; il lui semblait qu'à chacune de ces lettres se trahissaient des signes plus irrécusables de tristesse, d'abattement et de fatigue. La marquise ne lui parlait jamais de sa santé, ou bien elle lui disait laconiquement de ne pas s'inquiéter d'elle. Mais l'écriture de plus en plus tremblée, les brusques réticences, l'involontaire amertume se cachant sous une phrase ou sous un mot, tout prouvait à son fils qu'elle souffrait, qu'elle était malade, qu'elle dépérissait peut-être ; il se la représentait seule dans ce vieux château, privée du seul objet de ses affections, du seul bonheur qui eût consolé sa vie douloureuse. Cette idée dominait pour lui toutes les autres, et les lui rendait plus poignantes. Eût-il eu, dans un moment d'expansion et d'entraînement juvénile, la bonne pensée de se jeter aux pieds de Sylvie, de la presser sur son cœur, d'anéantir dans cette étreinte tout ce qui les séparait, il eût été retenu par la certitude que, dans ce moment même, sa mère songeait à lui et pleurait.

Les choses allèrent ainsi jusqu'à la fin d'avril. Il y a presque toujours, à cette époque, un regain de carnaval : bientôt on parla dans le monde d'un bal que la duchesse de Birague allait donner, et qui devait ressembler pour elle à ces grandes victoires à l'aide desquelles les conquérants ressaisissent leur prestige menacé. Pendant les journées qui précédèrent ce bal, plusieurs de ces détails que je viens d'esquisser rapidement, mirentt George en présence d'Edgard, de manière à envenimer encore ses secrètes blessures. Une lettre de sa mère, plus morne et plus laconique que les autres, vint ajouter à ses angoisses; et tandis que les autres acteurs de cette fête dont on vantait d'avance les futures merveilles, s'armaient pour ce dernier tournoi d'élégance, de plaisir et de vanité, M. de Prasly ne s'y préparait que par un surcroît de déchirements et de douleur.

VIII.

George de Prasly à M. Ramiard, notaire, à Prasly-le-Neuf.

Paris, le 23 avril 1844.

« Monsieur,

» Vous pardonnerez cette démarche à un homme qui a peu d'amis, peu d'appuis en ce monde, et qui n'en a ressenti que plus vivement les preuves d'attachement que vous lui avez données. Ne sachant, — car je ne suis pas mon maître, — si mon séjour à Paris ne se prolongera pas jusque dans l'été, je viens vous demander deux choses, de nature bien différente, mais qui importent toutes deux à mon repos : il est bien entendu que ma lettre est confidentielle.

» Les cent mille francs destinés par M. Durousseau, mon beau-père, à la restauration et à l'embellissement du château de Prasly, ont été versés chez vous. Pourriez-vous me dire ce qui a été dépensé de cette somme pour les premiers travaux commencés en automne, et ce qu'il en reste entre vos mains ? Vous serait-il possible, dans une circonstance urgente et sur un simple avis de moi, de trouver, en vingt-quatre heures, une somme équivalente à celle qui a été dépensée, en hypothéquant cet emprunt sur le château et sur le peu de terres qui me restent ?

» Voilà, monsieur, ma première question. Si elle me tient au cœur, la seconde est, pour ainsi dire, mon cœur tout entier : je suis inquiet de la santé de ma mère; le ton de ses dernières lettres, la connaissance que j'ai de son caractère, ces pressentiments magnétiques qui font rarement défaut aux affections profondes, tout me dit qu'elle est souffrante, que son isolement la consume, que mon absence la tue peut-être, et qu'elle me cache, en partie du moins, la gravité de son état. Soyez assez bon pour vous rendre à Prasly aussitôt que vous le pourrez ; insistez pour voir ma mère, et inventez, s'il le faut, quelque spécieux prétexte d'affaires. Vous la connaissez depuis quarante ans ; une demi-heure vous suffira pour en savoir sur ce qu'elle éprouve plus qu'elle ne vous en dira. Regardez-la bien...Oh ! oui, cher monsieur, regardez-la comme je ferais moi-même si j'avais le bonheur d'être à ses côtés... Vous savez que ses longs chagrins ont fini par laisser sous ses paupières comme une mystérieuse source de larmes toujours prête à jaillir au moindre choc... Observez-la avec attention au moment où vous parlerez de moi, et mesurez l'effort qu'elle aura fait pour refouler ces larmes intarissables... Examinez sa contenance, son amaigrissement, sa pâleur... Interrogez, s'il le faut, sa vieille Madeleine, et sachez d'elle si rien n'est changé dans ses habitudes, si elle

mange un peu à ses repas, si elle n'a pas, le soir, un mouvement de fièvre. — Surtout, dites-vous bien ceci : c'est que, si par ma faute, c'est-à-dire par mon absence, il arrivait malheur à ma mère; si son état devenait trop grave pour que, plus tard, ma présence pût la guérir, jamais, entendez-vous bien? jamais je ne pardonnerais ni à moi-même ni à ceux qui ont été cause de notre séparation.

» Adieu, mon ami... mon seul ami... Je ne m'excuse pas, je ne vous remercie pas... l'honneur d'un mari et le cœur d'un fils, voilà ce que je remets entre vos mains.

» GEORGE DE PRASLY. »

RÉPONSE.

« Prasly-le-Neuf, 26 avril 1844.

» Monsieur le marquis,

» Je m'empresse de répondre aux deux articles de votre honorée lettre du 23 courant, et je commence par le moins important.

» Il a été dépensé, soit avant l'arrivée de M. Durousseau, soit pendant son séjour ici, une première somme de vingt-un mille trois cent septante-deux francs quarante centimes, dont trois mille deux cents sous vos ordres, et le reste ès-mains de M. Doligny, architecte, demeurant à Paris, rue de Trévise, no 10. Vous possédez encore, en bien patrimonial, outre le château et les dépendances, sept hectares de terres labourables ou vignobles, évalués, au plus bas, seize ou dix-huit mille francs. En conséquence, et sur votre première réquisition, je me ferais fort de trouver, dans les vingt-quatre heures, et en l'hypothéquant sur votre propriété, une somme équivalente à celle qui a été dépensée. Je me borne à ce renseignement, monsieur le marquis, sans vouloir ni connaître, ni comprendre le motif qui vous l'a fait demander.

» Que ne puis-je vous répondre d'une façon aussi satisfaisante sur le second article? Mais vous me demandez d'être sincère, et je manquerais à mes devoirs si je vous déguisais la vérité. J'avais eu déjà l'honneur de voir à la messe madame la marquise de Prasly, votre respectable mère; j'avais bien remarqué un peu d'abattement dans son attitude, un peu de fatigue dans sa démarche; deux ou trois fois même, j'avais surpris ses larmes tombant jusque sur son livre d'heures, et il m'avait paru qu'en sortant elle était obligée de s'appuyer sur Madeleine. Je n'osais me présenter chez elle, n'ayant pas été appelé, et pourtant j'étais inquiet, car depuis les fêtes de Pâques, — voilà deux dimanches, — elle n'était plus venue à l'église ! — Je lui ai donc fait dire que je croyais avoir laissé au château des papiers nécessaires à mon règlement de compte avec M. Doligny, et que je lui demandais la permission d'aller les y chercher. Aujourd'hui même, à deux heures de l'après-midi, je suis entré dans son salon, où elle a eu la bonté de me recevoir. Je ne vous dissimulerai pas, monsieur le marquis, que le premier effet a été pénible. Madame votre mère m'a paru très pâle, très amaigrie, très abattue; elle a voulu, en me voyant, se soulever sur son fauteuil, et ce léger effort a amené sur ses joues creuses cette plaque rouge, trop connue hélas! de quiconque est, par état, habitué à approcher des malades. Elle a voulu sourire, et, à l'instant, ses yeux se sont remplis de larmes qu'elle essayait en vain de cacher. J'ai prononcé votre nom et demandé de vos nouvelles, aussi naturellement que j'ai pu. Rien, monsieur le marquis, ne saurait rendre l'expression navrante qui s'est peinte sur son pâle visage pendant qu'elle me parlait de vous : le cœur le plus endurci aurait eu pitié de ce frémissement de lèvres, de cette voix entrecoupée et tremblante, de cette suffocation nerveuse sous laquelle on devinait tous les frissons, tous les sanglots d'un désespoir immense et sans fond. Je lui ai demandé, comme par hasard, s'il y avait longtemps qu'elle n'avait vu le docteur Bergier, notre médecin : elle m'a répondu brusquement qu'elle ne le voyait que lorsqu'il y avait des malades à Prasly, et qu'il n'y en avait pas !... Au bout d'une demi-heure, craignant que ma visite ne la fatiguât, je me suis levé ; sans doute la vue d'un homme qu'elle sait lui être profondément attaché, avait disposé à l'attendrissement cette âme déchirée, car Mme la marquise m'a tendu la main, et j'ai osé la porter à mes lèvres ; cette main était brûlante !

« En sortant, j'ai pu interroger la vieille Madeleine, qui m'a donné les détails les plus poignants. Quand madame votre mère se croit seule, ses pleurs ne tarissent plus ; elle s'enferme avec vos lettres pendant de longues heures ; puis, craignant sans doute de trop accorder à une affection terrestre, elle se jette avec angoisses sur son prie-Dieu, et demande à Dieu pardon de sa douleur. Madeleine croit qu'elle a la fièvre toute la nuit, et elle m'a dit qu'il lui arrivait très souvent de se lever de table sans avoir touché à rien. J'ai voulu, avant de vous écrire, voir M. le curé et le docteur Bergier. Le docteur, je vous le dis sans détour, la croit sérieusement malade, et le curé, qui a seul ses libres entrées au château, m'a dit tristement : « C'est une âme brisée ! »

» Vous le voyez, monsieur le marquis, j'ai cru devoir vous dire tout, au risque de vous alarmer. C'est pour moi le vrai moyen de répondre à votre confiance : maintenant, nul doute que votre retour, s'il était possible, ne fît à madame votre mère assez de bien pour rétablir sa santé et dissiper bientôt toute inquiétude. Je n'insiste pas davantage là-dessus : ce sont des renseignements que vous m'avez demandés, et non des conseils. Je connais toute la profondeur de votre amour pour notre chère et sainte dame : je sais que vous êtes le meilleur des fils ; ma tâche est donc finie, et je termine là cette lettre, en vous priant, monsieur le marquis, d'agréer, etc., etc. « AUGUSTIN RAMIARD. »

George de Prasly reçut cette lettre, le soir même du bal de la duchesse de Birague, et quelques minutes avant de monter en voiture avec Sylvie pour se rendre à cette fête. Il était habillé déjà, et Sylvie venait de mettre la dernière main à la plus ravissante des toilettes. Il lut deux fois la lettre de M. Ramiard et la mit dans sa poche, sans s'arrêter encore à une détermination bien précise. Mille pensées confuses s'agitaient dans sa tête ; une horrible angoisse déchirait son cœur ; un éclat immédiat répugnait à son caractère timide : tout ce qu'il savait, c'est qu'il partirait le lendemain matin. Un instant après, on vint avertir que la voiture était avancée :

George offrit son bras à sa femme, sans lui dire un mot des nouvelles qu'il venait de recevoir, et ils partirent pour le bal.

La duchesse de Birague, dont le nom n'a fait encore qu'effleurer notre récit, était placée dans une de ces situations exceptionnelles que prennent pour exemple et pour règle nos romanciers à la mode quand ils choisissent parmi les *patriciennes* leurs sentimentales héroïnes. Riche et de petite noblesse, mariée à seize ans à un vieux duc spirituel et goutteux, veuve au bout de quatre années de mariage, Mme de Birague s'était trouvée à vingt ans, en possession d'un grand nom, d'une splendide fortune et d'une liberté sans bornes. Elle n'en avait abusé que tout juste ce qu'il fallait pour que les médisants, en parlant d'elle, ne fussent pas tout à fait traités de calomniateurs. Ce qui était positif du moins, c'est qu'elle avait *distingué* Edgard Mévil parmi ses nombreux adorateurs, et que, dussent les derniers tenants de l'orthodoxie héraldique en frémir de courroux, elle paraissait fort disposée à fondre l'or de sa couronne ducale pour en faire un anneau d'alliance digne du brillant Edgard. C'était pour lui un mariage magnifique, et M. Mévil le père, lorsqu'il comprit qu'il devait renoncer pour son fils à la main de Sylvie, tourna de ce côté toutes ses espérances. Pourtant Edgard ne se décidait pas, et cette indécision, commentée par le monde, faisait à la duchesse une position délicate, peu épargnée des mauvaises langues. Au commencement de l'hiver, après un redoublement de valses, de polkas et de visites du matin, on avait cru que le beau dandy allait enfin amener pavillon, et les nouvellistes pressés disaient déjà : à quand la noce ? — Mais l'arrivée de Sylvie parut tout remettre en question. Edgard se montra si empressé auprès de sa cousine, si heureux des petites privautés qu'autorisait sa parenté, que la duchesse se sentit à la fois détrônée dans le monde, et menacée dans le cœur de son attentif. Pendant deux mois, elle soutint la lutte avec l'énergie d'une femme aimante ou d'une souveraine attaquée ; et ce bal par lequel elle allait clore la saison, était l'épreuve suprême où elle devait rassembler ses forces, retrouver son empire, remonter à son rang d'idole, frapper le coup décisif, ou peut-être le recevoir.

Dans cette société où George de Prasly n'avait rencontré que des indifférents, une seule personne paraissait l'accueillir avec une attention sympathique, et c'était justement la duchesse de Birague. Elle avait découvert, disait-elle, dans un manuscrit de la Bibliothèque la preuve qu'un Conrad de Prasly avait épousé, en 1509, une Alexandrine de Birague ; le fait est que sa position vis-à-vis d'Edgard, et les assiduités de celui-ci auprès de Sylvie, rendaient fort importante, pour la duchesse, l'étude du caractère du *mari de la marquise de Prasly*, comme on s'obstinait à l'appeler. Elle l'observa donc d'abord avec un certain égoïsme : puis elle s'intéressa, comme à un problème, à cette figure noble et taciturne qui passait au milieu du mouvement de la vie mondaine sans en être ni égayée, ni éblouie. Lorsqu'elle le vit subir en silence l'indifférence des salons et les familiarités toujours croissantes qui s'établissaient entre Sylvie et Edgard, elle se demanda si c'était timidité ou stoïcisme, insouciance ou fierté, sentiment de dignité blessée, ou marque absolu d'initiative et de ressort. Elle avait souvent désiré captiver la confiance de George, arracher de lui l'aveu de ses ennuis et de ses peines, s'assurer de ce qui se cachait sous cette tranquillité apparente, et lui proposer enfin une sorte d'alliance dont l'enjeu serait égal pour tous deux : pour elle l'amour d'Edgard, pour lui l'amour de Sylvie. Mais, jusque-là, George avait paru peu s'apercevoir ou peu se soucier des dispositions charitables de la duchesse de Birague. Il la confondait dans l'universelle froideur que méritait à ses yeux ce monde où on le traitait en étranger, et la duchesse, asservie d'ailleurs à son rôle de femme élégante, avait eu peu d'occasions de se rapprocher de cet homme dont elle eût voulu se faire un ami.

Il était facile de reconnaître qu'elle avait cherché à donner à son bal toutes les séductions, tous les prestiges capables d'exalter l'imagination et la vanité d'Edgard. Lorsque M. et Mme George de Prasly y arrivèrent, le salon regorgeait déjà d'un flot d'illustrations parisiennes ou étrangères. Les noms les plus imposants retentissaient à la porte; les plus charmants visages faisaient assaut d'éclairs et de rayons, de regards et de sourires. Je ne dis rien de la magnificence de l'hôtel, des merveilles de l'ameublement, de la recherche inouïe des détails; ce serait m'exposer aux redites ou retomber trop aisément dans ces inventaires de tapissiers et de modistes qui tiennent une si large place dans plusieurs de nos romans. Figurez-vous une vraie duchesse, une duchesse du faubourg Saint-Germain, servie par trois cent mille livres de rente, et combinant toutes ses féeries pour plaire à l'amant préféré; vous aurez une idée du bal de Mme de Birague.

Vers minuit, à cette heure rapide où l'éclat d'une fête est à son apogée, où les femmes ont toute leur animation sans avoir encore trace de fatigue, où les cerveaux des adolescents éclatent devant ces enivrantes images, où le feu des bougies, le parfum des bouquets, le souffle des valseuses forment une atmosphère torride, étouffante, excitante, vertigineuse, il était clair pour toutes les personnes qui se trouvaient là qu'il n'y avait de rivalité sérieuse qu'entre Sylvie et la duchesse de Birague. Sylvie ne se rendait pas très bien compte du rôle qu'elle jouait dans cette lutte. Mais il y a des moments où la femme la moins dépravée cède au démon qui lui fait monter à la tête des vapeurs subtiles, chargées de mystérieux poisons; Mme George de Prasly était dans un de ces moments : elle s'illuminait, elle s'éblouissait elle-même de sa beauté et de son triomphe. Suspendue aux bras d'Edgard, la valse l'entraînait dans ses cercles magiques, dans ses tourbillons de flamme, dignes de faire sourire Méphistophélès en habit de bal. Elle voyait, à chaque tournoiement, mille ardents regards se plonger dans les siens, mille étincelles de diamants et de perles chatoyer à travers les chaudes effluves qui brûlaient son front et sa poitrine. Prasly, le vieux château, son amour naissant, l'image de George, pâle d'angoisse à quelques pas d'elle, tout était oublié : il n'y avait plus qu'une arène, un

orgueil, une ivresse.

George était là, pourtant, perdu dans la foule, et résumant dans ce seul instant, avec cent fois plus d'amertume et de violence, tout ce qu'il avait souffert depuis deux mois. Jamais Sylvie ne lui avait paru si belle, jamais Edgard si fat et si compromettant! Il le voyait s'épanouir dans son triomphe, se parer de la beauté de Sylvie, prendre des airs conquérants ou diplomatiques chaque fois qu'on la complimentait de son succès. Il entendait chuchoter autour de lui quelques-unes de ces paroles qui l'avaient déjà froissé, ces plaisanteries sur le mari invisible et le cousin séducteur, ces épigrammes à pointes d'épingle qui vont de l'épiderme au cœur, et dont les auteurs se gênaient d'autant moins que la plupart ne le connaissaient pas. Edgard s'était emparé de l'éventail de Sylvie, et pendant les entr'actes de la valse, il jouait avec ce frêle talisman, comme s'il eût voulu en faire l'interprète des hardiesses de son amour. Lorsque George, à cet irritant spectacle, portait la main à sa poitrine pour en arrêter les battements furieux, il sentait sous son habit la lettre de M. Ramiard, cette lettre presque funèbre, et il croyait voir apparaître, entre ces joyeux groupes et son morne regard, la figure de sa mère mourante. L'épreuve était trop cruelle, et peut-être George allait-il éclater, lorsqu'une main délicate se posa légèrement sur son épaule; il se retourna et vit la duchesse de Birague: ils échangèrent un regard, et ils se comprirent.

Elle allait parler; George la prévint, lui, si timide, si réservé d'ordinaire. — Madame la duchesse, lui dit-il à voix basse, mais sans hésiter, vos devoirs de maîtresse de maison vous permettent-ils de m'accorder cinq minutes?

— Pour vous et pour vous seul, oui, répondit-elle du même ton.

À la faveur d'une contredanse qui s'organisait, elle put, sans être remarquée, lui faire signe de la suivre; elle le conduisit dans un boudoir à peine éclairé et où ses invités n'entraient pas.

— Madame, lui dit George, vos moments sont trop précieux pour que j'en abuse. Avez-vous un domestique à qui je puisse me confier?

— Je vous offre Léonard, le valet-de-chambre de feu mon mari; il est aussi sûr que s'il était bête, et aussi intelligent que s'il était fripon.

Un instant après, Léonard arriva: « Léonard, lui dit George d'un ton ferme, avec la permission de Mme la duchesse, vous êtes à mon service pour deux heures. »

La duchesse s'inclina en signe d'assentiment.

George reprit:

— Vous allez courir chez moi, rue Laffitte, n° 15. Vous demanderez François, mon valet de chambre, et Annette, la femme de chambre de Mme de Prasly. Vous leur ordonnerez de ma part de tout préparer pour le départ de leur maître et de leur maîtresse, d'apprêter la voiture de voyage, d'aller commander des chevaux à la poste, de les faire atteler, et de m'amener le tout ici même, à la porte de Mme la duchesse. Il est une heure du matin. Ils seront ici à trois heures, ou, à quatre, ils seront chassés tous les deux. Allez!

Pendant qu'il parlait, la duchesse de Birague le regardait avec une profonde surprise. Ce n'était plus le même homme; toute trace d'indécision avait disparu. On eût dit que le vieux sang des Prasly venait tout à coup de jaillir dans ses veines avec toute l'ardeur intrépide des champs de bataille. Il se retourna vers la duchesse avec un geste d'une dignité incomparable, comme pour lui demander si elle était contente de lui.

— Oh! monsieur! s'écria-t-elle dans un entraînement irrésistible, je me le disais bien que vous étiez le plus imbécile ou le plus noble des hommes!

— Et vous trouvez en ce moment que je ne suis pas le plus imbécile, murmura-t-il avec un sourire amer.

Ils rentrèrent dans le salon; leur absence n'avait pas été remarquée. George marchait la tête haute comme délivré d'un horrible fardeau par une résolution irrévocable; il s'assura des situations respectives. Sylvie dansait; Edgard papillonnait; M. Durousseau venait de se mettre à une table de whist, et faisait la partie célèbre de deux ambassadeurs et d'un banquier européen.

A trois heures, Léonard parut à la porte; George s'approcha de lui, et le valet de chambre lui dit à voix basse :

— Les ordres de monsieur le marquis sont exécutés. La voiture et les chevaux sont là.

Un instant après, M. de Prasly emmenait Sylvie, qui, justement, commençait à se sentir fatiguée, et il s'occupait, avec une galanterie insolite, du soin de recouvrir sa tête et ses épaules du capuchon et du manteau de cygne qui devaient la protéger contre le brusque passage de l'atmosphère du bal à la fraîcheur d'une nuit d'avril.

Lorsqu'elle fut sur le perron, elle poussa un cri d'étonnement et d'effroi en reconnaissant une berline de voyage avec malles, caissons et chevaux de poste, au lieu du coupé qu'elle s'attendait à voir : François et Annette étaient sur le siége, muets tous les deux.

— Montez, madame! dit George à Sylvie qui hésitait.

Elle monta machinalement : son mari, d'ailleurs, lui avait dit ces mots d'un air qu'elle ne lui connaissait pas, et qui la subjuguait malgré elle.

— Route du Midi! cria George aux postillons qui partirent au galop.

— Mais, monsieur, où allons-nous murmura Sylvie éperdue.

— A Prasly, madame, répondit-il froidement.

— Et pourquoi ce départ si brusque? Pourquoi m'enlever ainsi sans me prévenir, sans même prévenir mon père ?

— Parce qu'il y a deux choses pour lesquelles je vous briserais comme je brise votre éventail qui est resté trop longtemps entre les mains de ce fat! dit George en jetant par la portière l'éventail brisé en mille pièces.

— Et lesquelles, monsieur? lesquelles? demanda Sylvie avec une émotion croissante.

— L'honneur de mon nom et la vie de ma mère.

— Ah! je t'aime mieux ainsi que quand je te croyais impassible! s'écria-t-elle.

IX.

— Ah! je t'aime mieux ainsi que quand je te croyais impassible! s'était écriée Sylvie en essayant de s'emparer des mains de George, et de les presser sur son cœur.

— Vous, Madame!... vous!... vous m'aimez!... Et c'est ici, c'est en ce moment, c'est après cette horrible nuit, que vous voulez me le faire croire? dit M. de Prasly avec un étonnement mêlé d'amertume.

— Et pourquoi pas? reprit la jeune femme qui se remettait peu à peu de son trouble, et rentrait, avec une clairvoyance toute féminine, dans le sentiment de la situation; pourquoi pas?...

— Parce qu'on n'aime pas un niais, un provincial, un paysan comme moi! interrompit George en éclatant; un homme gauche et timide qui ne sait ni danser, ni valser, ni chanter, ni monter à cheval, ni rien de ce que devrait savoir le mari d'une femme à la mode! S'informe-t-on seulement s'il a une intelligence et un cœur, cet être déshérité, bon à laisser dans l'antichambre, avec les châles et les manteaux? De quoi se plaindrait-il? Que peut-il être? Quelle est sa place dans ce monde nouveau qui le dédaigne et ne le connaît pas? Un débris, un atôme, un titre, un nom! Ce nom, ce titre, ce vestige des temps passés, on les lui prend par une fantaisie d'élégante ou d'artiste! On les lui prend comme on prendrait chez le graveur l'écusson qui va bien aux panneaux de la voiture, comme on prendrait chez le joaillier la couronne de diamants qui ajoute à l'éclat de la beauté... Mais l'aimer, lui! allons donc! vous voulez rire! Celui qu'on aime, c'est le roi des salons dont on est la reine, c'est le merveilleux dandy devant qui tout s'incline, et que les femmes se disputent en champ clos comme les paladins se disputaient autrefois l'écharpe de la dame de leurs pensées!... Voilà celui qu'on aime! L'autre, on l'abandonne dans un coin; et si, dans son isolement et son silence, il se débat contre d'invisibles tortures, si des larmes de douleur ou de colère montent à ses paupières, s'il entend murmurer autour de lui des paroles blessantes pour son repos, flétrissantes pour son honneur, des paroles qui font bondir son cœur dans sa poitrine, bouillir son sang dans ses veines, eh! qu'importe? Comment saurait-on qu'il souffre? On ne sait plus s'il existe!...

Au lieu de répondre, Sylvie se rapprocha de lui par un mouvement plein de grâce; puis, écartant le capuchon qui l'enveloppait à demi, elle appuya sa tête sur l'épaule de George, et se plaçant ainsi sous le feu de son regard dont l'expression se révélait à elle pour la première fois, les lèvres si près de son visage, qu'il sentait la tiédeur embaumée de son souffle, elle lui dit avec une ineffable douceur :

— Oh! parle, parle encore! Dis-moi bien tout ce que tu as sur le cœur! dédommage-moi, fût-ce en me déchirant, de cette froideur, qui me désolait! Tout, plutôt que ton silence, plutôt que de me sentir étrangers l'un à l'autre, de me heurter à cette barrière de glace qui, tout à l'heure encore, nous séparait! Accable-moi, George! écrase-moi! humilie, brise, anéantis cet orgueil plus heureux, en ce moment, de ses blessures, qu'il ne l'était, cette nuit, de ses triomphes... Mais ne doute pas de ma parole, car je n'ai jamais menti... George, mon George, je t'aime!

Pendant qu'elle parlait, le capuchon s'était

abaissé tout à fait. Sa belle et noble figure, tour à tour animée par les sensations ardentes du bal et par l'émotion rapide de cette scène si imprévue, s'éclairait des pâles lueurs de l'aube qui commençait à glisser à travers les stores de la voiture. Ses cheveux déroulés caressaient de leurs boucles soyeuses la joue de M. de Prasly. Sous ce manteau qui avait si vite et si incomplètement transformé sa toilette de bal en toilette de voyage, il pouvait sentir ses bras et ses épaules, frissonnant sous les baisers du matin. Il y a d'ailleurs dans la soumission et l'abaissement volontaire d'une femme énergique et fière quelque chose de plus enivrant, de plus irrésistible que dans les gracieuses câlineries de la faiblesse. George n'avait pas trente ans : il n'était ni blasé, ni insensible. L'irritation et l'angoisse qu'il amassait depuis plusieurs mois, les secrètes méfiances qui l'avaient, dès le premier moment, rendu rebelle à l'amour possible de Sylvie, l'humiliation et la colère qui, pendant ce bal, étaient arrivées à leur paroxysme et avaient amené l'explosion finale, tout s'effaça, en quelques minutes, dans un sentiment nouveau qui n'était encore ni l'amour, ni la certitude, ni la confiance, mais à qui, pour y ressembler, il ne fallait plus peut-être qu'un peu de bonheur et un peu de temps. La glace n'était pas rompue, mais elle craquait. L'ironie âpre et aride qui avait tout-à-coup débordé du fond de son âme, s'attendrissait déjà dans un reproche, une plainte, un doute :

— Mais, si vous m'aimiez, Madame, pourquoi vous préoccuper si peu de ce que je pouvais souffrir ?

— Et si vous m'aimez, vous, Monsieur, pourquoi donc ne pas me le dire, ou du moins me le faire deviner ?

Ni l'un ni l'autre ne pouvaient se méprendre à ce changement de ton ; les femmes ont, dans ces circonstances, des intuitions merveilleuses, promptes à se saisir d'un mot, d'un geste, d'un signe, d'un pli du front ou des lèvres, d'une nuance imperceptible qui nous échapperait cent fois. Sylvie comprit qu'elle n'avait plus devant elle un mari à désarmer, un juge à fléchir, mais un cœur troublé et malade à rasséréner : George sentit que la discussion allait changer de terrain et que, dans cette question ou cette plainte de sa femme, il y avait pour elle une excuse, pour lui une espérance ; il reprit avec une tristesse où achevait de s'émousser le reste de sa colère :

— Ah ! je ne pouvais, je ne savais ni vous le faire deviner, ni vous le dire ! Il faut, pour oser parler d'amour à une femme telle que vous, avoir en soi une confiance qui me manquait, être familiarisé avec un langage que personne ne m'avait appris ! Il faut des séductions, des grâces, des moyens de plaire, dont je me voyais dépourvu, et dont un autre, placé tout près de vous par sa naissance, vous offrait le brillant modèle ! Il faut n'avoir pas trouvé au seuil de sa vie ces deux pâles fantômes dont la froide main scelle le cœur et les lèvres : la solitude et la pauvreté ! Aujourd'hui même, si une crise terrible ne m'avait délié la langue, si mon âme en se déchirant n'avait laissé échapper ce cri, formé de toutes mes souffrances et de toutes mes angoisses, vous ignoreriez encore, vous auriez ignoré toujours

ce qu'il y avait là... et là ! ajouta-t-il en portant tour-à-tour sa main à son front et à son cœur avec un geste mélancolique.

— Quoi ! George, le secret de votre froideur et de votre silence, ce n'est que cela ? ce n'est que cela ? demanda Sylvie dont les yeux étincelèrent.

— Eh ! que serait-ce donc ? dit M. de Prasly.

— Pardonnez-moi... Mais on prétend, — ce n'est pas moi qui le dis, — que, nous autres plébéiennes... quand nous mettons notre main dans celle d'un gentilhomme, ce n'est pas nous qu'il épouse, ce n'est pas notre cœur, ce n'est pas notre ame, ce n'est pas notre beauté, ce n'est pas le mystérieux trésor de dévouement et de tendresse qui se cache peut être sous nos timides regards ; c'est notre dot, c'est notre argent !...

— Mais, à ce compte, reprit George en tressaillant, on prétend aussi, — ce n'est pas moi qui le pense, — que nous autres, pauvres patriciens ruinés, quand nous nous allions à une de ces splendides filles de la bourgeoisie opulente, ce n'est pas nous qu'elle épouse, ce n'est pas notre cœur, notre âme, notre pensée, notre intelligence, la rêverie tendre et triste de nos jeunes années ; c'est notre titre, c'est notre nom !

— Et voilà ce que vous supposiez ? Et voilà ce que vous aviez cru ? s'écrièrent-ils tous deux à la fois.

— Ah ! vous vous trompiez, Sylvie ! dit George avec une dignité douce, plus persuasive que toutes les preuves.

— Et vous aussi, George, vous vous trompiez ! répliqua-t-elle avec une irrésistible expression de franchise et de noblesse.

La partie n'était pas assez égale pour que cette double réponse produisît le même effet sur tous les deux. L'orgueil de Sylvie, la certitude d'être belle, le souvenir de ses récents triomphes, tout lui disait qu'elle n'était pas de celles qu'on dédaigne, et qu'un gentilhomme si fier qu'il fût, avait pu, sans déroger, épouser et aimer une plébéienne comme elle. La blessure de George était plus profonde, ses inquiétudes plus motivées. L'importune image d'Edgard Mévil était encore là, trop près de sa pensée, pour qu'il pût la chasser entièrement et retrouver toute sa confiance. Il reprit donc, en homme qui ne refuse pas de se laisser convaincre, mais qui n'est pas convaincu :

— Mais cet Edgard, ce beau cousin qui semblait, cette nuit, si sûr de votre amour, ce séducteur insolent qui s'apprêtait à jeter votre réputation en pâture aux médisances de ce salon, me direz-vous que vous ne l'aimez pas ?

— Sur mon honneur et sur le vôtre, non, je ne l'aime pas, répondit Sylvie.

— Ah ! je voudrais vous croire ! murmura son mari en secouant la tête comme pour achever d'écarter un mauvais rêve.

— Ecoutez, George ! poursuivit gravement la jeune femme : Si le courant de la vie de Paris, une fatalité bizarre et un peu de méfiance réciproque, ne nous avaient pas faits presque étrangers l'un à l'autre, si nous avions eu, vous et moi, la bonne pensée de regarder, vous, ce qui se passait dans mon cœur, moi, ce qui s'agitait dans le vôtre, nous nous connaîtrions mieux aujourd'hui : vous sauriez que je suis fière, impérieuse, volontaire, enfant gâtée, mais que jamais le mensonge n'a touché mes lèvres, et que, s'il en approchait jamais, je mourrais de honte à vos pieds. D'ailleurs, mon ami, réfléchissez un moment : je suis fille unique, très riche, très-soumise à mon père, mais adorée de lui ; j'ai été presque élevée avec mon cousin, et j'ai su ou plutôt j'ai deviné que mon oncle Mévil avait vivement désiré, dans le temps, me voir devenir la femme d'Edgard. Toutes les convenances de fortune, d'âge et de famille s'y rencontraient. Si je l'aimais, et que j'eusse attendu, pour le lui laisser voir, de porter votre nom, je serais la plus méprisable, la plus infâme des créatures !... Oh ! je sais ce que vous allez me dire : il est séduisant, il est irrésistible, et sa suprême élégance devait plaire à la mienne ; comment se fait-il donc que je ne l'aie ni épousé, ni aimé ? C'est que j'avais compris tout ce qu'il y avait, sous ce brillant vernis, de légèreté, d'inconstance, d'égoïsme, de sécheresse de cœur ; c'est que je ne me souciais pas d'être un épisode plus ou moins sérieux, une victime plus ou moins prochaine de cette vie de succès et de désordre ; je voulais un mari, qui n'eût pas trop appris auprès d'autres femmes à s'ennuyer de la sienne... un mari qui fût à moi, bien à moi !... Il y a cent ans, j'aurais été très malheureuse avec un marquis de l'ancien régime, tel que la comédie nous le peint ; de nos jours, je souffrirais horriblement avec un marquis du régime nouveau, tel que la comédie devrait nous le peindre !

— Mais je suis aussi un marquis, moi ! dit George en souriant tristement.

— Oui, un marquis déshérité, reprit-elle avec une expression affectueuse qui ôtait à ce mot toute idée d'offense... et c'est là ce que j'aimais en vous... Je me disais,—pourquoi ce rêve des premiers jours s'était-il donc si vite envolé?—Je me disais : Avec cet or, cette richesse que je méprise, mais que le monde salue comme une puissance, je puis réparer les torts de la fortune et de notre siècle envers un homme qui, de tous les priviléges de la noblesse, n'aura gardé que la distinction native des sentiments et la mélancolique majesté des souvenirs !... L'adversité, l'isolement, la réflexion, une existence de silencieux sacrifice, auront enseigné à cet homme le vide et le néant de ces grandeurs nobiliaires, si orgueilleuses autrefois, tandis que moi, mes instincts de jeune fille me font prendre en pitié ou en dédain cet argent qui me recommande d'avance aux empressements et aux hommages... Ce n'est pas tout encore... cette vie solitaire et pauvre, cette jeunesse sevrée de nos joies et de nos fêtes, l'auront préparé à m'aimer avec une ardeur, une vaillance que gaspille la vie mondaine, tandis que moi, ma fierté m'aura préservée de tout ce qui n'est pas cet amour sans partage, seule ambition et seul orgueil d'un cœur comme le mien... Nous nous rencontrons, ainsi prédestinés l'un à l'autre... On nous permet de nous aimer : on place sa main dans la mienne... Arrière cette idée décrépite de bourgeoisie riche s'alliant à la noblesse pauvre pour satisfaire sa vanité ; de noblesse pauvre s'alliant à la bourgeoisie riche pour restaurer sa misère !... Nous ne voulons, nous ne savons, nous ne comprenons rien de tout cela !.. Ces mots qui n'ont plus de sens, se tradui-

sent et s'absorbent pour nous dans un autre mot qui est immortel.....

— L'amour ! le bonheur ! s'écria M. de Prasly, incapable de résister plus longtemps à cette jeune et chaleureuse éloquence.

— Oui, c'était là mon rêve, et peut-être étions-nous dignes tous deux d'en faire une réalité, poursuivit la belle enthousiaste en fixant sur George cet œil limpide et pur à qui il eût été impossible de mentir. En même temps, comme pour servir de commentaire à ses paroles, le premier rayon du soleil levant pénétra dans la voiture qui, depuis un instant, roulait hors de Paris. Le ciel, l'horizon, les collines, les arbres de la route s'illuminèrent de cette clarté joyeuse qui réveillait et rajeunissait la nature endormie. M. de Prasly abaissa une des glaces ; une bouffée d'air frais et vif, imprégné des senteurs et des rosées du matin, vint courir sur son front, et dissiper, comme des visions funestes, les poignantes ardeurs de la nuit. Puis il se retourna, et, pour la première fois, regarda Sylvie dans toute la plénitude de son cœur altéré d'amour. La lumière inondait cette figure ravissante, jouait dans les opulentes torsades de ses cheveux bruns, teignait d'un reflet d'opale et d'or ses joues pâlies par l'émotion et la fatigue, et ajoutait à son sourire et à son regard un éclat incomparable. Par une inspiration soudaine, elle se laissa glisser à demi sur ses genoux, et ramenant George à elle dans un geste à la fois chaste et passionné, elle lui présenta son front à baiser.

— Eh bien ! moi aussi, moi aussi je t'aime ! murmurait-il déjà en l'attirant à lui. Mais, dans ce mouvement, la lettre du notaire de Prasly sortit de la poche de son habit, et tomba sur les genoux...

— Ah ! malheureux que je suis ! s'écria-t-il en reconnaissant l'écriture de M. Ramiard. Ma mère ! ma mère qui se meurt peut-être !... Depuis une heure, je l'avais oubliée !

Sylvie tressaillit encore, mais cette fois ce ne fut plus d'amour ni d'espérance ; elle aussi, pendant ces instants rapides, avait oublié la vieille marquise de Prasly. En entendant George prononcer son nom, en apprenant de lui les détails de ses souffrances et de son dépérissement trop fidèlement retracés par le notaire, la jeune femme qui s'était vue sur le point de reconquérir son mari et son bonheur, sentit qu'il y avait là pour elle un obstacle, une ennemie plus dangereuse peut-être que les rivalités de caste, et les souvenirs du bal de la duchesse de Biragues. L'exaltation où l'avaient jetée les phases diverses de son entretien avec M. de Prasly, tomba tout-à-coup, et sa pensée mesura tristement ce nouvel abîme qui se rouvrait entre George et elle. Sans témoigner ni ressentiment ni froideur, elle se fit relire toute la page où M. Ramiard racontait sa visite au château et l'état alarmant où il avait trouvé la marquise. Elle affecta de prendre à ce récit un douloureux intérêt. Puis elle lui dit simplement :

— Mon ami, c'est hier avant le bal que vous aviez reçu cette lettre?

— Oui, ma chère.

— Eh bien ! il me semble alors que vous n'aviez pas besoin de faire un coup d'état. Vous n'auriez eu qu'à me dire que vous veniez de recevoir de mauvaises nouvelles de madame de Prasly, à en informer mon père : je ne serais pas allée à ce bal, mon père aurait su et approuvé notre départ, et nous n'en serions pas moins partis ce matin ; le tout eût été peut-être plus convenable.

Ces paroles furent dites sans mauvaise humeur et sans amertume ; mais entre la femme qui les prononçait, et celle qui, un quart d'heure auparavant, acceptait avec ivresse le brusque enlèvement où s'était révélé le courroux de son mari, et murmurait à l'oreille de George le brûlant aveu de ses espérances et de ses rêves, il y avait un monde, une immensité. Les femmes, qui l'ignore? ont le secret de ces transitions soudaines qui font passer, en cinq minutes, de la flamme des tropiques aux glaces du pôle.

Sans doute, une vive douleur s'empara de M. de Prasly, en remarquant cette différence. Mais il n'essaya rien pour ramener Sylvie vers le mystérieux Eden qu'elle lui avait fait un moment entrevoir. Il se reprochait, comme une faute dont l'expiation probable le frappait ces instants rapides d'énivrement et d'oubli pendant lesquels il avait laissé sa pensée et sa tendresse se détourner de celle qu'il appelait dans son âme la sainte martyre de Prasly. Ainsi, dans cette destinée d'immolation et de tristesse, les affections les plus légitimes, les félicités les plus pures portaient avec elles je ne sais quelles conditions de trouble et de regret qui en altéraient la douceur et ressemblaient presque à un remords. Une fois dans sa vie, George avait eu à portée de son regard et de son cœur une de ces heures enchanteresses qui rachètent des années de solitude et d'abandon, une de ces explosions d'amour et de bonheur qui transforment les rochers arides en tapis de gazon et de fleurs ; et, par une fatalité singulière, cette heure lui échappait sans qu'il se crût le droit de la retenir, sans qu'il en gardât d'autre trace que la crainte d'avoir été coupable en s'y livrant, d'avoir mérité, par cet entraînement passager, le plus redouté des malheurs !

Le reste du voyage fut donc triste, taciturne et rempli de ces anxiétés vagues qui naissent des situations compliquées ; rien ne s'y ressentait des chaudes émotions du point de départ ; Sylvie, blottie dans le fond de la voiture, se laissait aller au courant de ses rêveries. Elle ne haïssait pas la marquise ; pourtant il lui était impossible de se dissimuler que George, livré à lui-même, lui appartiendrait ; elle songeait à cette influence bizarre et lointaine qui, au moment où elle avait cru tout regagner, menaçait de nouveau de lui faire tout perdre. Tantôt elle se sentait saisie d'une sourde colère contre cette femme qui, sans le vouloir et le savoir, par le seul effet de sa position et des circonstances, lui disputait son bien, l'amour et la confiance de George ; contre George qui, pensait-elle, aurait dû la trouver assez belle, assez séduisante pour faire passer son amour avant tout le reste. Tantôt, sa généreuse nature reprenant le dessus, elle enveloppait dans une égale et sympathique pitié cette mère et ce fils qui trouvaient dans leur mutuelle tendresse un élément de souffrance ; cette mère issue d'un sang illustre, qui n'avait connu aucun des sourires de la vie ; ce fils qu'elle ne pouvait plus désormais regarder comme indifférent

ou insensible, et qui se croyait forcé de lui refermer son cœur pendant ces journées de tête-à-tête qui auraient pu le lui r'ouvrir pour toujours. Puis, par une pente naturelle, elle songeait à ce que George avait dû souffrir pendant ces deux mois, et surtout pendant cette dernière nuit. Alors elle mettait à s'accuser autant de noble ardeur qu'à le plaindre ; elle se sentait près de pleurer ; elle eût voulu reprendre sa main, le prier de pleurer avec elle, faire passer dans son âme, non plus cet amour dont il se fût effrayé peut-être, mais cet attendrissement sans bornes qui eût pu leur servir encore d'interprète et de lien. Mais à mesure qu'on approchait de Prasly, George semblait se concentrer de plus en plus dans son anxiété filiale. Chaque heure, chaque lieue amenait sur son visage une pâleur plus morne, dans sa voix un frémissement plus convulsif. Lorsqu'on ne fut qu'à une petite distance de Prasly, et que l'on aperçut de la route la massive silhouette du château se détachant en noir à l'horizon, George y fixa un regard dont rien ne saurait rendre l'expression navrante, étendit de ce côté, comme un suppliant, ses bras et ses mains jointes, puis se rejeta dans la voiture avec un cri d'effroi, d'amour et de prière qui trahissait le désordre de son âme, et pénétra comme un frisson de fièvre jusqu'au fond du cœur de Sylvie : Mon Dieu ! mon Dieu ! prends ma vie ! prends mon bonheur ! et qu'elle vive ! murmura-t-il trop bas pour que sa femme pût l'entendre. — Et cependant elle l'entendit.

Peut-être si, en cet instant, par un de ces mouvements ou de ces mots auxquels rien ne résiste, Sylvie se fût emparée de son angoisse et l'eût faite sienne en la partageant ; si elle eût su persuader à cette âme filiale qu'elle frémissait de la même crainte, qu'elle répétait la même prière, que tout, dans cette anxiété dévorante, les réunissait au lieu de les séparer, peut-être eût-elle assuré son empire d'une façon plus solide et plus durable que par toutes les séductions de sa beauté et de son amour. Elle ne l'osa pas, ou ne le voulut pas. Soit que son orgueil craignît d'être repoussé, soit que sa franchise se refusât à l'idée de feindre ou d'exagérer un sentiment qu'elle n'éprouvait point, elle se contenta de respecter le trouble douloureux de George, et de l'engager, d'un air triste et doux, à s'armer de courage.

Quelques instants après, la voiture s'arrêtait devant la porte du château.

X.

Après le bal de la duchesse de Birague, M. Durousseau était rentré chez lui, quatre heures du matin, sans se douter le moins du monde de l'enlèvement de sa fille par son gendre. Leur appartement étant à un autre étage que le sien, Annette et François, avertis par le valet de chambre de Mme de Birague, avaient pu faire tous les préparatifs du départ à l'insu du reste de la maison, et d'ailleurs les domestiques du millionnaire, respectueux et muets comme s'ils servaient un duc, se seraient bien gardés de lui souffler un mot de ce qu'il était censé savoir mieux que personne.

Il se leva fort paisiblement dans la matinée, et

se remémora les événements de la nuit avec une satisfaction orgueilleuse qui n'était cependant pas sans quelque mélange. Il avait gagné au whist cinq ou six cents louis, entendu dire autour de lui que sa fille était la plus belle personne du bal, et assisté de loin aux succès de son beau neveu ; mais un léger nuage troublait ces félicités. M. Durousseau n'était ni sourd, ni aveugle, et les empressements presque compromettants d'Edgard auprès de Sylvie n'avaient pu lui échapper. Aurait-il eu d'ailleurs envie de fermer les yeux ou les oreilles, bon nombre de chuchottements et de sourires qu'il avait surpris au passage lui prouvaient que ce brillant salon, en distribuant à son neveu et à sa fille ses deux plus élégantes couronnes, s'apprêtait à y mêler les épines de la médisance. Or, M. Durousseau voulait bien dominer et même opprimer un peu son gendre ; il voulait bien que Sylvie fût une femme à la mode, que George restât le plus humble satellite de cette éblouissante planète ; qu'Edgard, cavalier accompli, placé en présence de M. de Prasly, pauvre campagnard, l'écrasât de sa supériorité ; il voulait, en un mot, que son argent, son luxe, son esprit, ses façons princières, tinssent constamment en échec cet écusson déshérité qu'il avait eu le caprice de relever de ses ruines. Mais il ne voulait pas que les choses allassent trop loin, que sa fille fût compromise, que sa réputation payât les frais de ses triomphes, et que les mauvaises langues pussent s'égayer aux dépens d'un nom qui était devenu le sien. Peut-être me direz-vous qu'il y avait dans tout cela quelque peu de contradiction et d'inconséquence ; je vous répondrai que, si l'on ne trouvait plus de contradiction dans le cœur de l'homme, c'est que la nature humaine aurait changé, ce qui ne serait pas un bien grand malheur, et qu'on ne pourrait plus faire de roman, ce qui serait encore un malheur bien moindre.

M. Durousseau, après quelques instants de réflexion, venait donc de décider que l'épreuve était suffisante pour cette fois, que M. de Prasly avait payé un assez large tribut à son esclavage parisien, que Sylvie avait épuisé tout ce que ce regain de carnaval lui offrait de plaisirs et de succès, que le beau mois de mai allait commencer, que les rosiers de la Villa-Durousseau devaient être en fleurs, que l'isolement de la marquise avait duré assez longtemps, et que, sans se départir de son autorité souveraine, il pouvait donner au jeune couple la clé des champs. En ce moment, comme pour l'affermir dans cette sage résolution, il entendit frapper à sa porte, et vit paraître Edgard Mévil dans une élégante tenue du matin. Edgard avait judicieusement pensé qu'il ne faisait pas encore jour chez sa cousine. Seulement, suivant l'usage des amoureux ou des séducteurs, — deux classes d'individus dont les intentions varient, mais dont les allures sont souvent les mêmes, — il rôdait autour de sa proie, *leo quærens quem devoret*, et, profitant des priviléges de la parenté, il venait attendre chez son oncle l'heure où il pourrait décemment se présenter chez Sylvie.

A la vue de son neveu armé en guerre dès midi, et exhalant un parfum de patchouly digne du *Seigneur tout à l'ambre* qu'il avait pris pour son lointain modèle, M. Durousseau fronça le sourcil. L'habitude du commandement lui rendait la dissimulation fort difficile, et il dit à Edgard avec une brusquerie un peu ironique :

— Eh bien ! mon beau neveu ! A quand ton mariage avec la duchesse de Birague ?

— Mais, mon oncle, je ne sais pas ce qui peut vous faire supposer... je ne crois pas qu'il en soit question, balbutia le jeune homme très-embarrassé.

— Je ne sais pas !... Je ne crois pas !... Voilà un style bien timide pour un conquérant ! reprit l'oncle d'un ton goguenard. Je te dis, moi, qu'il faut qu'il en soit question, et que je t'engage à te décider le plus tôt possible.

Edgard ne répondit pas, et regarda la pendule. Il y eut un moment de silence ; après quoi, M. Durousseau poursuivit plus gravement :

— Ecoute, mon garçon, ta pauvre mère était ma sœur ; je t'ai vu naître, et j'ai avec toi mon franc-parler. Je suis enchanté de ta bonne mine et de tes succès : je suis fier de toi, non seulement comme d'un neveu spirituel, bien tourné, élégant, mais comme d'une protestation vivante contre ce qu'on appelait autrefois les manières bourgeoises : j'ai applaudi de toutes mes forces à tes triomphes ; mon orgueil paternel a eu, cet hiver, de bons moments, quand j'ai vu ma fille partager avec son cousin le sceptre de la mode, et vos deux gloires quasi-fraternelles rivaliser d'éclat : mais les choses doivent en rester là ; un pas de plus, ce serait trop pour la réputation et le repos de Sylvie, et mon devoir, mon devoir sacré, est de trancher la situation avant qu'elle amène ce qu'il est trop facile de prévoir, ce qu'un père doit prévenir, ce qu'un mari ne saurait supporter.....

— Hum !... un mari ! grommela Edgard entre ses dents, comme fort peu effrayé de cette évocation tardive.

— Oui, oui, je sais ! reprit M. Durousseau avec son sourire superbe. M. de Prasly est un mari fort débonnaire. Je l'ai máté, ce cher marquis ! il ne fera ni plus haut, ni plus bas que ma volonté, et je crois en vérité que, si je lui défendais d'être jaloux, il m'obéirait par habitude ; mais je n'en dois être que plus attentif et plus vigilant ; puisque c'est moi qui gouverne ici seul et sans partage, c'est moi qui dois avoir de la prévoyance pour tout le monde, et conjurer le péril dès que je le vois poindre à l'horizon... Ainsi, mon garçon, par file à gauche, et reprends honnêtement le chemin de la rue de Varennes où t'attend la vraie dame de tes pensées, la main et le cœur remplis de pardons. Quant à Sylvie et à son mari, je vais aujourd'hui même signer leurs passe-ports, et les faire partir pour Prasly d'ici à deux ou trois jours.

— Vous en êtes bien le maître, mon oncle ! murmura Edgard en cachant sous un air d'indifférence son désappointement visible.

— Parbleu ! à qui le dis-tu ? C'est parce que je suis le maître que je venais, au moment où tu es entré, de décider ce départ... *Sic volo, sic jubeo*, aurait dit en latin Jupiter, lequel, par parenthèse, était beaucoup plus entravé que moi dans son gouvernement.

— Mais enfin, reprit le dandy d'un air câlin, je suis votre neveu ; tout le monde va quitter Paris ;

la Villa-Durousseau est charmante, et justement mon médecin me conseillait hier l'air de la campagne...

— Oh ! je te vois venir, mais *pas de ça, Lisette !* interrompit brusquement M. Durousseau. Je t'interdis Prasly, la Villa et lieux circonvoisins pour un an au moins. Cette folie serait pire que tout le reste. Avant huit jours, tout Paris, la duchesse en tête, saurait où tu es allé : ce départ, rapproché de tes assiduités de cet hiver, deviendrait le texte des plus fâcheux commentaires... Là bas on est très mauvaise langue...... Sans compter que, Sylvie et toi, vous auriez en la vieille marquise un argus qui aurait vite deviné de quel côté le vent souffle, et donné l'éveil à son fils... Non ! non ! Edgard, point de visite ! ma volonté là-dessus est formelle, inébranlable ; ma fille et mon gendre vont aller à Prasly, parce que je l'ordonne, et toi, tu n'iras pas, parce que je défends...

— Mon oncle, j'obéirai, bégaya tristement Edgard, qui comprit que le moment serait mal choisi pour discuter cette volonté despotique, et peut-être se réserva d'obtenir de sa cousine un amendement plus parlementaire.

— A la bonne heure ! continua l'oncle d'un air adouci ; maintenant, comme il n'y a rien de pire, en pareille situation, que les pruderies exagérées, je te permets d'aller prendre congé de ta cousine.

Cinq minutes après, Edgard Mévil rentrait comme une trombe chez M. Durousseau.

— Mon oncle ! mon oncle ! s'écria-t-il, ils sont partis cette nuit, après le bal !

— Qui, partis ?

— M. de Prasly et sa femme !.. Votre fille et votre gendre !...

— Allons donc ! mon cher ! Tu veux rire et te dédommager de mes rigueurs... Mon gendre et ma fille partis sans ma permission !... La bonne folie !

— Je vous dis qu'ils sont partis, à trois heures du matin, au sortir du bal... J'étais entré chez vous, comme d'habitude, sans parler à aucun domestique... Mais je viens de demander ma cousine, et l'on m'a donné tous les détails, en paraissant fort étonné que j'eusse l'air de ne pas les savoir, et fort convaincu que je n'en ignorais aucun... Je vous répète qu'à trois heures, une voiture de poste tout attelée est allée les attendre, avec François et Annette, à la porte de l'hôtel de la duchesse de Birague, et qu'ils sont partis sous même passer par ici !... C'est Annette qui a eu le temps d'en dire un mot à votre cocher, lequel l'a raconté à votre valet de chambre ; si bien qu'en ce moment tout le monde le sait dans votre maison, excepté vous !...

— Ce n'est pas vrai ! Ce n'est pas possible ! Il n'aurait pas osé ! dit M. Durousseau qui s'obstinait à douter encore.

— *Ils n'oseraient !* c'est le mot de César, et, une heure après, on l'assassinait ! s'écria Edgard qui espérait flatter son oncle par ce rapprochement historique. Ils sont partis, vous dis-je ! tout ce qu'il y a de plus partis ! Je suis sûr que c'est cette endiablée duchesse qui en a donné l'idée à votre gendre... Il faut lui rendre cette justice ; il était incapable de l'avoir à lui tout seul... mais il n'en est pas moins vrai qu'ils roulent, à l'heure qu'il est, sur la route de Prasly !...

Il eût pu parler longtemps encore : M. Durousseau ne l'écoutait plus ; il sonnait de toutes ses forces ; les domestiques affluèrent comme s'ils n'avaient attendu que d'être interrogés, et, au bout d'un instant, les renseignements furent complets, et le doute impossible.

J'essayerais vainement de peindre le courroux du millionnaire. On serait venu lui apprendre que son gendre avait battu sa femme, volé sur les grands chemins, ou crié : vive la république ! il n'eût été ni plus stupéfait, ni plus irrité. — « Le misérable ! le traître ! murmurait-il d'une voix étouffée, en arpentant sa chambre à grands pas : le vil imposteur ! pas même un peu de loyauté et de bonne foi pour rapiécer les guenilles de sa pauvreté ! M'enlever ma fille, me laisser seul ici, au mépris des engagements les plus sacrés... Partir ainsi, comme un lâche, comme un malfaiteur, sans me consulter, sans m'avertir !... Et l'on viendra encore nous parler de l'honneur des gentilshommes !... Il est beau leur honneur ! je leur conseille de s'en vanter !... Un contrat si clair, si net, si inattaquable !...c'est moi qui l'avais rédigé. « Article 9 : les conjoints habiteront chez M. Durousseau, à Paris et à la campagne, et ne pourront le quitter *sans sa permission* !... » Il y a cela : *Sans sa permission* !... Vois-tu, Edgard ? ces marquis ! le meilleur n'en vaut rien ; c'est une race déchue, éteinte, morte, enterrée, et bien fou j'ai été de vouloir ranimer ces cendres et remuer ces débris !...

Edgard n'essayait rien pour calmer la colère de son oncle ; un secret instinct lui disait tout bas qu'il aurait peut-être quelque chose à y gagner.

— Ah ! il est parti ! ah ! il m'a désobéi ! ah ! il s'est moqué de moi !... As-tu vu, Edgard, ces impertinents domestiques ? leurs airs narquois en me donnant les détails de ce départ ? leurs airs d'étonnement de me voir ignorer ce qui se passe chez moi ?... Je suis la fable de ma maison !... Je vais être la fable de Paris !...

— Mais, mon oncle, dit enfin Edgard d'un air de bonhomie, il me semble que le mal, après tout, n'est pas si grand, du moins pour vous...; tout à l'heure encore vous m'annonciez l'intention de faire partir pour Prasly votre gendre et votre fille.

— Tout à l'heure, oui ! reprit M. Durousseau avec un *crescendo* de fureur ; c'est moi qui le voulais ; c'est moi qui l'ordonnais ; ce sont mes ordres que M. de Prasly eût accomplis, ou ma permission, du moins, dont il eût profité... Mais cette permission ou cet ordre, il ne les a pas attendus ; il ignorait si ma volonté n'était pas toute contraire ; il a méconnu mon autorité, il m'a bravé, il m'a bravé !... Mais nous verrons, nous verrons !... La comédie n'est pas finie, et rira bien qui rira le dernier !... Il ne sera pas dit qu'on se joue de moi impunément !... Je me vengerai ; il faut que je me venge !... Moi aussi, je vais demander des chevaux de poste... je paierai triples guides, car je suis riche, moi, et c'est encore avec mon or que ce marquis de malheur paie ses postillons !... Je le rattraperai, je l'arrêterai, je l'accablerai, je l'humilierai devant ses gens, devant sa femme... Je ne lui ferai grâce que lorsqu'il m'aura demandé pardon à genoux... oui, à genoux, comme l'autre, le George de Molière, celui qui pleure et s'humilie aux pieds de Sotenville et de Clitandre !

Tout en parlant et en s'exaltant lui-même au feu de sa colère et de ses paroles, M. Durousseau, nous l'avons dit, marchait à grands pas dans sa chambre. Dans une de ces allées et venues, il se trouva en face d'Edgard, qui, malgré son dépit personnel, avait quelque peine à retenir un sourire. Le regard irrité de l'oncle parcourut l'élégant jeune homme depuis les boucles savantes de sa chevelure et les crocs pommadés de sa moustache jusqu'aux pointes effilées de ses bottes vernies ; il tressaillit comme s'il eût été frappé d'un trait de lumière, et s'écria avec un ricanement nerveux qui ne présageait rien de bon.

— *Ah ! che bestia !* je ne suis qu'un sot avec mes souvenirs de comédie où mes velléités de mélodrame ! ma vengeance, je la tiens !

Et, d'un geste impérial, il posa sa main sur l'épaule d'Edgard Mévil. Puis, il ajouta d'un ton brusque et bref, en homme décidé à n'écouter ni les remontrances d'autrui, ni ses propres réflexions :

— Je t'emmène à Prasly !

— Mais, mon oncle, dit Edgard retenant de son mieux un mouvement de joie peu diplomatique, et sûr qu'un peu de contradiction ne gâterait rien à ses affaires, je craindrais que ma présence à Prasly ne pût être mal interprétée... Vous me le disiez tout à l'heure : on est mauvaise langue en province, et...

— Oui, tout à l'heure ! interrompit en frappant du pied l'irascible Durousseau. Tout à l'heure, c'était moi qui jugeais convenable de te séparer de ta cousine ; maintenant, c'est moi qui ai changé d'avis ; je suis sûr de Sylvie comme de moi-même, entends-tu bien ? et les sots propos de quelques méchants imbéciles ne sont pas pour m'effrayer... Ce que je veux, c'est que tu arrives avec moi à Prasly, que M. le marquis, mon gendre, te voie t'installer à la Villa Durousseau ! Tu es mon hôte ; je te reçois chez moi ; personne n'a rien à dire... Je veux que tu recommences à monter à cheval avec Sylvie, à chanter, à danser, à valser avec elle, comme à Paris... J'inviterai tous les hobereaux du voisinage, trop heureux de faire connaissance avec les talents de mon cuisinier... Je donnerai des dîners, des bals, des fêtes ; Sylvie en sera l'héroïne, et toi le héros... jusqu'au jour où cet homme qui m'a désobéi, qui m'a trompé, me le jure, viendra à moi, le regard humide et les mains jointes, en me suppliant de le délivrer de cette torture... Il sera temps alors de faire ce que je voulais faire aujourd'hui trop tôt, beaucoup trop tôt pour ce qu'il mérite. Qu'ai-je à craindre ? Sylvie est une honnête femme, et toi, tu comprends, n'est-ce pas ? que, ton rôle fini, tu ne dois rien espérer de plus ?...

— Oh ! mon oncle ! avez-vous jamais pu douter de la pureté de mes intentions ? dit Edgard d'un petit air candide qui eût fait honneur à une pensionnaire.

M. Durousseau se hâta de faire ses préparatifs, et Edgard, de son côté, déploya une activité insolite pour ne pas le faire attendre. Tous deux avaient leurs raisons en se pressant : le neveu craignait que l'oncle ne se rétractât, et l'oncle sentait confusément que, s'il laissait refroidir sa colère, il se ferait à lui-même des objections sages, mais importunes ;

ce fut donc avec une vivacité fiévreuse qu'ils procédèrent à leurs apprêts de voyage ; et, le soir même, par une de ces belles soirées de printemps qui devraient dissiper les mauvaises pensées, quatre chevaux de poste, attelés à la berline de M. Durousseau, les emportaient vers Prasly.

Il arriva, dans ce trajet, ce qu'on eût pu aisément prévoir. Le rôle d'Edgard était très simple, très sympathique à ses prétentions d'homme à bonnes fortunes, et ses rêveries teignaient de rose chaque bouffée de son cigare, à mesure qu'il avançait sur cette route où venait de passer, quelques heures auparavant, la belle Sylvie. Pour M. Durousseau, il n'en fut pas de même. Fort orgueilleux et fort irritable, M. Durousseau, quand son orgueil faisait silence ou quand sa colère s'apaisait, redevenait un homme d'esprit et un honnête homme, et ses velléités voltairiennes, les maximes de corruption qu'il adoptait parfois comme livrée de grand seigneur, n'ôtaient rien à la droiture de son jugement. Le mouvement de la voiture, l'air pur et tiède du dehors, l'imposant aspect d'un ciel de mai ruisselant d'étoiles, détendirent à peu ses nerfs crispés par la scène du matin, et firent rentrer dans son âme la réflexion et le calme. Le lendemain, au point du jour, lorsqu'il se réveilla entre Sens et Joigny, les images de la veille étaient presque effacées, et si sa colère contre son gendre subsistait encore, elle ne l'empêchait du moins ni de raisonner, ni de prévoir. Or, il ne pouvait plus se dissimuler les conséquences possibles de l'arrivée d'Edgard à Prasly. Les commérages de Paris, les médisances de petite ville, Sylvie compromise, et, sinon entraînée, au moins troublée par un amour coupable ; la marquise justement courroucée ; son gendre ayant le droit de lui demander s'il était juste de punir par le plus cruel des outrages la plus légère des offenses ; toutes ces pensées qu'il avait primitivement opposées à Edgard comme une digue infranchissable, venaient en foule l'assaillir, tandis que son jeune compagnon s'éveillait à ses côtés en sifflant un air de Rossini, et entamait gaîment les provisions de voyage. Son neveu, qui, malgré sa fatuité, n'était point un sot, s'aperçut vite de ce changement, et évita soigneusement de parler de ce qui les préoccupait tous deux. Il comptait sur l'orgueil de M. Durousseau pour l'empêcher de se déjuger en aussi peu de temps, d'avouer que sa colère lui avait fait faire une folie, et de le prier de rebrousser chemin. Il ne se trompait pas. Quel que fût le mécontentement intérieur de son oncle, il se révolta contre l'idée de mettre Edgard dans la confidence de ses variations, et se borna à apaiser tant bien que mal sa conscience en se promettant de trouver un prétexte pour le congédier, trois ou quatre jours après leur arrivée à Prasly. Malgré cet accommodement avec lui-même, M. Durousseau devenait, à chaque relais, plus soucieux et plus sombre. On eût dit qu'il éprouvait, lui aussi, en approchant du but de son voyage, un pressentiment sinistre.

Le quatrième jour, un peu après le coucher du soleil, ils arrivèrent au relais le plus voisin de Prasly. M. Durousseau paya les postillons pour le conduire jusqu'au château, car il pensait que George avait dû se diriger tout droit chez sa mère, et il voulait avoir une explication avec lui avant de mettre le pied à la Villa. La montée était raide, les chevaux allaient au pas, et le millionnaire ressentait cette espèce d'anxiété impatiente et fiévreuse où nous jettent les lenteurs d'une arrivée, lorsqu'il s'y mêle quelque incertitude. A une portée de fusil du château, ils rencontrèrent le curé qui en sortait, et qui les salua d'un air grave et triste. La nuit tombait, le ciel se couvrait de nuages, et les vieilles murailles de Prasly semblaient noircir encore à mesure qu'ils avançaient. Il y avait loin de là au salon de la duchesse de Birague et à l'élégant hôtel de la rue Laffitte où M. Durousseau s'était livré à une si belle colère ! Sa colère, il s'en souvenait à peine. Malgré lui, son cœur se serrait.

Ils sonnèrent à la porte ; une vieille femme vint leur ouvrir et s'enfuit tout effarée. Etonnés de cette réception, inquiets de cette solitude, ils marchèrent vers la porte. Au moment où ils y touchaient, George parut sur le seuil.

Il n'avait pas quitté ses habits de voyage, et ces habits gardaient encore des traces de la poussière de la route. Ses yeux, rougis par des larmes récentes, semblaient s'être séchés tout-à-coup par un violent effort. Il toisa d'un regard M. Durousseau et son compagnon, et leur dit froidement :

— Entrez, Messieurs ! vous n'êtes pas de trop. Venez voir mourir la dernière des marquises de Prasly !

X.

Tout conteur pénétré et ému de son sujet doit arriver à un moment où, comme Timante, il ne lui reste plus qu'à voiler la face de ses personnages, faute de trouver des couleurs assez vives pour exprimer leur douleur. Comment peindrais-je l'arrivée de George au château de Prasly et les instants qui suivirent ? La lettre du vieux notaire en avait dit assez pour le décider à partir, mais elle n'avait pas tout dit ; depuis plus d'un mois, la marquise dépérissait, et son état était d'autant plus grave, qu'on ne pouvait lui assigner ni causes visibles, ni symptômes réguliers. Elle avait longtemps refusé de faire venir le docteur ; mais l'abbé Sorel, curé de Prasly, et un peu médecin comme tous les curés de village, trouvait des prétextes pour aller la voir quatre ou cinq fois par semaine, et tenait au courant son ami, le docteur Bergier. Le jour même où M. Ramiard avait écrit à George, l'abbé Sorel avait pris sur lui de se faire accompagner par M. Bergier dans sa visite au château. La fièvre, continue depuis la veille, prenait d'heure en heure un caractère plus alarmant, et la marquise, après une assez vive résistance, avait enfin consenti à se laisser traiter en malade. En sortant, le docteur avait dit tristement au curé : — « Il y a quinze jours, l'arrivée de son fils aurait pu encore la guérir : maintenant, je ne réponds plus de rien ! »

Six jours après, George arrivait. Son départ de Paris avait été si brusque que personne n'était prévenu, qu'aucune précaution n'était prise pour préparer sa mère au bonheur de le revoir. D'ailleurs, George dont la tendresse filiale eût tout prévu, ne la croyait pas, ne pouvait pas la croire si malade ! Le fait est que, pendant ces six jours, le mal avait

fait des progrès rapides, des ravages terribles dans cette organisation déjà minée par une vie de souffrance et une vieillesse précoce. Il en est, hélas ! des maladies de langueur comme de ces fortunes sourdement rongées par quelque plaie secrète : elles font bonne contenance et semblent presque stationnaires jusqu'au moment où tout croule et s'abîme à la fois. La marquise de Prasly touchait à ce moment suprême, et tout, dans ces derniers temps, l'y avait fatalement poussée : le bouleversement du château, le nouvel élément de trouble apporté dans sa vie, l'absence de George, et cette douleur indéfinissable, trop habituelle aux mères qui n'ont qu'un fils et qui le marient : douleur corrosive comme le poison, parce qu'elle déchire à la fois le cœur et la conscience !

Or, si un poëte ingénieux a pu récemment attendrir tout Paris sur les effets redoutables de la joie qui fait peur, on comprendra aisément que l'arrivée soudaine de George, au lieu d'amener dans l'état de sa mère une réaction salutaire, lui ait fait un mal affreux. M. Bergier, le matin même, après une potion calmante qui devait, selon lui, enrayer la fièvre, avait recommandé le repos le plus absolu pour tout le reste de la journée. Et c'était quelques heures après, que l'on entendait tout à-coup, dans la cour, le bruit d'une voiture, et les grelots des chevaux de poste, que la vieille Madeleine, garde-malade plus dévouée qu'intelligente, s'écriait à la fenêtre : « Bonté divine ! c'est notre monsieur, c'est M. George ! qu'un frémissement nerveux s'emparait de ce pauvre corps exténué par la fièvre, et que George, fou d'inquiétude et de douleur, ne pouvant calculer la portée de son imprudence, se précipitait dans la chambre avec un cri qui semblait le glas funèbre de ces sombres voûtes : Ma mère ! ma mère ! — Le docteur avait dit vrai : quelques jours auparavant, un moment comme celui-là eût pu la guérir ; mais quand ces crises ne guérissent pas, elles tuent.

Un coup d'œil suffit à George pour reconnaître l'état de la malade et pour deviner confusément le mal qu'il venait de lui faire. Ce fut pour lui le coup de grâce ; il tomba au pied de ce lit de douleur, pendant que, se soulevant à demi sur son chevet, elle lui tendait une main sèche et brûlante qu'il couvrait de larmes et de baisers. Sylvie, pâle comme un spectre, était restée immobile sur le seuil de la porte, n'osant faire un pas de plus dans cette chambre qui ressemblait déjà à un cercueil. Un moment après, le curé et le docteur arrivèrent, déplorant tous deux le funeste hasard qui les avait éloignés du château à l'instant même où George y arrivait, et où ils auraient pu prévenir, retarder, adoucir du moins cette scène fatale. « Le hasard ! dit tout bas M. de Prasly au médecin avec une poignante expression de désespoir et de remords. Non, monsieur, c'est Dieu qui me punit. »

L'abbé Sorel emmena doucement Sylvie qui paraissait presque aussi foudroyée que George. Elle songeait à tout ce que ces heures lui enlevaient, — pour toujours peut-être, — dans le cœur de son mari. Elle se rappelait, avec un frisson d'épouvante et de honte, que, trois jours avant, elle était au bal : « et il y était aussi ! » ajoutait-elle. Cette image la poursuivait avec une persistance implacable ; elle voyait sans cesse George dans le salon de Mme de Birague, la regardant valser avec Edgard ; puis, au même moment, George, dans cette chambre funèbre, prosterné devant le lit de sa mère. L'abbé Sorel essayait de la calmer ; mais, par état, il n'ignorait rien de ce qui agitait la conscience de la mourante, et Sylvie ne s'expliquait que trop bien le soin qu'il avait pris de la dérober le plus tôt possible à la vue de Mme de Prasly.

Le docteur, tout en secouant la tête, avait décidé que, puisque le mal était fait, George pouvait rester, et qu'il y aurait une cruauté inutile à disputer ces dernières heures à ces deux êtres désolés. Il se retira dans un coin de la chambre avec Madeleine qui s'arrachait les cheveux, et s'accusait de tout. La marquise, comme la lampe qui va s'éteindre, s'était un peu ranimée ; elle avait passé un de ses bras autour du cou de son fils, et appuyait sur son épaule sa tête alourdie. « Mon enfant, mon cher enfant ! lui disait-elle si bas que sa parole se confondait avec son souffle, je t'attendais pour mourir ! » Et George se tordait dans cette étreinte pour étouffer ses sanglots. D'autres fois, elle murmurait une prière, et, quand elle arrivait au plus sublime passage de la plus sainte de toutes : « Nous pardonnons à ceux qui nous ont offensés. », George, qui tenait sa main pressée dans les siennes, et dont le regard ne se détachait pas de son visage, sentait cette main frémir et voyait la pâleur mate de ce visage se colorer d'une fugitive rougeur. Il y eut là, entre ce fils et cette mère qui ne s'étaient presque jamais quittés, dont les destinées s'étaient rivées l'une à l'autre, quelques heures qu'il serait impie de vouloir peindre, et qu'il vaut mieux placer, silencieuses et recueillies, sous la garde de tous ceux qui ont aimé et pleuré.

Cependant la soirée approchait, et le docteur avait fait signe à l'abbé Sorel que les moments étaient comptés. La religion avait à prendre cette mort qui lui appartenait. La cloche de l'église avertissait, depuis midi, les gens du village, et ceux-là même qui s'étaient parfois égayés aux dépens du délabrement du château et de l'indigence des Prasly, éprouvaient une émotion singulière de pitié et de respect en apprenant que cette femme, en qui se personnifiaient pour eux les souvenirs de cette race illustre et déchue, que cette femme allait mourir. Les humiliations, les rappetissements de la pauvreté disparaissaient dans les sombres majestés de la mort. George redevenait, pour un soir, le seigneur de Prasly, par droit de douleur et de deuil. Il dit tout bas au curé qu'il désirait que tous ceux qui se présenteraient pour s'associer aux prières des agonisants, trouvassent toutes les portes ouvertes. L'abbé Sorel sortit pour aller annoncer aux fidèles le vœu de M. de Prasly : ce fut en ce moment qu'il rencontra M. Durousseau et Edgard arrivant en voiture de poste. Il était très timide, et M. Durousseau surtout lui avait toujours paru un personnage fort important. Il n'osa donc pas leur parler, et se contenta de les saluer tristement. Nous avons vu de quelle façon et par quelle bouche M. Durousseau et son neveu avaient appris ce qui se passait au château.

George avait eu à se faire une violence horrible pour contenir le sentiment que lui inspira la vue de M. Durousseau ; mais celle d'Edgard le trouva complètement insensible ; il était à mille lieues des émotions et des souvenirs qu'eût pu éveiller en lui, dans tout autre temps, la présence du bel élégant. Il n'en fut pas de même de Sylvie. Elle tressaillit d'horreur et presque d'un remords personnel, en devinant jusqu'où l'exaspération de l'orgueil blessé avait pu conduire son père ; et s'approchant de son cousin, elle lui dit tout bas, de cet air impérieux qu'elle savait si bien prendre :

— Monsieur, si vous ne repartez pas pour Paris cette nuit même, si vous n'épousez pas avant un mois la duchesse de Birague, non-seulement je ne vous reverrai de ma vie, mais je vous mépriserai comme le plus vil et le plus lâche des hommes !

Il est probable qu'Edgard se le tint pour dit, et que ses projets de séduction lui parurent d'ailleurs assez mal encadrés dans cette lugubre scène ; car on ne le revit plus à Prasly.

Au bout d'un moment, le curé revint ; les portes du château furent ouvertes, et la plupart des habitants du village affluèrent dans cette cour et ces corridors, déserts depuis si longtemps. L'abbé Sorel leur avait dit, à l'église, quelques paroles simples et bien senties, et ils arrivaient avec ces dispositions pieuses et recueillies que les organisations les plus grossières ne refusent jamais à ces circonstances solennelles. George, qui n'essayait plus de retenir ses larmes, eut pourtant la force de venir au devant de cette foule, qui lui paya, en un instant, tout un arriéré de sympathie et de respect. Il parla aux plus notables d'une voix entrecoupée, leur demandant leurs prières pour la sainte qui n'avait plus que quelques heures à vivre. Cette douleur profonde, sans étalage et sans faste, produisit sur ces âmes rudes une impression indicible. George de Prasly eût été, comme ses ancêtres, le maître suzerain de toute la contrée, qu'il n'eût pas recueilli plus de douloureux hommages. M. Durousseau, embarrassé de sa contenance et s'efforçant de consoler Sylvie qui ne lui répondait pas, se sentait petit auprès de l'agonie de cette mère, auprès du désespoir de ce fils. Son orgueil avait voulu se servir à lui-même, comme friandise de millionnaire, l'envers d'une comédie : c'était la mort qui se chargeait du dénouement.

M. Ramiard entra dans l'appartement ; il avait toujours été dévoué à la famille. La mourante, qui ne pouvait plus parler, put encore le saluer d'un pâle sourire. M. Durousseau crut devoir entrer aussi. La marquise le regarda sans avoir l'air de le reconnaître. Le curé était auprès d'elle, entre le médecin et George, incliné sur son chevet et collant son oreille à ses lèvres ; il écoutait sa dernière confession. On était arrivé à cette heure sinistre de l'après minuit, que les infirmiers appellent la privilégiée de la mort. De minute en minute, Mme de Prasly s'affaiblissait ; mais d'instant en instant aussi, la religion, avec ses prières et ses pardons, agrandissait le tableau et élevait les âmes. Tous les assistants étaient à genoux, et, par là, porte entr'ouverte, on pouvait voir les gens du village agenouillés et pleurant : car il en est des bons instincts de la multitude comme de ses mauvaises passions : une sorte de commotion électrique les développe de proche en proche, et la contagion du bien est presque aussi rapide que celle du mal.

Le curé, depuis un moment, parlait de nouveau à voix basse à la marquise et semblait écouter avec anxiété les réponses que murmuraient ses lèvres livides. A la fin, son visage s'éclaircit; d'une main, il bénit la mourante, de l'autre, il fit signe à M. Durousseau et à Sylvie de s'approcher. Ils s'avancèrent, le front baissé, comme deux suppliants, comme deux coupables, et si le Génie du passé, planant sur ces murs lézardés et cette scène de deuil, avait voulu, lui aussi, une revanche, il n'eût pu la demander plus frappante, ni plus complète. Mme de Prasly les regarda de son œil éteint; quelque chose comme une lueur vague, qui n'avait rien de terrestre, erra sur sa figure et sur sa bouche; puis, soulevant sa main avec effort, elle la tendit tour à tour à M. Durousseau et à sa fille Sylvie, incapable de se modérer plus longtemps, se précipita sur cette main, puis sur ce lit, puis sur ce visage, et s'y serrant avec une ardeur fiévreuse, elle dit tout bas à la marquise : « Vivez! vivez, ma mère! je vous adorerai! » L'agonisante fit un léger mouvement comme pour indiquer qu'il était trop tard, mais qu'elle remerciait sa belle-fille. Pendant ce temps, l'abbé Sorel, le front rasséréné, prononçait les paroles de l'absolution suprême. La religion venait de faire un miracle : la marquise de Prasly avait pardonné.

Quelques instants plus tard, elle expira.

L'abbé Sorel, le notaire, le médecin, entourèrent George, et voulurent l'emmener hors de cette chambre. Il s'y refusa avec une telle énergie, que le docteur décida qu'il valait mieux l'y laisser. Au milieu de ses crises de désespoir, il retrouvait des moments d'une fermeté singulière. Dans un de ces moments, il *ordonna* à son beau-père d'emmener Sylvie à la Villa-Durousseau, et de l'y retenir jusqu'à ce qu'il leur fît passer de ses nouvelles; et cet ordre, il le donna d'un si grand air et d'un ton si résolu, que M. Durousseau ne s'aperçut pas ou ne voulut pas s'apercevoir que les rôles étaient changés. Il s'inclina silencieusement, et emmena Sylvie. Avant de sortir, la jeune femme s'approcha de George, et lui dit avec une expression de tendresse timide :

— Elle m'a pardonné!

— Oui, mais moi, je ne me pardonne pas, répondit-il.

George de Prasly pria M. Ramiard de rester avec lui, et, lorsqu'ils furent seuls, il lui dit de ce même ton énergique et bref qui n'admettait pas de réplique :

— Mon ami, vous vous souvenez de ma lettre?

— Ah! monsieur le marquis! murmura le vieux notaire en pleurant; pourquoi n'ai-je pas osé suivre ma première idée? pourquoi ne vous ai-je pas écrit quinze jours plus tôt?

— Ce n'est plus de cela qu'il s'agit, interrompit George en surmontant sa douleur avec une force étonnante. Vous savez ce que je veux dire relativement à ces vingt-un mille francs qui ont été dépensés pour la restauration du château, et qui faisaient partie de la dot de madame... de la fille de

M. Durousseau : il me les faut demain soir; veuillez me les apporter en même temps que l'acte hypothécaire, afin que je n'aie qu'à le signer.

— Vous les aurez, monsieur le marquis, dit M. Ramiard.

Le lendemain soir, après l'enterrement de la marquise, qui avait attiré un concours immense et offert le même caractère de grandeur mélancolique et solennelle que la scène d'agonie, le notaire retourna auprès de M. de Prasly, qui avait passé cette longue journée enfermé dans le château, à côté de la chambre de sa mère, où il rentrait d'heure en heure. Il n'avait voulu voir, pendant toute cette journée, ni M. Durousseau ni Sylvie.

Le notaire lui remit les vingt-un mille francs, plus les fractions et les centimes, et lui présenta l'acte à signer. George signa, et dit à M. Ramiard :

— Maintenant, mon ami, quand je serai parti, c'est-à-dire demain matin, vous remettrez cet argent à M. Durousseau, en lui faisant remarquer que je ne garde pas un sol, pas un centime, de ce qui est à lui.

— Mais vous, monsieur le marquis, il ne vous reste absolument rien de votre fortune personnelle!... hasarda timidement le notaire.

— Je le sais, mais je n'ai pas besoin de rien! J'ai vingt-huit ans à peine, je suis fort, et de famille militaire; je vais m'engager, et je trouverai bien assez de protections pour qu'on m'envoie en Afrique. Dans quatre ans, je serai lieutenant ou tué. D'ici-là, vous m'avancerez les intérêts de cette somme... Oh! mon amitié ne rougit pas de recevoir de vous un service, pourvu que je ne doive rien à cet homme... Ecoutez-moi bien : si, dans quatre ans, vous n'entendez plus parler de moi, c'est que je serai mort; alors vous mettrez le château en vente avec toutes ses dépendances, et vous rattraperez bien, sur ces vieilles pierres, quelques milliers de francs de plus pour parfaire la différence. Si je suis lieutenant, je saurai prélever sur mon traitement de quoi solder ces intérêts.

— Mais, monsieur le marquis...

— Je n'ai pas tout dit, poursuivit George avec un geste plein d'autorité. Je ne puis plus rien faire pour ce pauvre village, dont le passé est uni à celui de ma famille, et qui, dans cette douloureuse circonstance, vient encore de me donner des marques d'attachement et d'affection. Voici le mois de mai, et le conseil de révision va avoir lieu dans quelques jours. Parmi les jeunes conscrits désignés par le sort, vous choisirez, mon ami, celui qui vous paraîtra le plus intéressant et le plus nécessaire à sa famille, et vous sécherez ses larmes en lui disant que vous lui avez trouvé un remplaçant... Ce remplaçant, ce sera moi... Ce sera la dernière obole que le pauvre vieux sang des Prasly aura pu offrir à son pays... l'obole du pauvre... Vous seul ici saurez mon adresse; vous m'écrirez un mot, et cette petite affaire se conclura sans encombre.

— Mais... madame la marquise de Prasly? demanda M. Ramiard vivement ému.

— Pas un mot de plus là-dessus! répondit George avec l'accent d'une résolution indomptable. Il n'y avait qu'une marquise de Prasly... C'est celle que vous venez de conduire à sa dernière demeure : à la place de la dernière marquise de Prasly, il y a un tombeau; à la place du dernier marquis, il y a un soldat. Adieu, mon ami, dites bien à cet homme et à sa fille qu'ils ont tué la mère et déchiré le fils, mais qu'ils ne les ont pas humiliés!

Le lendemain matin, George était parti, et le notaire s'acheminait vers la Villa-Durousseau, fort embarrassé de sa mission. Il était décidé pourtant à ne pas tout dire; à parler seulement d'une absence momentanée de M. de Prasly; car il espérait que sa détermination n'était pas irrévocable, et qu'après ce premier paroxisme de sa douleur, il tournerait vers le château et vers Sylvie un regard de tendresse et de regret. Mais il y avait deux choses dont M. Ramiard, malgré son bon vouloir, ne pouvait se dispenser: annoncer le départ et remettre l'argent.

M. Durousseau s'emporta, essaya de cacher son trouble sous des airs de courroux olympien; mais il était facile de comprendre qu'il se réfugiait dans son orgueil contre les reproches de sa conscience, et que cet orgueil, comme un faux brave, ne le soutiendrait pas longtemps. Il éprouvait, avec plus de profondeur et d'amertume, un sentiment analogue à celui de ces plaisants malheureux qui voient tourner une malice au tragique, et à qui l'on dit sévèrement: « Eh! bien! l'on ne rit plus! » Après que le notaire se fut acquitté de son mieux de ses deux commissions, M. Durousseau se tourna vers sa fille avec une feinte insouciance, et lui dit d'une voix qu'il s'efforçait d'affermir:

— Allons, ma fille, puisqu'il en est ainsi, nous resterons ensemble ici, jusqu'à ce qu'il plaise à monsieur le marquis, mon gendre, de faire cesser ta pénitence et la sienne...

— Non mon père, répondit Sylvie d'un ton ferme... Je ne vous adresserai ni récrimination ni plainte; je suis votre fille et je prie Dieu qu'il écarte de ma bouche tout ce qui ne serait pas résignation et respect. Mais j'aime M. de Prasly, je l'aime avec passion, et je sens que mon amour aura la force de vivre de ses douleurs, comme il eût vécu de ses joies. George s'exagère peut-être les griefs de sa piété filiale; peut-être va-t-il trop loin dans le châtiment qu'il s'impose ainsi qu'à nous: je n'en sais rien; ce que je sais, c'est que je suis sa femme, que je m'appelle la marquise de Prasly, et que ma place n'est plus ici. Je vais m'enfermer dans ce château dont je porte le nom, dans cette sombre demeure que la solitude habite et qui convient au deuil de mon cœur. Epouse ou veuve, je n'en sortirai plus, et je ne reviendrai dans votre maison que le jour où George de Prasly me donnera le bras pour y rentrer.

Elle se leva avec une dignité incomparable, s'inclina devant son père, et sortit sans que M. Durousseau, stupéfait et atterré, pût dire un mot pour la retenir. Ce ne fut qu'au bout d'un moment qu'il retrouva assez de lucidité d'esprit pour s'écrier avec désespoir:

— Ma fille! mon orgueil, mon bien, ma vie! Elle aussi, elle m'abandonne! Me voilà seul!... Oh! c'est affreux! C'est une horreur, une cruauté, une ingratitude!...

— Non, c'est une leçon, dit à part lui le vieux notaire.

Seulement, il le dit bien bas, de peur de s'aliéner le plus riche joyau de sa clientèle.

ARMAND DE PONTMARTIN.

FIN DU TROISIÈME ET DERNIER ÉPISODE.

www.ingramcontent.com/pod-product-compliance
Lightning Source LLC
Chambersburg PA
CBHW052122090426
42741CB00009B/1912